武汉大学人文社会科学资深教授文丛

李龙文集

第三卷

武汉大学出版社

图书在版编目(CIP)数据

李龙文集.第三卷/李龙著.—武汉:武汉大学出版社,2016.9
武汉大学人文社会科学资深教授文丛
 ISBN 978-7-307-18366-7

Ⅰ.李…　Ⅱ.李…　Ⅲ.社会主义法制—中国—文集　Ⅳ.D920.0-53

中国版本图书馆 CIP 数据核字(2016)第 181803 号

责任编辑:胡　荣　　责任校对:李孟潇　　版式设计:马　佳

出版发行:**武汉大学出版社**　　(430072　武昌　珞珈山)
　　　　　(电子邮件:cbs22@whu.edu.cn　网址:www.wdp.com.cn)
印刷:湖北恒泰印务有限公司
开本:720×1000　1/16　　印张:29.25　　字数:453 千字　　插页:7
版次:2016 年 9 月第 1 版　　2016 年 9 月第 1 次印刷
ISBN 978-7-307-18366-7　　定价:98.00 元

版权所有,不得翻印;凡购我社的图书,如有质量问题,请与当地图书销售部门联系调换。

李 龙

1937年元月出生，湖南祁阳人，武汉大学人文社科资深教授、博士生导师。教育部"马工程"重点教材审议委员会委员，中国法学会学术委员会委员，中国法学会法理学研究会顾问，全国高校法学教学指导委员会顾问，全国法学教育研究会顾问。曾任武汉大学法学院副院长、浙江大学法学院院长。1997年作为中国法学会代表团团长出访阿根廷、智利和法国。主要研究领域为法理学、宪法学以及法学教育。20世纪80年代以来，共出版专著、教材（主编）30余部，在《中国社会科学》、《法学研究》、《中国法学》等法学刊物上发表学术论文160余篇，培养了100多位博士。先后主持国家社科基金重点项目4项、一般项目2项，教育部社科基地重大项目1项、一般项目2项。1997年、2001年、2005年获国家级优秀教学成果一等奖；1998年获教育部第二届人文社会科学优秀成果一等奖；2002年获国家优秀教材一等奖2项、司法部科研一等奖1项；2004年、2009年获湖北省人民政府科研一等奖；2012年获评中国法学会"全国杰出资深法学家"。

主要著作有：
《宪法基础理论》（独著）
《中国特色社会主义法治理论体系纲要》（独著）
《法理学》（主编）
《西方宪法思想史》（主编）
《西方法学名著提要》（主编）
《依法治国论》（主编）
《人权的理论与实践》（执行总主编）
《邓小平法制思想研究》（主编）
《毛泽东法律思想研究》（主编）
《依法治国方略实施问题研究》（主编）
《良法论》（主编）
《新中国法制建设的回顾与反思》（主编）
《人本法律观研究》（主编）

李龙

1937年元月出生，湖南祁阳人。武汉大学人文社科资深教授，博士生导师。教育部"马工程"重点教材审议委员会委员，中国法学会学术委员会委员，中国法学会法理学研究会顾问，全国高校法学教学指导委员会顾问，全国法学教育研究会顾问。曾任武汉大学法学院副院长、浙江大学法学院院长。1997年作为中国法学会优秀代表因团长出访阿根廷、智利和法国。主要研究领域为法理学、宪法学以及法学教育。20世纪80年代以来，共出版专著、教材（主编）30余部，在《中国社会科学》、《法学研究》、《中国法学》等法学刊物上发表学术论文160余篇，培养了100多位博士。先后主持国家社科基金重点项目4项，一般项目2项，教育部社科基地重大项目1项，一般项目2项。1997年、2001年、2005年获国家级优秀教学成果奖一等奖；1998年获教育部第二届人文社会科学优秀成果奖一等奖；2002年获国家优秀教材一等奖2项，司法部科研一等奖1项；2004年、2009年获湖北省人民政府科研一等奖；2012年获评中国法学会"全国杰出资深法学家"。

主要著作有：

《宪法基础理论》（独著）

《中国特色社会主义法治理论体系纲要》（独著）

《法理学》（主编）

《西方法思想史》（主编）

《西方法学名著提要》（主编）

《依法治国论》（主编）

《人权的理论与实践》（执行总主编）

《邓小平法制思想研究》（主编）

《毛泽东法律思想研究》（主编）

《依法治国方略实施问题研究》（主编）

《良法论》（主编）

《新中国法制建设的回顾与反思》（主编）

《人本法律观研究》（主编）

1 ▸ 2012年9月26日，被中国法学会评为"全国杰出资深法学家"
2 ▸ 与孙国华教授在一起
3 ▸ "全国杰出资深法学家"合影

1 ▸ 在李龙先生法学思想研讨会上发表感言
2 ▸ 李龙先生法学思想研讨会全体成员合影
3 ▸ 李龙先生法学思想研讨会现场
4 ▸ 李龙先生法学思想研讨会现场

1 ▸ 在北京参加教育部"马工程"重点教材审议会
2 ▸ 教育部"马工程"重点教材审议会现场

1▸ 答辩后与老师和同学合影
2▸ 在伯父李祖荫雕像前

目　录

社会管理创新的法理探源与中国特色　/　1
中国特色社会主义法治体系的理论基础、
　　指导思想和基本构成　/　16
人本法律观对社会主义法本质的再认识　/　34
论地方人大常委会对地方"两院"
　　规范性文件备案审查的正当性　/　44
论辛亥革命中的司法变革　/　53
论辛亥革命的法学价值　/　68
论当代中国法学学术话语体系的构建　/　81
社会管理创新中的若干理念辨析　/　94
历史与启示：论新中国成立
　　初期的司法改革运动　/　104
论法治是治国理政的基本方式　/　116
建构法治体系是推进国家
　　治理现代化的基础工程　/　125
"治理"一词的沿革考略
　　——以语义分析与语用分析为方法　/　145
论国家治理与人权保障　/　185
法治新常态刍议　/　198
马克思主义法学创立过程的三部曲　/　209

全面推进依法治国视域下的人权保障 / 219
马克思主义法学的发源地
　　——《黑格尔法哲学批判》解读 / 230
论全面推进依法治国与国家治理现代化 / 244
中国特色社会主义人权理论体系研究 / 273
走向全面深化改革与
　　全面依法治国的辩证统一 / 287
论法律权威的生成机制及其维护 / 308
坚持和实现党的领导、人民当家作主
　　和依法治国的有机统一 / 324
论平均地权的法理基础
　　——纪念孙中山诞辰150周年 / 329
马克思主义法学的奠基之作
　　——写于《德意志意识形态》问世170周年 / 349
习近平同志治国之道的法哲学解读 / 359

附　录 / 375

法海沉浮 / 377
研究中国问题　写中国文章 / 387
马克思主义法学观与依法治国（上）
　　——访"全国杰出资深法学家"、武汉大学人文社科
　　　　资深教授李龙 / 394
马克思主义法学观与依法治国（下）
　　——访"全国杰出资深法学家"、武汉大学人文社科
　　　　资深教授李龙 / 407
李龙先生法学思想研讨会会议记录 / 427
李龙：社会需要精英和良法 / 461

社会管理创新的法理探源与中国特色*

社会管理创新与经济的发展，犹如车之两轮奋力推进着中国的时代列车，构建"党委领导、政府负责、社会协同、公众参与"的中国特色社会管理新格局，正在成为举国上下共同贯彻的伟大战略，社会管理创新业已成为马克思主义中国化、时代化、大众化的重大成果，彰显着国家与民族光辉的未来，是当前和今后一段时期党和国家的头等大事，正如胡锦涛同志指出的那样，是事关巩固党的执政地位，事关国家的长治久安，事关百姓的安居乐业，即事关"党固"、"国稳"、"民安"的头等大事。

一、社会管理创新是马克思主义关于国家职能理论的新发展

在马克思主义经典中，马克思和恩格斯对社会管理极为关注和重视，并将其作为马克思主义关于国家学说的重要组成部分和核心内容。在恩格斯整理出版的马克思巨著《资本论》第三卷中告诉人们，马克思在该书中通过对资本家管理工厂的职能的分析，引申出并扩大为国家的两个基本职能：一是政治统治，二是社会管理（即公共管理）。马克思明确指出，国家（政府）职能"既包括由一切社会的性质产生的各种公共事务的执行，又包括由政府同人民大众相对立而产生的各种特有的职能"①。当然，在这里讲的国家（政府），是针对资本主义国家而言，但这段话对国家职能是具有普遍意义的，只是因

---

* 本文刊载于《中国法学》2012年第2期。
① 《马克思恩格斯文集》第7卷，人民出版社2009年版，第431~432页。

国家本质而具有不同目的罢了。就是说，任何国家都具有这两种职能，所不同的是执行职能的价值取向和目的各异。针对马克思这一著名论断，恩格斯在《反杜林论》中进一步作了论述，他写道："政治统治到处都是以执行某种社会职能为基础，而且政治职能只有在它执行了它的这种社会职能时才能持续下去。"① 从马克思与恩格斯上述经典论断中，我们至少可以明确三个问题，而且三者都是相互联系的：第一，任何国家都有两个基本职能。尽管随着时代的发展，国家职能有所扩大，但政治统治与社会管理都是最基本的职能；第二，在这两个基本职能中，社会管理职能是基础性的，它直接影响政治统治职能的发挥；第三，政治统治的职能只有在执行了社会管理的职能时，才有可能支持和维持下去。也就是说，马克思与恩格斯在历史上第一次把社会管理职能提到新的高度。这正是我们重视社会管理的思想根源，也是被历史和现实证明的一条真理，也是党和国家高度重视社会管理的理论和现实依据。党和国家在深刻理解和全面贯彻马克思主义经典作家关于国家职能理论的基础上，又从中国实际出发，创造性地加以发展，使之具有明显的中国特色和时代的烙印，这表现在：

第一，社会管理的主体扩大。在改革开放前，当时社会管理是以"阶级斗争为纲"为指导思想，主体是单一的，即国家（政府）。现在随着社会主义民主的加强，特别是社会管理创新的提出，社会管理的主体则是众多的，为"四方共治"，即党的十七大提出的"党委领导、政府负责、社会协同、公众参与"的中国特色社会主义社会管理新格局，就是说，现在的社会管理已经不是国家的"独角戏"，而是四方共治的"群英会"。当然，这些主体所处的地位与分工是不同的。这里讲的"党委领导"不仅包括与党委保持一致，而且重点放在党委引导社会、组织社会、管理社会、服务社会的责任与能力上，在于作为执政党的中国共产党总揽社会管理的全局，协调各方同心协力搞好社会管理。"政府负责"也是有具体要求的：首先要建设服务型政府，界定社会管理中的责任与任务，确保职能部门形成协调运转社会管理的合力，发挥政府在社会管理中的主导作用。"社会协同"则包括群众组织、社会组织、基层自治组织以及事业单位，它们不仅

---

① 《马克思恩格斯选集》第3卷，人民出版社1995年版，第523页。

相互协同，共同配合政府管理社会，并成为主体的一部分，而且还包括自我管理。当然，这里有个体制与机制问题，需要在社会管理创新中解决。"公众参与"既包括有序地依法参与社会管理，实现自我管理、自我服务、自我发展，还包括人人参与、人人共享这样格局的形成。总之，中国特色社会管理的主体众多，正如古语所说："官民相亲，其力断金"，他们组成了一场多层次、多声部、多互动的琴瑟合鸣。前一段时间业已涌现的典型如四川的"大制"、广东流通人口的"一卡通"、河南的"大调解"、吉林法院系统的"联动司法"和湖北的"法务前沿工程"，都是我国社会管理创新大合唱中的组合曲。

第二，社会管理涉及的范围更加广泛。凡涉及非政治管理、非经济管理的一切领域，都属于社会管理的范畴。因此，加强与创新社会管理是中国社会主义现代化建设总体布局的核心任务之一，是新的历史时期的"中心课题"。早在1990年，邓小平同志就预言，总有一天，社会管理将成为一个中心课题。因为它涉及的范围极广，既包括现实的社会领域，又包括虚拟的社会领域；既包括人口流动的领域，也包括相对平静的领域；既包括有组织的社会团体，也包括城乡的交汇地带；既包括社会实体，也包括社会软体，等等。近年来，无论是国内还是国外，尤其是西亚、北非、西欧、北欧等地发生了一系列社会事件，导致这些国家和地区的社会问题凸显，社会矛盾激化，社会冲突加剧，社会风险剧增。同时在国内，也发生了好几起事件，如云南的孟连事件，贵州的瓮安事件，湖北的石首事件，甘肃的陇南事件，江西宜黄的拆迁户自焚事件，陕西宝鸡的工业污染事件，安徽阜阳的毒奶粉事件等，都属于社会管理涉及的范围。因此，社会管理范围的广泛正说明加强与创新社会管理的紧迫性。社会管理涉及范围的复杂性，正表明了化解社会矛盾，促进社会公平实为当代中国之必需，是党和国家的一项伟大战略。

第三，社会管理的策略更加先进，方法更加多样。在我国社会管理中有一条基本经验：关口前移，源头治理。加强与创新社会管理，既要求普遍治理，不漏死角，也更强调及时发现问题，从源头上找根由，做到"关口前移"，把社会管理的触角伸到前沿，把矛盾解决在摇篮之中，不断提高社会管理的前瞻性、主动性和有效性。

很显然，我国社会管理创新对马克思主义的发展绝不止上述三点，但它却体现了马克思主义关于国家职能的中国化、时代化和大众化，展现了正在进行的社会管理创新的中国特色、中国风格、中国气派，体现了党和国家对马克思主义关于国家职能理论的深刻理解。为什么社会管理职能如此重要，为什么社会管理是国家基础职能呢？这还要从经典著作和现实生活中去寻找答案。

早在1849年2月，马克思在《对民主主义者莱茵区域委员会的审判》中，有一句名言：国家与法律应该以社会为基础。笔者对此的理解是：第一，任何国家都处在一定的社会之中，没有社会便没有国家，离开社会的国家是不存在的。因此，国家要强盛，其依赖的社会必须稳固，所以国家首先必须加强与创新社会管理。第二，国家与法是建基于社会的上层建筑，是一种公共权力，其重要作用之一就是维持社会秩序，确保社会稳定。正如邓小平同志早就明确指出的那样：稳定是压倒一切的。江泽民同志具体解释说："没有稳定的政治和社会环境，一切无从谈起，多么好的规划、方案都将难以实现。"[①]第三，其实，马克思在其早期著作《黑格尔的法哲学批判》中就尖锐地批判了"国家与法决定市民社会"的观点，明确写道：不是国家与法决定市民社会，而是市民社会决定国家与法。当然，马克思这里讲的"市民社会"是专指与私有制相联系的社会，是针对资本主义社会而言。但马克思在这里首次揭示了一个基本原理：社会是国家的基石，任何国家都离不开"社会"这个基石。所以，要建设强盛的大国，必须加强与创新社会管理，必须充分发挥国家这一极为重要的职能。这实质上是上层建筑重要反作用的体现。

二、社会管理创新是马克思主义 关于法的作用理论的新贡献

马克思不仅出身于法学世家，而且他本人攻读的也是法学专业。早在大学二年级时，他就力图建立新的法学体系，后经多年的努力，通过《黑格尔法哲学批判》的转向，特别是通过《德意志意识形态》的奠基和《共产党宣言》的发表，终于创立了马克思主义法学，使

---

① 《江泽民文选》第1卷，人民出版社2006年版，第461页。

法学这个古老的学科焕发了青春,实现了法学史上的伟大革命。马克思主义法学的特点之一,就是对法律的规范作用作了科学的论述。马克思写下这段名言:"法律是肯定的、明确的、普遍的规范,在这些规范中自由获得了一种与个人无关的、理论的、不取决于个别人的任性的存在。法典就是人民自由的圣经。"① 很显然,创新社会管理,肯定离不开法律的规范作用。换句话说,社会管理的任何创新包括体制创新、机制创新,等等,如果离开了法律的规范就一事无成。因为,第一,法律规范是肯定的、明确的规范,她直接告诉人们哪些行为可以做("可为"),哪些行为必须做("必为"),哪些行为不能做("非为")。其中,"可为"是一种权利,也是一种选择,实际上也是一种自由。至于"必为"与"非为"则是严格的约束,如果必须做的你不做,或者不许做的你做了,那就是违法,将受到法律的制裁。当然制裁的方式有行政的、经济的,也有刑事的。第二,法律是普遍的规范,在一国主权范围内,她普遍有效力。任何人不能凌驾于法律之上,都要受到法律的约束。法律具有普遍的约束力,并以国家的强制力作为后盾。第三,法律规范具有教育性,她对人的行为具有引导作用,使新的体制与机制便于运转,还能使人们在社会管理新的体制与机制的运转中预见自己行为的预期后果。由于有了这三条,便可以使社会管理顺利进行。这是一个公认的法则,西方国家也运用过。我们现在讲的社会管理创新,是在实践中对马克思主义关于法律规范的理论有了新的贡献,这无疑是马克思主义中国化、时代化、大众化的新成果,其中国特色非常明显,具体表现在:

第一,"管理"与"服务"的统一,"服务"优先。以往,社会管理属于"行政"范畴,突出的是一个"管"字。在新形势下,则寓"管理"于"服务"之中,实现"管理"与"服务"的统一,而且以"服务优先",给人民大众带来极大的便利。近年来,各县、市的"电子政务"就是明显的例证。"集中办公"更体现了服务的高效,使"服务"落实到基层,受到群众的一致好评。据说,这一重大的变革源于美国。1993年9月,美国当时的总统克林顿签署了《设立顾客服务标准》,具体规定了社会管理的"服务"条款,从此

---

① 《马克思恩格斯全集》第1卷,人民出版社1995年版,第176页。

便使"服务"成为了"管理"的主题词。也许在西方国家有这一说法，但如果把它搬到中国来，则与事实完全不符。我国之所以提倡变"管理"于"服务"，在理论上有两个来源，而且都早于克林顿签署的那个文件：一是早在1871年巴黎公社时代时，他们就明确规定公社的工作人员必须是"人民勤务员"，其"服务"含义十分明确。而巴黎公社是无产阶级用暴力夺取政权的第一次尝试，这是马克思主义的光荣传统。二是在1954年我国颁布的《中华人民共和国宪法》中，就明确规定"为人民服务"是国家机关工作人员活动的基本原则，是"管理"中的灵魂。因此，我国寓"管理"于"服务"之中，是我们国家本质的要求，是马克思主义中国化的生动体现，更是当今时代的要求，是中国人民的智慧。

第二，"他律"与"自律"的统一，"自律"优先。党中央提出全国人民认真贯彻的社会管理实践中，强调充分重视法律的作用，必须发挥法律的调整功能，正如胡锦涛同志指出："加强社会管理的法律体制、能力建设，维护人民群众权益。"① 就是说，通过立法与执法，形成科学有效的利益协调机制、诉求表达机制、矛盾调处机制、权益保障机制，统筹协调人民群众各方面的利益关系，将这一切纳入法治的轨道，即"他律"。但法治不是孤立的，它必须与道德相结合，既要"依法治理"，更要人们从内心去遵守，应该把"他律"与"自律"有机统一起来，引导和促进人们自觉遵守法纪，共同建设良好的社会秩序。其实，只有人们信仰法律，才能出现真正的法治社会，而法治社会是法治国家的更高境界。

第三，依法治理与综合施策的统一，综合施策优先。我们是在建设社会主义法治国家的时代背景下搞社会管理创新，那么加强和普及法制教育无疑是一项基础性的工作，要求全社会树立依法办事、守法光荣的新风尚，依法治理显然是个好办法。但在经济发展的黄金期和社会矛盾的凸显期，发生矛盾的成因十分复杂，因此，化解社会矛盾的方法也应该形式多样，而且各具优点。我们应该因人而异，因地制宜，在弄清群众的诉求之后，首先应该综合运用经济、行政、道德、

---

① 胡锦涛：《加强和创新社会管理 健全网上舆论引导机制》，中新社2011年2月19日电。

科技等手段化解矛盾。只有在综合施策失效后，再依法治理。毕竟法律是严肃的、原则性强的。当然，这里讲的"法"，既有"硬法"，也有"软法"，首先应充分选择"软法"。综合施策是中国共产党创造性运用马克思主义关于法律规范作用的新贡献。

三、社会管理创新是马克思主义关于人的学说的新境界

社会管理说到底是对人的管理与服务。历史证明，只要有人类社会，就有对社会进行条理化管理的需要。正如著名管理学大师彼德·德鲁克指出："管理是一种实践，其本质不在于'知'，而在于'行'；其验证不在于逻辑，而在于成果；其唯一权威是成就。"① 很显然，这里讲的"实践"、"行"、"成就"，都是指人的"实践"、"行"、"成就"。其实，关于人的学说，马克思早就有经典的论述，尤其是关于人与哲学社会科学的关系更是有精辟之处。② 尽管在马克思主义经典著作中，没有直接使用"以人为本"这个词，但以人为本却是马克思主义世界观、价值观的核心。马克思主义中国化、时代化、大众化最突出的最新成果，就是在社会管理创新中贯穿了"以人为本"的思想。

在当代中国，"以人为本"有着特殊的科学内涵。从外延来讲，"以人为本"中的人是社会一切成员，意思是说人是社会的根本，因为社会是人的集合体，离开了人就不可能构成社会，正如毛泽东同志早就指出的那样："世间一切事物中，人是第一个可宝贵的。在共产党领导下，只要有了人，什么人间奇迹也可以造出来。"③ 从"以人为本"的内涵来看，这里讲的人是有特定含义的，是指"人民"。因为在新中国，"一切权力属于人民"，人民是指占我国人口总数99.98%的全体社会主义劳动者、社会主义建设者、拥护社会主义的

---

① 转引自卢汉龙：《社会管理创新中的社会政策》，载中国高校人文社会科学信息网：http//www.sinoss.net/2011/0816/35494.html，2011年8月16日访问。
② 《马克思恩格斯全集》第1卷，人民出版社1956年版，第393页。
③ 《毛泽东选集》第4卷，人民出版社1991年版，第1512页。

爱国者和拥护祖国统一的爱国者。在社会管理创新的实践中，"以人为本"的真谛和中国特色便充分显示出来，这表现在：

第一，"以人为本"是社会管理创新的根本原则。社会管理归根到底是对人的服务问题。鉴于社会主义国家本来就是人民当家作主的国家，"公众参与"社会管理就是必然的结果，也就是说"公众"成为了社会管理的主体，这是人类历史上的根本变化。在以往的社会中，公众是社会管理的对象，而我国社会管理创新却要其成为主体，这是对马克思主义关于人是主体的理论的创造发挥。实践证明：我国社会管理创新既根植于以人为本，又服从于以人为本，更发展于以人为本。离开了"以人为本"这个原则，社会管理创新便失去意义，既没有存在的必要，甚至也没有存在的可能。因为我们是社会主义国家，其重要使命就是尊重人、爱护人、保护人，改革开放的成果必须惠及人民。因此，我们要把"以人为本"与中国古代的"民本主义"、西方的"人文主义"区分开来，因为它们的动机、目的与内容是有本质不同的。当然，我们也要合理借鉴其中某些有用的东西。因此，我们在社会管理创新的实践中，把马克思主义关于人的理论引入一个新的境界，使"以人为本"与人类解放、与全面建设小康社会直接结合起来，使"以人为本"在社会管理创新中的具体成果里展现光辉。

第二，尊重与保障人权是社会管理创新的价值取向。社会管理创新说到底是一种手段，其价值取向在社会主义制度下只能是尊重与保障人权。且不说这个问题早已写进了我国宪法，而且关键是在实践中正在进一步落实。可以这样说，社会管理的过程，就是尊重和保障人权的过程，绝不能把社会管理错误理解为"管、卡、压"，也不能简单地理解为解决上访与群体性事件的问题，而是通过社会管理提升对人的服务水平，提高对人的价值认识，并从制度上、方法上特别是从出发点与落脚点上彰显当代中国尊重与保障人权的光辉，展示中国特色社会主义人权理论与实践的高度文明。社会管理创新，实质上是一次重大的社会改革，它涉及就业、收入分配、社会保障、教育、医疗、住房等等民生问题，它集中体现"尊重与保障人权"这一宪法原则的落实。通过社会管理创新，正如无产阶级革命导师恩格斯所预见的那样："从今以后，迷信、非正义、特权和压迫，必将为永恒的真理，为永恒的正义，为基于自然的平等和不可剥夺的人权所取代。"① 自20世纪80年代末以来，我国在人权理论与制度上取得了重大的进步，已由过去只承认人权的阶级性发展到认可人权的普遍性；由以往单讲人权的斗争，发展到人权对话，由起初的理论研究发展到理论与实践相结合、全面人权制度建设，成就是巨大的。通过社会管理创新，将使我国"尊重与保障人权"进入一个崭新的阶段，并在"十二五"规划中具体落实。

四、社会管理创新是马克思主义关于规则与秩序论断的新高度

社会管理创新是马克思主义关于规则与秩序论断创造性运用，并在实践中提升到新的高度。历史证明，规则和秩序是不可分割的：世上没有无规则的秩序，也没有无秩序的规则，问题只在于是什么样的规则和秩序。正如马克思所指出："这种规则和秩序，正好是一种生产方式的社会固定形式，因而它是相对摆脱了单纯偶然和单纯任意性形式。"② 社会管理创新正是把规则与秩序有机结合起来，使社会冲突得以缓和，使社会矛盾将以化解，使社会风险加以规避。

任何社会都要建立一个正常的社会秩序，而这种秩序的建立，必须有与其相应的规则，否则社会就会乱，甚至会发展到不可收拾的地步。这些规则，当然主要是法律，还有道德、习惯，甚至行政、经济和科技等等。规则之所以需要，一是在于界定权利义务的界限，尽量避免纠纷的产生。但任何社会都是由人组成的，而"人生有欲，欲而不得，则不能无求，求而无度量分界，则不能不争。争则乱，乱则穷。先王恶其乱，故制礼仪以分之"③。二是提供化解纠纷的手段。随着社会的进步，化解矛盾的规则的方法、手段也不断提升并趋向文明。以化解仇恨为例，在原始社会是血族复仇的方式进行械斗，解决矛盾；奴隶社会则进了一步，用的是同态复仇，即所谓"以牙还牙，

---

① 《马克思恩格斯选集》第3卷，人民出版社1995年版，第356页。
② 《马克思恩格斯全集》第25卷，人民出版社1995年版，第356页。
③ 《荀子·论礼》。

以眼还眼",后来发展到损害赔偿,直至有过错原则赔偿和无过错原则赔偿,等等。

事实上,化解矛盾的规则形式也是多种多样,并随着社会的进步而不断更新。在农业社会,调整社会秩序的规则形式,西方主要以宗教为主,法律、道德辅之;在中国古代,又有特殊性,县以下的乡村,则以宗法制度为基石,充分发挥族规和绅士的作用,因为皇权不下县,县以上则由国家用法律、道德来调整社会秩序。在工业社会,西方主要用法律规范人的行为,并以宗教辅之。在中国,改革开放前"以阶级斗争为纲",政府适用行政管理社会。现在是信息社会,我们加强与创新社会管理,实质是一场社会领域的变革,展现出社会管理中的中国特色、中国风格和中国气派。

第一,统筹兼顾,协商协调,调解优先。社会管理十分复杂,涉及方方面面,要正确反映和协调各种利益诉求,兼顾各方面群众的关切,尽可能通过平等沟通、协商协调、教育引导等办法进行社会管理。在化解社会矛盾和平息纠纷时,尽量采用调解的方法。"和为贵",适用于调解,这是中华民族的美德,更是中国革命的光荣传统。"马锡五审判方式"之所以受到人民的称赞,就是因为他在审判时,是在弄清事实的基础上,以法律为准绳,用调解的方式结案(主要是民事案件),收到了良好的效果。近年来,全国各级人民法院适用调解解决问题达80%以上,涉案人基本上没有反悔的。就是刑事案件中比较轻微的,也开始适用调解。其中的典型是湖南人民检察院推行的"刑事和解"制度,这样既减少了诉讼成本,又密切了群众关系,更安定了社会环境。这一中国特色,应坚持和发扬。

第二,普遍治理,突出重点,民生优先。社会管理涉及的问题多,尤其是当今一段时期,既是经济发展的机遇期,也是社会矛盾的凸显期,再加上以往社会管理"欠账"较多。在改革开放前,"以阶级斗争为纲"遗留的问题不少,过去对待矛盾是捂住盖子,使社会问题更加复杂。党的十一届三中全会后,党和国家的重点由以阶级斗争为纲转移到以生产建设为中心上来,人们关注的是业绩与效能,对社会管理注重不够。当前和今后一段时期,既要坚持以经济建设为中心,又要注重社会管理,坚持两条腿走路。社会管理极为复杂,要注意普遍治理,不能漏掉死角,如城乡结合部。又要突出重点,优先解决民生问题，如就业、就学、住房、医疗等。民生问题是一个社会、一个国家的根本问题，也是容易引起社会动荡的大问题，更是执政党争取民心、博得天下太平的重要方面。因此，在社会管理创新过程中，首先要在民生问题上实现理念创新、体制创新和机制创新，同时，国家要及时拨出经费使教育支出达到4%，民生工程（包括就业、住房、医疗）的支出应占国民收入总支出的50%以上，也就是说，要从理论与实践相结合上解决民生问题，把社会管理扎扎实实向前推进！

五、用民主、法治这两大法宝将社会管理创新不断推向深入

以上论述从法理的角度揭示了社会管理创新的理论渊源和中国特色，似乎业已完成了本文的主题，其实不然。它回答的仅仅限于"是什么"，而缺乏"怎么做"的研究，事实上，这是一个问题的两个侧面，是不可回避的。无产阶级革命导师列宁在论证问题上为我们树立了榜样，他论述俄国民主革命时，首先写了"为什么"一书，接着又出版了"怎么办"，尽管他是用两本书来完成的，但作为论证问题的要求是一样的。那么，我们如何回答"怎么做"这一实证难题呢？笔者认为应该抓住"社会建设"作为"六位一体"① 之一的这个主题。我们不仅要建设法治国家，而且要建设法治社会，其中民主与法治是两个核心，在社会管理创新中千万不能忘记，要贯彻始终。

先说社会建设中的民主问题。当下民主的实现形式主要有四种：选举民主、协商民主、自治民主、谈判民主。尽管四种民主可以交叉使用，但一般都是用选举民主、协商民主对应政治领域，用自治民主与谈判民主对应社会领域。因此，后两种民主形式是在社会管理创新中必须坚持与弘扬的。就自治民主而言，村民自治与居民自治虽已有法律依据，但情况变化了法律还未跟上，特别是居民委员会正在被社

---

① "六位一体"，即经济建设、政治建设、文化建设、社会建设、生态建设和党的建设。

区委员会所代替，而社区自治尚无法律可循。因此相关法律应尽快出台，即便是村民自治的部分也应随着农村的巨大变化加以完善。自治民主在农村实施了好多年，虽有成效，但问题也颇多，主要是对"自治权"认识不清，自治民主没有真正实现。"自治权"由来已久，源于封建社会，在我国古代即有"王权不下县"之说，就是说农村是自治的，由宗法系统的族长与绅士管理。在西方，新兴的资产阶级为了与封建贵族分权，倡导地方自治，大都沿用至今。依据惯例，并结合我们的实际情况，村民与居民自治，即他们均享有自治权，对所在地区实行自我管理、自我监督。社会管理创新就是要保障村民与居民正确行使自治权，国家机关——主要是民政部门和乡政府，要保障基层组织的自治权，对侵犯自治的行为要依法取缔。同时，在社会管理创新过程中，要使社会组织、社会团体也依法享有自治权，要通过制定自己的章程，选举自己的领导机构，规定成员的权利与义务，确定自我管理、自我监督的方法与手段。当然，所有这些都必须在宪法与法律的规定范围内进行。形成中国特色社会主义管理体系，这自然是一个巨大的社会工程，最终需要形成党委领导、政府负责、社会协同、公众参与的新格局。就谈判民主而言，看起来这是一个新课题，是社会管理创新应该坚持的新生事物。其实，谈判民主也由来已久。在西方，谈判民主起源于古希腊，在中国则传说源于尧舜时期，后来谈判民主大都适用于国际大事或争端的解决。自20世纪以来，谈判民主开始在国内盛行，至21世纪在我国化解纠纷的实践中，谈判民主得到了广泛的运用。尽管没有直接使用"谈判民主"这一词语，但实际上谈判民主的方式都在实践中得到应用并且其范围不断扩大，如行政机关、立法机关的"听证制度"，就连司法机关都经常采用"谈判民主"这种方式，如民事案件的调解、轻微刑事案件的和解制度。这里重点要讲的是县级以下的人民调解制度，这个曾一度受到称赞的东方法制虽然在我国得到了重视，但尚未完全制度化，特别是相关机构尚待进一步健全，为此建议：第一，在城市区一级，在农村乡镇一级建立或健全以党政主要负责人为主任委员，以司法所为办公地点，广泛吸收社会组织和社会团体参加的人民调解委员会，具体负责调解辖区内的各种纠纷。关键在于不搞形式，而是要实实在在办事，把纠纷解决掉。第二，调解委员会的成员不仅要有领导干部和司法干部，还应该广泛吸收人民群众和法律专家参加，并把调解的触角延伸到各个村。第三，不仅要运用法律手段，而且更要运用政策、经济、科学等手段，特别是要充分考虑到民间的乡规民约和风俗习惯。第四，广泛采用谈判民主的方式，使双方平等协商，互相礼让，形成"和为贵"的氛围。谈判民主是一种崭新的民主，它符合社会主义国家的实际，它必须贯彻两个原则：一个是自愿，一个是平等，而这是社会主义国家所特有的，因为人民的根本利益是一致的，人民的地位是平等的。更重要的是，谈判民主有利于建设和谐社会，有利于全面实现小康社会，促使社会秩序井然，人民安居乐业。

再谈社会建设中的法治问题，这是社会建设的基石工程。我们不仅要建设法治国家，更要建设法治社会，而法治国家是以法治社会为基础的。我国自提出依法治国以来，成效固然很大，甚至引起世界关注，但存在的问题仍然不少，根本原因就是没有建立法治社会，这实际上也是社会管理创新要解决的关键问题。"皮之不存，毛将焉附"，离开了法治社会这块基石，社会管理创新将成为一句空话，为此建议：第一，加强社会立法。尽管我国已将"社会法"列为中国特色社会主义法律体系的重要组成部分，但其中关于社会组织、社会团体的立法不仅数量极少，而且位阶很低，大多是法规与规章层面的东西，这显然与社会管理创新的要求不相称，应尽快制定有关社会组织与社会团体的法律，对于人口、特殊人群和网络方面的立法应早日出台。第二，加强对社会组织与社会团体的研究，发挥它们在团结群众、激发群众构建和谐社会的积极性等方面的特殊功能，组织他们尽快制定自己的相关章程，协助政府搞好社会管理，使我们的社会与国家相互配合，相得益彰，及时化解矛盾与纠纷。第三，提高社会组织与社会团体的组织能力与管理水平，定期培训干部，条件成熟的应尽快建立党的支部，团结、组织和率领社会组织与社会团体为构建社会主义和谐社会而尽力。第四，法治社会的关键是人人守法，追求社会公平正义。这正是当前我们迫切需要的社会环境，因此，必须加强法治教育，使每个社会组织、社会团体和全体公民不仅要做好"他律"，而且要做到"自律"和"互律"，要发挥"多律"的作用，使守法成为风尚，"自律"成为准则。那么，是否要形成"大社会，小政府"的格局呢？笔者认为"不"。"大政府，小社会"当然不行，因为它违背社会发展的规律，不符合时代的要求。同时，"大社会，小政府"也不符合国际发展趋势，更不切合中国实际。当下中国的问题，不是政府管多了、管宽了，而是管少了、管窄了。也就是说，政府服务不到位。当然，政府不该管的事、管不了的事则不应该管，否则，什么事都管不好。过去那种"大政府，小社会"带来的危害实在是太多了，应该抛弃这种格局。我们主张"强政府，强社会"，这里讲的"强政府"是治国理政能力强、宏观调控能力强、国防力量强，要促使国家与社会互相配合、相互促进，达到民富国强的美好境界。至于"大社会，小政府"的提法，在国内最早见于1986年5月中国社会科学院一位青年学者写的一篇文章①。其实这是马克思和恩格斯针对自由资本主义时期讲的，当时西方学者也称政府为"守夜人"，强调的是"自由放任"，国家不干预经济与社会，但自20世纪20年代末（1929年）以来便开始蔓延整个资本主义的经济危机，促使1933年罗斯福上台并推行新政，国家干预逐渐取代自由放任，"小政府"一说业已成为历史的过去。现代再提"小政府"已不合时宜。事实上，"二战"胜利后，正是西方国家的政府权力不断扩大，国家干预涉及各个领域。而在我国，"小政府，大社会"曾一度流行。海南省曾做过试点，从1988年到1990年两年间，全省申请的社会团体达101个。由于没有加强这些社会团体的内部建设，特别是没有提供良好的法治环境，最后基本上都以失败告终，甚至出现了一些混乱。事实告诉人们在当今时代，在建设中国特色社会主义中，搞"小社会，大政府"不妥，搞"小政府，大社会"同样不妥，正确的道路是"强政府，强社会"，这是时代的要求：第一，我国面临着严峻的国际形势，美国重返亚洲，正在搞"半月形"的对我国的包围圈，没有强政府，强社会，怎能对付这个局面？第二，我国正处于经济发展的机遇期和社会矛盾的凸显期，各种社会矛盾众多，正需强政府，强社会去化解。第三，面对严重的欧债危机和各种不确定因素，没有强政府、强社会，怎么促进我国国民经济的继续发展？历史告诉

---

① 参见廖逊：《马克思恩格斯"小政府"思想与当代经济改革》；转引自黄晓华、尹红丽：《流行语：小政府大社会 中国体制改革的一朵奇葩》，载《海南日报》2008年12月1日。

我们，落后就要挨打，这个教训永远不该忘记。

　　社会管理创新事实上是一场伟大的改革，涉及面广，问题比较复杂，但只要抓住民主与法治这两个关键，问题都将会迎刃而解。

中国特色社会主义法治体系的理论基础、指导思想和基本构成[*]

一、马克思主义法学是中国特色社会主义法治体系的理论基础

早在60多年前,毛泽东同志就庄严宣布:"指导我们思想的理论基础是马克思列宁主义。"① 这一英明论断一直是党和国家在长期的革命与建设实践中,特别是在中国特色社会主义法治体系的建设实践中,一贯坚持和弘扬的理论基础。马克思主义法学是马克思主义科学宝库中重要的组成部分,直接指导着中国特色社会主义法治体系的建立与发展。饮水思源,在学习与贯彻党的十八届四中全会精神,在谈构建中国特色社会主义法治体系时,首先就从马克思主义法学这个极为重要的理论基础谈起。

马克思主义法学这一科学的理论体系,是马克思与恩格斯共同创立的,历经了民主主义向马克思主义的转变。这一以唯物史观为理论武器而建立起来的严整法学理论体系是人类法学史上的伟大革命,使法学成为了一门真正的、独立的人文社会科学。马克思主义法学是通过马克思独著的《黑格尔法哲学批判》、马克思与恩格斯合著的《德意志意识形态》和《共产党宣言》等"三部曲"的反复论证与升华而宣告创立的,紧接着又通过马克思与恩格斯一系列其他著作的论述,如《资本论》第一、二卷、《法兰西内战》、《哥达纲领批判》、

---

* 本文刊载于《中国法学》2015年第5期。
① 《建国以来毛泽东文稿》第4册,中国文献出版社1954年版,第554页。

《反杜林论》、《论住宅问题》、《家庭、私有制和国家的起源》等,将马克思主义法学发展为严整、系统的学说。马克思主义法学内容丰富,博大精深。我国学者在学习与研究过程中,有人从三大方面,即从法的物质制约性、法的阶级意志性和法的发展阶段性来论证法的基础理论;也有人从法的主体论、价值论、方法论等三方面来构建法的基本理论。这无疑对宣传、学习与研究马克思主义法学起了很大推动作用,并通过结合中国法制建设实践,使得人民民主与法制建设取得了巨大成就,极大地推动了我国的法学教育与学科建设。现在,我在吸收原来经验的基础上,从七个方面即从法的理论基础、科学基础、阶级基础、历史基础、社会基础、价值基础和研究方法来阐明马克思主义法学的基本观点:

第一,马克思主义法学以唯物史观为理论基础,强调法律的物质制约性,指出经济基础对法律的内容、发展和变更的方向起决定作用,正如马克思本人在《政治经济学批判》中所说:"我的研究得出这样一个结果:法的关系正像国家的形式一样,既不能从它们本身来理解,也不能从所谓人类精神的一般发展来理解,相反,它们根源于物质的生活关系,这种物质的生活关系的总和,黑格尔按照18世纪的英国人和法国人的先例,概括为'市民社会'……"① 这就是说,经济基础是法律的本原,有什么样的经济就有什么样的法律,法律必须符合经济规律,必须反映经济关系发展的要求。

第二,马克思主义法学始终坚持经济分析与阶级分析相结合的研究方法,认为任何历史类型的法律都具有阶级性。在阶级对立社会里,法一直是统治阶级意志的集中表现,在社会主义社会里,法则是人民意志的表现,并具体上升为国家意志。这一观点在他的奠基之作《德意志意识形态》和《共产党宣言》中说得非常清楚。这就是说,法律具有两重性,即客观性(或客观规律性)与主观性(或主观意志性),而客观规律性是第一性的,起决定作用。

第三,马克思主义法学认为法律是建基于一定经济基础之上的上层建筑,它们两者存在辩证关系,经济基础决定上层建筑,而上层建筑对经济基础有积极的反作用,它可以引导、规范、促进和制约经济

---

① 《马克思恩格斯选集》第2卷,人民出版社1995年版,第32页。

基础的发展，尤其是在治国理政重大问题上，各种上层建筑间发生积极的"交互作用"，共同推进经济社会向前发展。

第四，马克思主义法学始终坚持国家、法律的一致性，认为国家离不开法律，法律也离不开国家，并共同行使两种职能：政治职能与社会职能。马克思还强调指出："政治统治到处都是以执行某种社会职能为基础，而且政治统治只有在它执行了它的这种社会职能时才能持续下去。"① 这就是说，法治国家、法治政府、法治社会必须一体建设。

第五，马克思主义法学坚持人是法律的主体，强调"不是人为法律而存在，而是法律为人而存在"②。强调人是历史的主人，人类的历史是劳动人民的历史。法律关系实质上是人与人之间的思想意志关系，是受法律规范调整的人与人之间的关系。

第六，马克思主义法学始终坚持法学的基本范畴——权利义务的一致性，马克思明确指出："没有无义务的权利，也没有无权利的义务。"③ 这就是说，权利与义务始终是相应的、一致的，甚至是对等的。基于同样的道理，自由与纪律、民主与集中等，尤其是民主与法治，也必须相统一，没有民主的法治往往会导致专制，没有法治的民主必然会导致无政府主义。

第七，马克思主义法学始终坚持权力制约原则，反对一切腐败，对公权力实行严格的法律监督，强调依法控权。按照马克思的要求建立起来的"巴黎公社"，为人类树立了廉政的榜样，并提出了"公社原则永存"的口号，使公务人员成为人民的勤务员。革命导师马克思说："自由就在于把国家由一个站在社会之上的机关变成完全服从这个社会的机关……"④

马克思主义法学以其科学性、严整性闻名于世。它在革命和建设的实践中不断总结经验，始终体现时代的精神与要求。马克思与恩格斯以其盖世的奇才，令人信服和严肃认真的态度，审视数千年来中西

---

① 《马克思恩格斯选集》第3卷，人民出版社1995年版，第523页。
② 《马克思恩格斯全集》第3卷，人民出版社2002年版，第40页。
③ 《马克思恩格斯全集》第17卷，人民出版社1963年版，第476页。
④ 《马克思恩格斯全集》第19卷，人民出版社1963年版，第30页。

方法学名著与学说，既不全盘接受，也不一体排斥，而是集法律文化之大成，集法制经验之兴衰，才完成法学史上的伟大革命。我们今天学习马克思主义法学，不单纯是赞美其理论正确，而是为了将马克思主义结合我国实际，实现其中国化的伟大创举。

二、马克思主义中国化的光辉历程

早在民主革命时期，毛泽东同志于1938年就提出了著名论断："马克思主义中国化。"近80年来，中国共产党人用实际行动实现了领袖的诺言，并不断取得了举世瞩目的成就，其中当然包括马克思主义法学中国化的巨大成果在内。这些成果，大致可以概括为五大里程碑。

（一）马克思主义法学中国化的第一块里程碑的旗手是毛泽东，法制建设的主将是董必武等老一辈无产阶级革命家

其标志性成果是1954年宪法，主要成就与贡献有：第一，建立了人民共和国，为开创马克思主义法学指导的法制建设奠定了政治基础。这是社会主义法制建设的前提。正因为有了这个前提，才明确确立了我们的国体——人民民主专政，政体——人民代表大会制度。与此同时，相继制定了一大批重要法律，并取得重大成就。第二，颁布了《中共中央关于废除国民党的"六法全书"和确定解放区的司法原则的指示》，彻底废除了旧法统，确定了马克思主义法学在新中国法制建设中的领导地位，建立了人民的政法队伍，使新生的政权得以巩固，使人民的生命与财产安全得到保障。第三，当时主管政法工作的著名法学家董必武同志提出了"有法必依，有法可依"的"依法办事是人民民主法制的中心环节"的著名观点，使民主法制建设成效显著，社会秩序井然。第四，在毛泽东同志当政的时期，由于错误地发动了"文化大革命"，使国家一度陷入动乱之中，公检法司成为了重灾区。好在中国人民是伟大的人民，中国军队是伟大的军队，特别是中国共产党是伟大的党，最后终于一举粉碎了"四人帮"，使国家进入了崭新的历史新时期。

（二）马克思主义法学中国化的第二块里程碑的旗手是邓小平，法制建设的主将是彭真等老一辈无产阶级革命家

其标志性成果是：1982年宪法，主要成就有：第一，党的十一届三中全会既是中国历史的伟大转折点，把党与国家工作的重点由以阶级斗争为纲，转移到以生产建设为中心上来，同时又开辟了"中国特色社会主义法治道路"。这一条道路符合中国同情，是合乎民意、深得人心的法治道路。近40年来，这条道路越走越宽广。第二，邓小平同志明确提出了依法治国的基本思想。他在1978年召开的党的十一届三中全会上的主题报告《解放思想，实事求是，团结一致向前看》中，明确提出："为了保障人民民主，必须加强法制。必须使民主制度化、法律化，使这种制度和法律不因领导人的改变而改变，不因领导人的看法和注意力的改变而改变。"① 后来，当1997年依法治国被写入党章时，江泽民同志在十五大报告中提到依法治国的概念时便直接引用了邓小平同志的这段话。这是对依法治国最科学、最通俗的概括。第三，邓小平同志提出了"一手抓建设，一手抓法制"两手抓的著名方针，使依法治国与经济建设紧密结合起来，使法治成为治国理政的基本方式。第四，邓小平同志在董必武同志关于"有法可依，有法必依"的基础上，完整提出了社会主义法制原则，即"有法必依，执法必严，违法必究，在法律面前人人平等"。② 第五，邓小平同志强调法律权威，反对把领导人的话当做"法"，反对"家长制"，反对个人凌驾于法律之上。彭真同志在法制建设上是邓小平的得力助手，主持制定了几个重要法律，特别是制定了《中华人民共和国物权法》。

（三）马克思主义法学中国化第三块里程碑的旗手是江泽民，法治建设的主将仍然是彭真等老一辈无产阶级革命家

江泽民同志继承与发展了邓小平的依法治国思想，并把依法治国作为中国共产党领导全国人民的治国方略，标志性成果是三个宪

---

① 《邓小平文选》第2卷，人民出版社1994年版，第146页。
② 《邓小平文选》第2卷，人民出版社1994年版，第254页。

法修正案和"三个代表"重要思想。主要成就有：第一，相继于1997年和1999年将"依法治国，建设社会主义法治国家"写进了《中国共产党党章》和《中华人民共和国宪法》，正式确认为治国方略。这在中华民族历史上是个伟大的创举，也是全国人民共同的理想与愿望。第二，江泽民同志在党的十五大正式提出，党的十六大、十七大重申了我国民主法治建设的根本原则，即"党的领导，人民当家作主和依法治国的统一"。① 正是这一原则，明确划清了社会主义法治与资本主义法治的界限。第三，江泽民同志强调政治体制改革与经济体制改革要同时进行，要求在建设物质文明与精神文明的基础上，建设政治文明、生态文明，加强社会建设，并要求将法治建设作为实现上述要求的重要保障。第四，江泽民同志从历史法则和现代文明的高度论述了实行依法治国，建设社会主义法治国家的必然性与必要性，并领导全国人民在中国特色社会主义道路上不断取得新胜利。

（四）马克思主义法学中国化第四块里程碑的旗手是胡锦涛，法治建设的主将仍然是彭真同志

胡锦涛同志在新的历史条件下，进一步揭示了中国特色社会主义理论体系的科学内涵，提出和阐释了"科学发展观"的当代含义，在法治建设中不断取得新的成就。其标志性的成果是2004年的宪法修正案，重大成果主要有：第一，提出与阐释了"社会主义法治理念"，使我国政法系统有一个明确的指导思想，并从五个方面，即依法治国、执法为民、公平正义、服务大局、党的领导作出科学的解释，这在法治建设中具有重大意义。第二，对依法治国，建设社会主义法治国家的基本原则，即"三者统一"，作出了唯物史观的说明：（1）党的领导是人民当家作主与依法治国的根本保证。（2）人民当家作主是社会主义民主的本质要求。（3）依法治国是党领导人民的治国方略，从而使这一原则便于执行与落实。第三，提出和阐述了"人民民主是社会主义的生命"这一科学命题，他多次强调："人民

---

① 江泽民：《在中国共产党第十六次全国代表大会上的报告》，人民出版社2002年版，第31页。

民主是我们党始终高扬的光辉旗帜。"①发展社会主义人民民主政治是中国共产党始终不渝的目标。第四，提出了"尊重与保障人权"的著名观点，并与"保护私有财产"一道写进了宪法，开启了我国研究人权的壮举。

马克思主义法学中国化这四块里程碑的主要旗手当然是功不可没，被永运牢记在中国人民的心中。两位主将，即董必武同志与彭真同志和其他老一辈无产阶级革命家对社会主义法治建设的贡献，也是全国人民有目共睹的。在几十年的奋斗中，这些老一辈法学家无论是在新中国成立初期的前30年，还是在党的十一届三中全会后30年中，他们的功勋始终是巨大的，在共和国的史册上，将永放光芒。

三、习近平关于依法治国的论述是中国法治体系的指导思想

自党的十八大以来，习近平总书记对依法治国提出了一系列科学论断，尤其是十八届三中全会公报，四中全会通过的《中共中央关于全面推进依法治国若干重大问题的决定》和习近平同志在全会上的讲话，将依法治国全面推向崭新的阶段，业已成为新时期依法治国的指导思想，实际上构成了马克思主义法学中国化的第五块里程碑，旗手是习近平，标志性文件是党的十八届三中全会公报和四中全会的《中共中央关于全面推进依法治国若干重大问题的决定》。重大成果主要有：

（一）关于改革与法治的关系

改革与法治是当代中国的两大时代主题，也是中国人民在新时期的两大壮举。正如习近平总书记所说，改革与法治犹如"车之两轮、鸟之两翼"，共同构成共和国发展的基本方向和民族复兴的顶层设计，标志着中国人民治国理政进入法治化的新境界。

我们知道，改革有两种性质即制度改革与体制改革。前者是指由

---

① 胡锦涛：《在中国共产党第十七次全国代表大会上的报告》，人民出版社2007年版，第28页。

一种社会制度向另一种社会制度的转变，如我国古代的商鞅变法，便是由奴隶制度向封建制度的改革。后者是指在原有制度的基础上，社会体制的自我完善。我国现在进行的改革，就是社会主义制度的自我完善。法治有两个阶段，即依法治国阶段与法治国家阶段，前阶段是后一阶段的准备，后阶段是前一阶段的必然发展。我国现在的法治是处在依法治国阶段，它具有过渡性、工具性、复杂性的特点，其目的是建设社会主义法治国家。

因此，我国现阶段改革与法治的关系实质上是指依法治国与体制改革的关系。因此，在这种历史条件下，我们的改革只能在法律的范围内进行，正如习近平同志所说的要在法治的轨道上进行，不能搞"良性违宪"，也不能背法而行。如果发生了矛盾，根据实际先修改法律，再依据法律进行改革。就是说，我们要改变"不破不立"、"大破大立"的观点，而要树立"先立后破，有破有立"的观念，因为我们的改革是体制改革，是社会主义制度的完善，我们不能破坏现有法律制度。

（二）关于"社会主义法治道路"的理念

中国特色社会主义法治道路是中国特色社会主义道路的重要组成部分，而中国特色主义法治道路是马克思主义法学中国化、时代化、大众化的表现。道路极为重要，事关国家的前途，民族的命运。习近平总书记说："中国特色社会主义法治道路，是社会主义法治建设成就和经验的集中体现，是建设社会主义法治国家的唯一正确道路。在走什么样的法治道路问题上，必须向全社会释放正确而明确的信号，指明全面推进依法治国的正确方向，统一全党全国各族人民的认识和行动。"①

中国特色社会主义法治道路是党的十一届三中全会新开辟的。30多年来，它具有三个特征：一是顺应潮流；二是合乎民意；三是符合国情。世上没有最好的法治道路，只有人民拥护、体现时代精神、符合国情的法治道路，才是最好的法治道路。历史证明：这条道路越走越宽广。

---

① 《中共中央关于全面推进依法治国若干重大问题的决定》，人民出版社2014年版，第50页。

(三) 中国特色社会主义法治体系的构成

中国特色社会主义法治体系是法学中一个统领性概念，是依法治国的总目标，是中国特色社会主义理论体系的法律表现形式，它生动地反映了中国法治各环节操作规范化、有序化的程度，表明了中国法治结构严谨、运转协调的和谐状态。

党的十八届四中全会在理论上的重大贡献，就是它首次宣布和论证了中国特色社会主义法治体系的科学内涵，并提出了它的构成要素，即《中共中央关于全面推进依法治国若干重大问题的决定（下文简称《决定》）》中所指出的，完备的法律规范体系、高效的法治实施体系、严密的法治监督体系、有力的法治保障体系和完善的党内法规体系。根据文件精神，"党的领导，人民当家作主和依法治国的有机统一"，（简称"三者统一"）是中国特色社会主义法治体系的基本原则，而中国共产党依法执政则是中国特色社会主义法治体系的中心环节。

深入研究中国特色社会主义法治体系是当前我国法学界乃至整个社会科学界的紧迫任务和重要政治使命。我们必须进一步实现马克思主义法学中国化、时代化和大众化，进一步探究中国特色社会主义的科学结构、核心内容、关键要素，为形成严整的中国特色主义法治体系提供理论支撑。

鉴于这个问题的复杂性与艰巨性，法学界、法律界必须联合其他各界共同高举马克思主义的大旗，结合中国法治建设实际，争取取得重大成果！

(四) 关于中国共产党的领导与中国法治的关系

党的领导与中国法治的关系，这是依法治国的根本问题。正如十八届四中全会的《决定》提出："党的领导是中国特色社会主义最本质的特征，是社会主义法治最根本的保证。把党的领导贯彻到依法治国的全过程和各方面，是我国社会主义法治建设的一条基本经验。"[①]

---

① 《中共中央关于全面推进依法治国若干重大问题的决定》，人民出版社2014年版，第5页。

共产党的领导与依法治国的关系是领导与被领导的关系，这不是任何个人意志所决定的，而是中国近代历史所作的抉择，即历史的选择，或叫做历史的合法性，即历史用客观事实证明中国共产党的领导的合法性。更主要的是，它是人民的选择，是现实的选择。

事实证明，坚持党的领导，是社会主义法治的根本要求，是党和国家的根本命脉所在，是全国各族人民的利益所系、幸福所系，是全面推进依法治国的题中应有之义。因为党的领导和社会主义法治是一致的，社会主义法治必须坚持党的领导，党的领导必须依靠社会主义法治。为此，必须把依法治国基本方略与依法执政基本方式统一起来，使党总揽全局协调各方，使人大、政府、审判机关、检察机关、军事机关依法工作统一起来，切实把依法办事落实到各个基层。

（五）关于法治思维与法治方式

在积极构建中国特色社会法治体系的过程中，提高领导干部和全体公务人员运用法治思维与法治方式去认识和处理问题的能力，特别是对主要领导干部这个"关键的少数"极为重要。所谓法治思维，就是以该问题的合法性为逻辑起点，以权利与义务为主要内容的思维过程，而法治方式则是法治思维的实施状态。

因此，法治思维首先是一种规则思维。它对事不对人，表明没有偏私的倾向，平等对待当事人。它为人们提供三种行动模式，使人们能对自己的行为预测后果，从而为顶层设计奠定基础，使法律既能保驾护航，又能引导领航。法治思维又是一种"控权"思维，它能把公权力关进制度的笼子里，使权力制约成为现实。法治思维还是一种公正思维，居中裁判，不偏不倚，使问题得到合理解决。法治思维更是程序思维，坚持按程序办事，依法排除各种非法证据，以法律为准绳，以事实为依据解决各类纠纷。

由此可见，正确区分法律思维与其他思维是非常必要的。一般来讲，政治思维关心的是利弊得失，核心是平衡；经济思维关心的是投入与产出，核心是价值，而法治思维关心的是规矩方圆，核心是公正。当然，必要时要把法治思维与其他思维综合考虑。

(六) 关于"法治国家、法治政府、法治社会一体建设"

习近平同志多次提到中国特色社会主义法治体系的运行机制要依法治国、依法执政、依法行政共同推进，法治国家、法治政府、法治社会一体建设。限于篇幅，这里只重点讲两个问题：法治政府与法治社会。

从严格意义上讲，法治政府与法治社会都是法治国家的组成部分，但具体分析，还是有一定区别的，至少在角度上，或者说是在范围上还是有所不同的。法治政府是法治国家的核心部分，早在2004年国务院就作出法治政府的决定。但由于政府职能尚未完全转变，职能错位、越位、缺位的情况仍然存在，加上腐败现象严重，影响法治政府建设的进度，为此我们必须：第一，合理设置和科学划分行政机关职能与职责的权限范围；第二，严格执法，建立责任追究制；第三，整合执法主体，严格执法；第四，整合法律监督部门，形成严整的监督体系；第五，提高执法人员素质，加强文明执法。

法治国家必须以法治社会为基础，法治社会必须形成"党委领导、政府负责、社会协同、公众参与、法治保障"的新格局。如果说法治问题是国家生活的民主化、法律化，那么法治社会则是社会生活的民主化、法律化。在这里，我们要反对西方国家的"社会中心说"，抛弃"公民社会"的提法。因为公民社会的要害是反对党的领导。同时，我们要初步构建"社会自治"，发扬民主，将选举民主、协商民主、自治民主、谈判民主有机结合起来，使法治社会、法治政府与法治国家共放异彩，使中国特色社会主义法治体系更加完善。

(七) 关于"四个全面"的科学概括

自习近平同志主政以来，马克思主义中国化、时代化、大众化取得了更大的成效，概括起来，就是"四个全面"，即全面建成小康社会、全面深化改革、全面推进依法治国、全面从严治党。大家知道，自党的十八届四中全会提出"三个全面"以来，习近平同志先后五次谈到了"四个全面"。这实际上是新一届领导集体执掌中国政权之纲，是中华民族复兴的路线图。因此，对"四个全面"的深刻理解，将是全面贯彻中国特色社会主义法治体系的金钥匙。对此，我们的体会是：

第一，全面建设小康社会，这是民族复兴的伟大纲领，是一个包括经济、政治、社会、环境和人的全面发展的科学指标体系。第二，全面深化改革，这是当代中国发展的基础，是国家富强的必由之路。第三，全面推进依法治国，这是中国共产党领导中国人民治国理政的基本方式，是当代中国实现现代文明的伟大创举，全国人民必将竭尽全力为此而奋斗。第四，全面从严治党，这是中国共产党本身发展的客观要求，也是全国人民的共同愿望。

现在的问题就是把"四个全面"有机结合起来：全面适应小康社会，这是兴国之纲；全面深化改革，这是强国之路；全面推进依法治国，这是治国之道；全面从严治党，这是立国之举。"四个全面"紧密配合，相辅相成，共同使文明古国焕发青春，使中华民族屹立于世界民族之林。

四、中国特色社会主义法治体系的构成

十八届四中全会的重大功勋之一，就是正式提出和深刻阐释了中国特色社会主义法治体系的建构，形成独具一格的社会主义法治体系的理论，从而打破了西方国家在法学上的话语主导权，为实现中国法学的繁荣与发展，提供了坚实的理论支柱。中国特色社会主义法治体系的建构主要包括五大体系的建构，即完备的法律规范体系、高效的法治实施体系、严密的法治监督体系、有力的法治保障体系、完善的党内法规体系。笔者建议在此基础上增加四个内容，即严整的党的领导、人民当家作主和依法治国有机统一原则体系、科学的依法执政体系、严谨的法治社会体系、完善的法律执行体系。

（一）严整的党的领导、人民当家作主和依法治国有机统一原则体系

历史是面镜子，大凡一个国家都有一个自己的治国方略。并有与之相适应的基本原则。如中国古代的春秋战国时期，诸子百家几乎都提出了本学派的治国方略。如儒家，其治国方略是"德治"或"礼

治"，与之相应的原则是"仁爱"。墨家的治国方略是"人治"，基本原则是"兼爱"。道家的治国方略是"无为而治"，基本原则是"道法自然"。法家的基本原则是"以法治国"，基本原则是"法、术、势相结合"。实践证明，法家的治国方略更适合当时的实际情况，被秦国采用。秦国实施"以吏为师，以法为教"，很快横扫六国，建立了统一的中央集权国家。但由于其法律过于残酷和执法过于残暴，加之秦始皇死后，赵高等人篡改诏书和李斯的过于自私，最后导致秦代二世而亡。

近代资产阶级夺取政权以后，也相继实行"法治"，并以"三权分立"、"政党轮流执政"为基本原则。尽管初期运用"三权分立"在反对封建和调整资产阶级内部矛盾上起了一定作用，但随着资产阶级贪得无厌本性的暴露，"三权分立"便成为它们勾心斗角的工具，一幕幕闹剧纷纷上演，丑态百出，使西方世界日益没落。

我国总结历史上治国理政的经验与教训，从国情出发，实行"依法治国"的方略，并在实践中总结出"党的领导、人民当家作主和依法治国的统一"的基本原则。它于党的十五大基本形成，十六大被正式提出，十七大、十八大再次得到重申，已深深地牢记于人民心中。应该说，我国在各方面能取得巨大成就，与治国方略和与之相适应的基本原则的确立有直接关系。

党的领导、人民当家作主和依法治国的统一这一基本原则的确立，是中国共产党科学总结治国理政经验的结果，是对马克思主义国家学说和法学理论的创造性发展。这一原则可以用三句话加以概括：（1）中国共产党是人民当家作主、依法治国的根本保证；（2）人民当家作主是社会主义的本质要求；（3）依法治国是共产党领导治国理政的最佳方式。

党的领导、人民当家作主和依法治国是一个统一的整体，三者不可分割。60多年的实践证明：每当三者和谐统一、互相促进、相互作用时，我们国家就兴旺，经济、社会就发展。反之，每当三者相矛盾或者缺少一个的时候，我们国家就要受挫折。新中国成立以来，我国在法制建设上走过一段曲折的道路，就是三者没有统一的原因。因此，这三者的统一是我们国家的生命线，是中华民族的法宝，我们必须坚持在实践中不断丰富它的内涵。

（二）科学的依法执政体系

对于依法执政体系的重要性，特别是对其在建设法治体系的重要地位与作用，很多人尚未认识到位。笔者认为，依法执政是中国特色社会主义法治体系的核心内容，也是它的生命线，理由有三：第一，依法执政，即中国共产党依法执政是中国特色社会主义法治的本质特征，离开了这一点，中国特色社会主义法治便不复存在。第二，在党的权威文件中，几乎把依法执政与社会主义法治看成是同义语，党的十八大文件指出："法治是治国理政的基本方式。"① 党的十八届四中全会在《决定》中又指出："把依法执政确定为治国理政的基本方式。"② 这就是说，中国共产党的依法执政就是治国理政的法治。法治在中国必然是共产党的依法执政，中国的法治必然是共产党依法执政。第三，依法执政贯穿于社会主义法治体系中的各个环节。

对于依法执政的科学内涵，我们也要进一步认识，它有两重含义：一是指中国共产党是依照法律执政的，即依照宪法。《宪法》在导言中明确肯定要坚持共产党的领导，而法律是人民意志的体现，这表明了中国共产党的合法性。二是指出中国共产党的执政活动，必须依照法律的规定，即表明了中国共产党的具体执政活动合法律性。

对于依法执政的具体内容，党的十六届四中全会有明确的规定，可以概括为四个方面：领导立法、带头守法、保障执法、支持司法。具体分为六个方面的工作：第一，及时向国家的各级权力机关、行政机关、审判机关、检察机关输送各级领导干部人选，供权力机关审核、任命或选举。第二，制定党的基本路线、方针和政策。第三，及时、正确处理与权力机关等国家机关的关系，从思想上、政治上、组织上加强对国家机关、事业单位的领导。第四，及时处理国家机关、事业单位内部的矛盾，总揽全局，协调各方，齐心协力奔小康。第五，查处各类腐败分子，制定具体的制度，使腐败分子不敢腐、不能

---

① 胡锦涛：《在党的第十八次全国代表大会上的报告》，人民出版社2012年版，第27页。
② 《中共中央关于全面推进依法治国若干重大问题的决定》，人民出版社2014年版，第3页。

腐、不愿腐。第六，积极促进国家机关的转变，努力建设法治政府、廉洁政府、有限政府、责任政府和服务政府。充分发挥政府在实施法治中的关键作用，并领导立法，把党的主张通过全国人民代表大会及其常务委员会制定为国家法律。

必须指出，依法执政的主体必然是中国共产党及其所属的各级党组与党委。必须明确，共产党要在各级政府担任领导职务，最根本的是他们受中国共产党的委派，代表中国共产党去执行党的路线、方针和政策。当然，作为执政党的共产党应该把自己的政策、方针和主张，通过一定程序上升为国家法律，而中国共产党及其推荐到政府工作的领导人选，必然带头遵守和执行国家法律。因此，"在宪法和法律范围内活动"，便成为每个共产党，特别是领导干部必须遵守的规则，否则，该同志就要受到党规和国法的处理。

依法执政是中国特色社会主义法治体系的必然要求和生命线，离开了这一点，依法治国便成为一句空话而失去其价值与意义。至于依法执政的理论，还要进一步深化，使之更富有时代精神和中国特色。

依法执政是中国共产党神圣的职责和光荣的使命，既是人民赋予的权利，也是对国家与社会应尽的责任。鉴于它是国家依法赋予的，同样也要依法享有权利和承担法律义务。当然，这些权利与义务是由国家法律明确规定的。在执政中，对有功者应依法予以奖励（包括依法晋级、论功表扬）；对渎职者，同样要依法追究其行政责任与法律责任。

（三）严谨的法治社会体系

"法治社会"过去很少被提及，一般被看成是法治国家的延伸。自20世纪初，德国《魏玛宪法》提出"法治国"以后，逐渐便有"法治社会"一说。其实，中外学者对法治社会并无统一的说法，更无准确的定义，仅仅是各抒己见而已。当然，这里也有一个统一的认识，那就是它也是以马克思主义为指导。马克思对"法治社会"没有作过界定，但对法律与社会的关系有过定论，指出法律必须以社会为基础。同样，法治国家也必须以法治社会为基础。马克思在他的处女作《黑格尔法哲学批判》中，反复批判了黑格尔关于国家是市民社会的基础的观点，并把这一观点反推过去，强调市民社会才是国家的基础。他们讲的市民社会,实质上就是指以私有制为基础的资本主义社会。后来,社会作为国家的基础逐渐发展成"社会存在决定社会意识,经济基础决定上层建筑"的著名观点,从而奠定了马克思主义原理的基石。后来,马克思和恩格斯也曾反复批判过资产阶级法学家关于法是社会的基础的错误观点,认为那只是资产阶级法学家的幻想。因此,我们认为,法治国家与法治社会的相互关系是明显的,即法治社会是法治国家的基础。离开法治社会只讲法治国家事实上是不现实的,离开法治社会,法治国家就可能成为空中楼阁。同时,在社会主义制度下,法治国家又是法治社会的前提和主导,没有法治国家这个大前提,法治社会也建立不起来,所以法治社会必须同法治国家一体建设。过去,我国对法治社会建设重视不够,失去社会对公权力的严格监督,以致出现过一些冤假错案。历史表明:对公权力的监督,既要实行权力对权力的制约,也要实行权利对公权力的制约,更要实行社会对公权力的制约,即把公权力关进立体的笼子里,使它失去钻出来的空间。

建设法治社会必须有一个正确的指导思想,必须让笼子的钥匙掌握在以人民为主体的大部分人手中。也有人曾提出要建立公民社会。据考察,公民社会是个不断变化的概念,历经三个历史发展阶段:第一阶段是古代的市民社会,即亚里士多德所讲的"政治共同体",它与"政治国家"是同义语。第二阶段是18—19世纪,黑格尔与马克思等人运用"政治国家—市民社会"的两分法来分析社会的总体结构。尽管他们两人的观点是对立的,但他们对公民社会中市场经济、私人利益的定义是一致的。第三阶段是20世纪至今,我们称之为"公民社会"的当代转型。一些西方学者提出"重建公民社会"的主张,系统地把社会总体结构三分为"政治社会、经济社会、公民社会",而所谓"公民社会"的结构性要素主要包括私人领域、社会组织、公共领域、社会运动等。西方国家将上述观点综合为"社会中心说",认为一切坏事都是政府干的,一切好事都是公民社会干的,体现为对执政党不满,主张把政党从公民社会中"踢出去"。由此可见,公民社会这一理论是西方资本主义国家的产物,并不符合中国国情。因此,我们讲的法治社会不能建立在公民社会的基础上。

从中国国情出发,我们要建构中国特色社会主义的社会管理新格局，这就是党中央提出的并正在贯彻的"党委领导、政府负责、社会协同、公众参与、法治保障"的管理模式，几年来，已经取得了明显效果，如网络式的管理等。但是，在如何发动公众参与这个大问题上还要进一步研究。法治社会重在社会管理法治化，好在共治与善治，贵在人民主体作用的发挥，我们应该强调社会自治，要求人民自我管理，突出人的自主性，发挥人的积极性，保障人的权利，使法治社会成为中国特色社会主义法治体系的基础工程。

以上提到的中国特色社会主义法治体系的构成要素是一个有机的体系，它必须建立在党的领导、人民当家作主和依法治国的有机统一上。

(四) 完善的法律执行体系

法律的目的和判决的生效在于执行，执行是法治体系的最后环节，其效果的好坏，直接关系到整个法治体系的效果。多年来，我国司法系统一直存在执行难的问题，有时甚至使法院判决成为一纸空文。针对执行难的具体情况，在法院内设立了执行局，作为负责执行的专门机构，使执行状况有所改善，但存在问题仍然不少。执行包括民事判决的执行和刑事判决的执行，但法院的执行局只负责民事判决的执行。它针对存在的问题采取了一系列措施，除了传统的扣押、冻结财产等措施外，还依法采取形式措施和行政措施，效果较好，特别是将拒不执行者列入黑名单，使他们威信扫地，并在金融和其他方面使他们受到限制，迫使他们不得不执行判决。

本文讲的执行，主要是指刑罚的执行。凡判处拘役，特别是有期徒刑以上的刑种，一律在监狱或劳改机关执行。我国的监狱与劳改机关严格执行党和国家关于劳动改造罪犯的方针与政策，本着教育人、改造人的胸怀，对罪犯实行劳动改造，让他们在劳动中改造自己成为自食其力的公民。

我国的劳改政策按"在社会主义制度下，只要改恶从善，都有自己的前途"的要求，实行"惩办与宽大相结合"、"思想教育与劳动改造相结合"的政策，集中对罪犯实行教育改造，并按照"改造第一，生产第二"的要求，对罪犯的表现进行必要的评判，并于每年冬训期间召开奖惩大会，对表现好的罪犯给予记功与表扬，对有重大立功表现的通过人民法院给予减刑。当然，对于极个别的反改造分子和重新犯罪分子，按其情节的轻重依法给予加刑处罚。这种宽严相结合的政策，给予罪犯很大感召，效果很好，获得了全国人民和世界人民的赞扬。

我国的劳改政策体现了革命人道主义精神，它渊源于毛泽东同志在《论人民民主专政》的教导，他说："对于反动阶级和反动派的人们，在他们的政权被推翻以后，只要他们不造反，不破坏，不捣乱，也给土地，给工作，让他们活下去，让他们在劳动中改造自己，成为新人。"① 这种"给出路"政策还体现在其他各个方面：如有病给予治疗，每个劳改单位都有医务所，有的还设有医院。每月还有津贴，严冬腊月还有棉衣。每月还有休息天并定期容许亲属接见。

当然，在劳改过程中，也还存在这样或那样的不足，我们应该用十八大精神，特别是十八大三中、四中全会精神，按照全面推进依法治国的要求，改进工作，开创劳改工作的新局面，使社会主义国家教育人、改造人的工作取得更大的成绩。

---

① 《毛泽东选集》第4卷，人民出版社1991年版，第1476~1477页。

人本法律观对社会主义法本质的再认识*

　　人本法律观是马克思主义法学中国化的重要成果之一，是我国法理学界乃至整个法学界和法律界绝大多数人集体智慧的结晶，是科学发展观在法学领域和法律领域的具体体现。本文作者之一曾经将人本法律观的科学内涵概括为四个方面：第一，人本法律观揭示了法律发展的规律。它以唯物主义关于人是哲学、社会科学的逻辑起点为理论基础，揭示了法律发展的规律。法律是因人的需要而产生的，但在阶级对立的社会中，法律如同某些社会现象一样，异化为压迫人民的工具，成为统治阶级意志的体现，一旦人民掌握了国家政权，法律则回归于人，成为人民意志的体现，而这个意志最终是由人民所处的物质生活条件所决定的。换言之，自法律产生后，法的性质历经了由神本法律、物本法律到人本法律的演变过程，与此相对应，在观念上就出现了神本法律观、物本法律观、人本法律观的变迁。第二，人本法律观阐明了一条原理。依据马克思关于"法律为人而存在"的理论，人本法律观论证了"人是法律之本"这个原理。法源于人，即是根据人的需要而产生的。换言之，离开了人，法就没有存在的必要，也没有存在的可能。因为法律是调整人们行为规则的体系。第三，人本法律观提出了一个理念。人本法律观是适应构建社会主义和谐社会的法律理念。和谐社会必须有一个正确的法律理念，人本法律观为回答这个问题提供了样本。从人本法律观与社会主义法治理念的关系的角度看，它与社会主义法治理念中的"执法为民"是一脉相承的，是

---

* 本文刊载于《山东社会科学》2011年第3期，系李龙教授与其博士生李玲合著。

"执法为民"的理论支撑。① 第四,人本法律观解读了一个方针。"立党为公、执政为民"是中国共产党的根本宗旨,按照这一要求,"执法为民"便成为了社会主义法治的本质要求和根本方针。人本法律观正是对这一法律观的解读,是以人的全面发展和人民的根本利益为出发点与落脚点。② 有些学者可能感觉我们对人本法律观的评价过高,我们在这里要着重说明,这不是评价过高的问题,因为人本法律观是以人为本的科学发展观在法学领域的应用,归根结底,它表明的是科学发展观的正确性与科学性。人本法律观就是以社会主义法治理念为指导,以人的全面发展和人民根本利益为出发点与落脚点,在社会主义法治运行的各个环节和领域中做到"合乎人性"(马克思语)、尊重人格、讲究人道、保障人权的观念体系。人本法律观与社会主义法治理念是一脉相承的观念体系,为我们理解社会主义法的本质提供了崭新的视角。

一、中国古代礼法传统关于法的本质的观点

关于中国古代法观念的起源,我们认为,中国古代法、刑、律三者可以互通。在夏商周时期主要是刑,如禹刑、汤刑等。作为处罚手段,刑承载着的价值观念是"礼"。在原始社会,礼是祭祀的仪式,是一种宗教习俗。在国家形成过程中,礼逐渐从混沌的原始习惯中分离出来,成为调整社会关系的基本规范。且各个朝代的"礼"是不同的,如夏有夏礼、商有殷礼、周有周礼。对于礼,我们可以从三个方面去理解:首先是礼义。早期,礼的精神与宇宙观有相当大的一致性,信奉天命论。礼被儒家化以后,宗法伦理观念成为其主要精神,表现为"亲亲"、"尊尊"、"长长"等观念,它们与早期的天命观相互呼应,用以调整人与自然的关系和人与社会的关系,涵盖了自然伦理和社会伦理。其次是礼制度,即礼义的制度化,这是依据合乎天命

---

① 《法制日报》编辑部:《人本法律观是"执政为民"的理论支撑》,载《法制日报》2009年10月21日。
② 关于人本法律观的具体内容,参见李龙主编:《人本法律观研究》,中国社会科学出版社2006年版,第9~19页。

的宗法伦理观念制定的社会制度，目的在于确立和维护贵贱尊卑的等级秩序。最后是礼仪。为了实现礼制，需要在实践中确立行为的秩序和程序。就礼与刑的关系而言，刑是维护礼的暴力手段，两者的结合就是礼法。一方面，礼与法各有分工，"出礼则入刑"，礼禁将然，刑禁已然。礼在很大程度上属于道德规范，法是维系礼的手段。另一方面，"刑不上大夫，礼不下庶人"的原则在一定程度上说明了礼法的松散性。夏商周时期的社会管理策略主要是礼主刑辅、礼法结合。这种策略将宗法伦理精神奉为目的，将与之相关的制度与礼仪视为主要的载体，将刑这一暴力手段作为辅助工具，这就决定了刑在礼法结构中的纯粹工具地位。夏商周时期的礼法观念被后世的先秦儒家所改造。孔子、孟子通过以"仁"为核心概念的儒家伦理体系，重新阐释了周礼的宗法伦理精神，企图恢复周礼。尽管儒家的伦理观念冲淡了传统宗法伦理的各项原则，但通过以"仁"释礼，儒家伦理传承和发展了西周礼法观在礼刑结合的结构中礼占据主导地位的特征，为此后历代王朝接受这一观念打下了基础。先秦儒家主张礼对法的优先地位，主张将法视为与刑一样的是实现礼义的工具和手段。此外，儒家的另一代表人物荀子看到了由刑演变而来的法具有承载儒家价值的优点，主张礼法并用。这里的礼更多的是指儒家伦理，而法则是指以儒家伦理为指导精神的法律规范和制度。

儒家化以后的中国法观念经历了漫长的发展，一直到明末清初，其内在精神才极为稳定，外在形式也略有变化，并最终形成了中华法系。在中华法系中，作为儒家伦理精神的礼对作为法规范的律具有控制作用，律处于依附地位。在礼法观念的语境下理解法的本质，一要联系人伦秩序，二要联系权力。夏商周时代的统治者认为，法应顺应自然，尊崇天理人伦。以孔子、孟子为代表的儒家则倡导"隆礼"，遵循本于人性的自然秩序和自然法。所以，法的作用就在于谋求社会与家庭的整体统一性、有序性与和谐性，以实现各社会主体因其社会地位所决定的利益、愿望和要求，法的本质就是伦理的反应。战国以后，经过秦始皇的"焚书坑儒"，汉初的"文景之治"，汉武帝的"罢黜百家、独尊儒术"之后的引礼入法、以经释法和春秋决狱，儒法逐渐合璧。以"三纲"为核心的伦理精神成为立法、司法的指导原则和臣民百姓的日常行为准则。在等级观念的支配下，法律成为权力的表达和运用方式。法律本质上成为维护伦理与权力的工具。

二、西方主要法学流派对法的本质的认识

西方法学流派众多,但传统的流派主要有三,即自然法学派、分析法学派和社会学法学派。

自然法观念是西方历史上最古老的法律观念,自古希腊形成延续至今。自然法学的基本思维方式有二:其一是对法律进行分类,即自然法与人定法;其二是对法进行分层,即自然法高于人定法,是衡量人定法的标准。对法的本质的探究,其实就是对自然法是什么的追问。

古代自然法观念以亚里士多德有关自然正义的思想为代表,斯多葛学派和古罗马执政官西塞罗也对自然法观念作出过阐释。他们认为,自然秩序是一种正义的道德秩序,人类通过上帝赐予的理性能力与诸神一道参与这种秩序。因此,自然、人性、理性是同一的,正当的理性就是法。法是正义与非正义事物之间的界限,法的本质就是神赐予的人类理性、普遍的人性和理性所能认识的正义。中世纪的自然法观念打上了神学的深刻烙印。教父托马斯·阿奎那融合了奥古斯丁的神学法律思想和亚里士多德的自然法思想,主张法可以分为永恒法、神法、自然法和人定法。在这四种法律中,永恒法居于最高层,是上帝的理性,它由神的智慧所创造,是统治宇宙的根本法则和一切法律的终极源泉。人定法之所以能成为法律,不在于它是人创造出来的,而在于它是源于神的法律,具有神的基础。他还认为,君主的意志就是法律的论调,是有条件限制的,即这种意志必须接受理性的支配与约束,否则君主的意志就成为一种祸害,而不是法律。可见,法的本质被他归结为神的理性和意志。近代的古典自然法观念是近代启蒙思想的重要内容,也是资产阶级反对封建专制的重要思想武器。在法观念上,霍布斯、洛克和卢梭等思想家以社会契约论为思想武器,论证了法现象不是根植于自然或神,而是根植于人本身,即人的理性意识。按照他们的一般理解,自然法中的"自然"是人类共同具有的理性精神,自然法就是理性的法。在此基础上,他们论证了天赋人权和法治主义,并成为英国《权利法案》和法国《人权与公民权利

宣言》的理论基石。"二战"结束后,自然法得以复兴。法学家通过对纳粹统治的切身体验与对法律实证主义的反思,否定道德与法律的分离,否认恶法亦法。德国法学家拉德布鲁赫主张,法的安定性价值要优先于法的正义性价值,即当人定法的内容违反正义原则时,它依然能保有其效力,但当人定法违反正义的程度已达到无法忍受的水平时,该人定法就不再是法了。人定法最终必须符合正义的要求。美国复兴自然法的代表人物富勒、罗尔斯、德沃金等人继承了古典自然法的传统精神,他们不拘泥于固有结论,在新的哲学立场上对正义作了系统研究。自然法不再是神秘的、永恒不变的、绝对客观的精神了。

分析法学派的代表人物约翰·奥斯丁将功利主义与实证主义结合起来,在法理学的范畴之内拒绝自然法。他把法律理解为上帝之法、实在法、实在道德和比喻性的法,认为上帝之法是伦理学研究的范围,不是严格意义上的法律。实在法是指主权国家制定的规则体系,是严格意义上的法律,是法理学研究的对象。为此,他严格区分"应然的法律"和"实然的法律"。前者是伦理价值立场,它在立法领域同实在法产生联系,后者是法理的立场,就是实在法。实在的法律即使有悖于应然的法律,它依然是法律。奥斯丁将法与道德相分离,把法的本质归结为主权者的命令,使法学与伦理学、政治哲学分离,对19世纪以后的法学产生了极大影响。作为法的统治意志说的倡立者,奥斯丁的观点被前苏联法学家和我国部分法学家吸收,成为"法是统治阶级的意志"的滥觞。

产生于19世纪末20世纪初的社会学法学从社会中理解法律,主张不能仅仅从作为"主权者命令"的规则来理解法律,而要从法是人们的实际行动中的规则的角度理解法律,从人们的现实立场中理解法律与正义的关系。社会学法学的代表人物耶林强调社会利益对法律和社会发展的重要性,指出法律的目的在于协调各种相互冲突的社会利益。他强调必须从法的形式要素和法的实质要素两方面来理解法的本质,形式化的法律规则总是为保护特定的社会生活条件而存在的。庞德则强调法的实际社会效果,要关注法律的作用,而不是法律的抽象内容,强调法律的社会目的是促进和保障社会利益,而不在于制裁。法律不仅仅是人类意识的产物和被人们发现的自然律令,更是一种社会控制手段。它通过政治组织控制人们的行为,并能使社会以最小的代价满足社会最大的需求。由此看来，社会学法学把法的本质归结为一种社会事实，即法律是一种社会控制的手段，通过法律对人的行为的控制以构建一种符合社会目的的或者价值的社会秩序。

当代西方法学流派对法的看法不完全是本质主义的了，他们大多不再认为有一种确定不变的、绝对客观的本质可以一劳永逸地解释和理解法的一切问题。他们更愿意在不同的语境中具体使用"本质"一词，或者具体地回答法律是什么。法学研究形成了一种解释学的转向。这种转向的代表人物是美国法理学家德沃金。德沃金在20世纪中期发表了一系列论文，并在1977年集结出版了《认真对待权利》。跟以往的法理学先贤一样，他集中论述了"法是什么"之类的本质主义问题，通过批判法律实证主义，试图在道德共识的基础上寻找法律问题的正确答案。但是，他认识到，法理学的基本问题不是"什么是法"，对这个问题的纠缠只会导致毫无结果和毫无意义的争论。在他看来，法理学的基本问题是"什么是对我们的法律实践的最好的解释"，"法律是一种阐释性概念。对我们来说，法律的一般理论就是对我们自己司法实践的一般阐释。"① 法理学的目的在于发展一种使法能够得到最好说明的阐释。"法是什么"本身就是一个解释问题。这样，德沃金的法理学完成了从"寻找法律问题的正确答案"到"寻找法律问题的最好解释"的转变，继续主导了西方法理学的发展方向。②

三、当代中国法理学对法的本质问题的认识

当代中国法理学把法的本质理解为法是由统治阶级的物质生活条件决定的统治阶级意志的体现。

首先，法是统治阶级意志的体现。对这句话的理解，主要包括四层意思：第一，法在形式上是主观的，是人们有意识的活动的产物，

---

① [美]德沃金著：《法律帝国》，徐常青译，中国大百科全书出版社1996年版，第364页。
② 徐亚文主编：《西方法理学新论——解释的视角》，武汉大学出版社2010年版，第4~5页。

而不是先于人类存在的、先验的东西或客观精神。意志是指为达到某种目的而产生的自觉的心理状态和心理过程，是对行为具有支配作用的精神力量。第二，法是"阶级"的意志。不论法是由统治阶级的代表集体制定的，还是由最高政治权威个人发布的，所反映的都是统治阶级的阶级意志，代表统治阶级的整体利益，而不纯粹是某个人的利益，更不是某个人的任性。第三，法是"统治阶级"的意志。所谓统治阶级就是掌握政权的阶级，被统治阶级的意志经过统治阶级的筛选和甄别，部分地被吸收到统治阶级的意志之中，被转化为国家意志。所以，归根到底，在阶级对立的国家，法是统治阶级意志的体现。第四，法是"被奉为法律的"的统治阶级的意志。这种"被奉为"即通过立法程序被上升为国家意志，表现为具有普遍约束力的规范性文件，具有法的效力。法的这种属性体现了法的主观意志性。

其次，法的内容是由统治阶级的物质生活条件所决定的。社会物质生活条件指与人类生存相关的地理环境、人口和物质资料的生产方式，其中物质资料的生产方式是决定性的。除此之外，政治、思想、道德、文化、宗教、历史传统、艺术、民族、科技等因素也对统治阶级的意志和法律制度产生不同程度的影响，法律也因此呈现出纷繁复杂的民族特色和时代特征。法的这种属性体现了法的客观物质性。

当代中国法理学关于法的本质的认识主要来源于马克思主义经典著作中关于法律的表述、中国传统的礼法观念、西方法理学尤其是分析法学的观点和前苏联法学界的部分观点，其实践基础主要是人民司法的传统。马克思主义创始人在他们的著作中从唯物史观出发，对法作过不少定义式的解释，部分揭示了法的本质。在《德意志意识形态》中，马克思指出：在一定的物质生产关系中"占统治地位的个人除了必须以国家的形式组织自己的力量外，他们还必须给予他们自己的由这些特定关系所决定的意志以国家意志即法律的一般表现形式……由他们的共同利益所决定的这种意志的表现，就是法律"①。《共产党宣言》在论述资产阶级的观念时明确指出："你们的观念本身是资产阶级的生产关系和所有制关系的产物……而这种意志的内容

---

① 《马克思恩格斯全集》第3卷，人民出版社1960年版，第378页。

是由你们这个阶级的物质生活条件来决定的。"① 在马克思和恩格斯之后,列宁对法律作了定义:"而法律又是什么呢?法律就是取得胜利并掌握国家政权的阶级的意志的表现。"② 马克思主义经典作家关于法的观点,揭示了法的概念的核心内涵,是当代中国法理学研究法的本质和特点的立足点。我国法理学教科书关于法的本质的论述,主要是对马克思主义创始人的观点的阐释和发挥。

四、人本法律观视野下的社会主义法的本质

中国传统的礼法观念把法律视为权力的表达和运用,法律本质上是维护伦理与权力的工具。权力意志论曾经一度影响了我国法理学对法律本质的认识,这种传统的礼法观念与前苏联法学家维辛斯基的观点相结合,形成了法的统治阶级意志说。"法是以立法形式规定的表现统治阶级意志的行为规则和为国家政权认可的风俗习惯和公共规则的总和,国家为了保护、巩固和发展对于统治阶级有利的和惬意的社会关系和秩序,以强制力量保证它的施行。"③ 但"法是统治阶级的意志的体现"的观点强调法的主观性而忽视了法的客观性,强调法的意志因素而忽视其背后的利益和物质基础,违背了法的本质的辩证法而逐渐受到学术界的冷落。马克思主义哲学认为:物质是第一性的,意识是第二性的,意识对物质具有反作用。在社会领域,经济基础决定上层建筑,上层建筑又对经济基础具有反作用。这一原理,要求我们不能从法的存在的意识层面去理解法律,把法纯粹看作是意志的产物,必须从法存在的物质基础上去理解法的本质。

当我们把法视为统治阶级的意志时,面临的实践困惑是在中华人民共和国成立以后,随着生产资料的社会主义改造的完成,我国的阶级结构也发生了根本变化,作为统治阶级的集团已不复存在,取而代之的是人民民主专政的国家政权。从历史的谱系上看,新中国的政治

---

① 《马克思恩格斯选集》第1卷,人民出版社1995年版,第289页。
② 《列宁全集》第16卷,人民出版社1988年版,第292页。
③ [苏联]维辛斯基:《国家和法的理论问题》,法律出版社1955年版,第100页。

及法律文化在推翻帝制和官僚资产阶级、买办资产阶级之后形成了政法传统，它超越了传统帝制的皇权神圣思想，也超越了民国时期的间接民主思想，直接将政治统治合法性的基础建立在人民意志的基础之上。例如宪法规定了"一切权力属于人民"，"人民依照法律规定，通过各种途径和形式，管理国家事务、管理经济和文化事业、管理社会事务"。人民是国家的主人。中国人民利益的代表——中国共产党是一个"立党为公、执政为民"的政党。这样，法律必然是人民意志的体现。这种语言上的转换，实际上表明我们关于社会主义法的本质的认识是无止境的，是法律的辩证运动过程在思维中的反应。我们对法的本质的认识是相对的、可变的、打上了时代的烙印的。在现实基础上，法的本质究竟是理性的体现，还是国家意志的体现，或者是抽象的行为规范，诸如此类的问题，只有从中国的现实国情出发，从科学发展观这样一个理论基点来考虑，用人本法律观这样一种逻辑来分析，才能有准确的把握。

  人本法律观作为一个理论框架，首先要求弘扬法律的人文精神。法学界有一个认识上的误区，认为法律属于社会科学研究的领域。其实，在我们看来，法学是一门社会科学，但首先应该是一门人文学科。理由之一是从法学获得独立地位来看，法学是人文主义的产物和体现。正是法学关注诸如公平正义、人道人权等人文精神，法学才成为一门经久不衰的学科。理由之二是从法的理念来看，自由、平等、权利、理性等人文精神贯穿现代法律，法学因此登上教育的殿堂，成为近代大学专业的排头兵。理由之三是实践也证明了这一点。古代罗马法是古代文明的重要标志，中国的唐律是封建文明的重要象征，《拿破仑民法典》是近代欧洲文明的历史文献。因此，我们的法学家都必须明确法学首先是一门人文学科。

  人本法律观作为一个理论框架，其次要尊重和保障人权，促进人的全面发展。马克思和恩格斯在《德意志意识形态》中提出，不是人为法律而存在，而是法律为人而存在。依据马克思关于"法律为人而存在"的理论，人本法律观论证了"人是法律之本"这个原理。理由之一在于法源于人，是根据人的需要而产生，离开了人，法就没有存在的必要，也没有存在的可能。理由之二在于人是法律的主体。任何一种法律关系首先要有主体，这就是人，或者是由人组成的集合体——法人。任何权利与义务，都需要作为主体的人来享有和承担。理由之三在于人是法律的目的。任何一个法律活动都是围绕人这个主体和为了人的某种利益（即目的）而展开的。理由之四在于人的社会物质生活条件决定法的内容。马克思主义法学与西方法学的根本分界线也正在于此。理由之五在于人的社会实践是检验法律的唯一标准。社会实践是检验真理的唯一标准，法律也不例外。① 在社会主义制度下，人民的实践，人民在实践中对法是否满意，就是检验社会主义法律制度好坏的唯一标准。因此，人本法律观要求在法律运行的各个环节中，必须使法律行为合乎人性、尊重人格、讲究人道、体恤人情、保障人权。我国的法治实践也表明："任何时候，人民的主体地位得不到尊重，人权得不到保障，人民的权益得不到维护，法治建设就将受到严重影响和破坏，甚至停滞、倒退。"② 要以人民的根本利益和人的全面发展作为出发点与落脚点，使法律真正成为人民的保护神。法律不仅要保驾护航，而且要导航，要成为构建社会主义和谐社会的基石。

人本法律观作为一个理论框架，还要求学习和践行社会主义法治理念。社会主义法治理念是马克思主义法学的最新成果，是中国特色社会主义理论体系的重要组成部分，是建设社会主义法治国家的行动指南。需要指出的是，人本法律观完全符合社会主义法治理念的要求，是社会主义法治的重要内容"执法为民"的坚实的理论支撑。因此，我们在研究人本法律观时，必须以社会主义法治理念为指导。

根据人本法律观，笔者认为可以将社会主义法的本质作这样的概括：社会主义法律是由国家保障实施的、以人的全面发展和人民根本利益为出发点与落脚点的、合乎人性、尊重人格、讲究人道、体恤人情、保障人权的行为规范。这种认识，可以说是我们对于什么是法、什么是法律的理解的深化，也是对社会主义法治理念的认识的深化。

---

① 刘卉：《人本法律观：中国法治的理论传承与实践要求》，载《检察日报》2009年10月19日。

② 中共中央政法委员会编：《社会主义法治理念读本》，中国长安出版社2009年版，第42页。

论地方人大常委会对地方"两院"规范性文件备案审查的正当性*

《中华人民共和国各级人民代表大会常务委员会监督法》(以下简称《监督法》)对政府规范性文件的备案审查作了明确规定,掀开了对"红头文件"进行常态化监督的新的一页,但美中不足的是,《监督法》没有规定对地方"两院"规范性文件的监督。事实上,地方"两院"常制定一些指导审判、检察工作的规范性文件,这些文件甚至有代替法律和"两高"的司法解释之嫌。这些文件如果违法,其危害性不可小觑。所以,如何加强对地方"两院"规范性文件的监督成了一个亟待解决的问题。从我国目前"一府两院"是由权力机关产生并对其负责的政治体制来说,由地方人大常委会对地方"两院"规范性文件进行备案审查无疑是最佳选择。

一、问题的提出

对规范性文件(俗称"红头文件")的监督,一直是社会关注的焦点。在《监督法》出台之前,规范性文件监督主要以内部监督为主。例如对政府规范性文件的监督,一般以上级政府的监督为主。对地方"两院"文件的监督,也是以上级人民法院和检察院为主。当然,地方人大及其常委会对同级政府规范性文件也有权监督,但在《监督法》出台之前,由于地方人大及其常委会没有设立专门的监督机构,且法律上也没有明确规定,所以对规范性文件的审查也就少之又少。《监督法》出台后,对政府文件的监督变成一种常态机制。该

---

* 本文刊载于《时代法学》2011年第6期,系李龙教授与其博士生李豪合著。

法第29条对省级人大常委会对规范性文件备案审查的程序作出了具体规定。各地根据这一规定,对地方政府规范性文件必须在规定期限内报送同级人大常委会备案审查作出了明确要求,从而使对政府规范性文件的监督成为一种常态机制。这种常态机制的建立至少有两大作用:一是及时性,由于规范性文件要在制定后的规定期限内(一般是30日内)报送备案,所以可以让同级人大常委会及时掌握有关信息。二是全面性,即对规范性文件的制发情况有一个总体上的了解,也有利于随时查阅。可以说,《监督法》填补了对政府"红头文件"实施外部监督无法可依的立法空白,对规范政府的抽象行政行为起到了积极作用。从全国各地人大常委会开展规范性文件备案审查的情况来看,也确实收到了一定的效果。例如,湖南省衡阳市衡东县人大常委会审查一份规范性文件时发现,该文件所依据的部门规章中有两个已于2005年失效。于是,县人大常委会把文件退回,要求文件制定机关自行纠正。① 但令人遗憾的是,《监督法》虽然分别在第29条、第30条、第31条规定了对政府及下级人大常委会规范性文件的监督,以及对"两高"司法解释的备案审查,但对地方"两院"规范性文件的监督却只字未提。② 事实上,地方"两院"常制定一些指导

---

① 何青青:《一年审查两百红头文件:市人大文件审查工作透视》,载http: www.e0734.com/2009/0107/33479.html。

② 《监督法》第29条规定:"县级以上地方各级人民代表大会常务委员会审查、撤销下一级人民代表大会及其常务委员会作出的不适当的决议、决定和本级人民政府发布的不适当的决定、命令的程序,由省、自治区、直辖市的人民代表大会常务委员会参照立法法的有关规定,作出具体规定。"

第30条规定:"县级以上地方各级人民代表大会常务委员会对下一级人民代表大会及其常务委员会作出的决议、决定和本级人民政府发布的决定、命令,经审查,认为有下列不适当的情形之一的,有权予以撤销:

(一)超越法定权限,限制或者剥夺公民、法人和其他组织的合法权利,或者增加公民、法人和其他组织的义务的;

(二)同法律、法规规定相抵触的;

(三)有其他不适当的情形,应当予以撤销的。"

第31条规定:"最高人民法院、最高人民检察院作出的属于审判、检察工作中具体应用法律的解释,应当自公布之日起30日内报全国人民代表大会常务委员会备案。"

司法实践工作的规范性文件,这些规范性文件与司法对象的切身利益密切相关,且数量较多。地方"两院"也会利用自身的裁量权设置不适当的权利义务或者其他行为规则。有的虽然其具体规定不直接与现行法律法规的具体规定相抵触,但在制定的动机、目的及宗旨方面则有与法律法规不相一致之处,容易造成不公之果。这些规范性文件通常替代法律和司法解释而直接成为地方"两院"办案的依据,如果这些规范性文件不合法,那么其造成的危害性丝毫不亚于政府不法文件带来的不良后果。于是,地方"两院"规范性文件要不要报同级人大常委会备案审查自然而然成了我们不得不面对的问题。

二、争议的焦点

从目前的现行体制来看,地方"两院"规范性文件主要通过内部监督的形式进行,即上级法院、检察院有权撤销下级法院、检察院不适当的规范性文件。但众所周知的是,内部监督作为一种自我监督,先不说其约束力如何,单就其公正性、公信力而言,就无法与外部监督相比。那么,《监督法》为何不作出地方人大常委会有权对"两院"规范性文件进行备案审查的规定呢?其理由不外乎以下几点:

一是个案监督说。首先,人大常委会对"一府两院"实行监督,但又明确了这种监督并不是对个案的监督,而法院、检察院所颁布的规范性文件多数都属于具体的司法个案内容,所以不在监督之列。① 二是承认说。从我国的法律相关规定来看,只有"两高"才有作出司法解释的权力,地方"两院"是没有这种权力的,即如果要求地方"两院"规范性文件报送同级人大常委会备案审查,就相当于承认地方"两院"同样具有制定司法解释的权力。三是干涉说。如果对地方"两院"规范性文件进行备案审查,则有干涉司法权之嫌。例如,有的学者认为,地方"两院"制定的规范性文件既包括法律条文在司法实践适用中的解释方面文件,也包括自身内部管理方面的

---

① 刘家华:《地方人大能否审查"两院"规范性文件》,载《检察日报》2011年7月29日,第8版。

文件,都是司法职权的应有之义。既然"两院"制定的规范性文件行为是一种司法活动行为,根据宪法要求,地方人大就不能过多地通过审查、备案等方式来干预正常的司法权的独立行使。所以如果赋予地方人大对"两院"颁布的规范性文件有审查权,就违背了宪法赋予的独立审判权和独立检察权。①

概言之,无论是个案监督说,还是承认说、干涉说,其核心理念都是围绕"权力、公正"来展开论述。个案监督说将规范性文件与具体案件紧密联系在一起,基于审查"两院"规范性文件即审查具体案件的简单逻辑推理,担心地方人大常委会会"越权"直接判定案件。承认说认为地方人大常委会对"两院"规范性文件备案审查是一种变相的赋权。而干涉说则不仅认为地方"两院"制定规范性文件是一种当然的权力,而且这种权力还是一种司法权。该说更是站在司法权凌然不可侵犯的高度,推定对"两院"规范性文件备案审查会妨碍司法之公正。

三、正当性之辩

上述观点貌似有一定道理,却经不起仔细推敲。例如有的同志提出,地方人大常委会对地方"两院"规范性文件备案审查会涉及个案监督,所以不能把它纳入备案审查范围。笔者认为,这牵涉到对规范性文件的理解问题。《监督法》中所称的规范性文件,"是指除宪法和法律外,以下两类文件:一是行政法规、地方性法规、自治条例和单行条例、国务院部门规章、地方政府规章。这些都是我国法的渊源,是我国法律体系的组成部分。二是上述文件之外其他由国家机关制定的决议、决定、命令和司法解释等。这些文件虽然不是我国法的渊源,不是我国法律体系的组成部分,但也都是普遍适用的"②。由上可见,普遍约束力是规范性文件的主要特征之一,它的对象是不特

---

① 刘家华:《地方人大能否审查"两院"规范性文件》,载《检察日报》2011年7月29日,第8版。

② 李飞主编:《中华人民共和国各级人民代表大会常务委员会监督法释义》,法律出版社2008年版,第99页。

定的，与根据法律针对个案形成的判决书等法律文书不同。也就是说，我们所讲的地方"两院"规范性文件是指一种狭义的规范性文件，是指地方"两院"制定指导审判、检察工作的具有普遍约束力的文件。2004年，最高人民法院在《关于审理行政案件适用法律规范问题的座谈会纪要》中指出："行政审判实践中，经常涉及有关部门为指导法律执行或者实施行政措施而作出的具体应用解释和制定的其他行政规范性文件，主要是：国务院部门以及省、市、自治区和较大的市的人民政府或其主管部门对于具体应用法律、法规或规章作出的解释；县级以上人民政府及其主管部门制定发布的具有普遍约束力的决定、命令或其他行政规范性文件。"实际上，地方"两院"自身也存在有该会议纪要所述问题，经常会制定一些指导审判、检察工作的具有普遍约束力的规范性文件。例如，2006年，山西省高级人民法院通过了《山西省高级人民法院关于审理涉及煤矿矿业权民事纠纷案件若干问题的意见》（晋高法〔2006〕7号），同年，上海市高级人民法院刑二庭、上海市人民检察院公诉处以研讨会纪要的形式下发了"商业贿赂犯罪法律适用"政策意见。① 显然，这类规范性文件不是针对"个案"，而是针对"类案"，将其纳入备案审查范围，恰恰不是"干涉个案"，而是更好地保障司法公正。

至于有的同志提出"把'两院'的规范性文件纳入审查范围无异于肯定或者承认地方'两院'有司法解释的权力"的观点，笔者认为亦是不能成立的。正如有的学者指出："法院、检察院制发的规范性文件，从内容上看，多是就本行政区域内司法机关如何更好地贯彻执行有关法律提出的指导性意见；从司法体制上看，上下级检察院之间是领导与被领导的关系，上下级法院之间是监督与被监督及工作上的指导关系，基于更好地贯彻执行有关法律、法规的目的而制发规范性文件，并不违法且具有工作上的必要性。但文件内容是否合法与合理，则应该受到有权机关的依法监督。换句话说，地方法院、检察院制发规范性文件并不等同于司法解释，具备存在的合法性与合理性。地方人大对于政治生态中实际存在的'两院'规范性文件不依

---

① 杨宏亮：《地方非规范性司法文件纳入人大备案审查机制研究》，载《法治论丛》2007年第2期。

法履行法律监督职能，则有'不作为'和失职之嫌。"① 另外，1981年6月10日全国人大常委会颁布的《关于加强法律解释工作的决议》规定："凡属于法院审判过程中具体应用法律、法令的问题，由最高人民法院进行解释。凡属于检察院检察工作中具体应用法律、法令的问题，由最高人民检察院进行解释。"《中华人民共和国人民法院组织法》（以下简称《法院组织法》）第32条也明确规定："最高人民法院对于在审判过程中如何具体应用法律、法令的问题，进行解释。"1987年3月31日《最高人民法院关于地方各级人民法院不应制定司法解释性文件的批复》又再次强调"具有司法解释性质的文件，地方各级人民法院不应制定"②。由此，我们可以确认，我国司法解释的主体是最高人民法院和最高人民检察院，这是法律明文规定的。也就是说，地方"两院"是无权制定司法解释的。既然法律没有赋权，自然也不是谁想"承认"就能"承认"得了的。显然，所谓"承认说"的观点不免有强词夺理之嫌。

那么，如果对地方"两院"规范性文件进行备案审查，则干涉了司法独立吗？司法独立有两种含义："一是司法权的独立，即司法权对于立法权和行政权来说，它是独立的。这种含义的司法独立为采用三权分立制的西方国家所赞赏，为实行议行合一制的社会主义国家所扬弃。二是司法机关在审理案件中实行法官独立，只服从法律的原

---

① 李开文：《地方人大常委会规范性文件备案审查范围刍议》，载 http：//www.npc.gov.cn/npc/zt/qt/dfrd30year/2011-03/16/content_1647697.html。

② 《最高人民法院关于地方各级人民法院不应制定司法解释性文件的批复》内容摘要：广西壮族自治区高级人民法院：你院报来和刊载于《审判工作探索》上的"关于处理房屋、宅基地案件贯彻执行有关政策法律若干问题的意见"均已收到。经研究，我们认为：你院下发的上述具有司法解释性的文件，地方各级法院均不应制定。对审判实践中遇到一些具体问题，建议你们在调查研究的基础上，可写一些经验总结性的文章，供审判人员办案时参考，或者召开一定范围的会议，总结交流经验。另外，"意见"中有一些条款的规定明显与现行政策法律相悖。如在"改建或重建他人房屋之产权问题"中规定的："……无约定的，可确认为房主与改建、重建者共有"，"未经房主同意，擅自将房屋进行重大改建或重建，房主明知而不提出异议，或者改建、重建后房主知道，在一年内不提出异议，改建或重建后的产权，可确认为房主与改建、重建者共有"等，均属不当。

则。这种含义的司法独立，两种不同历史类型的国家都在提倡。"①也就是说，在我国，司法权独立是一种相对独立，是一种相对于行政权的独立，而不是相对立法权的独立。洛克指出："立法权是指享有权利来指导如何运用国家的力量以保障这个社会及其成员的权力……那么立法权就必须是最高的权力，社会的任何成员或社会的任何部分所有的其他一切权力，都是从它获得和隶属于它的。"②"法院只是一种具有特殊形式的社会控制，其目的是为政权重新获得支持。"③《法院组织法》第4条规定："人民法院依照法律规定独立行使审判权，不受行政机关、社会团体和个人的干涉。"据此规定，法院的审判权的独立也是一种有限独立，仅仅是不受行政机关、社会团体和个人的干涉，这里并没有包括权力机关，也就是说，权力机关有权对法院的审判活动进行监督。《法院组织法》第16条第2款规定："下级人民法院的审判工作受上级人民法院监督。"而《宪法》、《中华人民共和国地方各级人民代表大会和地方各级人民政府组织法》（以下简称《地方组织法》）却都规定了法院的一切工作都受同级人大及其常委会的监督。例如，《宪法》第3条第3款明文规定："国家行政机关、审判机关、检察机关都由人民代表大会产生，对人民负责，受人民监督。"人大常委会是人民代表大会的常设机关，其对司法机关进行监督是宪法规定的应有之义。"从人大监督与司法独立的关系来看，由于人民代表大会制度作为符合我国国情的根本政治制度，决定着司法、法院、法官不可能完全独立于作为国家权力机关的人民代表大会。从主权原则出发，人民代表大会是唯一代表人民行使权力的国家机关，司法机关和其他国家机关一样，都由人大选举产生，对人大负责，受人大监督，法院和法官职权的来源和权力行使的依据均来自人大制定的法律。因此，试图摆脱人大的监督来建构我国的司法独立不仅与人民主权原则相冲突，也使法院和法官失去了自身的合法性。人

---

① 何华辉著：《比较宪法学》，武汉大学出版社1988年版，第314页。
② ［英］洛克著：《政府论》，叶启芳、瞿菊农译，商务印书馆1964年版，第89、92页。
③ ［美］马丁·夏皮罗著：《法院：比较法上和政治学上的分析》，张生、李彤译，中国政法大学出版社2005年版，第78页。

大对于司法的监督是必须的，司法不能也不应当游离于人大监督之外，我国的司法独立只能是人大监督之下的相对独立。"① 另外，《监督法》第31条也规定"两高"的司法解释要报全国人大常委会备案审查。如果根据上述所说，所谓"备案审查"即是"干涉"，难道全国人大常委会也干涉了"两高"的司法权独立行使吗？概言之，对地方"两院"制定规范性文件的行为进行监督与对地方"两院"审判活动的干涉是两个不同性质的行为，不能混为一谈。

事实上，将这些关系人民群众切身利益的地方"两院"规范性文件的监督权赋予地方人大及其常委会，也有利于人大强化对地方各级司法机关的监督，有利于维护法制的统一和司法的权威，更有利于增强人大监督的针对性和有效性。因为无论是《宪法》、《地方组织法》，还是《监督法》、《法院组织法》、《中华人民共和国人民检察院组织法》，都赋予了人大及其常务委员会监督本级"两院"工作的权力。例如《宪法》第99条规定："地方各级人民代表大会在本行政区域内，保证宪法、法律、行政法规的遵守和执行……"第104条规定："县级以上的地方各级人民代表大会常务委员会讨论、决定本行政区域内各方面工作的重大事项；监督本级人民政府、人民法院和人民检察院的工作……"《地方组织法》第44条规定："县级以上的地方各级人民代表大会常务委员会行使下列职权：（一）在本行政区域内，保证宪法、法律、行政法规和上级人民代表大会及其常务委员会决议的遵守和执行……（六）监督本级人民政府、人民法院和人民检察院的工作……"《监督法》第5条规定："各级人民代表大会常务委员会对本级人民政府、人民法院和人民检察院的工作实施监督，促进依法行政、公正司法。"另外，1981年制定的《全国人民代表大会常务委员会关于加强法律解释工作的决议》以及2005年12月十届全国人大常委会第四十次委员长会议通过的《司法解释备案审查工作程序》等，实际上都已经赋予了人大常委会对"两院"规范性文件的审查权。"对地方法院、检察院的监督是地方人大常委会监督职权的重要组成部分。根据《地方组织法》、《监督法》等法律的规定，地方人大常委会有权对地方法院、检察院进行监督，地方法院、检察

---

① 魏春明、王春梅：《论司法独立的相对性》，载《求实》2011年第7期。

院的规范性文件当然属于地方人大常委会监督的范围。"①

综上所述,由地方人大常委会对"两院"规范性文件进行备案审查,不仅具有法律上的正当性,也有利于保障宪法、法律的统一实施。而在实践中,已有河南、安徽、新疆、天津等部分省级人大常委会将地方"两院"规范性文件纳入了备案审查范围。②

---

① 本书编写组:《规范性文件备案审查制度理论与实务》,中国民主法制出版社2011年版,第96页。
② 本书编写组:《规范性文件备案审查制度理论与实务》,中国民主法制出版社2011年版,第93页。

论辛亥革命中的司法变革*

孙中山先生是我国伟大的革命先行者，是中国历史上第一次民族资产阶级革命——辛亥革命的精神领袖，也是这场伟大革命实践的指挥者和参与者。自辛亥革命爆发至南京临时政府时期，司法制度的构建也都离不开孙中山先生的指导与影响。毛泽东同志在《青年运动的方向》中评价道："中国反帝反封建的资产阶级民主革命，正规地说起来，是从孙中山先生开始的。"① 这次民主革命不仅包含政治民主的内容，也涉及司法民主的成分，可以说辛亥革命既是一场伟大的政治革命，也是一次深刻的司法变革。

一、司法变革的前提

孙中山先生的司法思想庞杂而深刻，其集中的阐述包含在《中国之司法改革》一文中。该文由孙中山先生与英国记者柯林斯合著。《中国之司法改革》的主旨在于彻底揭穿、暴露清王朝司法的腐败、残酷与落后，从而为其推动司法革新进行合理性论证。孙中山先生指出："在今日中国的社会生活部门中，也许没有什么部门比司法制度——如果还能成为制度的话——更迫切需要彻底改革。同时，几乎普遍腐败。"② 综观清末的司法体制，其种种弊病可概括如下：

---

* 本文刊载于《湖北社会科学》2011年第9期，系李龙教授与其博士生朱兵强合著。

① 《毛泽东选集》四卷合订本，人民出版社1964年版，第527页。

② 陈旭麓、郝盛潮主编：《孙中山集外集》，上海人民出版社1990年版，第123页。

首先是有"刑"无法，法外司法。清王朝编织罗列了一长串名目繁多的罪名和行刑制度，并且其刑罚十分残酷。仅从清末光绪三十一年沈家本上奏清廷修订刑律的奏议中便可窥见一斑。沈家本提出要加以废除的残酷刑罚主要包括三种，即极端的死刑（包括凌迟、枭首和戮尸等），惨无人道的缘坐（即株连制度），以及刺字。① 在司法审判中，官员们往往不问具体情况就严刑拷打。孙中山对此甚感悲愤，他说："在目前的法律状况下处理用刑的全部程序都在于用刑。"② 清王朝的司法机构进行司法裁判根本无所谓"以事实为依据，以法律为准绳"，对于被指控为犯罪的人，不问青红皂白，是非曲直，一律先行打板。③ 腐朽的清王朝制定了名目繁多的严酷刑罚来镇压人民大众，维护封建统治，但在刑罚之外，尤其是在民权、民生方面，不论是司法制度中的实体规范还是程序规范都存在空白，致使无法可依，或者即便有法也因腐败而成为官僚贵族用以压榨人民的手段。司法制度的残缺为腐败和司法特权大开方便之门，所谓"各省督抚自行私法，每个官吏的意志就是法律"④ 的可笑又可怕的状况也就因此泛滥成灾了。在地方上，军政府往往不经审判而直接处决犯人，国家法纪早已名存实亡。对于这种有刑无法、法外司法的怪状，清朝王室无动于衷，"而地方行政长官和法官的存在只是为了发财致富和养肥他们的顶头上司，直至皇室自身"。⑤ 可见，在孙中山眼里，清王朝的司法体制已是积弊已久，且已病入膏肓了，改革已成不得不行之势。

其次，贿赂成风，司法腐败。孙中山先生认为，清末的司法腐败

---

① 高潮、马建石：《〈清史稿·刑法志〉注释》，吉林人民出版社1994年版，第1035页。

② 陈旭麓、郝盛潮主编：《孙中山集外集》，上海人民出版社1990年版，第7~8页。

③ 唐自斌著：《孙中山法律思想研究》，湖南师范大学出版社1997年版，第16页。

④ 陈旭麓、郝盛潮主编：《孙中山集外集》，上海人民出版社1990年版，第3页。

⑤ 李光灿、张国华主编：《中国法律思想通史》，山西人民出版社2001年版，第7页。

已经到了触目惊心的地步。他形象地称之为"公开的受贿竞赛"。不仅刑罚裁判如此，民事诉讼中也不例外。"民法的情形跟刑法一样"，"这种现象并不少见，在中国的一些地方几乎每天都会发生"。①

再次，实行灭绝人性的株连制度。清朝罪犯的惩处不仅限于其本人及同犯，而且波及无辜的家人和亲朋。一人犯罪，全家受牵连。而对于谋叛、谋反之类的政治罪，其惩治范围甚至不限于全家，而诛及九族，就连小孩、妇女、老人等也不能幸免。

最后，刑讯逼供，不讲证据。晚清的刑讯逼供可谓"残忍独绝"。早期的资产阶级维新人士已然认识到了这个问题，以何启、胡礼垣、郑观应为代表的一批先觉人士开始了对晚清严刑逼供这一陋制的批判。何启、胡礼垣认为"中国之法比之外国之法残忍独绝"，郑观应则指出："夫天地生人，原无厚薄也。何以案情讯鞫而酷打成招，独见于中国？夫三木之下，何求而不得？抑岂各国之人皆独良，而我国之人独恶，必须施以毒刑，而后可得其情欤？"② 他通过对"讼"字的解释来抨击刑讯逼供，他认为"讼"字从"言"从"公"，故应"言之于公廷"，其意再清楚不过，就是刑事问讯应当让犯罪嫌疑人自愿公开认述，而不得"案既未定，何遽用刑？"③ 对于证据和程序，司法官员也是熟视无睹。对于犯人，"清乡督办"们往往连形式上的审判都干脆抛弃了。孙中山先生说："他想要抓的人，无论是谁，不用任何装模作样的审讯，立即处决。"④

国家政权与法律是密切关联的，法律是政权维护与巩固的有力工具，而政权巩固则是法律得以制定、颁布和实施的前提与后盾。这也意味着，政治革命与司法变革也是交相为用的，孙中山先生对此十分明了。他认为，不推翻作为腐朽司法根基的清朝政权，新的司法制度

---

① 陈旭麓、郝盛潮主编：《孙中山集外集》，上海人民出版社1990年版，第16页。

② 李光灿、张国华主编：《中国法律思想通史》，山西人民出版社2001年版，第186页。

③ 李光灿、张国华主编：《中国法律思想通史》，山西人民出版社2001年版，第186页。

④ 陈旭麓、郝盛潮主编：《孙中山集外集》，上海人民出版社1990年版，第15页。

是无以立基的，根本不可能建立新的民主司法。只有推翻腐朽的清王朝，"只有清王朝或称鞑靼王朝停止在中国的统治"，新的司法体系才有诞生的希望。由此可见，在孙中山先生眼里，清末修律的改革是无法彻底拯救司法了，而是必须将司法变革与政治革命结合起来一同推进。

总之，孙中山先生认为应当将清朝的专制政权和严刑酷法一并扫除，他愤而指出："所有压制人民之手段，专制不平之政治，暴虐残忍之刑法，勒派加抽之苛捐，以及清朝政府所纵容之虎狼官吏，一切扫除。"① "除了采取革命措施去扫除现存的整个腐朽制度以外，决不会发生真正的变化。"② "只有王朝的变换使至少旨在公正、纯洁、为生命财产安全提供某些公开保障的司法制度改革成为可能。"③

二、司法变革的理念

辛亥革命的领导人对司法改革是极为重视的。对此，专攻法律，曾任南京临时政府司法总长，作为南京临时政府法制建设的主要参与者和设计者的伍廷芳有深刻而精辟的论述。他认为，虽然"治国之法多端"，但改革司法是首要任务。他指出："中国政治，欲有所进步，须先从司法一门入手"，因为"盖内政外交，均系于此。"④ 他进而断言："尊重司法，保护国民，国家致富，无逾于此。"⑤ 可见，对于司法改革，辛亥革命的领导人是十分重视的。

关于辛亥革命中司法变革的理念主要包括司法独立、保障人权、维护平等等。

---

① 《孙中山全集》第1卷，中华书局1981年版，第310页。
② 陈旭麓、郝盛潮主编：《孙中山集外集》，上海人民出版社1990年版，第306页。
③ 陈旭麓、郝盛潮主编：《孙中山集外集》，上海人民出版社1990年版，第4页。
④ 张晋藩著：《中国近代社会与法制文明》，中国政法大学出版社2003年版，第433页。
⑤ 张晋藩著：《中国近代社会与法制文明》，中国政法大学出版社2003年版，第433页。

（一）司法独立

孙中山先生以西方"三权分立"的政治法律思想为基础，结合中国的政治和文化传统提出适合中国国情的"五权宪法"理论，在立法、司法和行政三权之外再设考试权和监察权。民国初年的司法制度设计与"五权宪政"构想存在密切关联。五权之间相互监督与制约，司法独立正是五权牵制下的适度独立。司法系统相对独立于行政、立法、考试和监察，法官独立行使审判权。因此，可以说："我国比较完整的司法权独立理论的出现，以孙中山先生'五权宪法'思想的形成为标志。"① 实际上，孙中山先生的司法独立思想早在《致公堂重订新章要义》中就有集中而具体的体现，该要义指出，致公堂事权力分为三等，包括议事权、行事权和判事权。其中，判事权归判事员3人和陪审员20人独立司执。他们皆由总理委任，但不受总理节制。② 由此可见，孙中山先生对司法、行政与执法三权的态度是坚持分立制衡的，判事员独立司法。此外，孙中山先生对判事员独立司法的制度保障也作了设想。他在该要义中指出除非判事员自身失职或者自行辞职，不然不能易人。判事员分为两班：第1班一年为一任，第2班两年为一任。不难看出，以防总理等行政权力对司法的影响，孙中山先生认为判事员的任期为长期制，而且要对其进行职业性的保障。这样才能真正实现其"判事员为独立之权，总理及议员皆不能干涉之"的独立司法构想。③

（二）保障人权

孙中山先生对清朝的封建专制和民族压迫深有感触，他在《中国问题的真解决》中列举了清王朝的"十一大罪状"，其中："3. 他们把我们作为被征服了的种族来对待，不给我们平等的权利与特权；

---

① 张仁善：《国民政府时期司法独立的理论创意、制度构建与实践障碍》，载林乾：《法律史学研究》第一辑，中国法制出版社2004年版，第230~248页。
② 《孙中山全集》第1卷，中华书局1981年版，第262~264页。
③ 邱远猷、张希坡著：《中华民国开国法制史》，首都师范大学出版社1997年版，第60页。

4. 他们侵犯我们不可让与的生存权、自由权和财产权……6. 他们压制言论自由；7. 他们禁止结社自由……10. 他们不依照适当的法律程序而剥夺我们的各种权利；11. 他们不能依责保护其管辖范围内所有居民的生命与财产权，直接涉及人民权利的共有六条之多。①"可见，孙中山先生对清朝人权践踏的痛恨。

　　孙中山先生的人权保障思想主要体现为三个方面：一是强调对处于社会最底层的蛋户、惰民和丐户等所谓贱民的立法和司法保护。所谓贱民实际上是清朝政府推行封建专制和民族压迫政策的结果。这些人被视为贱民而缺乏基本人格，甚至被取消了作为法律主体的资格，根本不为国家立法和司法制度所保护。为此，南京临时政府提出"天赋人权，胥属平等"的原则，要求对以上人等一律平等相待，使其对于法律规定的权利"一体享用"。二是重视对所谓"猪仔"的保护。孙中山先生在《在南京同盟会员饯别会的演说》中指出："中国各处生产未发达，民人无工可作，即如广东一省，每年约有三十万'猪仔'输出，为人作牛马。"②当时输出欧美从事残酷体力劳动的华工境遇十分悲惨，毫无基本人权可言，死伤者无以计数，所谓"牛马同视，终年劳动，不得一饱。如斯惨毒，言之痛心"③。临时政府将禁止"猪仔"出口作为"刻不容缓之事"，以期"务使奸人绝迹，以重人道而崇国体"。④三是禁止政治仇杀。清末是中国社会一个急剧变动的年代，为救国图存，各种社会、政治思潮相继产生，洋务运动，君主立宪，民主革命等社会运动也接连爆发。这些运动的政治主张虽有所不同，但救亡图存的主题却是大同小异的。对于之前具有不同甚至相对政治主张的保皇党人，孙中山先生和临时政府坚持开明对待。孙中山先生在1912年1月28日给陈炯明以及各省都督的勘电中明确要求对保皇党人的魁首和附众进行区别对待，要求对无视人权、任意滥杀或借机仇杀保皇党人的行为"不恕"。

---

① 《孙中山全集》第1卷，中华书局1981年版，第252页。
② 《孙中山全集》第2卷，中华书局1982年版，第322页。
③ 邱远猷、张希坡著：《中华民国开国法制史》，首都师范大学出版社1997年版，第481页。
④ 邱远猷、张希坡著：《中华民国开国法制史》，首都师范大学出版社1997年版，第481页。

（三）维护平等

孙中山先生非常重视平等问题，他曾提出过"天下为公"的响亮口号。作为资产阶级革命派的首领，孙中山先生对平等问题的认识比较深刻和全面，他以西方的"自由、平等、博爱"精神为依据，提出平等的内容包括民族平等、人民平等和司法平等。

关于民族平等。辛亥革命中所提出的民族平等思想包括两方面的内容：一是中华民族作为一个整体与世界其他各民族之间的平等，即外部平等。二是中华民族内各民族的平等，即内部平等。在外部平等方面，孙中山先生将民族平等的实现建立在国家独立和主权不可分割的基础上，指出："一切不平等条约，如外人租借地、领事裁判权、外人管理关税权以及外国人在中国境内行使一切政治权利侵害中国主权者，皆当取消，务以不害双方主权为原则。"① 同时将取消领事裁判权的司法平等的实现作为民族平等的重要内容，他认为要保障国家主权的完整性，就必须取消帝国主义的领事裁判权，将中国政府自己制定的法律普遍推行。在内部平等方面，辛亥革命虽然以"驱除鞑虏，恢复中华"为口号，但从根本上讲，辛亥革命作为一场资产阶级民主革命主要是要推翻封建的君主统治，而非民族复仇。实际上，孙中山先生曾明确劝诫人民切勿歧视满人，而应"务与之平等共处于中国之内"，孙中山进而提出要建立"五族共和"的新政体，以实现国内各民族的平等。②

关于人民平等。清王朝一直实行封建专制和民主压迫政策，满族贵族和封建官绅享有各种政治和法律特权，而广大老百姓却无权可享。封建法律不过是清王朝封建特权的背书，对于老百姓而言则只不过是义务履行的"目录"和"说明书"而已。广大人民，特别是作为社会最底层的闽粤蛋户、浙江惰民及河南丐户，则连最基本的人格尊严都没有，他们被封建统治者称为"贱民"，甚至在法律上明确规定其"不得与平民齿"。对此，孙中山先生强烈反对，他认为，作为

---

① 《孙中山全集》第11卷，中华书局1986年版，第122页。
② 李资源、张英：《孙中山的民族思想与民族地区的现代化》，载《广西民族研究》2005年第1期。

民国的一员，人人均应具有平等的人格，平等地享有权利、承担义务，不论民族、性别、贫富和贵贱都应"一体享用"。他指出："民国则以四万万人一切平等，国民之权利义务无有贵贱之差、贫富之别。"①

关于司法平等。孙中山先生认为作为治外法权的领事裁判权是必须取消的。领事裁判权可谓是中外司法史上的一大奇状。作为外国人在中国境内发生法律纠纷，并不受中国法律的规制，而是由该国在中国的领事适用其本国法律来加以处理，这对中国法制的完整性、统一性和权威性都是一种莫大的伤害。自1843年《中英虎门条约》签订以来，中国的司法独立便遭到严重的侵犯。这种司法不公，孙中山先生看得很明白，他曾说："外国人在中国不受中国法律的管辖，是非常不公的。"②领事裁判权是帝国主义侵略中国的结果，也是其继续在中国攫取暴利的工具，不废除领事裁判权，中国的利益将很难得到保护。故孙中山先生认为："必须迫切解决的问题，是废除治外法权……"③

孙中山先生关于民族平等和人民平等的思想的实现虽然不以司法变革为直接前提，但都与司法革新存在密切的关联。就民族平等而言，他认为没有"治外法权"的收回，没有领事裁判权的废止，中国的司法独立和民族平等都是不可能实现的。而人民的平等则不仅需要立法上对人民权利的肯定，也离不开司法上的保障。因此，从这个角度上看，孙中山先生平等思想的实现整体上依赖于司法变革的成果，维护平等的司法理念与实现和保障平等的司法改革是一脉相承的。

三、司法变革的实践

以孙中山先生为代表的资产阶级革命党人，依借西方自由、平等

---

① 唐自斌著：《孙中山法律思想研究》，湖南师范大学出版社1997年版，第37页。

② 《孙中山全集》第11卷，中华书局1986年版，第425页。

③ 陈旭麓、郝盛潮主编：《孙中山集外集》，上海人民出版社1990年版，第320页。

的人权思想为理论武器，对晚清腐朽、落后的封建司法制度进行了一系列改革，以实现民主司法，维护司法独立，保障人民权利。这些制度革新，都具有一定的资产阶级民主性质和人道性质。本文论及的辛亥革命中司法变革的制度建构，有的属于推进司法民主，有的属于保障人民权利，有的属于促进司法独立，有的则兼而有之。比如建立律师制度，不仅为了更好地保障人民权利，同时也是实现司法民主的重要方式。又比如实行审判公开，不仅是民主司法的应有之举，同时也有利于司法公正和人权保障。

（一）促进司法独立

辛亥革命首告成功，湖北军政府成立伊始就开始了对司法制度的改革。《江夏临时审判所暂行条例》于当年11月颁行。该条例第一章总则即明确提出"本所为图司法独立"，并提出"特提前办理，以为各属之先导"。可见，作为辛亥革命的直接果实的湖北军政府的领导人不仅试图建立独立的司法制度，而且还将其作为一项普遍的、长期的制度来加以建设。次年，湖北军政府为了解决独立司法所遭遇的阻碍与影响，又特别发布了《关于不得有侵司法独立给各属的通饬》，明确要求行政官员不得干涉独立司法，对于侵害者，命令"酌予惩罚"。上海沪军都督府在闸北民政总局和上海县设置专执司法裁判的司法机构，负责辖区民、刑事审理工作。虽然沪军都督府及相关司法机构本身的组织和人员处于新生期，但独立司法的能效还是较清末来得积极些。如《民立报》载："上海自司法署成立后，审理民、刑诉讼，一月以来尚称便利。"① 江苏军政府虽然实行由行政与立法二分的"两权分立"体制，但在军政府中仍然设有提法司长，作为"六司"之一负责管理民、刑事诉讼，户籍监狱，监督法官和司法行政事宜等等。它虽不具有政治架构意义上的"三权"之一的地位，但仍然保留了相对独立性。此外，江苏军政府为践行独立司法，还在《江苏暂行地方官制》中规定要设置州、县审判厅，检查厅，并要求行政官不得干涉法官断案。检察官则监督法院和法官依法独立司法。

---

① 邱远猷、张希坡著：《中华民国开国法制史》，首都师范大学出版社1997年版，第148页。

辛亥革命首义后，除上述湖北军政府、沪军都督府、江苏都督府外，浙、赣、黔、桂等地军政府（都督府）也相继宣告成立。这些临时性、地方性政权也都在某种程度上对司法独立的司法原则给予了肯定，如广西军政府颁行的《广西临时约法》就用专章（第六章）对法院事宜作了特别规定。该章提出："法院以广西政府之名，依法律审判民刑诉讼，独立不羁。"①

中华民国成立之后颁布了著名的《中华民国临时约法》（以下简称《约法》），是中国历史上第一部资产阶级性质的宪法性法律文件。该法规定国家采用立法、行政和司法"三权分立"的政体原则。《约法》在总纲第四条中即规定："中华民国以参议院、临时大总统、国务员、法院行使其统治权。"《约法》还以一专章（第六章）的形式对法院作了专门的、详细的规定，它明确了参议院作为立法机构，专门立法，临时大总统、副总统及国务员行使行政权，而法院作为独立的司法机关，专司司法裁判。《约法》第51、52条对法官独立司法及相关保障作了明确规定，"法官独立审判，不受上级官厅之干涉"，"法官在任中，不得减俸或转职，非依法律受刑罚宣告，或应免职之惩戒处分，不得解职"。特别值得一提的是，作为对行政权的制约，《约法》第40条规定："临时大总统如受参议院弹劾，由最高法院全院审判官互9人组织之特别法庭审判之。"在此，不仅总统弹劾一制得以首提，弹劾事宜交由法院裁断更是破天荒第一次被提出。"三权分立"制度的实践得以有更高层次的建立。

（二）完善律师制度

律师制度是权利保护的近现代方式，也是为实践所证明的保护人民权利、维护司法公正的最有效的方式之一。律师及律师制度在现代化司法制度的建构当中是不可或缺、不可替代的。但是，在中国古代是没有真正意义上的、规范意义上的律师制度。中国的律师制度是清

---

① 邱远猷、张希坡著：《中华民国开国法制史》，首都师范大学出版社1997年版，第271页。

末沈家本修律之后,在效仿西方相关制度的基础上设计产生的。① 辛亥革命成功后,包括孙中山、伍廷芳在内的一批领导人与决策者同样十分重视通过律师制度的设置来实现司法公正和权利保障。孙中山、伍廷芳对律师及律师辩护制度建设的努力在姚荣泽案中有突出的体现。1912年年初,前山阴县令姚荣泽涉案,为对其进行公正审判,在新的律师制度尚处于建设之际,孙中山等人坚持改变传统的审判模式而提议允许律师出庭为其做辩护。在案件处理过程中,伍廷芳特意致电孙中山、陈其美、蒋雁行等商议此事。伍廷芳在给孙中山的电文中陈议采用近代文明的诉讼和审判方式对姚案进行审判,他建议由精通中外法律的人员担任审判员,并择选"通达事理、公正和平、名望素著三人为陪审员",此外,他还力荐准允双方当事人聘请律师到庭辩护。伍廷芳希望以此达到"则大公无私,庶无失出失入之弊"。② 作为中国历史上第一位亲自参与过律师制度制定的总统,孙中山先生对律师辩护制度的重要性十分明了。他认为,律师制度与司法独立相辅相成,应当尽早制定相关法令,以作辩护人上诉权和辩护权的依据。③

南京临时政府时期,在孙中山、伍廷芳等人的领导下,开始将律师制度的构想付诸实践,先后进行了一系列重要的工作。临时政府先后出台了《司法部官职令(草案)》、《司法部官制》等法律文件,律师制度在其中都作了规定。至1912年9月16日,民国政府公布实施《中华民国律师暂行章程》,律师制度得以正式确立。

客观而论,南京临时政府能在建国初期,革命还在进行过程当中提出并建立律师和律师辩护制度实属难能可贵。律师及其代理辩护的存在对于保障司法公正、保障人民权利具有重要意义。对此,1912年5月时任司法总长的王宠惠说出:"近今学说以辩护士为司法上三联之一,既可以牵制法官而不至意为出入,且可以代人之诉剖白是

---

① 徐家力著:《中华民国律师制度史》,中国政法大学出版社1998年版,第37页。

② 《伍廷芳集》(下),中华书局1993年版,第501页。

③ 周太银、刘家谷著:《中国律师制度史》,湖北科学技术出版社1988年版,第118页。

非，其用意深且远也。且以中国现状而论，国体已变为共和，从事法律之人当日益众。若尽使之为法官，势必有所不能，故亟宜厉行此制，庶人民权利有所保障，而法政人才有所展布。此关于辩护制度之所以亟宜创设者也。"①

（三）禁止刑讯与体罚

对于毒刑的使用，沪军都督府早有禁止。针对1912年上海"福字"敢死队军士犯过尚有施以割耳、插耳箭等毒刑的情况，沪军都督府陈其美令相关部门和人员立即停改。沪军都督府随即出台《禁用毒刑告示》，申明："查此种军律，乃从前之恶习，刻正改良新法，不宜袭用。嗣后各军队均应按照现行新律，不得擅用旧律。"

1912年3月2日与3月11日，《临时政府公报》相继发布了《大总统令内务司法两部通饬所属禁止刑讯文》（以下简称《刑讯文》）和《大总统令内务部司法部通饬所属禁止体罚文》（以下简称《体罚文》）。《刑讯文》指出，以往清王朝实行的刑讯逼供、屈打成招乃是"苛暴残酷，义无所取"，主张转变刑罚的目的，由威吓报复变为"维持国权，保护公安"，指出刑事惩处应以个人与社会利益之间的平衡为标准，而不得随意滥刑。对于刑讯逼供，孙中山先生可谓深恶痛绝，为此特电令司法、内务两部转饬所属：（1）不论行政司法官署，及何种案件，一概不准刑讯。"鞫狱当视证据之充实与否，不当偏重口供"。（2）其从前不法刑具，悉令焚毁。（3）不时派员巡视，如有不肖官司，日久故智复萌，重煽亡清遗毒者，除褫夺官职外，付所司治以应得之罪。②《体罚文》则指出体罚实为封建遗毒，近代文明各国都已废弃，并且对其进行"讥评"。但在辛亥革命立国初期，有些地方利用"民国初成，法令未具"复用体罚来获得口供，实则是"踵故习"。对此，《体罚文》要求司法部速行通饬所属，要求：（1）司法与行政过程中，无论审理刑事还是民事案件，均不得

---

① 罗志渊著：《近代中国法制演变研究》，台湾中正书局1976年版，第413页。

② 邱远猷、张希坡著：《中华民国开国法制史》，首都师范大学出版社1997年版，第616~617页。

再用笞杖、枷号及其他各种不法刑具,并将笞杖、枷号改为科处罚金、拘留;(2)待政局稳定,法制稍微健全之后将对刑事中的罚金、拘留等及民事中的赔偿损害、恢复原状作出具体、明确的规定。①

(四) 实行公开审判

清末民初,西方的自由、民主思想日趋东渐,影响了诸多开明人士,尤其以孙中山等革命党人为代表,这些人对于民主的推崇也反映在司法领域。其中重要的一点就是审判公开制度和陪审员制度(当然也包括律师辩护制度,前文已述)。民主司法的制度建设在辛亥革命期间就开始了。湖北军政府通过《临时上诉审判所暂行条例》第14条对公开审判作了专门规定:"诉讼之辩论及判断之宣告,均公开法庭行之。但有特别事件,可宣示理由,停止公开。"此外,《广西临时约法》第56条规定:"法院之审判须公开。但有认为妨害安宁秩序、良善风俗者得秘密审判。"《江西临时约法》第59条规定:"法司之审判须公开之;但有认为妨害安宁秩序及风俗者得秘密审判之。"可见,当时的革命政府不仅认识到公开审判的重要性,而且对公开审判的量度也有一定的认识,规定了一定的例外情况,不过对于何谓例外的特别事件未作为明确的规定,这是其缺憾所在。

《中华民国临时约法》第50条明确规定:"法院之审判,须公开之,但有认为有妨害安宁秩序者,得秘密之。"这说明临时政府不仅认识到公开审判的民主性,而且对于司法民主与个人自由权利的兼顾也有深刻认识,对于民主的边界有适度的把握,故而同时对公开审判规定了例外的情形。民初民主司法的公开审判制度、陪审员制度和律师辩护制度的设计和实际运用在1912年姚荣泽一案中都有具体体现(参见前文)。

(五) 改革审级制度,设立检察厅

关于审级制度。南京临时政府对于审级制度的改革是很重视的。南京临时政府通过的《修正中华民国临时政府组织大纲》第6条规

---

① 张晋藩著:《中国近代社会与法制文明》,中国政法大学出版社2003年版,第434~435页。

定:"临时大总统得参议院之同意,有设立临时中央审判所之权。"由此可见,在南京临时政府时期,中央审判机构的设置权是由总统主导的。至《中华民国临时约法》颁布,其第 48 条又规定:"法院以临时大总统及司法总长分别任命之法官组织之。"据此可知,临时政府是设想要经由临时中央审判所过渡至最高法院的。此外,据《大总统据法制局局长宋教仁转呈江西南昌地方检察长郭翰所拟各省审检厅暂行大纲令交司法部籍备参考文》可知,孙中山先生对于审级制度还是主张四级三审制的,他认为人民的生命财产权是更重要的,为了保障人民的各项权利就应该赋予其上诉权,故他始终认为:"四级三审之制,较为完备。"①

关于设立检察厅。辛亥革命时期,江苏都督府成立后,在司法机构的设置上作了一定的努力,其中重要的一项成果就是按照原《法院编制法》设立检察厅,以监督审判的运行。清末的《法院编制法》由沈家本等人以日本《裁判所构成法》为蓝本订立。该法规定在各级审判衙门内设置检察厅,实行审检合一制度。虽然该法在实践中并未得以实行,但从其以检察权来监督制衡审判权的精神与做法来看,其价值仍是值得肯定的。江苏都督府使用此制,规定"各州、县别设审判厅、检察厅按照旧行《法院编制法》办理"②。

为保障人民权利,南京临时政府司法部要求对各地的裁判所及监狱进行改革。因此,特令各省都督办理两件事情:(1)咨送裁判所及监狱调查表样式,请转饬所属各府厅州县,要求对已成立的检察厅进行登记上报。(2)凡是未成立审判、检查各厅的,应效仿新制,赶速设置,总期逐渐改良完善,一扫从前黑暗时代之恶习。③

显然,辛亥革命并非仅仅是一场推翻封建帝制的政治革命,其司法成就也颇为可观。辛亥革命时期是一段特殊的历史时期,时局异常动荡。有些新设的司法制度在实践中并未得以完全实施,如审级制度

---

① 邱远猷、张希坡著:《中华民国开国法制史》,首都师范大学出版社 1997 年版,第 613~614 页。

② 邱远猷、张希坡著:《中华民国开国法制史》,首都师范大学出版社 1997 年版,第 178 页。

③ 邱远猷、张希坡著:《中华民国开国法制史》,首都师范大学出版社 1997 年版,第 612 页。

和检察厅制度。有些制度很快出现了倒退，如律师制度。"二七大罢工"中"劳工律师"施洋惨死在军阀枪下即是明证。但是，我们应当坚持历史唯物主义和辩证唯物主义的立场，客观、全面地看待辛亥革命中的司法变革。实际上，无论是在司法独立、民主司法、司法公正和保障人权的理念方面，还是在建立和完善独立司法、民主司法的相关制度方面，都有其不可抹杀的历史意义和现实启示作用。

论辛亥革命的法学价值*

辛亥革命是一场伟大的政治革命,也是一场深刻的法律革命,它以震撼世界的力量,赶走了中国历史上最后一个皇帝,实现了结束中国几千年帝制的伟大创举。同时,它以中国人民的开拓精神,终结了延续二千五百多年的"中华法系",举起了法学转型的大旗。因此,深入探索辛亥革命的法学价值,对建设中国特色社会主义法治国家具有重大的理论与实践意义。

一、"中华法系"的终结,法学理念的变革

中华法系,源远流长。据考证,它始于战国时期李悝的《法经》。其学生公孙鞅携带《法经》赴秦国②,助秦孝公变法,改法为律,是为秦律,再由汉代沿袭,后世照仿,形成秦律→汉律→三国时期魏律→晋律→南北朝时的北齐律→隋律→唐律→宋刑统→元典章→明律→清律的发展脉络。中华法系是世界五大法系中延续时间较长、适用范围最广的法律体系。它有过汉律、唐律的辉煌,也有过明末与清代的衰落,并具有"法自君出,权尊于法"、"以儒家思想为理论基础"、"维护封建伦理,确认家族法规"、"皇帝是立法和司法的枢纽"、"诸法合一,行政兼管司法"、"等级森严,刑罚残酷"等特点。它在维系中华民族、保障国家统一方面发挥过巨大作用,也留下了阻碍社会进步、压迫劳动人民的劣迹。作为一个独立的法系,除特有的

---

* 本文刊载于《政治与法律》2011年第10期。
② 公孙鞅曾在卫国做事,叫卫鞅,后随秦孝公变法成功,封在商部,名为商鞅。

律、令、格、式等成文形式法外，偶尔还具有家庭法与民间法的内容，更重要的是其还有一个庞大的理念体系与法律文化。经过两千五百多年的变迁与发展，它已具有了深厚的社会基础与文化基础。因此，撼动与摧毁它并非易事。

虽然，摧毁一个旧的法系是一件艰巨而复杂的工作，但事实上，早在1840年或者更早的时间，中国人便在理念上有了一些突破，尤其是经过清末以沈家本为代表进行的法制改革，中华法系的理论基础就已经开始动摇。辛亥革命的伟大功绩之一，就是从根本上促使了中华法系的消亡，其中无疑包括不少具有摧毁性质的因素，特别是1911年至1912年，临时政府颁布的一系列以《中华民国临时约法》（以下简称《临时约法》）为代表的法令。当然，除此之外，法学理念上的更新和新的法律文化的形成也起了关键作用。这些新的法律理念，实质上只是经过微调的西方法学理念，但在中国很快得到了传播，范围除革命党成员外，还有立宪党以及各种各样的法制与组织。这些新的法学理念主要有以下几个方面：

第一是"主权在民"思想。在西方，早有人民主权的理论。在当时的中国，主要是根据孙中山先生的"民权主义"引申出主权在民理论，这实际上就是经过略加改造的西方人民主权思想。当时的革命党和立宪党人，不但到处宣传，而且毫不含糊地写在他们的宪法——《临时约法》上。正是这部中国唯一的资产阶级性质宪法，公开确认了"主权在民"的原则，明确宣布"中华民国之主权，属于国民全体"，规定"中华民国由中华人民组织之"。① 这两条规定意味着以根本法形式确认了中华民国是一个"主权在民"的资产阶级共和国，既否定了延续两千多年"主权在君"、"朕即国家"的封建专制君主制度，也划清了同立宪派主张的"君主立宪"的界限。这是革命党人多年奋斗的结果，也是孙中山先生最津津乐道的两条规定。它在中华民族史册上的确是值得大书特书的壮举。其实，这是辛亥革命的一贯主张，如武昌起义成功时所颁布的《中华民国鄂州临时约法》便强调要由中国人民自己来组织自己的政府，要建立具有

---

① 转引自邱远猷、张希坡著：《中华民国开国法制史》，首都师范大学出版社1997年版，第362页。

资产阶级民主性质的共和国。

第二是"民主共和思想"。推翻帝制,建立共和国,这是以孙中山为代表的同盟会和革命派的共同纲领,是他们共同奋斗的目标。孙中山先生认为,民主共和是世界的潮流,是历史的必然,是社会进步的规律。他指出:"满清王朝可以比作一座即将倒塌的房屋,整个结构已从根本上彻底腐朽了。""历史表明,在中国,朝代的生命,正像一个人的生命一样,有其诞生、长大、成熟、衰老和死亡。当前的满清统治,自19世纪初叶已开始衰微,现代则迅速地走向死亡。"① 所以,"政治革命的根本……是建立民主宪政体"。② 接着他又深入批判了改良主义的"君主立宪",认为它"是反对进化之公理也,是不知文明之真价也"。③ 因此,辛亥革命炮声刚落,在作为根本法的《中华民国临时约法》第5条中便规定:"中华民国人民一律平等,无种族、阶级、宗教之区别。"第7条规定"人民之身体,非依法律不得逮捕、拘禁、审问、处罚。人民之家宅,非依法律不得侵入或搜索。人民有言论、著作、刊行、集会、结社、书信秘密、居住、迁徙、信仰之自由。"第72条规定"人民有请愿于议会、陈诉于行政官署、诉讼于法院受其审判、对官吏违法损害权利之行为得陈诉于平政院、应任官考试、选举及被选举之权。"总之,关于公民的民主自由权利该法基本都作了规定。至于共和思想,在国名中已经表述得很清楚。当然,共和思想还有更广的含义,它不仅反对专制,而且主张人与人、人与社会、人与自然的和谐相处。

第三是"法治思想"。法治思想随着西方法律文化输入中国,早已被中国知识界所熟悉。严复曾公开宣称中国"有治人无法治"的传统观念。④ 在辛亥革命期间,孙中山等革命党人既是法治的传播者,也是法治的实践者。临时政府成立后,他们大力加强立法工作,首先制定了中央政府的有关法规,如《中华民国临时中央政府中央

---

① 《孙中山选集》上卷,人民出版社1956年版,第62页。
② 《孙中山选集》上卷,人民出版社1956年版,第75页。
③ 《孙中山选集》上卷,人民出版社1956年版,第67页。
④ 中国古代的法家曾提出过"法治",但其目的是维护封建专制,严刑峻法,与西方法治有本质区别。

行政各部及其权限》，规定各部设总长一人，次长一人并对其权限作出了规定；《中华民国各部官职通则》对外交、内务、财政、陆军、海军、司法、教育、农林、工商、交通各部均适用；《临时大总统关于慎重用人致内务总长令》中要求官吏按孙中山先生1912年3月颁布的《为人民服务令》办事，依法受理和处理有关事务。凡此种种，一般都有法律的规定和要求，官员依法办事的观念正在树立，特别是对人民权利的尊重和保护，被提到前所未有的高度。当时，"人权神圣"不仅是个口号，而且是各级官员必须遵守的准则。但是，好景不长，这些写在纸上的东西，随着宋教仁遇刺事件而化为乌有。尽管当时强调法治有很大进步作用，但由于不切实际，在袁世凯当总统的大前提下，法治无法实现。但法治作为一种理念已为中国人民所推崇。

第四是"三权分立"思想。《临时约法》确立中华民国实行"三权分立"，规定立法权属于参议院，行政权属于总统（但国务总理对大总统提出法律案、公布法令及发布命令时，须副署之），司法权属于法院，法院独立审判。"三权"既分立，又制衡。对于这些规定，孙中山先生既满意，又不满意。满意的是，按革命党人与袁世凯的约定，待清帝宣布退位后，参议院将选举袁世凯为大总统，实行"三权分立"原则。这有利于革命党制约袁世凯，因为大总统决定任何大事都须国务总理副署同意，实行责任内阁制有利于发挥革命党人的作用。但事实证明，这一套对袁世凯并不起作用，不到半年，他便废除《临时约法》，去内阁制而设总统制，实行独裁。孙中山先生对"三权分立"不满意的地方在于他一贯热衷于"五权宪法"，想要对"三权分立"实行中国式的改造。不管"三权分立"也好，"五权宪法"也好，都是适应于资产阶级需要的，在当时是一个巨大的进步，尤其是相对封建专制而言，更是一个大的飞跃。正如毛泽东同志所指出："我们对资产阶级民主不能一笔抹杀，说他们的宪法在历史上没有地位。"[①] 笔者认为，随着社会的发展，特别是在建设中国特色社会主义的今天，"三权分立"根本不符合中国国情，与中国政治体制背道而驰，何况它还存在各党派尔虞我诈、钩心斗角，根本不顾人民

---

① 《毛泽东选集》第5卷，人民出版社1977年版，第127页。

利益的弊端,所以在中国,是根本不能实行的。当然,它也有某些可以借鉴之处,如权力制约,经过改造还是可以"洋为中用"。

二、动摇义务本位的根基,提出公民权利的要求

辛亥革命在法学上的另一个重大贡献,就是赶走了皇帝,动摇了"义务本位"的根基,提出并在法律上确认了公民的权利要求。尽管在事实上,它的实现还存在种种障碍,但相对封建专制体制下的"义务本位"来说,显然是一个进步,一个转折点。在过去二千多年中,封建帝王实行专制统治,即所谓的"普天之下,莫非王土;率士之滨,莫非王臣"。老百姓只有义务,没有权利。即使是慈禧太后被迫于1908年签订的《钦定宪法大纲》,也没有提到公民的"权利"二字,相反却在附录一章中大谈"臣民的义务"。事实上,在封建专制体制下,百姓处于社会的最底层,他们只有尽忠、劳役、纳税、守法和兵役等繁重的义务,而没有任何权利。当时的法律,只有禁暴除奸、镇压人民的功能。可见,"义务本位"是其本质属性。辛亥革命除了在政治上推翻帝制外,在法律上首次为中国人民提出了权利要求。虽然同西方的权利本位思想还有一定差距,但总的说来是同类型的。

(一) 关于人权

自1840年后,帝国主义用大炮打开了中国的大门,西方文化(其中也包括法律文化)开始大量输入中国。一些中国人对其中一些进步的观念,如"天赋人权"等还是非常乐于接受的。早年的康有为甚至在《大同书》中提出了"大明天赋人权主义",并写道:"人类之生,皆本于天。同为兄弟,实为平等。""人人直隶于天,无人能间制止。"① 而何启、胡礼垣则说得更直白:"天下之权,唯民是主。"② 辛亥革命不仅宣传"人权神圣",而且通过立法明确了人权思想,规定了人权制度。除了确认自由平等权、人身权利和一般资产

---

① 康有为:《大同书》甲部,第5章。
② 何启、胡礼垣:《劝学篇》,载《新政真诠》,第五编。

阶级法律规定的权利外，还对一些具体的人权作了规定。

第一，确认了保护私有财产的原则。保护私有财产权，是西方资产阶级法律通用的原则，它在《临时约法》中得到了具体体现。《临时约法》明文规定"人民有保有财产及营业的自由。"这实际上包含两个方面：一是公民财产权不受侵犯；二是公民有财产及营业的自由。这一规定的意义重在为中国民族资产阶级的发展创造了条件。如果说辛亥革命的其他重大成果，差不多都因袁世凯篡夺了领导权而几乎丧失殆尽，但唯独这一条却得到了保留或一定程度的保留，从而使我国在辛亥革命至第一次世界大战期间，曾一度出现过民族资本的"黄金时代"。

第二，宣布废除刑讯逼供，废除法西斯式的审讯方式，要求重证据，禁止非法拘留、扣押民众，使人民有了人身自由。只是这些条款都因政权被袁世凯篡夺而没有实现，甚至在民国中后期，还出现了残暴统治的现象，宋教仁被暗杀就是明证。

第三，在《临时约法》中设立"人民"专章，紧列于"总纲"之后，虽然人民的权利还仅是纸上的东西，但它是对几千年来封建等级制度和民族压迫的极大否定。

第四，废除各种不平等的称呼，主张对政府官员以同志相称，倡导人人平等，严禁使用"老爷"、"大人"的名称。

第五，设立律师制度。1912年1月临时政府公布了《中华民国律师总公会章程》，明文规定律师有出庭辩护之权，这对于在一定程度上保障司法公正起了作用。事实上，从当时开始，中国律师无论在刑事领域，还是民事领域，对保护当事人的合法权益，维护社会人权和正义都发挥了独特的功能。

总之，"人权神圣"这一孙中山先生的名言在辛亥革命中得到了体现，虽然后来的结局是不幸的，但"人权"理念已在中国大地植根。

（二）关于"平等"

封建专制的显著特点，就是等级森严，人民不平等。自清末起，反封建专制，主张平等的呼声四起。辛亥革命的重大功绩之一，就是把这种呼声变成法律。首先，在《临时约法》中明文规定"中华民国人民一律平等"。这是中国历史上的伟大创举,第5条强调这种平等是"无种族、阶级、宗教之区别"的,中华民族不仅包括22个行省,还包括内外蒙古、西藏、青海。很显然,这里没有明确提到性别和民族,但从"人民一律平等"的含义来看,已有男女平等、民族平等的意思;同时还表明人民有选举权与被选举权。当然,如果明文规定性别平等、民族平等,那么意义就将更为深远。接着,在1912年3月发表的《大总统令内务部禁止买卖人口文》中公开宣称:"自法兰西人权宣言之后,自由平等博爱主义,昭若日星,各国法律,凡属人类一律平等。"① 孙中山先生于1912年3月19日在《临时政府公报》中,发布了严禁广东省贩卖"猪仔"(即人口)的规定。同年3月,还明文废除闽粤之蛋户、浙江之惰民、河南之丐户被不平等对待的规定,并要求平等对待外国人。同时,还禁止行跪拜礼,废除"老爷"、"夫人"等称号,从而促使人人平等思想得到广泛传播,这是社会进步的重要标志。当然,虽然在事实上因种种原因"不平等"并未完全消除,但文明之风开始盛起。

(三)关于自由

在封建专制统治下,旧中国一直鼓吹和实行董仲舒提出的"三纲五常",自清末以来,一直受到革命党人和志士仁人的严厉批判。作为否定这封建伦理先锋的谭嗣同明确指出,"君为臣纲,父为子纲"的说教是违背天理的,必须废除,至于"夫为妻纲"则更荒唐至极,他说:"男女同为天地之菁英,同有无量之盛德大业,平等相均。"② 严复则更明确提出了"身贵自由,国贵自主"的主张。他在《原强》一书中,强调人民的自由和国家的独立。辛亥革命的功勋之一,就在于它确认了人民的这些自由。这些自由条款明确写在《临时约法》和有关的法律中,归纳起来,主要有:一是人身自由;二是言论、出版、结社、集会的自由;三是信仰自由(包括宗教信

---

① 转引自邱远猷、张希坡著:《中华民国开国法制史》,首都师范大学出版社1997年版,第480页。

② 转引自邱远猷、张希坡著:《中华民国开国法制史》,首都师范大学出版社1997年版,第480页。

仰自由）；四是居住自由；五是迁徙自由；六是诉讼自由；七是契约自由；八是律师自由，等等。虽然当时的这些规定还仅被限定在法律许可的较小范围内，但相对封建专制而言，则是一个巨大的创举。

"自由、平等、博爱"，是当年法国资产阶级革命提出的口号，但很快被传播到了全世界，辛亥革命在一定程度上也受到其影响，某些观点和它是一致的，或是对其略加修改。那么，我们如何来看待这些观点与做法呢？按照历史唯物主义的观点，首先应该肯定它的历史作用。它相对封建专制而言，是一个巨大的进步，是近代文明的重要标志与体现，可以说是一块历史丰碑。正是这些思想与成就，使孙中山先生成为中国革命的先行者、20世纪的伟人之一。但同时，我们必须看到以下问题：第一，自由、平等、博爱是具体的。在阶级社会里，只有阶级的自由，人民的爱，而没有超阶级、抽象的爱，资产阶级讲的自由、平等和博爱，是针对它们这个阶级而讲的。第二，自由、平等、博爱是现实的，而不是超现实的或离群索居的。因此，它们必须与具体现实相结合，而不是凭空喊来的，就是说一切要以时间、地点、条件为基础，超越现实的口号往往很难持久。第三，自由、平等、博爱有一个发展过程，人民群众有一个提高、习惯的过程，政府也有一个学习和提高的过程。我们对这些重大问题既不能置之不理，也不能操之过急，要有计划、有步骤地进行，要不断地创造条件，不断地促其实现。对于"自由、平等、博爱"绝不能一概否定，而是要具体分析。对历史上的政治文明，要采取马克思主义的扬弃态度，取其精华，弃其糟粕，洋为中用，古为今用，借鉴其中有用的合理的东西。事实上，我们也是这样做的，辛亥革命中所规定的那些自由，在当代的社会主义中国基本上都有，而且更具体，并深得民心。至于"平等"，我们正在强调法律平等、民族平等、男女平等、人人平等。我们现在要建立的社会主义和谐社会，比孙中山先生强调的"博爱"，无论在层次上、内容上都要高出一筹。今天，我们纪念辛亥革命一百周年，既要看到它是一场广泛的政治革命，也要肯定它是一次深刻的法律革命。

三、取消司法、行政合一体制，设立独立的司法机关

中国古代司法机关虽然常有变化，但总的变化不大。周代中央设专管司法的"司寇"。据《尚书》里讲："司寇掌邦禁，诘奸慝，刑暴乱。"自秦始皇实行中央集权的封建专制以后，中央设有专门的司法机关，如大理寺、刑部，还设有负责弹劾纠举的御史台或都察院。但总的说来，有如下特点：第一，皇帝直接掌握司法大权，他不仅有死刑的终审权力，而且随时可以干预司法，即"帝亲临问"、"视临录囚"。第二，皇室宗族或统治民族的案件，由专门机关处理，如"宗人府"。第三，行政直接参与司法，中央虽有专门司法机关，但汉代的"三公"以及历代御史，大都参与审理。至于地方，根本没有司法机关，直接由行政首长如县令、知府审理案件。此外，还有负责管理监狱的官员，但没有审判权。

辛亥革命的重大功绩之一，就在于它废除行政、司法不分的体制，要求有专门的、独立的司法机关并自成体系，而且要求十分严格：第一，法官独立审判，不受上级官厅之干涉。第二，法院依法律审判民事诉讼及刑事诉讼，但关于行政诉讼及其特别诉讼，另以法律定之。第三，"法院之审判须公开之，但有认为妨害安宁秩序者秘密之"。第四，法官在任中不得减俸或转职，非依法律受刑罚宣告，或应免职之惩罚处分，不得解职，惩戒条规以法律规定。对于法官之选拔，要求也非常严格，法院以临时大总统及司法总长分别任命之法官组织之，法院之编制及法官资格以法律定之。①

上面这些规定均由《中华民国临时约法》作明文规定，足见法院及法官的地位是很高的，而且要求是严格的。这相对封建专制的司法制度而言无疑是个巨大的进步，是近代司法民主的表现。尤其是在审讯方式上，明文禁止了刑讯逼供，不仅要求改变"衙门八字开，有理无钱莫进来的"的腐败现象，而且要求在审理案件时力求公正，力求查清案件真相。此外还设立了司法机关并形成一个系统，从初级

---

① 转引自邱远猷、张希坡著：《中华民国开国法制史》，首都师范大学出版社1997年版，第366页。

审判厅,到基层法院,到高等法院,直至全国最高法院(当时也有叫大理院)。必要时,还设立了一些特别法院。为了力求弄清案件,还设立了各级检察机关。总之,在民国初年,中国的司法系统基本上是照搬西方那一套的,这在当时显然是种进步,得到了人民的拥护。

辛亥革命最终还是失败了。尽管它的光辉是永存的,但自袁世凯篡夺革命的胜利果实后,中国便长期处于"军阀混乱"时期。袁世凯死后,先后还出现过几个大总统,他们给人民带来的只有苦难。后来,蒋介石发动4·12大屠杀,使中国又回到了半殖民地半封建社会,人民又回到了水深火热之中。

值得一提的是,虽然南京国民政府违背孙中山先生领导辛亥革命的初衷,但在司法方面有一点还是值得肯定的,那就是在民事立法上编纂了《民法典》,及时处理了当时一些民事案件。现在看来,《民法典》中关于物权与债的部分规定值得今天参考。

至于民国时期法院的体制与组织体系,也历经了几次变化与发展。北洋政府的法院实行四级三审制,最低一级审判机关为初级审判厅。国民党政府于1932年公布法院组织法,取消初级审判厅为三级审判,设立地方法院院长,由推事(即法官)兼任,综理全院事务。凡有六个推事的地方法院设民事庭与刑事庭。在省一级设高等法院,全国有最高法院即终审法院。审判一般案件采用责任制,重大案件由三名推事共同审理。1932年11月国民党政府又公布《行政法院组织法》,设立行政法院,专门审理行政诉讼,一般由五个推事共同审理。

四、加强法学教育,培养和造就法学人才

在革命党人的影响和推动下,我国法学教育在北洋法政学堂和京师法政学堂的基础上得到长足的发展,法学一度成为显学。各省法政学堂相继开办,如1905年成立奉天法政学堂,1908年成立吉林法政学堂,江苏(1906年)、安徽(1907年)、江西(1906年)、浙江(1906年)、福建(1907年)、湖北(1908年)、湖南(1906年)、山东(1906年)、河南(1908年)、新疆(1907年)、四川(1906年)、广东(1906年)、广西(1908年)、云南(1906年)、山西(1907

年)、贵州(1906年)、陕西(1907年)、甘肃(1909年)、黑龙江(1906年),等等,先后都建立了法政学堂。有的省还有两个,如浙江、湖南等,其中多数为公立,也有极少数为私立,如沈钧儒等人合办的浙江私立法政学堂。至1911年止,共有公办法政学堂20余所,私办的10余所。① 当时培养的法政人才,大都成为了辛亥革命的骨干力量。

事实上,辛亥革命的组织者即同盟会成员,绝大多数毕业于法政学堂。据查考,同盟会成立于1905年,到1907年时,共有会员379人,其中354人是留日学生,占93%,其中的骨干成员又绝大多数毕业于法政学堂。即使孙中山先生系医科出身,但从他早年革命起就宣传"五权宪法",可以看出他至少是热衷于法学的人。其他如执行(即庶务)张继(早稻田大学政科)、宋教仁(日本法政大学),书记陈元毕(日本法政大学),胡汉民(日本法政大学),内务匡一(日本法政大学),外务廖仲恺(日本中央大学政科),经理程克(日本帝国大学法科),书记朱大符(日本法政大学)。辛亥革命前后,各省同盟会的主盟会,其成员也多数毕业于法政学堂,如湖南的宋教仁、湖北的匡一、四川的张治祥、董修武、云南的吕走伊、河南的程克、广东的何天瀚、广西的蒙经、天津的廖仲恺、南洋的胡汉民等。作为辛亥革命的积极参加者的共进会的成员也多数是法政人,尤其是负责人几乎全是,如文群(日本法政大学)、李基鸿(日本法政学校)、居正(日本法政大学)、高仲和(日本早稻田大学法政科)、张和丰(日本法政大学)、黄格欧(日本法政大学)、张经武(日本早稻田大学法政科)、冯镇骥(日本明治大学专门法律科)、杨时杰(日本中央大学专门部法律科)、谭毅公(日本法政大学),等等。

南京临时政府成立时,担任政府要职的多数也是法科出身,如内务总长宋教仁、外交总长王宠惠、司法总长伍廷芳。为什么需要这么多法科人才呢?孙中山先生指出:"中华民国建设,首重法律。"② 为

---

① 本节引证的年代和各省法政学堂名录,均参见程燎原著:《清末法政人的世界》,法律出版社2003年版,第74页以下。

② 转引自邱远猷、张希坡著:《中华民国开国法制史》,首都师范大学出版社1997年版,第319页。

此，临时政府于1912年3月公布了《民国法律学堂专章》，不少地方申办法政学堂，司法部都一一批准。因此可以说，辛亥革命是中国现代法学教育的新起点，有力地推动了中国法学教育的转型。

辛亥革命是革命者的大汇合，是他们扬眉吐气、改天换地的盛会，也是法科人士施尽才华、大展风采的重要时刻。这场革命，是推翻二千多年封建帝制的宏大革命，其影响无疑是天翻地覆的，同样，由此而引起的法制变革也是惊天动地的。在辛亥革命中一直被孙中山先生宣传的就是他一贯倡导的"五权宪法"。可以说，"五权宪法"的思想贯穿于辛亥革命的全过程。早在1906年，孙中山先生就宣称，将来中华民国的宪法，就是要选一种新主义，叫做"五权宪法"。此后，他又多次反复讲到"五权宪法"。1924年，他专门做了三次关于"五权宪法"的讲演。他认为宪法是根本法，对国家和人民极为重要。这一点至今都还有现实意义。孙中山先生还明确讲到宪法与人民权利的密切关系，他说："宪法者，国家之构成法，亦即人民权利的保障书。"①

五权宪法的核心思想，就是孙中山的"权能分治"观点。他认为政权与治权要分开。政权亦称民权，是指人民可以直接管理国家，即"政"就是众人之事，集合众人之事最根本的就是政权，"政权"就是"权"，而治权属于"能"。政权属于人民，即主权在民。而治权属于政府，即由政府治理国家事务。当然，政府是由人民产生的，人民享有选举、罢免、创制、复决四种权能。选举是指人民可以直接、普遍选举官吏，而一旦他有问题或不称职，随即可以通过程序予以罢免。创制，意指人民在特殊情况下，可以直接制定法律。复决，是指对一些重大问题，可以复决一些已经通过的法律或法律草案或重大事项。对于"治权"，孙先生先生在借鉴西方"三权分立"的基础上，提出再增加了两权，即考试权与监察权。之所以增加这两项，是既考虑"三权分立"的缺陷，又结合中国实际，是借鉴了中国古代的御史制度与考试制度。很显然，"五权宪法"比起封建专制来说是个巨大的进步。但现在看来，"五权宪法"不仅不符合中国国情，而

---

① 转引自《中国大百科全书·法学卷》，中国大百科全书出版社1984年版，第570页。

且被后来的国民党政府所利用，干了不少有害于国家与人民的坏事。

按孙中山先生的计划，实现"五权宪法"要经历三个时期，即军政时期，训政时期和宪政时期。这是因为孙中山先生以唯心史观为理论基础，把人分成三种：一种属于先知先觉，一种属于后知后觉，再一种是不知不觉，这部分人是需要第一种"先知先觉"的人去"训导"的。这显然是把人民看成是群氓，需要"革命党"（后来改组为"国民党"）人的"训导"。后来，蒋介石还利用这个理论的缺陷，把训政时期加以延长，直到1947年才实行宪政。

从上述事实可以看出，辛亥革命的确是一场广泛的政治革命，意义极为深远。同时辛亥革命也是一场深刻的法律革命，不仅传播了现代法学思想，而且制定了一系列近代法律，这对国家与社会而言无疑是巨大的进步。此外，它也造就了一大批法律人才，极大地促进了法学的繁荣和法学教育的展开。20世纪上半叶，法学英才辈出，推动了法学的繁荣。一些法学名著至今还在国际上产生较大影响，这对建设中国特色社会主义法学教育都有一定积极作用，比如王世杰的《比较宪法》、李祖荫的《比较民法》、燕树棠的《法律与道德》、程树德的《九朝律考》等。当然，更重要的是，辛亥革命引起了中国法学与法制的转型，这对中国法律与法制的发展有重大推动作用。

毫无疑问，辛亥革命所传播的法学思想和建立的法律制度，对中国社会的发展具有很大的推动作用，影响十分深远。但我们必须看到，辛亥革命毕竟是一场资产阶级革命。在中国这块土地上，由于帝国主义和封建主义的破坏，加上中国民族资产阶级又比较软弱，再加上领导革命的革命党内部不够团结和其他种种原因，革命成果最后被袁世凯篡夺了。但辛亥革命的精神是永存的，孙中山先生作为20世纪最伟大人物之一的光辉形象永远活在中国人民的心中，以他为代表的传播近代法学理念的仁人志士也给人们留下了深刻印象。当然，辛亥革命的意义还在于，它是联系海峡两岸中国人的纽带。在庆祝它一百周年的光辉日子里，我们自然会联想到两岸关系的新发展。值此纪念之际，遥祝台湾同胞幸福安康，希望两岸法学界人士进一步加强学术交流，相互借鉴，共同繁荣。

论当代中国法学学术话语体系的构建*

一、一个极为重要的紧迫问题

学科的学术话语体系是一个学科的生命，它直接关系到该学科的基础理论建设，不仅直接反映该学科的发展水平和发展趋向，而且关系到该学科走向世界的途径。众所周知，知识生态包括两个不可分割的部分：一个是独立的学术话语体系；一个是知识存量，而后者必须通过前者表现出来。因此，学术话语体系对一个学科来讲是极为重要的，正如一个国家落后就要挨打一样，一个没有独立学术话语体系的学科，势必在学术上失去说话的权利与行为能力，从而导致最后失去生存的空间。这是学术的一个共同法则，法学当然也不能例外。

改革开放以来，我国法学的确一片繁荣，但也存在过这样或那样的不足，其中最重要的问题，就是没有自己独立的话语体系，以至于学者们在发表法学论文或出版法学专著时只好援用西方的法学话语体系。特别是在一些国家会议和论文中，绝大多数学者们使用的是西方的法学学术话语。很显然，构建当代中国法学学术话语体系是一个极为紧迫的问题，它直接关系到中国法学的未来。具体说，法学学术话语体系有下列几个作用：（1）对法学发展的引领；（2）对法律现象的解释；（3）提供法学价值判断的标准；（4）促进法学学术规划的制定。鉴于此，笔者力图对构建当代中国法学话语体系谈点看法，抛砖引玉，期待法学界对这个问题进行研讨。

---

* 本文刊载于《法律科学（西北政法大学学报）》2012 年第 3 期。

二、我国构建法学学术话语体系的四次尝试

党和国家对构建法学学术话语体系是重视的,尽管没有直接使用"法学学术话语体系"这个名称,但从两次重大的政治活动的内容和实质上看,就是指当代中国法学学术话语体系的构建,并对此进行了四次重大的尝试。

早在抗日战争时期,毛泽东同志就在《十大救国纲领》中明确地提出:"坚决主张"废除一切束缚人民爱国运动的旧法令,颁布革命的新法令。"① 当然,这时国民党正主持政权,虽然这段话还谈不上是建立法学话语体系的问题,但至少也揭示了这个问题的重要性,因为制定新的法律与构建新的学术话语体系有关。解放战争后期,即新中国成立前夕,面对"三大战役"的惨败,国民党提出了"和谈"的请求,毛泽东同志代表中共中央对此作了答复,并提出"八项条件",其中第2条就是"废除伪宪法",第3条是"废除伪法统"。这两条实际上是针对蒋介石在1949年《元旦文告》中讲到的"宪法不由我而违反"和"法统不致中断"而讲的。这里双方讲的"法统"按当时中共主办的《解放日报》的解释就是:"法统就是法律体系,或者叫'宪法与法律系统'……革命的阶级必须废除反革命统治阶级的反革命法统,重新建立自己的革命法统。"② 很显然,废除伪法统,就是要促使国民党法学话语体系的消亡,从而重新建立新的法学学术话语体系,从此拉开了构建马克思主义法学学术话语体系的序幕,启动了第一次尝试。

1949年2月,中共的《中共中央关于废除国民党的六法全书与确定解放区的司法原则的指示》正式颁布,全文共六个部分。在该文的第二部分中,明确指出:"法律是统治阶级以武装强制执行的所谓国家意识形态,法律和国家一样,只是保护一定统治阶级利益的工具。国民党的《六法全书》和资产阶级法律一样,以掩盖阶级本质

---

① 《毛泽东选集》第2卷,人民出版社1991年版,第355页。
② 《新华社〈关于废除伪法统〉答记者问》,载《解放日报》1949年3月15日,第1版。

的形式出现……国民党的全部法律只能是保护地主与买办官僚资产阶级反动统治的工具,镇压与束缚广大人民群众的武器。因此,《六法全书》绝不能是解放区适用的法律。"在第五部分中强调:"在无产阶级领导以工农联盟为主体的人民民主专政的政权下,国民党的《六法全书》应该废除,人民的司法工作不能再以国民党的《六法全书》做依据,而应该以人民的新的法律做依据。"

首先废除国民党《六法全书》的是华北人民政府辖区。华北人民政府是新中国成立前成立的地方政府,它执行废除国民党《六法全书》最为彻底。时任华北人民政府主席的是党内著名的法学家董必武同志,他于1949年3月颁布训令,在公开宣布废除国民党《六法全书》的基础上,明确写道,"人民法律的内容,比任何时代统治者的法律,要文明与丰富",并号召人民"用革命精神来学习马列主义、毛泽东思想的国家观、法律观"。① 也就是说,从这个时候起,董必武同志就已经在内心深处有构建以马克思主义法律观为指导的新中国法学学术话语体系的宏大愿望。

1949年中华人民共和国的成立,为废除旧法,构建新中国法学学术话语体系创造了政治前提,奠定了政治基础。以毛泽东、董必武为代表的中国共产党人启动了构建新中国法学学术话语体系的伟大工程。尽管他们本身并未意识到自己的一系列行为实际上是在为构建新的学术话语体系进行有益的尝试,但他们的著作和言论正在为这一伟大工程作奠基的工作。他们以马克思主义法学理论为指导,紧密结合中国实际,在实现马克思主义法学中国化的道路上树立了一块光辉的里程碑。在这个里程碑上,不仅写着《中华人民共和国宪法》、《论人民民主专政》、《人民代表大会制度》等光辉字样,而且铭刻着"依法办事是加强人民民主法制的中心环节","法律必须为经济服务"等著名论断。与此同时,他们还留下了不少法学名言警句:"宪法是治国安邦的总章程"、"宪政是民主政治"、"国体就是指国家的性质"、"法令者,代谋幸福之具也"、"法律学是从法律推究出来的,'法律'又是从事实出发的",等等(以上均为毛泽东的部分语录)。"依法办事"、"有法可依,有法必依"、"说到文明,法制也算一项",

---

① 《董必武政治法律文集》,法律出版社1986年版,第46页。

"法制就是法律与制度的总称"、"法是人搞的，没有什么神秘，但法是科学"、"离开政权的法律就变成抽象的法律"、"法律拥有本身的范畴……把政治与法律完全混淆起来的看法是不对的"、"法律必须为经济服务……使政法工作更有力，更有效地保障和推进国家工业化和社会主义改造的壮丽事业"（以上为董必武的部分法学语录）。上述法学名言、警句和语录，实际上就是探索构建新中国法学学术话语体系的第一次尝试。其中，还包括兴办政法院校和出版刊物、图书等一系列工作在内。

令人遗憾的是，以毛泽东、董必武同志为代表的革命志士为构建新中国法学学术话语体系所作的种种努力，在法律虚无主义的干扰与破坏下，在十年动乱的浩劫中最终宣告失败。但先辈们仍给我们留下了不少法学遗产，尤其是董必武同志对法学发展的远见至今仍然具有巨大的理论价值与现实意义。

第二次构建当代中国法学学术话语体系的旗手是邓小平同志和彭真同志。1978年底，中共十一届三中全会的召开，开辟了中国特色社会主义法治道路，为法学学术话语体系的构建奠定了基础。尤其是邓小平同志在大会前夕关于《解放思想，实事求是，团结一致向前看》的著名讲话，为构建法学学术话语体系提供了有利的武器。其中关于"依法治国"、关于"民主与法制"、关于"一手抓建设，一手抓法制"、关于"在全体人民中树立法制观念"、关于"法制教育要从娃娃抓起"、关于"权力制约，防止腐败"、关于"加强立法"、关于"有法可依，有法必依，执法必严，违法必究"、关于"法律面前人人平等"等一系列思想，不仅为构建当代中国法学学术话语体系指明了方向，而且有些观点本身就是法学学术话语体系的内容，如"法律要有极大权威"、"搞法制靠得住些"、"没有民主就没有社会主义，就没有社会主义现代化"、"社会主义民主必须制度化、法律化"，等等。

彭真同志在第二次构建当代中国法学学术话语体系中，起到了极为重要的作用。且不说他作为人大常委会委员长是创建中国特色社会主义法律体系中的中流砥柱，也不说他在健全人民代表大会制度方面所起的作用不可替代，何况这两方面的工作，本身就属于当代中国法学学术体系的范围。单就他对法学学术话语体系创建的直接贡献，至少包括下列几点内容：（1）明确提出与论证了我国的审判原则。彭真同志说："我们的审判原则是什么？一条，以事实为根据，以法律为准绳。再一条，法律面前人人平等。"① 这一条原则，既是对我国古代法家思想精华的继承与发展，更是对新中国审判经验的科学总结与升华，具有明显的中国特色，是当代中国法学学术话语体系中的基本概念之一。（2）在《物权法》起草的全过程中，出现过是否依据宪法的争论。这个问题彭真同志早就说过："如果说什么是民法的母亲的话，就法律体系本身来说是宪法。"② 这一以唯物史观为理论基础的马克思主义法学的基本原理，不仅直接说明了宪法与民法的紧密关系，而且也深刻地批判了西方法学中关于民法属于私法，宪法是公法，两者互不相容的霸权话语，从而奠定了当代中国法学学术话语体系中关于公法与私法关系的基础理论。（3）关于党法关系，彭真同志有句名言："在我国，党领导人民制定宪法和法律，党也领导人民遵守、执行宪法和法律。"③ 这段通俗的语言，直接说明了社会主义制度、党的领导与法律的辩证关系，这无疑是社会主义法的基本理论，也是当代中国法学学术话语体系中的重要内容。

无论是邓小平同志还是彭真同志，他们的很多观点对构建当代中国法学学术话语体系都具有直接的指导意义。而他们本身的言论与行动，实际上是探索构建中国法学学术话语体系的重大步骤。尽管他们是政治家，但他们对法学的功勋是光照千秋的，何况彭真同志还曾主持我国立法工作数十年，他的言论与实践，都是留给我们的优秀遗产，为构建当代中国法学学术话语体系提供了丰富的内容。

当代中国法学学术话语体系构建的第三次尝试和实践的旗手是江泽民同志和彭真同志。江泽民同志以马克思主义法学为指导，在继承邓小平理论的基础上，从当代中国民主与法制的实践出发，创造性地提出了"依法治国，建设社会主义法治国家"的基本方略，并不断丰富与完善它，使之成为了一个完整的理论体系。他对"依法治国"作了详细的分析，并揭示其科学内涵：依法治国，"就是广大人民群

---

① 《彭真文选》，人民出版社1991年版，第396页。
② 《彭真文选》，人民出版社1991年版，第422~423页。
③ 《彭真文选》，人民出版社1991年版，第489页。

众在党的领导下，依照宪法和法律的规定，通过各种途径和形式，管理国家事务，管理经济和文化事业，管理社会事务；就是逐步实现社会主义民主制度化、法律化。"① 江泽民同志还指出："依法治国是新的历史条件下党领导人民建设和治理国家的基本方略。在我们这样大的国家进行改革和建设，只有各地区各部门都严格按照国家法律法规办事，我们才能步调一致地前进。如果各行其是，对国家法律法规，符合自己利益的就执行，不符合的就不执行，或者打折扣，甚至加以曲解，那就会贻误和损害党和国家的工作，就会干扰正常的经济、政治、社会生活秩序，就可能出乱子。"② 江泽民同志把依法治国直接同保障人权联系起来，他说："公民自觉守法、依法维护国家利益和自身权益是依法治国的重要基础。……实践经验说明，法律不健全，制度上有严重漏洞，坏人就会乘机横行，好人也无法充分做好事。"③ 江泽民同志在完善依法治国问题上的另一个重要贡献，就是提出和论证了党的领导，人民当家作主和依法治国的有机统一，明确指出："党的领导是人民当家作主和依法治国的根本保证，人民当家作主是社会主义民主的本质要求，依法治国是党领导人民治理国家的根本方略。"④

与此同时，已处晚年的彭真同志，在中国特色社会主义法治道路上，不断地为构建当代中国法学学术话语体系进行探索与实践，主要表现在：第一，深入论证了法律与政策的关系，为后来党中央提出依法治国基本方略，作了重要的思想准备。他在回顾历史时说："在战争时期，虽然党在根据地里领导建立了政权，可是没有全国性的政权，因此，那时应该，也只能是党说了算。在整个革命队伍（包括军队）里，党的政策也就是'法'……建国以后情况就有所不同了……""我们不仅有党，还有国家"，"讲形式，那就不仅有党，还有国家的形式。党的政策要经过国家的形式而成为国家的政策，并且要把在实践中证明是正确的政策用法律形式固定下来。讲法，要有宪

---

① 《江泽民文选》第 1 卷，人民出版社 2006 年版，第 511 页。
② 《江泽民文选》第 1 卷，人民出版社 2006 年版，第 644 页。
③ 《江泽民文选》第 1 卷，人民出版社 2006 年版，第 512 页。
④ 《江泽民文选》第 3 卷，人民出版社 2006 年版，第 553 页。

法,还要有许多法,那都要按照国家的立法程度制定出来,一经制定,就要依法办事。"① 第二,对于法治,彭真同志作了形象的说明。他说,管理国家是靠人治,还是靠法治,这是新中国成立几十年来正反两方面的经验教训得出的结论。没有法制,"和尚打伞,无法无天",各行其是,那怎么行?岂不天下大乱?这是1989年6月彭真同志的重要讲话,反映了他对依法治国的愿望和期待。第三,在彭真同志晚年,他还为提前建立中国特色社会主义法律体系作出了重要贡献。在他患病期间,还经常询问全国人大及其常委会的立法进度,不时作出重要批示。

这段期间,我国法学界对党中央提出和实施依法治国,也作出了重要贡献,如及时建议将"建设社会主义法制国家"改成"建设社会主义法治国家",并被中央采纳,写进了党的决议与国家宪法。同时,法学界为宣传依法治国还作了很多努力,如举办大型讲座,撰写法治文章和出版专著等。他们一直在为创造法学的繁荣,为构建当代中国法学学术话语体系不断努力。

构建当代中国法学学术话语体系第四次重大尝试和实践的旗手是胡锦涛同志和以他为总书记的党中央,特别是中央政法委员会。其主要内容有:第一,胡锦涛同志亲自批示并书写了"社会主义法治理念",为建设中国特色社会主义法治国家和构建当代中国法学学术话语体系树立了指导思想,指明了前进方向,并为法学学术话语体系提供了丰富的、含义深刻的基本概念,如执法为民、公平正义、服务大局等。同时,中央四部委发文,要求全国高校、党校和国家干部都要认真学习中央编写的《社会主义法治理念教育读本》。这既是全民学习社会主义法治理念的重要教育活动,也是构建当代中国法学学术话语体系的战略举措。因为社会主义法治理念是中国共产党基于对社会主义建设规律,特别是对中国法制建设规律的深刻认识和把握,科学地回答了"什么是社会主义法治国家"和"如何建设社会主义法治国家"这样两个根本问题,也解决了当代法学学术话语体系的基本走向和基本范畴等首要问题。从这个意义上讲,当代中国法学学术话语体系的框架已经形成。也就是说,我们完全可以用当代中国法学学

---

① 《彭真文选》,人民出版社1991年版,第493页。

术话语来阐明中国特色社会主义法治建设的基本问题。第二，胡锦涛同志强调中国特色社会主义法治国家建设的重要特征就是服从大局。他说："政法事业是中国特色社会主义事业的重要组成部分，必须随着中国特色社会主义事业发展而发展。政法工作是党和国家工作的重要组成部分，必须在党和国家工作大局下开展，为党和国家工作大局服务。切实维护党的执政地位，切实维护国家安全，切实维护人民权益，确保社会大局稳定，是政法战线首要的政治任务。"[①] 这段话既表明了中国特色社会主义法治事业与西方所谓"法治"的根本区别，也为构建当代中国法学学术话语体系提供了基本术语，即"服务大局"。其实，任何国家的法治都是服务于他们的大局的。这样一条法则，也证明了当代中国法学学术话语体系的科学性、真实性。胡锦涛同志的这些话与党中央领导的法治实践，正是当代中国法学学术话语体系形成的主轴。第三，胡锦涛同志深化了中国特色社会主义法治的根本原则。他不仅反复强调了"党的领导、人民当家作主和依法治国的有机统一（即'三者统一'）"，而且引申出"三个至上"，进一步为我国司法工作指明了方向，也为构建当代中国法学学术话语体系提供了最有力的思想武器。当然，更重要的还在于实践。胡锦涛同志先后数次亲临中国法学会全国代表大会接见全体代表并留影，有时还作重要讲话，其中有一次提到要打破西方在法学上的话语霸权，要大力推进依法治国。他还多次会见全国法官、检察官代表并作重要讲话，这极大地鼓舞了法学界、法律界为构建当代中国法学学术话语体系而继续努力。

上述法学学术话语体系构建的四次尝试与实践，既有联系，又有一定区别，特别是后三次尝试与实践步步深化，是继承与发展的关系。而后三次与第一次有些不同。第一次的尝试，尽管无产阶级革命家作出了巨大努力和突出贡献，但还是在十年动乱中中断了，法学学科也已几乎被人们遗忘。第一次与后三次在治国方略上也有重大差别。即便如此，我们也不能忘记毛泽东、董必武同志的重大贡献。

法学学术话语体系是整个中国学术话语体系中的主要部分，但由

---

① 胡锦涛：《立足全局扎扎实实开创我国政法工作的新局面》，载《人民检察》2008年第1期。

于法学本身的特色，特别是由于马克思主义法学是法学史上的伟大革命，因此，它既与中国学术话语体系相适应，又有其独有的特点。由中国社会科学杂志组织编写的蓝皮书《中国社会科学学术前沿（2010—2011）》提到，中国学术话语体系，历经了三次型构，现在正在进行中国学术话语体系的第四次型构。作为当代中国学术话语体系的一个部分，当代中国法学学术话语体系的四次尝试与实践，在发展脉络上与其基本上是一致的，但由于法学是十年动乱的重灾区，公、检、法部门被砸烂，法科高等院校停止招生，大批学者被赶出政法机关与高校法学讲坛，因此，法学在这段时期实际上已经中断，所以法学学术话语体系的构建要多加一个时期。而且由于法学的阶级性与实践性很强，它与国家的治国理政方式直接有关，与执政党及其领导人的改变直接有关，特别是同执政方式直接有关，因此我们在划分阶段时不能不考虑党的执政方式和领导人的治国理政的态度。于是便把它分为四个阶段，其中第二、三、四三个阶段是相互联系、步步深化的，至于同第一阶段相比，也只是治国理政方式上的差别，在其他方面还是有继承性的。

由此可见，构建当代中国法学学术话语体系，不单是法学本身的迫切要求，也是当今时代的需要，是建设世界大国的需要。

三、构建当代中国法学学术话语体系的基本原则

任何一个基本原则的确立，都不是个人的主观臆断，而是建基于对该事物发展规律的深刻认识与把握之上的。因此，在总结我国法学发展经验教训的基础上，在揭示法学发展规律的同时，我们认为在构建当代中国法学学术话语体系中，应遵循如下几个基本原则：

（一）民族语言与时代精神的有机结合

大凡学术话语体系，几乎都是建基于民族语言的基础上的，或者说没有民族语言的学术话语体系实际上是不存在的。历史早已证明，只有在民族语言基础上构建的学术话语体系才能屹立于世界之林。其实，语言与民族是分不开的，斯大林曾经把语言作为构成一个民族的四大特征之一。洪堡特则说得更直接，他说："语言仿佛是民族精神

的外在表现。民族的语言即民族的精神，民族的精神即民族的语言，二者同一程度超过人们的任何想象。"① 然而，在法学界有个别同志在自己的论著中，不太乐意使用民族语言，写的都是很长的句子，并按西方的语法与修辞，使人不太容易看懂，并认为越叫别人看不懂的论文越深刻，甚至认为"就是应该叫别人看不懂"，这显然是不当的，写文章是给人看的，如果硬是叫人看不懂，岂不是违背写论文的初衷了吗？问题的本质并不在这里，这其实是个话语体系的归属问题。请问，中国人不再研究中国问题，不写中国文章，其意图何在？因此，在构建当代中国法学学术话语体系时，首先要使用民族语言，实质上就是讲中国话的问题。

当然，中国话有古代的，有近代的，也有当代的。因此，在使用民族语言时必须将其与时代精神结合起来。当今时代是全球化、多元化、信息化的时代，当代的中国正处在社会主义初级阶段，又是世界第二大经济实体。因此，我们不能简单地使用古代语言，更不能套用古代精神，而是用民族的语言说顺应时代潮流、说有利于建设中国特色社会主义法治国家的话。也就是说，在构建当代中国法学话语体系时不能随心所欲，而是要把民族语言与时代精神有机结合起来。

（二）马克思主义法学中国化与中国法治经验马克思主义化的有机结合

早在1938年，毛泽东同志就提出马克思主义中国化这一著名论断，并率领中国人民用抗日战争、解放战争的伟大胜利实践了这一名言。新中国成立以来，作为马克思主义中国化的重要组成部分——马克思主义法学中国化，实现了四次大飞跃，并在建设社会主义法治国家的伟大实践中取得重大成就。今后，在建设中国特色社会主义法治道路上，将继续以马克思主义法学为指导，切实推进"依法治国"这一基本方略。这是问题的一方面，另一方面，那就是中国法治经验马克思主义化。这两方面的任务都很艰巨，特别是第二方面难度更大，它将是构建当代中国法学学术话语体系的重要元素。至于当代中

---

① ［德］洪堡特著：《论人类语言结构的差异及其对人类精神的影响》，姚小平译，商务印书馆1999年版，第52页。

国法治建设的经验，总结起来是很多的，在宏观方面有"三者统一"，即"党的领导、人民当家作主和依法治国的有机统一"、"三个至上"、"服务大局"等，微观方面就更多。现仅就微观方面的两个问题加以说明：一是"调解"问题，这既是对中国古代"和为贵"在法学领域的科学阐释，更是对优秀法律遗产的借鉴与发展，是马克思主义法学中关于"法的继承"的创造性运用，是历史唯物主义的生动体现。最高人民法院关于"调解优先，调判结合"的理念，正是中国法治经验马克思主义化的具体运用，并在审判实践中取得明显效果。二是"劳动改造罪犯问题"，这是无产阶级改造世界、改造人类的伟大胸怀的展示，也是对"本性难移"这一唯心史观的有力批判。它在实践中取得了令人瞩目的成就，博得了世界人民的赞许。很显然，中国法治经验确实值得进一步马克思主义化，继而成为当代中国法学学术话语体系的组成元素。总之，只要认真地把马克思主义法学中国化与中国法治经验马克思主义化有机地结合起来，发展下去，构建法学学术话语体系就有希望。

（三）合理借鉴中外优秀法律遗产与立足现实的理论创新有机结合

中国的法律文化遗产是比较丰富的，如法家的"法、术、势相结合"思想、"法无等级"思想、民本主义思想；墨家的"兼爱"思想；儒家的"和为贵"思想；道家的"无为而治"、"道法自然"思想；孙中山的"五权宪法"理论和章太炎的民主思想等，都是我国古代和近代法律文化的精华。正如毛泽东同志早就指出的那样："从孔夫子到孙中山，我们应当加以总结，继承这一份珍贵的遗产。"当然，在继承中要取其精华，弃其糟粕，贯彻"古为今用"的方针，合理借鉴其有价值的部分。至于西方的法学思想，从亚里士多德的法治，古典自然法学派到后现代法学思潮，尽管其中因阶级和认识的局限有不少不适用于中国的理论，但也有不少理论值得我们参考，如他们对法律作用的认识，特别是一些具体法律制度，如"听证制度"、"侵权法制度"、"公开审判度"、"回避制度"等，都值得我们合理借鉴。即使对于遭到不少"正统"法学家反对的后现代法学思潮中的各种派别，尽管因为他们在总体上是对法律主体、法律权利采取极端的否定态度,从而遭到多数法学家的反对,但是在某些方面也还有可取之处,如他们认为"政治与法律分开是一种神话"的观点以及他们对审判实践尤为关注,强调判决不能死扣法条,应该重视对情节、手段、方法的了解等,都是值得我们借鉴的。也就是说,我们在构建当代中国法学学术话语体系时,要合理借鉴中外法学思想有价值的东西,而不能"闭门造车"。事实上,法律思想、法学话语是有一定继承性的,我们既不能肯定一切,也不能否定一切,而是实事求是对待问题,一切从实际出发,从现实生活出发,大胆创新。理论创新原本就是马克思主义的理论品格,因为历史是前进的,在构建当代中国法学话语体系时,必须创新,才能紧扣时代的脉搏,才能使当代中国法学学术话语体系富有生气与活力。

四、构建当代中国法学学术话语体系的几点建议

构建当代中国法学学术话语体系是一项艰巨的任务,也是一项重大的工程,需要法学界付出巨大的努力才能完成,甚至不是一代人就可以达到的。为此,特提出以下几项建议,供有关领导部门和法学界同行参考,并敬请参与讨论。

(一)共同探讨,形成共识

法学学术话语体系极为复杂,涉及方方面面,需要依靠法学界、法律界的共同智慧才能型构。因此,期望同行们就此问题共同探讨,并在深入研讨中就主要问题形成共识。更重要的是,通过研究,进一步提高对构建法学学术话语体系的认识并形成舆论,提升法学界解决法制实践中的种种疑难问题的能力。有人说,西方法学不是有现成的学术话语体系,拿过来不就行了吗?我们说,这实质上是不可能的,过去发展中国家不是曾经这样做过吗?结果都以失败而告终。铁的事实是,学术话语体系,尤其是法学学术话语体系是不能输出的,因为各国国情不同,何况学术话语体系同民族语言是分不开的。因此,我们希望构建当代中国法法学话语体系能成为法学界的共同任务。其实,这也是一个民族自尊心的问题,堂堂中华大国怎能沿用西方法学学术话语体系,我们必须也应该从中国国情出发,积极构建当代中国

的法学话语体系。

(二) 研究中国问题，写中国文章

学术话语体系是建基于现实生活的语言上的，它的生成与繁盛、发展与衰败，都是人们的实际生活及其语言现象的结果。尽管学术话语体系在其自身的发展中赢得了某种独立的外观，但从根本上来说仍然是从属于现实生活的语言的。因此，在构建当代中国法学学术话语体系的过程中，每一个法学教学与科研人员，每一个从事法制实践的中国公民，都应以中国语言来研究中国问题，写中国文章，这不单纯是文风问题，而是事关当代中国法学的兴衰的重大问题。应该说近年来我国法学界研究中国问题，写中国文章的人越来越多，这无疑是个好现象，但仍有个别人在西方法学话语体系中徘徊，一写文章就是洋洋数万言，一动手就是西方什么家怎么说，甚至在文章前还特地摘录几句名言警句，言必称西方的毛病还在。当然，西方法学中好的东西，我们应该借鉴，但绝不是什么场合都要来几句西方格言。我们是中国人，理应研究中国问题，写中国文章，这是构建当代中国法学学术话语体系的必由之路。同时，我们也希望法学报刊杂志应尽量多登研究中国的论文，少登那些让人看不懂的论文。

(三) 从我做起，从现在做起

构建当代中国法学学术话语体系是一项持之以恒的长期工作，它需要法学界人士为之共同奋斗，因此，大家必须从现在做起，从我做起。在写文章、作报告和学术讲演中，应该从实际出发，一律用中国语言，研究中国的现实生活，有的放矢，立足解决问题或有助于解决问题。现在的很多报刊记者都在走基层，并发表了不少有血有肉的文章，我们法学界应该也有这种精神，用现实生活的语言，为构建当代中国法学学术话语体系作出应有的贡献。当然，这项工作一定是艰巨的，甚至不是一代人的事，但每一个中国法学工作者，应有这个抱负，我们再也不能使用不切合中国实际的那套西方法学话语体系了。中国人有决心，也有能力构建当代中国法学学术话语体系。

社会管理创新中的若干理念辨析*

社会管理创新是我国社会建设中一个极为重要的理论与实践问题。"党委领导、政府负责、社会协同、公众参与"的社会管理新格局正在形成。自2011年以来,党中央对社会管理创新极为重视,先后召开政治局会议对此进行专门研究,并将"中央社会治安综合治理委员会"更名为"中央社会管理综合治理委员会",任命了新的领导班子。中央和国务院为此还专门印发了关于社会管理的意见。十七届六中全会再次强调:"加强与创新社会管理,维护社会和谐稳定。"中央还召开了副部级以上领导干部专题研修班,首都哲学社会科学界、中国法学会等学术团体也相继召开研讨会,深入探讨了社会管理中的重大问题。《求是》杂志、《人民日报》、《光明日报》等权威报刊发表了不少有价值的文章,这无疑是对社会管理创新的一个很大的推动,但其中有些理念还值得深入研究。笔者就三个问题谈些认识,供大家参考。

一、关于"公民社会"问题

"公民"一词,源于希腊文,原意泛指"市民",古罗马法中有所谓"市民法"。至于"公民社会"一说,历来是一个"本身模糊且饱受争议的概念"。① 有人公开提出对"'公民社会'祛魅",也有人

---

* 本文刊载于《哈尔滨工业大学学报(社会科学版)》2012年第3期,系李龙教授与其博士生朱兵强合著。

① 郑杭生:《我国社会建设社会管理参照系及其启示》,载《国家行政学院学报》2011年第5期。

极力宣扬"公民社会",① 我国政府则称之为"民间社会"。经反复研究和考证,我们认为"公民社会"一说并不科学,不仅在理论上说不通,在实践中也容易上西方国家的当。理由是:其一,"公民"是个法律概念,它与"国家"有着天然的不可分割的联系,离开了国家,就不存在"公民"这个范畴。正如《牛津法律大辞典》所指出:"公民是个人同特定国家或政治实体间的法律上的联系,根据这种联系,享有某些权利、特权以及因其效忠国家而享受其保护的权利,同时也承担各种义务。"② 在我国,公民就是具有中华人民共和国国籍、依法享有一定权利、承担一定义务的自然人。也就是说,公民与国家不是两个对应的概念,更不是两个对立的范畴,而是政治领域内具有从属关系的社会现象,尤其是在社会主义国家,公民与国家是完全一致的。因此,将公民与社会组合在一起,在法理上没有根据,在语法修辞上也是"搭配不当"的。其二,按照唯物史观的分类,人类社会只有奴隶社会、封建社会、资本主义社会、社会主义社会、共产主义社会的划分,而不存在"公民社会"的划分。按照自然科学分类,人类社会历经了农业社会、工业社会和信息社会,也没有"公民社会"的划分。其三,古典哲学家也经常使用这个词,但更多称之为"市民社会"。特别是马克思对"市民社会"有过不少的著名论断,他把"市民社会"主要理解为私人利益关系的领域,它"包括各个个人在生产力发展的一定阶段上的一切物质交往","始终标志着直接从生产和交往中发展起来的社会组织"。③ 尤其是马克思在《黑格尔法哲学批判》一书中深刻地论述了"市民社会"与国家的关系,颠覆了黑格尔庞大的法哲学体系。这段历史说明,无论是古典哲学家康德、黑格尔,还是无产阶级革命导师马克思,都没有使用"公民社会",而讲的是"市民社会"。因此,"公民社会"一说缺乏历史依据。其四,也是最重要的一点是,"公民社会"是近现代西方国家某些学者常用的词语,来源有两个:一是美国的以自由主义为基础的"社会中心说",二是欧洲的以"福利主义"为基调的"社会欧

---

① 王绍光:《"公民社会"祛魅》,载《绿叶》2009年第7期。
② 《牛津法律大辞典》,光明日报出版社1988年版,第161页。
③ 《马克思恩格斯选集》第1卷,人民出版社1972年版,第41页。

洲说"。尤其是美国的"社会中心说",他们把除国家市场经济以外的一切领域称为"公民社会",并虚构这个"公民社会"是一个整体,内部无阶级差别,完全平等,而且还说这个"公民社会"是一块净土,好事都是它做的,坏事都是国家所为,从而使之与国家相对立。很显然,这种理论总体上是不适合中国国情的,我们绝不能在美国的理论框架中创新社会管理。"公民社会"一词不切合中国实际,我们不应效仿。从这个意义上讲,把西方的"公民社会"比拟为一种陷阱也不过分。

其实,社会管理与国家有直接关系,是国家职能的一部分,而"公民社会"论者却把社会与国家对立起来,把社会管理从国家职能中分离出来,这显然是不对的,其实质是架空国家政权,使非政府组织操纵整个社会。这从根本上背离了马克思主义。早在19世纪,马克思在《资本论》中,通过对资本家管理工厂职能的分析引申出国家的两个重要职能:一是政治统治,二是公共管理,其核心部分便是社会管理。马克思这样写道,国家(政府)职能"既包括执行由一切社会的性质而产生的各种公共事务,又包括由政府同人民大众相对立而产生的各种特殊职能"①。当然,马克思在这里讲的国家(政府)是针对资产阶级国家而言的,但这一论断对国家职能的提示具有普遍意义。也就是说,任何国家都具有这两种职能,所不同的是因国家类型不同而其价值取向和根本目的有所不同而已。在马克思这一经典论述的基础上,恩格斯又进一步作了论述。他在《反杜林论》中明确指出:"政治统治到处都是以执行某种社会职能为基础,而且政治统治只有在它执行了它的这种社会职能时才能持续下去。"② 因此,在这两个职能中,社会管理职能是基础性的,直接影响国家政治职能的行使,如果国家失去这一职能,那么国家必将混乱,甚至有可能走向灭亡。基于上述理由,可以说,如果按照"公民社会"理论进行社会管理,不仅会使社会混乱,而且会使社会主义国家变质。国内有个别学者对"公民社会"感兴趣,大多是认识问题,他们看到"公民社会"论者某些可以批判借鉴的东西,如重视民生、强调个人福

---

① 《马克思恩格斯选集》第2卷,人民出版社1995年版,第510页。
② 《马克思恩格斯选集》第3卷,人民出版社1995年版,第523页。

利等，而忽视了其本质与险恶用心，那就是它旨在使社会管理脱离国家的轨道，把执政党赶出社会领域。这显然不符合我国加强与创新社会管理的初衷，会直接影响甚至损害"党委领导，政府负责，社会协同，公众参与"这一社会管理新格局的形成。当然，这并不是说西方"公民社会"论者的某些学说，如关注民生问题，是不可以经过分析而借鉴的，但问题是，绝不能脱离中国实际去硬搬过来，更不能全盘移植，而应坚持"洋为中用"的原则。

既然社会管理创新的目标不是构建所谓的"公民社会"，那么其价值取向究竟是什么呢？我们认为是"法治社会"。这一提法是对客观实际的反映，具有三大好处：第一，有利于与"法治国家"相对应。法治国家与法治社会是一个问题的两个方面，前者治理国家，后者治理社会，两者相辅相成。事实上，法治国家与法治社会是不可分割的。我们建设社会主义法治国家已有10多年，成效显著，但也有问题，究其原因，其中重要的一条就是法治社会没有建立起来。现在搞社会管理创新，其实质就是从体制与机制上建立法治社会。第二，有利于社会管理的有效性。无论社会管理观念的更新，还是社会管理创新体制与机制的建立，都有赖于法治的作用。具体来说，我们不仅要用法治这把金钥匙去开启社会管理创新的大门，而且还要用法治这个法宝去构建社会管理的机制与体制，从而把社会管理创新不断推向深入并使之胜利到达彼岸。第三，构建法治社会有利于对公权力的有力制约，也有利于为正确行使公权力提供保障。法治社会涉及强大的社会力量、社会权利和公民权利，对这三者的合法保护本身就要求对公权力进行制约。这三者合成一股绳，就能有效地对公权力进行全面监督，同时也能有效地保障公权力的正确行使从而保护人权，这就是"新宪政论"的"限权"与"保权"的有机统一。

对于"公民社会"，我们不能仅仅从字面上去认识，而是要看到西方提出的这一词语的内容。文字本身只是个符号，问题的实质在于如何去解释它。我们否定的是西方国家对"公民社会"一词的解释与动机，而不是"公民社会"本身。为了不形成对社会管理价值取向的误解与曲解，笔者建议最好不用这一具有鲜明西方意识形态的词语"公民社会"，而以"法治社会"取而代之。

二、关于"小政府，大社会"问题

"小政府"理论来源于西方。洛克的自然权利理论、社会契约理论和分权理论构成了"小政府"的基本元素，孟德斯鸠、休谟、卢梭等人对"小政府"理论的最终形成作出了重大贡献，还有现代自由主义者哈耶克、布坎南。而诺锡克则把"小政府"理论发展到顶峰，直接导致了《无政府、国家和乌托邦》这样一本宣扬"个人权利至上"的著作的出现。

"小政府、大社会"一说，实际上是自由资本主义的客观要求。按照自由放任的原则，自由资本主义国家采取不干涉政策，政府就成为"守夜人"，其主要职能在于：防止暴力、偷窃、行骗和强制履行契约。因此诺齐克得出了一个不切实际的结论："最弱意义的国家是能够证明功能最多的国家。任何比这功能更多的国家都要侵犯人们的权利。"① 这种不切实际的谎言，事实上早已被资本主义国家的发展历史证明是错误的。在18世纪至19世纪时期，西方多数国家的确采取了"小政府"的理论，国家对经济自由放任而不干预，但这样发展的结果导致了"经济危机"的产生。历史表明，自由放任的"小政府"已经不适应社会发展的需要。1936年美国总统罗斯福实行"新政"，采用凯恩斯经济理论，实行国家干预，从而结束了"小政府"的历史。"二战"后，美国开始形成了"小社会，大政府"的格局。可见，现在还有人提出我国走"小政府大社会"的老路，这显然是行不通的。一是我们绝不能走资本主义世界已经走过的老路，因为国情、体制根本不同；二是"小政府大社会"已经不合时宜，跟不上时代发展的需要。关于这个问题，学者王绍光作了很好的回应，他在《"小政府大社会"从根本上是错的》一文中指出："中国现在要破除一个很重的观念就是'小政府大社会'。这个观念从根本上是错的，走遍全世界，没有一个国家是这个样子。西方也不是小政府，比如美国，已经被世界上公认是'小政府'，但其实美国政府比我们

---

① ［美］诺齐克著：《无政府、国家和乌托邦》，何怀宏等译，中国社会科学院出版社1991年版，第155页。

大很多,公务人员比我们多得多,每8个人就要养一个公务人员。我们中央政府只有4万人,而美国光一个农业部就有10万人。所以,成天看到我们的媒体批评政府监管不到位,那是因为许多部门人手都不够,用'小政府大社会'能解决这些监管的问题吗?"① 当然这也并不是说"小政府,大社会"不好,就要搞"大政府,小社会"。近一个世纪的实践证明,政府不断扩大,公务人员大量增加并不是一件好事,因为这样会加重人民的税赋。更重要的是,政府庞大容易产生官僚主义,也容易出现腐败。因此,笔者也并不主张"大政府,小社会"。那么出路何在?笔者认为唯一的出路,就是建立"强社会、强政府"。

这里所谓的"强政府",是指政府治国理政能力强、服务人民能力强、宏观调控能力强、管理社会事务能力强、尊重和保障人权能力强。所谓的"强社会",就是要形成"党委领导、政府负责、社会协同、公众参与"的具有中国特色的社会管理新格局。"强政府"与"大政府"有着本质的不同:一是"强政府"必须以人为本,关注民生,以人民根本利益为出发点与落脚点;二是"强政府"是在转变政府职能的基础上形成的,它要求公务人员依法、快速、高效地完成其职能,减少或杜绝官僚主义和职权滥用;三是"强政府"反对机构臃肿,主张发展电子政务,联合办公,以方便群众。这三点都是"大政府"做不到的,而且更重要的是"大政府"是政府职能不断扩张的结果,是集权主义的一种表现。

无论是"小政府",还是"大政府",实际上都是资本主义市场经济的产物。前者是自由资本主义"自由放任"的必然伴侣,后者是垄断资本主义"国家干预"的客观要求。它们本来就同社会主义格格不入,再加上国情、意识形态与政治体制的不同,所以,我们没有必要走别人的老路,尽管其中也有某些值得合理借鉴的地方,如关注民生、重视社会保障等,但总体来说是不可取的。何况"小政府"理论容易导致无政府主义,如诺锡克等人的理论最终成为了乌托邦。"大政府"则容易出现独裁专制,如希特勒、墨索里尼等人。他们不

---

① 王绍光:《"小社会大社会"从根本上是错的》,载《社会观察》2010年第12期。

仅独裁,而且还发动了战争,危害了整个世界。因此我们可以看出,"小政府"不可取,"大政府"危害人民,唯一出路就只有"强政府,强社会"。

"强社会"的问题的确比较复杂,但有几点必须加以确定:一是"强社会"与"小社会"不同,其力量强大,是整个国家的重要部分,它能承担一部分政府难以执行的职能,如动员与组织社会力量应对"危急事件",如救灾、抗洪、充当志愿者等;二是"强社会"与"大社会"不同,它能防止黑社会势力的蔓延,有效打击黑社会势力,有利于维护人民生命与财产的安全。总之,在当今世界,构建"强政府,强社会"是历史赋予的重任。

社会管理创新是一场伟大的改革,我们要更新观念,在理念上正确认识和对待社会与政府问题,要从中国实际出发,结合国情、体制,正确认识和对待"大小政府"与"大小社会"这一敏感问题。

三、关于"自治民主"问题

如果说我们对社会管理创新中的"公民社会"、"小政府大社会"提出了质疑的话,那么对社会管理创新中的"自治民主",笔者则采取肯定的态度。

自治民主在实践中的发展由来已久。我国古代素有"王权不下县"的说法,基层社会向来有自身的一套权威体系以实现自我管理和自我服务,实施着某种程度的自治。而这种自治在一定程度上也得到了封建中央王权的认可,呈现出一种相互承认、相互协作的政治局面。在封建社会后期的中南欧国家,城市自治并不鲜见。进入近代以后,民主自治成为历史潮流。早在1835年,英国议会就通过了《市自治法》(Municipal Corporation Act),从19世纪末开始,英国地方政府分为三级自治。① 辛亥革命中,我国的地方自治曾以法律的形式加以确认,诸多地方政府出台"约法"规定自己的自治权力,如《鄂州约法》取美国宪法精华,高度强调地方自治,甚至主张在地方自治的基础上实行联邦制。新中国成立后,中国共产党领导全国各族人

---

① 张千帆:《地方自治的技艺》,载《华东政法大学学报》2011年第6期。

民继续努力探索自治民主的实现形式，创造出了适合中国国情和社会主义制度的一系列自治民主形式，特别是其中的民族区域自治制度已然成为我国的一项基本制度。但在广大基层地区，随着公有制的改造和人民公社化的推进，以及户籍制度的确立，自治民主的空间受到一定的压缩。改革开放后，我国的自治民主才开始了新一轮的发展。

从理论上看，自治民主是一种强调自我管理、自我发展和自我服务的民主形式，其目的在于便利公民的相互交流与合作，促进公民的自治本身。自治民主的出现，在某种程度上是对选举民主和协商民主的修正，它看到了选举民主与协商民主的缺陷，并试图对二者的内在缺憾作出一定的调整。选举民主往往带来精英统治，其本质仍然是一种代议制的间接民主，而协商民主虽然使公民在一定程度与范围内参与民主的谈判，并在事务决策中表达自己的利益与观点，但协商民主的工具性倾向无法实现民主本身的实质性价值，无法实现民主参与人的个人潜能、个人价值和个人的自我确认。自治民主的优势在于其不仅强调形式上的民主权利与程序，更强调团体与个人在民主中所获得的发展空间，而且自治民主能够在小范围内广泛适用，它类似于日常生活中的"民主作风"与"民主精神"，能广泛适用于社会生活的方方面面。① 总之，社会主义的自治民主有利于克服资本主义民主形式的虚伪性，剔除资本主义民主建于经济与政治不平等之上所带来的民主的异化，从而实现人的全面自由与解放的真正的民主。②

在当代中国，自治民主的形式有很多，具体来说，主要包括以下几种：

第一，工会、妇联等人民团体的自治民主。工会和妇联是党领导的我国重要的人民团体。一方面，工会和妇联均需接受党的政治和思想领导，围绕党的中心任务开展各项活动。另一方面，工会和妇联等人民团体还承担着民主自治的重要职责。工会应当指导各级工会组织开展以职工代表大会为基本制度的民主选举、民主决策、民主管理和

---

① 占红沣：《自治民主的理论基础与实践方式》，载《武汉大学学报（社会科学版）》2007年第4期。

② [南] 普利瓦特拉：《论社会主义自治的民主》，徐贤珍摘译，载《国外社会科学》1978年第6期。

民主监督工作，推动建立平等协商、集体合同制度和监督保证机制的工作。这表明工会在围绕党和国家中心任务开展工作时仍然应当代表广大工人的利益需求，在民主的基础上实现内部事务的自治。妇联则应当代表广大妇女的利益，为妇女的利益而奋斗。从历史上看，工会在我国的自治民主中一直占据重要地位并发挥重要作用，但工会的自治力量还应该进一步壮大。工会应积极建立并壮大其各级组织，特别是要在大型私营和外资企业中逐步建立并完善工会制度，依法自治，最大限度地维护广大工人的合法权益。而妇女组织在广大基层的作用还有进一步发挥的空间，要加大对妇联组织的投入，培训妇联干部，使其真正有效地实现自治。

第二，大学、医院等事业单位的自治民主。大学、医院等是事业单位自治民主的主要载体。以高校为例，在我国，中央高校一般由国家教育部管理，而地方高校也由地方党委和行政领导，高校行政化色彩仍然比较明显。高校去行政化的呼声一直存在，但就高校内部的管理而言，短期之内，高校完全去行政化并不现实，所以在当前高校的中层和基层应当实现自治，进行民主管理和民主监督，依法推进民主自治，实现自治民主。客观而言，我国学术界对于大学自治的呼声还是非常强烈的。学术自由是科学精神的集中体现与要求，就大学自治民主而言，可以先行逐步放宽教学科研方面的自治，而行政自治则可以在学术自治取得一定经验的基础上逐步推进。

第三，基层群众组织的自治民主。基层群众组织的自治在当代中国主要包括两个方面，即农村的村民自治和城市的居民（社区）自治。基层群众组织自治在我国具有悠久的历史。古代中国有所谓的"王权不下县"的说法，广大基层群众一般都是通过乡绅和长老来进行治理的。新中国成立后，为了贯彻社会主义民主政治，开始逐步从机构和制度等各方面进行基层的民主自治。根据我国《宪法》和《村民委员会组织法》、《居民委员会组织法》的相关规定，村委会就和居委会就是我国的基层群众自治组织，享有较大范围的自治民主，其内容主要包括自我管理、自我服务等。实践证明，基层群众自治是符合我国国情的，也是取得了不少成就的，但不能认为我国的基层自治民主就不存在问题。其主要问题是基层政府与基层群众组织的职权划分不明晰，政府权力具有向基层群众自治组织扩张的倾向，政府权力干涉群众自治的问题仍然存在，解决问题的当务之急是要切实依法保障基层群众的"民主选举、民主决策、民主管理、民主监督"。

第四，民间学术团体的自治民主。学术团体民主自治是学术自由乃至思想自由的要求与体现。1919年德国《魏玛宪法》第142条明确肯定了学术自由。此外，1966年联合国的《经济、社会和文化权利国际公约》和《公民权利和政治权利国际公约》也对学术自由给予保障。我国《宪法》第47条规定："中华人民共和国公民有进行科学研究、文学艺术创作和其他文化活动的自由。"这构成学术自由在中国的宪法基础。民间学术团体应当以追求真理为目标，大力保障学术的自由探讨、思想的自由交锋。民间学术团体要实现自治民主需要从以下几个方面加以努力：一是民主制定本团体的章程并规定团体的自治原则；二是民主选举出本团体的领导机构和人员；三是通过章程等文件对团体成员的民主权利和义务作出明确规定。此外，在学术团体的自治民主建设中应当尽量避免学术霸权的产生，避免"只见山头，不见学术"现象的出现，切实保障所有团体成员的民主权利，促进社团的健康发展。

第五，非营利组织的自治民主。非营利组织是指不以营利为目的的组织，如慈善组织等。学界大都将非营利组织和企业区分开来，其主要理据在于：非营利组织受法律或道德的约束，不能将盈余分配给拥有者或股东。非营利组织有时也被称为第三部门，与政府部门（第一部门）和企业界的私部门（第二部门）相对立，成为三种影响社会的主要力量之一。正是非营利组织这种独立于第一、二部门之外的特性有助于其实现相对更高的自治民主。以慈善组织为例，其自治民主实现的范围和程度可以相对更加广泛，如慈善组织可以自主制定本身的组织章程、选举自身的领导与执行机构、规划自身的工作内容等。

历史与启示：论新中国成立初期的司法改革运动*

新中国成立后，我国于1952年6月至1953年2月进行了一场轰轰烈烈的司法改革运动。对于这次司法改革运动的历史地位与作用，学界的认识尚不统一，甚至出现截然相反的立场与观点。有论者质疑新中国成立初期司法改革运动的性质与作用，特别是对废除"六法全书"提出了批评意见。实际上，这种见解并非建立在完全的、客观的历史事实之上，所以未能全面、深刻、历史地理解这场司法改革运动。本文试图从我国新中国成立初期司法改革运动的历史背景、原则以及具体的司法改革举措方面对其进行重新的回顾，以正视听，也期望对当下我国的司法改革实践有所助益。

一、新中国成立初期我国司法改革的背景

我国于1952年6月至1953年2月推行的司法改革运动是在新中国成立初期的特殊年代进行的，其背景比较复杂：从政治方面看，新生的、中国共产党领导的新民主主义国家政权刚刚建立，需要大力开展革命后新政权的建设，其中当然包括必须推进的司法制度的改革与建设。从当时司法人员的现实情况看，在"三反"运动的过程中，旧司法人员的一些问题被陆续暴露，这成为司法改革运动的直接导火索。在当时的司法队伍里，旧司法人员确实不在少数，大约占到22%，有部分人员思想反动、作风败坏，甚至贪赃枉法、杀人越货，

---

* 本文刊载于《法学杂志》2012年第12期，原文名为《论我国建国初期的司法改革运动》，系李龙教授与其博士生朱兵强合著。

一直进行反革命活动。这些因素均构成促使当时司法改革展开的背景与成因。

然而，如果回到法学的内部视角来考察此次司法改革的背景，即从法律意识形态方面看，我们会发现，1952年开始的司法改革运动实际上是两种本质对立的法律与司法意识形态矛盾运行的必然结果。新中国的各项建设均以马列主义、毛泽东思想为指导，在法制与司法工作方面也不例外。马克思主义将法律视作统治阶级的工具，认为它具有鲜明的阶级性，因此，对旧的司法人员及其思想、作风乃至司法制度、机构进行改造势在必行。既然旧的资产阶级的伪法统不可能为新生的人民政权所接受，那么作为伪法统代表的"六法全书"的废除则成为必然，而废除"六法全书"不仅将过去司法审判的依据——旧法律清除了，更在整体上对当时的司法体制与人员的合法性提出了严峻的挑战，因此，"六法全书"的废除成为司法改革不得不行的重要原因与背景。

"六法全书"是国民党政府的宪法、民法、商法、刑法、民事诉讼法、刑事诉讼法六种法规的汇编，具体内容涉及宪法及关系法规、民法及关系法规、刑法及关系法规、民事诉讼法及关系法规、刑事诉讼法及关系法规以及行政法及关系法规。① "六法全书"的编撰可追溯至清末沈家本的变法修律，曾因清王朝的覆灭而一度中断，在北京国民政府期间又得以续编，直至南京国民政府时期终告完结。六法中作为根本法的所谓"宪法"是1946年11月召开的"伪国大"所指定的，其中包括臭名昭著的《戡乱动员令》、《紧急治罪法》等单行法规。1949年元旦，蒋介石在求和之时还不忘提出包括保存其伪宪法和伪法统在内的所谓"五项和谈条件"，其中第三条提出"神圣的宪法不由我而违反，民主宪法不因此而破坏，中华民国的国体能够确保，中华民国的法统不致中断"，妄图延续其反共反人民的专制独裁国体、宪法与法统。对此，毛泽东同志予以了坚决地拒绝，他在《关于时局的声明》中针锋相对地提出和平谈判的"八项条件"，其中第2条和第3条即明确要求废除伪宪法和伪法统。这为此后中央正式作出废除国民党"六法全书"的政策奠定了基础。

---

① 参见《中国大百科全书·法学卷》，中国大百科全书出版社2006年版，第333页。

1949年2月22日，中央发布《关于废除国民党〈六法全书〉与确定解放区司法原则的指示》指出："国民党全部法律只能是保护地主与买办资产阶级反动统治的工具，是镇压和束缚广大人民群众的武器……国民党《六法全书》应该废除，人民的司法工作不能以国民党的《六法全书》为依据。"可见，新中国将废除旧的伪法统作为司法改革运动的第一步或者前提，其第二步则是进行全国范围内司法系统旧有司法人员的思想改造和人员清换，这是更为关键的一步。

　　中共中央关于废除"六法全书"的指示发布后，董必武同志领导的华北人民政府率先响应。《废除国民党的六法全书及其一切反动法律》的训令于1949年3月31日由华北人民政府主席董必武同志签署颁布。训令指出："国民党统治阶级的法律，是广大劳动人民的枷锁。现在我们已经把这个枷锁打碎了，枷锁的持有者——国民党的反动统治政权也即将完全打垮了，难道我们又要从地上拾起已毁的枷锁，来套在自己的颈上吗？反动的法律和人民的法律，没有什么'蝉联交待'可言，而是要彻底地全部废除国民党反动的法律。"① 在董必武同志看来，废除"六法全书"是革命的必然要求和新民主主义革命必须完成的任务。他指出："我们如果承认国家是阶级矛盾不可调和的产物，是一个阶级统治另一个阶级的工具，我们就不能承认六法全书是统治者少数人压迫被统治者多数人的法律，也就是我们革命的对象。"② 他进而主张："现在国家的本质已经变了……所以六法全书是一定要取消的。"③

二、新中国成立初期我国司法改革的原则

（一）坚持司法的群众路线

　　在司法改革过程中，董必武同志曾一再强调要坚决反对文牍主义

---

① 董必武等：《废除国民党的"六法全书"及其一切反动法律》，载《董必武法学文集》，法律出版社2001年版，第15页。
② 董必武：《旧司法人员的改造问题》，载《董必武法学文集》，法律出版社2001年版，第29页。
③ 董必武：《旧司法人员的改造问题》，载《董必武法学文集》，法律出版社2001年版，第29页。

的司法作风，彻底扭转司法中脱离群众及高高在上、坐堂问案的审判方式，要简化繁杂的司法手续，可见，董必武同志对于司法的群众路线也是十分重视的。

司法的群众路线首先要求司法依靠群众。董必武同志关于司法依靠人民的观点在改造、清除旧司法人员后如何补充新的司法人员问题上得到了充分地反映。董必武同志认为开辟新的司法干部来源，要面向群众并依靠群众。他在1952年2月24日召开的全国司法干部训练会议上提出的新司法干部来源的6个渠道中所包括的人员绝大多数是革命的群众，比如"五反运动"中的工人、店员积极分子和群众运动中涌现出的并经过一定锻炼的群众积极分子等。董必武同志曾明确指出："只要我们面向群众，依靠群众，那么我们不仅不会感觉到司法干部来源枯竭，相反倒会使我们获得丰富的干部源泉，并更加纯化我们的司法机关。"①

司法的群众路线还要求司法服务于人民。董必武同志曾指出："人民司法工作者必须站稳人民的立场，全心全意地运用人民司法这个武器，尽可能采取最便利于人民的方法解决人民所要求我们解决的问题。"② 他进而认为："一切这样办了，人民就拥护我们，不然人民就反对我们。"③ 董必武同志关于司法为民的思想时至今日仍然具有重要的价值。

（二）坚持以人为本的司法

新中国建立了人民民主的政权，在初期司法改革中的一系列制度和措施中，无论是旧司法人员的改造，还是肃清旧法思想，反对文牍主义，其目的之一都是为了在最大程度上实现司法公正，保障人民权利，都包含了一定的以人为本的思想和理念。全心全意为人民服务是党的根本宗旨，也是人民司法的宗旨。早在1950年7月召开的第一

---

① 参见董必武：《关于改革司法机关及政法干部补充、训练诸问题》，载《董必武法学文集》，法律出版社2001年版，第123页。

② 董必武：《论加强人民司法工作》，载《董必武法学文集》，法律出版社2001年版，第155页。

③ 董必武：《论加强人民司法工作》，载《董必武法学文集》，法律出版社2001年版，第155页。

次全国司法工作会议上，董必武同志就提出了司法应为人民服务的思想，他指出："一切为人民服务，这是一个真理，我们应该坚持，司法工作也是为人民服务。"①

以人为本的司法，首先要求站稳人民的立场，而不是站在人民的对立面。董必武强调："人民司法工作者必须站稳人民的立场，全心全意地来运用人民司法这个武器，这一点应当肯定下来。如果不站稳人民的立场而站到了另外的立场上去那就要犯严重的错误。"② 在司法改革前，我国新生政权下司法机构中混入了诸多立场反动的旧司法人员，这些立场反共反人民的人员给我国的新政权建设和人民的生命财产利益带来了极大的损害。

以人为本的司法，其次要求维护广大人民的利益。董必武同志强调："实践以什么为标准？就是一切以广大人民的利益为标准，也就是一切以广大人民的利益为最高的利益。"③ 董必武同志认为，在司法工作中不能过分讲个人利益的满足，个人利益与集体和人民利益在根本上是一致的。虽然司法原则要求我们一切以人民利益为最高利益，但这并不意味着一定会损害个人利益，相反，一味讲究个人利益为先则不仅不能保障个人利益，反而往往会损害集体和人民利益。④ 总之，董必武同志将人民司法服务和实现广大人民的利益作为立场问题和根本标准提出来，对于当时推进司法改革、加强司法队伍建设和提高司法水平均有重大的指导意义。

（三）立足司法程序的公正高效

从司法程序的视角看，司法在实现其社会效果时往往离不开法律程序的规制。公正高效的司法程序有助于社会正义的实现，相反，过

---

① 董必武：《要重视司法工作》，载《董必武法学文集》，法律出版社2001年版，第43页。

② 董必武：《论加强人民司法工作》，载《董必武法学文集》，法律出版社2001年版，第153~154页。

③ 董必武：《旧司法人员的改造问题》，载《董必武法学文集》，法律出版社2001年版，第33页。

④ 董必武：《旧司法人员的改造问题》，载《董必武法学文集》，法律出版社2001年版，第33页。

于繁琐、形式化的程序则可能阻碍司法公正的实现。

董必武同志在新中国成立初期的司法改革中，对旧司法体制下文牍主义的批判与改革是从审判方式与司法作风的角度入手，是对司法的繁琐程序进行的一次改革，其核心是革新不科学的司法裁判方式，建立便民、利民的司法程序与司法机构。在1952年发动的司法改革运动中，董必武等人主张和推动的致力于从制度和机构上所进行的司法程序革新，取得了不小的成就。改革中设立了便民的巡回法庭制度，设立了人民问事处，健全了人民调解委员会制度等。这些新制度的建立与新机构的设置，均从某种程度上简化了诉讼程序，降低了诉讼成本，改变了过去旧司法人员坐堂问案所带来的程序繁琐、诉讼成本高昂的弊病，建立了相对公正、高效的新的司法体制。1953年2月底，历时9个月的司法改革运动在全国范围内基本结束。在第二届全国司法会议上，董必武同志对司法改革经验作了总结，他认为，新中国成立3年来，国家6000人的司法队伍审理了案件600万件，这"不是件小事"，"我们司法工作者给国家、人民做了很大的一件事情"。① 对于这一成就的取得，董必武同志认为这是司法尽可能采取最便利于人民的方法解决人民所要求我们解决的问题的结果。② 正是基于这样的经验，在考虑如何解决当时司法所面临的严重问题——积案时，董必武同志提出了两方面的对策，其中第1条即是简化诉讼程序，立足司法的社会效果，建立简易司法程序和便民的司法机构。他指出："法院应该简化自己的办事手续，打破陈规，改变作风。"③ 为此，董必武同志强调要设立接待处，完善调解委员会制度和巡回审判制度等，以此达到减少积案的目的。④

---

① 董必武：《论加强人民司法工作》，载《董必武法学文集》，法律出版社2001年版，第151~153页。

② 董必武：《论加强人民司法工作》，载《董必武法学文集》，法律出版社2001年版，第154~156页。

③ 董必武：《论加强人民司法工作》，载《董必武法学文集》，法律出版社2001年版，第161页。

④ 董必武：《论加强人民司法工作》，载《董必武法学文集》，法律出版社2001年版，第161页。

三、新中国成立初期我国司法改革的内容

(一) 肃清旧法思想，改造旧司法人员

对于旧司法人员思想的反动性，董必武同志明确指出："这些人过去一直是为反动统治阶级服务，给反动派专门充当镇压革命和压迫、敲诈劳动人民的直接工具，他们思想上充满了反革命反人民的法律观念，政治上受反动影响很深。"① 董必武同志深刻地认识到，由于旧司法人员长期受到反动司法和法学教育，长期从事反动的司法实务工作，对旧司法人员的改造将是一个艰巨而不得不彻底进行的工作。对此，他作了原则性的指示：一是，未经彻底的思想改造和严格的思想考验，旧的推事、检察人员不得从事审判工作；二是，对于司法机关中的坏分子，应当坚决地予以清除，对于"三反运动"中发现的包括因思想败坏而犯罪者，应当立即法办；三是，对于历次运动中没有发现思想和工作存在较大问题者，应当加以训练和改造，转为从事法院中的技术性工作或调到其他部门中工作，总之不能使其掌握审判大权；四是，对于在解放后思想、工作都表现较好的、进步的旧推事、检察人员，原则上可以留用，但应当调离原工作地点。②

旧司法人员过多地集中于新中国的司法机关，甚至担任主要职务并占据骨干位置的原因颇多。从历史角度看，中共历来注重通过党的政策来进行社会治理，而司法的地位与作用一直未被合理提升，这导致中共取得全国政权后司法人员紧缺，有时不得不借助并倚重旧的司法人员。从现实角度看，主要在于当时基层领导对旧司法人员的反革命本质认识得还不够透彻。

新中国成立初期的司法改革运动中，旧司法人员有不少是因为思想政治觉悟问题而被清除出司法队伍，其实这些旧人员被清除的根本

---

① 董必武：《关于改革司法机关及政法干部补充、训练诸问题》，载《董必武法学文集》，法律出版社2001年版，第121页。
② 董必武：《论加强人民司法工作》，载《董必武法学文集》，法律出版社2001年版，第122页。

原因还是由于自身的违法犯罪。有的旧司法人员自身作奸犯科，甚至犯了严重罪行，比如有法院院长身负二十多条人命；有的旧司法人员包庇纵容犯罪分子，比如有法院副院长放走了十几个反革命分子；甚至有的旧司法人员完全目无法纪，无法无天、无恶不作，比如温县的王高升、杨文志等。①

在大规模的司法改革运动中，大规模的法制与司法重建也在积极进行。在旧司法人员的改造方面，董必武同志除了积极考虑新的司法人员的补充问题外，对于新的司法人员的教育与培训工作也作了安排，大到教育培训机构的设立，小到师资力量的组织与配置及教材的选用，他都作了部署。对于旧司法人员清除后司法机关如何补充及训练新的司法人员以保障国家法律和社会秩序的问题，董必武同志非常重视，并从多个方面作了详细探讨与指示。按照董必武同志的观点，解决的途径是选拔新的司法干部和加大培养已有的和新的司法干部相结合，这些人员大致包括1945年以前即参加工作的老干部以及"土改"、"镇反"、"三反五反"运动中的积极分子。② 董必武认为，可替代被清除的旧司法人员的司法干部来源主要有：（1）选派一批较老的同志担任法院的骨干分子；（2）吸收一批青年知识分子；（3）积极参加"五反"运动的店员；（4）土改工作队和农民中的积极分子；（5）专业的革命军人；（6）各人民法庭的干部及工会、农会等人民团体中的积极分子等。③

（二）反对文牍主义

旧司法人员的一些思想作风和违法乱纪问题在"镇反"和"三反"运动当中被陆续地暴露出来，在这些问题当中，文牍主义被认为是旧司法人员的一种不良作风和司法裁判方式。文牍主义导致司法工作脱离群众，漠视党和国家的政策与法律。这些问题被董必武

---

① 董必武：《论加强人民司法工作》，载《董必武法学文集》，法律出版社2001年版，第155~156页。

② 董必武：《旧司法人员的改造问题》，载《董必武法学文集》，法律出版社2001年版，第117页。

③ 参见董必武：《关于改革司法机关及政法干部补充、训练诸问题》，载《董必武法学文集》，法律出版社2001年版，第123页。

同志发觉并明确地指示出来，他认为，未经改造的旧司法人员存在严重的旧司法思想和旧司法作风，对人民法院起着严重的侵蚀作用。即便有的旧司法人员经过改造有所进步，其比例也比较小。①在董必武同志看来，文牍主义的典型特征就是坐堂问案，其后果则表现为对人民群众的严重脱离。文牍主义所带来的冗长陈腐的判决书将司法与人民群众间的关系疏离得越来越远了。② 总之，在董必武同志看来，文牍主义的司法作风带来了严重的消极影响。在司法实际过程中出现了法院因为当事人不会写诉状而拒绝受理的情形、审理案件不做调查取证的情形、办理案子需要多达 30 多道手续的情形，甚至出现了因为案件中地主一方当事人比农民多即粗暴地按少数服从多数的原则判决农民败诉的情形。③ 文牍主义所带来的这一系列问题导致人民群众十分不满，董必武认为到了"必须解决这个问题"的时候了。④

　　解决文牍主义、坐堂审案的不良司法作风问题的主要方法即是大力提倡解放区行之有效的群众路线，要求司法人员以人为本，贴近群众，坚持司法依靠人民和司法服务人民。司法的群众路线不仅直接改变了过往坐堂审案、高高在上的工作作风，而且使得人民法官与人民群众之间的联系更加紧密。为了贯彻司法的群众路线，在司法改革中党中央作了制度和机构上的一系列有力的变革，比如设立了便民的巡回法庭制度；实行陪审制度，由群众选举陪审员参与审判；设立人民问事处；健全调解委员会制度等。这些重要的机构和制度变革不仅在当时产生了极为重要的影响，时至今日，这些制度设计仍然具有十分重要的价值。

---

　　① 参见董必武：《关于改革司法机关及政法干部补充、训练诸问题》，载《董必武法学文集》，法律出版社 2001 年版，第 120 页。

　　② 参见董必武：《关于改革司法机关及政法干部补充、训练诸问题》，载《董必武法学文集》，法律出版社 2001 年版，第 120 页。

　　③ 参见公丕祥主编：《当代中国的法律革命》，法律出版社 1999 年版，第 120 页。

　　④ 参见董必武：《关于改革司法机关及政法干部补充、训练诸问题》，载《董必武法学文集》，法律出版社 2001 年版，第 121 页。

四、新中国成立初期我国司法改革的成就与启示

新中国成立初期的司法改革运动与改革开放后我国所推动的历次司法改革的性质存在一定的差异。前者是在革命运动此起彼伏的年代所推行的,目的和过程都是"大破大立",对国民党旧的司法制度和模式进行了革命性的彻底的改革。后者是在改革开放的总体规划下所进行的,其性质仍然属于社会主义制度下司法制度的自我完善与发展。然而,即便如此,新中国成立初期司法改革在理论与制度上仍取得了巨大成就,包括司法改革中的大胆创新、群众路线,司法改革中完善调解制度、陪审制度以及司法改革中确立的专门法院制度等等,对于改革开放后我国推行的司法改革都具有先启性的作用,对今后我国将继续推进的司法改革也具有重要的借鉴意义,这些意义与作用至少包括以下几个方面:

(一) 司法改革应当大胆创新

新中国成立初期的司法改革既是旧司法的"大破"也是新司法的"大立"。"大破"自不必说,前文已有交待。关于"大立",董必武同志也有深刻认识。早在第一届全国司法工作会议上,他便强调要将法律的制定和完善作为人民司法工作的三大问题之一来认识并解决。他主张在《中国人民政治协商会议共同纲领》及《中华人民共和国中央人民政府组织法》之外,加快制定刑法、民法、刑事诉讼法和民事诉讼法等重要的法律。① 一系列崭新的符合中国国情的新的司法制度与机构在董必武同志的主导下得以构建与设置。除了过去的陪审制、巡回审判制以及法院问事处、接待室得以完善并在全国实施外,新的专门法庭开始在一些特殊的行业或地区试点设立,比如铁路法律处、工矿专门法庭、军事法庭等,这些机构的设立为当代中国特色社会主义的司法体系、特别是法院组织体系奠定了基础。

---

① 董必武:《要重视司法工作》,载《董必武法学文集》,法律出版社 2001 年版,第 40~41 页。

（二）司法改革要为经济建设服务

董必武同志曾明确指出，司法改革、建立新的专门性法庭应配合大规模的经济建设，通过专门法庭与破坏经济建设的犯罪分子做斗争。① 对于有人主张大规模社会改革运动已经基本结束，政法工作的作用将减弱，从而可以放松政法工作的观点，董必武同志予以了否定，他指出："经济建设已经成为全国的中心任务，这并不意味着要削弱政法工作，相反地，而是要更加加强政法工作。"② 为了保障经济建设的健康有序进行，董必武同志强调应当大力推进立法、公安和检察等方面的工作。董必武同志的关于司法必须为经济建设服务的思想在当今社会主义市场经济条件下依然具有重要价值。

（三）以人民是否满意作为司法改革的标准与目标

中国特色社会主义司法制度的改革与完善必须坚持人民的面向，改革必须是为了更好地服务人民。正如董必武同志所指出的那样："一切为人民服务，这是一个真理，我们应该坚持，司法工作也是为人民服务。"③ 因此，司法改革必须以人民群众是否满意作为改革的标准与目标之一，以此确定改革的方向，衡量改革的成败。胡锦涛同志在《在省部级主要领导干部提高构建社会主义和谐社会能力专题研讨班上的讲话》中要求"要落实司法为民的要求，以解决制约司法公正和人民群众反映强烈的问题为重点推进司法体制改革，充分发挥司法机关维护社会公平和正义的作用，促进在全社会实现公平和正义"。可见，在司法体制改革问题上，人民群众的利益与要求是否得到满足，人民群众是否满意是司法改革的重要标准与目标之一。

---

① 董必武：《论加强人民司法工作》，载《董必武法学文集》，法律出版社2001年版，第158页。

② 董必武：《进一步加强经济建设时期的政法工作》，载《董必武法学文集》，法律出版社2001年版，第171页。

③ 董必武：《要重视司法工作》，载《董必武法学文集》，法律出版社2001年版，第43页。

（四）必须坚持依法办事，贯彻"有法可依，有法必依，执法必严，违法必究"的十六字方针

早在 1948 年，董必武同志在华北人民政府召开的人民政权研究会上就曾指出："建立新的政权，自然要创建法律、法令、规章、制度。我们把旧的打碎了，一定要建立新的，否则就是无政府主义。"① 1952 年开始的司法改革运动中，他又将"要有法律"作为司法改革的三大问题之一加以高度重视。1956 年 9 月，在中共八大会议上，董必武同志将其法治思想高度凝练为"有法可依"和"有法必依"，即依法办事。他认为，依法办事有两方面的意义：一是必须有法可依，这要求国家尽快将重要的法律完备起来；二是要有法必依，即要求按照规定办事，司法机关严格遵守并适用法律。② 董老的依法办事思想为邓小平同志所提出的"有法可依，有法必依，执法必严，违法必究"的十六字方针所承继与发展，为新时期社会主义民主和法治建设提出了总原则和总要求。③ 这也成为此后乃至今日我国司法改革与建设的重要指导思想。

---

① 董必武：《进一步加强经济建设时期的政法工作》，载《董必武政治法律文集》，法律出版社 1986 年版，第 41 页。
② 董必武：《进一步加强经济建设时期的政法工作》，载《董必武政治法律文集》，法律出版社 1986 年版，第 487~488 页。
③ 任建新：《在浙江省杭州市举行的董必武法学思想研究会年会上的讲话》，载孙琬钟、应勇主编：《董必武法学思想研究文集》第七辑，人民法院出版社 2008 年版，第 2 页。

论法治是治国理政的基本方式*

一、法治是治国之道

法治是社会进步的重要标志，是现代文明的核心要素之一，正如党的十八大指出："法治是治国理政的基本方式。"① 对于这一科学论断，我们如何解读呢？

我们认为，首先是因为法治是治国之道。古往今来，治国的方式有很多，大致可以概括为四种：一是"礼治"。礼是一种行为规范，属于道德范畴。所谓"刑不上大夫，礼不下庶人"，礼治是对贵族、士大夫的约束机制。二是"德治"，即强调圣君贤人，道德教化，企图用道德感化人。这种思想只强调个人品德，突出个人教化的作用，忽视制度的改革。三是"无为而治"，强调国家不要干预个人生产与生活，以便有利于人民修养生息。但它忽视政府的作用，否认人的主观能动性。四是法家的"以法治国"，强调治国要以"法"为本，"法"、"术"、"势"相结合。法家强调治理国家要"以刑去刑"。虽然，治国的方式很多，但究其本质主要是两种：法治与人治。

为什么法治能够成为治国之道呢？其主要原因有如下几点：第一，法治要研究和实行治国之"理"、"力"和"术"。② "理"，是指

---

* 本文刊载于《江汉论坛》2014年第1期。

① 胡锦涛：《坚定不移沿着中国特色社会主义道路前进，为全面建成小康社会而奋斗——在中国共产党第十八次全国代表大会上的报告》，人民出版社2012年版，第27页。

② 孙国华教授曾提出：法是"理"与"力"结合。本文增加一个"术"，即方略与策略。

治国的理念，概言之，就是指人治或法治。法治是众人之治，人民之治，而人治是一人之治。毫无疑问，作为众人之治的法治，显然优于作为一人之治的人治。同时，法治是规则之治，对事不对人，讲究的是公平正义。而人治则是"一言堂"、"家长之治"，对人不对事，区别对待，显失公允。因此，人治不及法治，而法治有理，以理服众。再说，法治是良法之治。它能满足治国的需要，具体包括：（1）治国的理念，即治国的基本理念、制度和范畴。（2）治国的方式、方略。（3）治国的政体，是共和制，还是君主制。（4）治国的价值取向，即维护社会秩序、保障人权，实现社会公平正义。法治理论在总结人类治国经验、教训的基础上，明确地告诉人们：主权在民，是众人之治。正如我国《宪法》所规定的：中华人民共和国一切权力属于人民，人民当家作主是国家制度的根本准则。

第二，马克思主义认为，人既不性善，也不性恶，人之本性由其物质生活条件决定。因此，法治的实施既依靠人民对法治的信仰，也依赖于国家的强制力去制裁各种违法犯罪行为。"法惩奸宄，以保人民之权利。"① 当然，法治的实施主要是依靠教育，依靠人们自觉遵守法律，但必要时也需要国家强制执行法律，以达到"令行禁止"。法治既要讲"理"，又要在必要时使用"力"。但这种强制必须在法律的严格监督下实施，以防止权力滥用。

第三，任何国家都必须具有国家结构形式，是单一制，还是联邦制，这要各国根据自身实际情况，特别是各民族分布情况和他们的要求，通过宪法最后加以确认或明确规定。一般来讲，单一制国家只有一个中央政府和一部宪法，而联邦制国家则是由几个独立的国家或有立法权、行政权、司法权的政治实体共同组建而成，有的国家在宪法中写明是自由组合，有的国家写明也可以自由分离。我国是统一的多民族国家，每个华夏地区的土地都是中华人民共和国不可分割的一部分，因此我国实行的是单一制。

上述理由可以有力说明，法治是一个国家尤其是现代国家的基本标志，是现代文明的重要象征，离开了法治，国家就治理不好，正如俗话所讲：国无法而不治，民无法而不立。因此，我们说法治是治国

---

① 《毛泽东早期文稿》，湖南人民出版社1990年版，第12页。

之道，既是指治国的道路，也是指治国的道理。

二、法治是强国之路

任何国家的强大，任何民族的复兴，都离不开改革开放。改革，史称"变法"。30多年来的改革开放，促使我国经济总量位居世界第二，为实现中华民族复兴奠定了物质基础。为什么法治对改革有如此巨大的力量呢？这是因为：

第一，法治调整了生产关系，解放了生产力。邓小平同志说："改革是中国发展生产力的必由之路。"① 生产力是最活跃、最革命的要素，它在生产关系与其相适应的条件下才能得到发展。法治通过其引导和促进作用，使我国生产关系中的某些薄弱环节得以改革，特别是打破了"干与不干一个样"、"干多干少一个样"的分配制度，大大激发了劳动者的生产积极性。

第二，法治维护社会秩序，确保社会稳定。邓小平同志指出："中国的问题，压倒一切的是需要稳定。没有稳定的环境，什么都搞不成，已经取得的成果也会失掉。"② 法治就是维持稳定的法宝，它给人们提供了三种行为模式，告诉人们哪些行为可以做，哪些行为禁止做，哪些行为必须做，使人们的行为有了明确的标准。依照这个标准，社会秩序必然安定有序。

第三，法治保护国家、集体、公民个人和参与市场活动的国家、集体、私有财产。我国不仅在宪法中明确规定国家保护各种合法财产，而且制裁在市场经济运行中各种侵犯公私财产的犯罪行为。因为财产是国家强大的物质基础，也是市场的核心问题，所以法治必须保护公私财产。法治的"每项工作都与经济建设事业顺利进行有密切关系。做得好，就可以对经济建设事业发生巨大的推进和保护作用"③。因为商品经济是"天生的平等派"，国家实行法治就是平等地保护各种主体所有的合法财产。

---

① 《邓小平文选》第3卷，人民出版社1993年版，第136页。
② 《邓小平文选》第3卷，人民出版社1993年版，第284页。
③ 《董必武政治法律文选》，法律出版社1986年版，第307页。

第四，法治对市场经济具有制约作用。市场经济有两面性，一方面它具有竞争机制，鼓励人们重视和提高效益；另一方面，它又有盲目性、自发性等无序化倾向，这容易引起市场混乱，甚至破坏经济的发展。因此法治需要规制市场经济，如制定《中华人民共和国市场管理法》，促使市场向有序化发展；颁布《中华人民共和国反不正当竞争法》，取缔不正当竞争活动；制定《中华人民共和国物价法》，防止哄抬物价或囤积居奇。

第五，法治能协调社会关系。法律本身就具有平衡、协调、妥协的功能。博登海默说过："法律的真正益处在于它确保有序的平衡，而这种平衡能成功地预防纠纷。"① 国家根据经济发展的动态，及时颁布法律调整产品结构，优化资源配置，化消极因素为积极因素。同时，还可以通过立法活动，协调各种利益集团的关系，及时通过调解或诉讼手段调整各主体之间的矛盾与纠纷，保护合法权利。

法治作为强国之路，实际上是一个共同法则。不仅在我国发展的过程中得到了证实，而且在世界上也有实例。尽管这里有性质上的差别，也有目的的不同，但实行法治可以促使国家的强盛这一点却是一样的。我国实行法治完全是为了振兴中华，为了实现中国梦，而英国自1640年资产阶级革命以来，通过实行资本主义性质的法治，即法律的法治（rule of law），其经济发展曾一度跃居世界经济的前列。虽然它也因资本主义国家固有的矛盾而最后日落西山，但过去那段历史确实证明了法治对经济的作用。

三、法治是民生之本

（一）民生的含义与意义

民生，是现代国家的重要基础。民生是一个广泛而不断发展的概念，通俗意义上是指人的衣、食、住、行。在当今社会，民生概念内涵则更为广泛，还涉及就业、教育、医疗和社会保障等问题。新中国

---

① ［美］博登海默著：《法理学——法律哲学与法律方法》，邓正来、姬敬武译，华夏出版社1987年版，第345~346页。

成立以后，特别是改革开放以来，党和国家把民生视为现代文明的重要内容，越来越关注民生问题，并把它作为头等大事来抓。因为民生直接涉及民心，而民心的向背直接关系到国家的兴衰。正因为如此，管仲"以人为本"的名言，才千古流传。

在党的十八大报告中，以专题的形式谈到了民生问题。报告明确指出："提高人民物质文化生活水平，是改革开放和社会主义现代化建设的根本目的。"并号召各级政府和干部"要多谋民生之利，多解民主之忧，解决好人民最关心最直接的利益问题，在学有所教、劳有所得、病有所医、老有所养、住有所居上持续取得新进展，要让人民过上更好的生活"。① 党的十八届三中全会也提出要"实现发展成果更多更公平惠及全体人民"。②

（二）法治与民生的紧密关系

法治与民生的关系极为密切，以人为本是法治的价值取向。法治本身具有很多价值，如秩序、民主、自由、人权、平等，等等。以人为本，这是整个人类的共同理想，更是社会主义法治所追求的重要价值目标。以人为本，内涵丰富，它有广义与狭义两种含义。广义上的以人为本中的"人"是指人人，即社会成员。例如，我们要使改革开放的红利惠及每一个中国人。狭义上的以人为本中的"人"是指人民，在我国它包括四部分人，即全体社会主义劳动者、社会主义建设者、拥护社会主义的爱国者、拥护祖国统一的爱国者。

（三）法治对民生的作用

法治对民生的作用至少表现为明显的引导作用。例如，推动实现更高质量的就业，这是法治国家本身的职责。当前，我们要贯彻劳动者自主就业、市场调节就业、政府促进就业和鼓励创业的方针，实施

---

① 胡锦涛：《坚定不移沿着中国特色社会主义道路前进，为全面建成小康社会而奋斗——在中国共产党第十八次全国代表大会上的报告》，人民出版社2012年版，第34页。

② 《中共中央关于全面深化改革若干重大问题的决定》，载《人民日报》2013年11月16日。

就业优先战略和更加积极的就业政策,要认真做好高校毕业生就业这一重点工作。这不单纯是一个人的就业问题,而涉及一家人甚至几家人对政策的看法问题,涉及读书有用与无用的问题,所以应该通过立法来解决,用法律来引导就业,要"规范招人用人制度,消除城乡、行业身份、性别等一切影响平等就业的制度障碍和就业歧视"①。又例如,提高全民的健康水平,改革医疗体系是民生的必然要求,应该制定一个《人民健康法》,用法治方式来解决看病难问题。

四、法治是社会公平正义之魂

(一) 社会公平正义的概念

以往,对公平、正义是分开阐述的,现在一般把"公平正义"看成是一个词组。其朴素含义包括惩恶扬言、是非分明、处事公道、利益平衡,简单地说,就是"各得其份"。公平正义已成为中国特色社会主义法治的价值追求,也是社会主义和谐社会的重要内容。我们认为社会公平正义应包括如下内容:

第一,合理合法。任何法律、法规,从制定到实施,都必须合理合法。立法者在制定法律、法规时只规定权利的上限与下限,执法者在法律规定的范围内正确行使自由裁量权。法官只有依照法律、法规才是正道,"能动司法"不是无限的。

第二,程序公正。这是司法权行使必须遵循的重要原则。离开了程序公平,法治必然走向邪路。过去之所以出现冤假错案,绝大多数是由程序不公正造成的,逼、供、信在公安机关中还是存在的。事实上,在已查明的冤假错案中,60%以上是程序不公正造成的。逼、供、信不仅违反人道,侵犯人权,而且更严重的是破坏了现代文明法则,因为其所得来的证据多数是不可靠的。我们要"健全错案的防止、纠正、责任追究机制,严禁刑讯逼供、体罚虐待,严格实行非法

---

① 《中共中央关于全面深化改革若干重大问题的决定》,载《人民日报》2013年11月16日。

证据排除规则"①。在执法中,特别是法官在定案过程中,要贯彻"疑罪从无"原则,宁可错放,不可错杀。程序公正,不仅保障判案正确,而且也是党和政府处理任何事务都必须遵循的普遍原则。

第三,平等对待。任何人没有凌驾于法律之上的特权。如果不平等待人,势必走向人治的邪道。这里讲的平等待人是指:一是法律地位平等;二是平等地适用法律,任何人没有特权;三是机会均等,每个人平等地享有社会发展提供的各种机会。

第四,禁止歧视。这一点很重要,往往被人所遗忘。如在招聘会上,有的单位拒绝女生。这显然是男女不平等的表现,中央已反复强调,在招聘中不应有性别歧视。

(二) 法治在维护社会公平正义中的特殊作用

法治本身就具有平等的基因,正如《说文解字》里对"法"字的解释那样:法,从水,意味着法像水一样公平。因此,法的作用首先就在于从立法上确认人人在法律面前平等,促使人们有机会去争取平等。在我国,二元结构仍十分明显,贫富差距逐渐被拉大,国家想通过法治手段缩小差距,逐步实现平等。例如,国家确立了西部大开发战略,在各个领域采取向西部倾向的政策,如司法考试等也给予了一定的倾斜,西部的司法考试相对来说出题容易,总分也较低。这一措施,在一定程度上缩小了西部与中东部的差距。法治的作用就是通过用法律扩大分类的办法来减少差距。

总之,立法是公平正义的起点,司法是公平正义的最后一道防线,要在法治中的各个环节体现和保障公平正义,法治才能发挥其应有价值和功能,才能为人们所拥护和遵从。

五、提升领导干部运用法治思维和法治方式的能力

(一) 何谓法治思维和法治方式

在全面推进法治建设中,提高领导干部运用法治思维和法治方式

---

① 《中共中央关于全面深化改革若干重大问题的决定》,载《人民日报》2013年11月16日。

的能力是问题的关键,其直接影响法治中国建设的质量和进度。所谓法治思维,就是在弘扬社会主义法治精神的前提下,领导干部在认识和处理问题时,必须以合法性为逻辑起点,以社会公平正义为中心,以权利义务为内容的思维过程。而法治方式则是法律思维的实施状态。法治思维包括法律权威性思维、程序正当性思维、人权保障性思维、实践合理性思维、公平正义性思维。法治方式则是运用法治理念与实践相结合而使用的方法,它具有规范性、可预测性与合理性。

在法治建设过程中,我们应把法治思维同其他思维区分开来。一般来讲,政治思维关心的是是利弊得失,核心是平衡;道德思维关心的是非善恶,核心是良心;经济思维关心的是投入与产出,核心是价值;人治思维关心的是个人威望,核心是专断;法治思维关心的是规矩方圆,核心是公正。

(二) 法治思维的要求和法治方式的原则

法治思维是实践性的理性思维,而不是法哲学性的理性思维,因此,法治思维应包括如下具体思维内容:

第一,目的合法。首先要看该事物或该行为的目的是否合法。如我国某省政府在其制定的规范性文件《采矿权证申办》中,除了有全国人大常委会颁布的《中华人民共和国矿产资源法》中规定的由省级政府地质矿产主管部门审批和颁发采矿许可证的情形外,又越权增加了市、县两级政府审批的前置程序,而且规定了审批的条件和时限。这样便扩大了市、县的权限,有关领导干部便可以利用这一权限搞腐败。很显然,该省政府的规范性文件违反了《中华人民共和国行政许可法》,因为后者明确规定,许可申请经下级机关审查的程序只能由"法"规定,而不能由文件作出规定。所以该省的这个文件不合法,属于目的不合法。所以说,立法者首先要弄清目的是否合法,目的不合法则整个规范性文件也不合法。

第二,权限合法。这是法治思维必须贯彻的原则。国家机关及其公务员的权力行使必须依据法律规定,如果公权力的行使无法律授权,则必须禁止。法律思维要求必须弄清权限是否合法。

第三,手段合法。这也是法治思维必须考虑的原则。手段不合法,是法治思维所否定的,造成严重后果也是要追究责任的。

第四,程序合法。正义不仅要实现,还应当以看得见的方式实现。不仅要实现实体结果上的公正,也要追求程序上的合法,确保程序上的公正。

(三) 如何培养领导干部的法治思维与法治方式

培养领导干部的法律思维与法治方式,是全面推进依法治国的关键,也是历史赋予领导干部的神圣职责。一般来说,应做到以下几点:

第一,学习法律知识,建构法律环境,在实践中不断提高领导干部的法律意识,树立他们的法律信仰。当然,这有一个过程,是从逐渐形成法律心理、法律习惯,到最后形成法律自觉,从内心形成法律信仰的过程。这当然不是容易做到的,必须经历一个较长的过程和反复磨炼。

第二,学会并运用法律逻辑,对发生的事情学会进行法律分析,运用实体法和程序法作出判断和决策。

第三,开展法律评价,领导干部在作决策、办事情时,都要进行合法性评价,预测其法律后果,并引导其向好的方向发展。

第四,注重法律责任感。在运用法律思维和采取法治方式时,必须关注该行为可能导致的法律后果。因为后果有可能是合法的、非法的、违法的,所以,要事先考虑其法律后果,引导自身行为走向合法化。

建构法治体系是推进国家治理现代化的基础工程*

一、"治理"一词的由来、演进和科学内涵

党的十八届三中全会提出的全面深化改革的总目标,就是完善与发展中国特色社会主义制度,推进国家治理体系和治理能力现代化。这是中国人民的伟大创举,也是民族复兴的光辉壮举,它直接关系到国家的兴衰存亡。为此,我们必须从理论与实践上,从历史与发展上,对"治理"一词进行深入理解,特别是其中有关建构中国法治体系的部分,它将有效地推进治理体系与治理能力现代化。

(一)"治理"一词在西方国家的发展沿革

早在1895年,恩格斯在《家庭、私有制和国家的起源》一书中,就提到易洛魁人内部类似"治理"的若干问题。中国几千年的历史印证了恩格斯的论断。《史记》(卷一)提到:"言遍告天子治理之言也。"① 春秋战国时期,已正式使用"治理"一词,《荀子》记载:"然后明分职,序事业,材技官能,莫不治理。"②

在西方,"治理"一词,源于古希腊语中的"掌舵",含有引导、控制之意。它被正式使用则始于19世纪的欧洲。从历史唯物主义的

---

* 本文刊载于《现代法学》2014年第3期。该文被《中国社会科学文摘》2014年第8期摘录。
① 司马迁:《史记》,中华书局1959年版,第24页。
② 转引自蔡希勤编著:《四书解读词典》,中华书局2005年版,第476页。

高度来看,"治理"一词的使用并不是任何个人的创造,而是19世纪欧洲历史发展的必然要求,是文明演进的结果。1815年滑铁卢联军大败拿破仑之后,整个欧洲局势发生了根本变化。随着拿破仑帝国的灭亡,欧洲出现了百年的和平局面,而这一局面是由维也纳体系创造与维持的。尽管这个体系涉及不少国家,有小国,也有大国,但主要是由英、德、俄、意、奥等几个大国所控制,其权力合法性建立在反法联盟的基础上,各大国力量处于均势,不存在单一的霸权,人们习惯把19世纪欧洲这种力量的均势而非单一霸主地位的政治体系称之为"治理体系"。它先是由学者提出的,后发展成为历史共识。

19世纪欧洲出现的"治理体系"是客观形成的,因为在维也纳联盟的正式文件从未明确出现过"治理体系"一词,它是人们根据实际情况所得出的结论。直到20世纪的美国,"治理"才成为社会学及有关学科开始正式使用的名称,其中以"社会中心主义"论者最为明显,他们强调政府放权和向社会授权,提出所谓"多主体"、"多中心"治理的主张,提倡社会自我治理以及社会组织与政府"共治",并把这种理论建立在"公民社会"的基础上。对政党特别是执政党他们持对立态度,甚至提出把"执政党"踢出去的荒谬主张。"社会中心说"的这些观点大多不符合中国国情,我们绝不能照搬,但其中某些观点,如注重公民个人权利的保护等还是有借鉴价值的。

(二)"治理"一词在中国的特殊含义

随着1949年新中国的成立,治理国家的历史任务就摆在作为执政党的中国共产党的面前。几代中国共产党人历经曲折,经过反复探索,不断总结,终于在实践中取得了丰硕成果,为振兴中华奠定了基础。进入新世纪以来,随着社会主义市场经济的发展,我国社会结构、价值取向和社会矛盾呈现出复杂性和多样性,国家遇到了各种挑战。为了调控社会,坚持以人为本,在新世纪初召开的党的十六大,就明确提出了"党领导人民治理国家"的新理念,并在十七大报告中发展为"要坚持党总揽全局、协调各方的领导核心作用,提高党科学执政、民主执政、依法执政水平,保证党领导人民有效治理国家"。紧接着,党中央改中央综合管理委员会为中央综合治理委员会,使"治理"理念由国家机构领域深入社会领域,为建构国家治理体系奠定了思想基础与组织基础。

党的十八届三中全会将国家治理体制与治理能力建设提到崭新的高度，明确提出完善与发展中国特色社会主义制度，推进国家治理体制与治理能力现代化，是全面深化改革的总目标。对党中央这一英明创举，我们可作如下解读：

首先，中国共产党人对"治理"理念的运用是从中国实际出发的，具有很强的原则性。中国式的"治理"，是以坚持党的领导、人民当家作主和依法治国的有机统一为总原则的。这种"治理"必须以党的领导即党总揽全局，协调各方作为前提，是正确实施治理的根本保证。而人民当家作主则是治理的本质要求，依法治国则是党领导人民实施治理的基本方式。

其次，中国式的"治理"，在本质上不同于中国历代统治者的"治国理政"，它是把"管理"与"治理"先区别开来，然后又联系起来，是建立在"以人为本"的基础上的。中国式的"治理"也不同于西方国家的"治理"是以"公民社会"为基点，它始终坚持建立党的领导、政府负责、公众参与、社会协同、法治保障的新格局。

最后，我们讲的"治理"，是在坚持社会主义核心价值体系既定方向上运行的，是在中国特色社会主义理论体系的话语语境中展开的，具有鲜明的中国特色、中国风格、中国气派。

国家治理体系是一个极为广泛的概念，涉及方方面面，涉及各个部门，包含着很多重要因素，如体制与机制等，但所有这些都必须有一个基础性的保障系统。这个系统就是早已呼之欲出的重大理论——中国特色社会主义法治体系。

二、国家治理现代化必须以法治体系为基础工程

推进国家治理体系与治理能力现代化，是一项巨大的系统工程，需要全党和全国人民的艰苦努力，需要在深化体制、机制改革的基础上，通过政治建设、经济建设、文化建设、社会建设和生态建设的齐心协力。其中，构造中国特色社会主义法治体系是它的基础与保障，这是由这个体系的性质、构成和特殊功能决定的，从宏观上看，主要是因为：

（一）法治体系是治国之道

古往今来，治国的方式，大致可以概括为如下几种：一是"礼治"，这是中国古代贵族、士大夫的道德规范，即所谓的"刑不上大夫，礼不下庶人"。它是一种约束机制，是一种行为准则。二是"德治"，强调圣君贤人，道德教化。三是"无为而治"，强调国家不干预百姓生活，以便有利于人民休养生息，但它否定政府的积极作用，忽视人的主观能动性，主张"道法自然"。四是"哲学家之治"，这是古希腊柏拉图的主张，认为哲学家有智慧，站得高，看得远，有利国家的发展。这几种治国方式均因不合时宜或缺限太多，最后大都以失败告终。它们被统称为"人治"，尽管有的统治长达几千年，但最终还是被人们弃之不用，进入历史的垃圾堆。唯独第五种治国方式——"法治"被长期保留下来。在战国时期，由于时代的局限，特别是实施法治的秦国过于强调严刑峻法，当时的"法治"最后还是以失败告终。但它却作为文化遗产被保留下来，经过改造与扬弃，现在作为治国之道，被当今多数国家所适用。但因阶级本质、价值取向和根本目的的不同，当今世界实际上存在两种法治，即中国特色社会主义法治和西方国家资本主义法治。本文讲的法治是前者。

之所以说法治体系是治国之道，主要是因为：第一，法治体系研究和践行的是治国之"理"、"力"和"术"。① "理"，是指治国的理念。法治是人民之治，是规则之治，是公正之治、良法之治；而人治是"一言堂"、"家长之治"。因此，法治更有理，强调以理服众，具体来讲主要是指：（1）治国的理念与体制；（2）治国的范畴与方式；（3）治国的政体，即是实行共和制，还是帝制；（4）治国的价值取向，是维护公平正义，尊重与保障人权；还是维护专制独裁，残害人民。中国特色社会主义法治体系公开表明："中华人民共和国一切权力属于人民。"人民当家作主是它的本质要求。

第二，法治作为治国之道，关键在于"治吏"，即对公共权力实行有效的管控。既要保证它有效依法行使，还要防止其乱用权力，更

---

① 孙国华教授曾提出法是"理"与"力"的结合，我借鉴我国古代法家之言，增加一个"术"。

要制裁其滥用权力,将公共权力有效地关进制度的笼子里,严守"法无授权即禁止"原则,有效防止公共权力的越位、错位和缺位。也就是说,法治体系运用国家的强制力,特别是通过教育来引导、促进和保障公共权力为人民服务。同时,也要运用这种强制力,有效地维护社会秩序,制裁各种违法犯罪活动,及时严惩各种形式的恐怖分子,从而使法治体系中的"力"起到打击犯罪,保障人民的作用,正如毛泽东同志早在青年时期就明确指出的那样:"法惩奸宄,以保障人民之权利。"①

第三,任何国家都有一定的国家结构形式,即它是采用单一制还是联邦制。在联合国五个常任理事国中,中国与法国是单一制;美、英、俄是联邦制,单一制是只有一个中央政府,一部宪法,所有国土都是不可分割的一部分。而联邦制则由独立的共和国、州或邦所组成,一般来讲,它们既可以共同组成联邦,使中央政府统一外交与军事,也可以自由分离。根据中华人民共和国的历史与现状,我国一直采用单一制,是统一的多民族国家。在少数民族地区实行区域自治,在香港与澳门实行"一国两制、高度自治"。国家结构形式涉及很多法律问题,需要国家法律体系来保障,就是说,它离不开法治体系的引导与保障。综上所述,国家治理体系的构建与治理能力的提升,都离不开法治体系的特殊作用。

(二) 法治体系是强国之路

改革,史称"变法"。这一科学称谓既表明法治与改革的内在联系,也表明了法治体系在改革开放中的特殊功能。我国改革开放30多年来所取得的奇迹,如 GDP 已居世界第二,货物贸易总量已居世界第一,可以说是中国共产党领导全国人民依法治国的结果,生动彰显了法治体系的引导、规范、促进和保障作用。分析起来,具体反映在如下几个方面:

第一,法治体系调整了生产关系,解放了生产力,大大提高了经济效益。邓小平同志指出:"改革是中国发展生产力的必由之路。"②

---

① 《毛泽东早期文稿》,湖南人民出版社1990年版,第12页。
② 《邓小平文选》第3卷,人民出版社1993年版,第136页。

改革的过程,就是法治体系中的"立、改、废"的过程。法治对经济的反作用,具体表现为在宏观上的引导与促进,在中观上的规范与促进,在微观的管控与保障。它将大大提高生产效益,增加社会财富,为振兴中华奠定扎实的物质基础。

第二,促进社会主义市场经济的发展与完善;坚持公有制为主体,发展多种经济;保护公共财产和私人财产权;保障人民安居乐业;保护知识产权;鼓励创新等,所有这些权利的实现,都离不开法治体系的引导与保障。《物权法》就是权利的保障法,宪法更是治国安邦的总章程。可以说,正是由于中国特色社会主义法治体系的存在,我国社会发展正由以往"官"本位逐渐过渡到"民"本位。

第三,法治体系维护社会秩序,确保社会稳定,维护国家长治久安。邓小平同志指出:"中国的问题,压倒一切的是需要稳定。没有稳定的环境,什么都搞不成,已经取得的成果也会失掉。"① 法治体系就是维护社会秩序,确保社会稳定的法宝。在立法环节中,明文规定哪些行为可以做,哪些行为禁止做,哪些行为必须做,为人们提供了行为标准,确定了三种行为模式,使人们能够对自己的行为有一个明确的预测,使社会秩序有章有循。如果某些人违反了甚至破坏了法律规则,就要受到必要的制裁。如果某些人遵守法律规则,并取得成效,法律就会给以奖励,如发明创造、见义勇为等均可获得奖励。

第四,法治体系对市场经济有管控作用。市场经济,即使是社会主义市场经济,也有两面性。一方面,通过市场经济的竞争机制,可以大大提高生产效益,增加社会财富,使人们富起来。另一方面它也有盲目性、自发性等无序化倾向和容易产生拜金主义的缺点,对社会有一定负面影响。法治体系通过竞争法、反垄断法、市场管理法、公平交易法等法律规定,通过强调严格执法,又可以防止这些问题的发生,促使它走向法治的轨道。

第五,法治体系可以及时制止各种违法行为,促使人们运用法治思维与法治方式去发现、认识和处理各种矛盾,缓和冲突,使社会平稳、平衡、有效地协调各种社会关系。正如一个美国法学家所说:"法律的真正益处在于它确保有序的平衡,而这种平衡能成功地预防

---

① 《邓小平文选》第3卷,人民出版社1993年版,第284页。

纠纷。"①

(三) 法治体系是民生之本

民生是现代国家的重要标志,也是社会进步的重要基础。民生是一个极为广泛的概念。传统意义上主要是指人们的衣、食、住、行。现代社会,民生涵盖的范围更大,除了传统的衣食住行,还涉及人们的就业、教育、医疗和社会保障等问题。近年来,空气污染等环境问题成为最为突出的民生问题。在2014年召开的两会上,治理雾霾成为与会代表与委员们讨论最多的问题,且因为它不仅直接影响人们的身体健康,而且有害于"美丽中国"的建设,是子孙万代的大事。

在党的十八大报告中,专题谈到了民生问题。在今年两会的有关决议中,也把民生作为突出的重要问题来对待,李克强同志在报告中公开号召全国人民要"向污染宣战"。事实上,十八大报告明确提到:"要多谋民生之利,多解民生之忧,解决好人民最关心最直接的利益问题,在学有所教、劳有所得、病有所医、老有所养、住有所居上持续取得新进展,努力要让人民过上更好的生活。"② 应该说,随着社会的进步和物质财富的增加,国家用于民生的支出将不断增加,这是由中国特色社会主义法治体系的本质所决定的。

事实上,国家已通过法定程序提出,在2014年内解决1500万人的就业问题,新建廉租房450万套,增加农村高中生进重点大学的比例10%,同时在县一级进行公立医院改革,大大降低了人们住房贵、上学难、看病难的困难程度。只有把民生正式纳入法治的轨道才能将更多的改革"红利"惠及全体人民。

(四) 法治体系是社会公平正义之基

早在古罗马时期,五大法学家之一的乌尔比安就说过,法学是正

---

① [美] 博登海默著:《法理学——法律哲学与法律方法》,邓正来等译,华夏出版社1987年版,第345~346页。
② 胡锦涛:《坚定不移沿着中国特色社会主义道路前进,为全面建成小康社会而奋斗——在中国共产党第十八次全国代表大会上的报告》,人民出版社2012年版,第34页。

义之学。我国著名法学家徐显明教授也说，法治的根本目标是促进社会公平正义和增进人民福祉。立法是设计正义，执法是落实正义，守法是维护正义，司法是矫正和救济正义。

以往，各学科是将公平与正义分开阐述，现在从实际情况出发，把公平与正义合并为"社会公平正义"一个词组。其朴素含义，包括惩恶扬善、是非分明、处事公道、利益平衡。借用经济学的一句话，就是"各得其份"。现在，社会公平正义已成为中国特色社会主义法治体系的价值追求，也是构建社会主义和谐社会的重要内容。我们认为，社会公平正义应涵盖如下方面：

1. 合理合法

任何法律、法规，从制定到实施，都必须合理合法。法治是维护社会公平正义的最后一道防线，立法者在立法上要明确权利保护的上限与下限，使个人权利不受侵犯与干扰。执法者在法定范围内正确使用自由裁量权，以保障合法权利为指向。法官只有依照法律，所谓"能动司法"只能在法律规定的幅度内进行。

2. 程序正义

这是法治思维与法治方式很重要的一条原则，程序固然要为实体服务，但程序本身必须是公正的，一切不合法的证据必须排除。过去出现一些冤、假、错案，绝大多数是因程序不公引起的，这个严重教训必须吸取。按法治原则，逼、供、信不仅是反人道的，侵犯人权的，而且往往使重要证据失实，铸成冤、假、错案。当然，要坚持程序公正，更要坚持实体公正。做到两个公正，才是法治的灵魂，人权保障的标准。

3. 平等对待

在社会主义中国，法律面前人人平等，不仅法律地位平等，而且权利义务平等，并且人人平等地适用法律，任何人都没有超越法律的特权。另外，机会面前人人平等，人人都有出彩的机会，都有就业与为国作贡献的机会。在此基础上，逐步实现从权利平等、结果平等。

4. 禁止歧视

禁止种族、民族歧视，这早已成为人们的共识。就当前情况来看，尤其需要提出的是，禁止在招聘人员上的性别歧视和学校歧视（即对非985、211学校的毕业生有歧视心理）以及对残疾人的歧视等。

法治体系必须伸张公平正义，以人为本，维护人的尊严。

（五）法治体系是弘扬民主之魂

"民主"一词，中国自古有之，所谓"天惟时求民主"便是。"民主"，乃民之主也，与现代所谓的民主完全背道而驰。自近代学者如王韬等人，在留学期间向李鸿章上书提出"民主"以来，人们对"民主"，从不同学科进行翻译，哲学家将其译为"人民主权"，法学家称之为"多数人的统治"，历史学家则如实译为"平民政府"①。到现在，大家形成了共识：民主，即人民当家作主。

自西方资产阶级革命以来，民主与法治便联系在一起，几乎不可分割。人们常说，民主是法治的基础，法治是民主的保障。其实，两者是相互依存的，其基础与保障也是相互的，但就其实质而言，"民主"是"源"，"法治"是"流"。没有民主的存在，便不可能有法治的出现；同样，没有法治的保障，民主将付诸东流。

法治对民主的作用主要有：（1）法治确认民主存在的事实，并用宪法等把它固定下来；（2）法治规定民主的范围。因为任何民主都不是无限的，只能在法律范围内进行；（3）法治规定民主实行的原则，如不能侵犯他人与集体、国家的权利，又如民主必须在一定秩序内进行；（4）对破坏民主的行为进行必要的制裁，排除对民主的种种侵害等。

我国在通往民主与法治的道路上有成就，也有曲折；有经验，也有教训。法治体系必须保障民主三原则，即多数决策、程序正义、保护少数。现阶段我们实行的民主有四种形式。

1. 选举民主

这是多数国家采取的民主形式。它有优点，也有不足。优点是能在一定条件下尊重民意，维护稳定。但选举民主最大的不足是容易被少数人操纵，尤其是在不发达国家或民主氛围不强的国家，往往因所谓民主问题引起动乱，如目前的乌克兰、埃及等国。在我国，选举民主实行多年，有好处、有进步，但也有不足和毛病，如等额选举问题，候选人提名问题，个别人大代表几十年不换，等等。

---

① 即古希腊著名改革家梭伦倡导民主，其政府称为"平民政府"。

2. 协商民主

这是中国社会主义民主的重要特色。它发源于"重庆谈判",正式使用于 1949 年。《中国人民政治协商会议共同纲领》曾起过临时宪法作用。作为我国协商民主的重要组织形式——人民政协,过去、现在和将来,都对社会主义民主已经产生或仍将产生重要作用,它高举爱国主义和社会主义两面旗帜,在组织、团结全体社会主义劳动者、社会主义建设者、拥护社会主义的爱国者和拥护祖国统一的爱国者在参政、议政、兼政方面,发挥了不可替代的作用。但它仍存在不足:一是没有规范化、法律化,其法律地位不明确,应制定《人民政协法》;二是形式应该多样化,有政治协商,也要有经济协商、文化协商、社会协商,使协商民主切实常规化,成为我国民主不可或缺的一部分。对它的完善,可以合理借鉴哈贝马斯的"商谈"论,丰富民主形式。

3. 自治民主

我国现有基层的群众自治,如村民委员会、居民委员会业已发挥了重要作用,但仍要进一步提高自治民主的层次与水平,切实做到自我管理、自我教育、自我监督。与此同时,在推进国家治理体制与治理能力的进程中,要逐步实行社会自治,发挥社会组织、中介组织、非营利经济组织和各人民团体、事业单位的作用,切实形成"党委领导、政府负责、社会协同、公众参与"的社会治理的新格局。

4. 谈判民主

这本是古老的民主形式,并历经了由国内转到国际,又由国际发展到国内的发展过程,它对于解决冲突、协调利益、维护稳定都起着重大作用。如我国乡镇设立各级人民调解委员会以及司法机关主持的调解、和解,都是谈判民主的好形式,在调解矛盾、促进和谐等方面收到了良好效果。现在要进一步加强,要形式多样,涉及领域应超出解决纠纷的范围,使它成为共商社会事务乃至国家事务的组织方式。

三、法治体系的基本框架

早在三年以前,我曾发文提出和初步论证过中国特色社会主义法治体系的大纲,2012 年我又著书《中国特色社会主义法治理论体系纲要》，再次探讨了法治体系的基本框架。与此同时，法学界一些学者也提到过但尚未具体论证过当代中国法治体系。党的十八届三中全会，特别是习近平同志在中央全面深化改革领导小组第二次会议的讲话中，重点强调了法治在推进国家治理体系与治理能力现代化方面的引导与推动作用，要求在法治轨道上深化改革。这里讲的"法治轨道"，实际上就是指法治体系。我认为，中国特色社会主义法治体系的基本框架大致如下：

（一）依法执政是法治体系的核心与灵魂

"执政"一词，源远流长，古罗马的西塞罗开创了"执政官"的先河，曾历任两届，1799年，显赫一时的拿破仑也自命为"第一执政"，1924年中国军阀段祺瑞也当过短命的执政。但执政党作为执政，则始于英国资产阶级革命。这本来是现代文明的重要标志之一，然而由于资产阶级政党在所谓"轮流执政"、"两党或多党制度"下，尔虞我诈、勾心斗角，而呈现出丑态百出的衰败局面。

中华人民共和国的成立，不仅标志着我国历史发展进入了新纪元，同时也意味着中国共产党由领导全国人民翻身得解放的革命党，一跃成为领导全国人民进行社会主义建设的执政党。中国人民历经半个多世纪的艰苦奋斗，终于取得了举世瞩目的成就。1978年底，中国共产党召开了第十一届三中全会，这是中国历史的伟大转折点，该会上不仅使国家的工作重点由以阶级斗争为纲转移到以生产建设为中心上来，而且使党的执政方式发生了根本性转变，为依法执政奠定了基础，1997年党的十五大正式确立了"依法治国"的基本方略，1999年这一治国方略又被写进了宪法；2002年党的十六大提出了"依法执政"的根本方针，十六届四中全会又确立提高执政能力建设这一重要战略。2012年，中国特色社会主义法律体系专业也建成。2013年，习近平同志又反复强调：依法治国、依法执政、依法行政共同推进，法治国家、法治政府、法治社会一体建设。由此形成了法治体系的基本框架。

之所以说依法执政是法治体系的核心与灵魂，是因为"依法执政"是中国共产党执掌政权，正如十六届四中全会所概括的那样：中国共产党总揽全局、协调四方、领导立法、带头守法、保证执法。

在十余年的实践中，依法执政的内容与方式又得到了进一步的丰富。

1. 领导立法

这方面的成就是巨大的：（1）根据时代需要和时代要求，党中央在新时期共提出四次宪法修正案草案，并向全国人大常委建议提请全国人大及时通过，确立了依法治国方略，建立了社会主义市场体制，确认尊重与保障人权原则；（2）构建了中国特色社会主义法律体系，并由七大法律部门组成，即宪法及宪法相关法、民商法、行政法、经济法、社会法、刑法、诉讼与非诉讼程序法；（3）不断修改与完善各法律部门；（4）及时制定必要的法律条例等。

2. 带头守法

执政党不仅依法执政，在执政中严格遵守法律，而且在其他活动也带头遵守法律，坚持把公权力关进制度的笼子里，不越位、不错位、不缺位，保障公权力的正确行使，及时制止和反对地方党委、党组出台"土政策"、"土法律"，并引导与保障：（1）行政理念的转变，建设"法治政府"，由"全能政府"向"有限政府"转变；由"管制型政府"向"服务型政府"转变，由"权力型政府"向"责任型政府"转变。（2）政府职能的转变，政府要以人为本、以民生为本，政府职能由"越位"、"错位"向"归位"转变，减少行政审批，实行电子政务、集体办公。（3）行政决策转变、坚持行政公开、信息公开、公众参与等原则，坚持行政听政、电子问政制度，使决策民主化、科学化。（4）加强行政监督，建设"阳光政府"、"廉洁政府"。

3. 保证执法

这里讲的执法，既包含行政执法，也包括司法，即法理上讲的法的适用。近几年来，我国执法机关反复强调具体通过文明执法、人性化执法、理性执法，严禁逼、供、信，具体要求如下：（1）司法监督走向全方位，特别是党的十八届三中全会提出一系列改革措施，要求内部与外部都要保障审判权、检察权的独立行使，为了排除地方干扰，规定司法机关今后统一在人、财、物上由省级管理。在监督节点，既有事前监督，也有事中监督和事后监督，强调谁审理谁裁判；庭长、院长不审批案件，而直接参与案件的审理；对司法机关的工作人员要分类管理，理顺各类人员的关系。（2）执法活动更加规范化，

在诉讼过程中,要公正对待当事人,保证他们有足够和充分表达诉讼愿望、主张和想法的方法与空间,更加要对当事人的人权进行保护,以有效防止冤假错案发生。(3)强化权力制约。在执法、司法机关,把权力关进制度的笼子里更为重要,除权力机关和人民群众依法监督外,还要发挥公、检、法相互监督与配合的作用,更要加强司法机关内部的监督作用,要切实按诉讼程序与要求办案,落实错案追究制度。(4)司法人员的廉洁自律,严守职业道德。作为法官、检察官和行政机关执法人员,要严守职业道德,不仅要廉洁自律,而且在伦理上要有更高的要求,要使法官、检察官、执法人员从事的工作成为人们信赖和崇敬的职业。保证执法是依法执政的关键环节,是执政党必须做好的工作。在这一点上,中共依法执政与西方国家政党轮流执政有本质区别,因为西方的"三权分立"使执政党在司法领域无所作为或者说作用极少,甚至起反作用。

总之,依法执政是法治体系的核心与灵魂,这是中国特色社会主义法治体系的最大优点,也是最大的特点,这是任何资产阶级国家执政党无法比拟的。

(二) 法律体系是法治体系的前提和基础

1. 法律体系的历史演进

在人类文明史中,法治文明始终是其重要组成部分,甚至有时成为其重要标志。作为西方文明的重要标志之一的古罗马法,曾因其一度辉煌而被载入史册。"在现代国家中,法不仅必须适应于总的经济状况,不仅必须是它的表现,而且还必须是不因内在矛盾而自相抵触的一种内部和谐一致的表现。"① 这是恩格斯早在一个多世纪前,就强调了法律体系对现代文明的重要性。

古罗马五大法学家之一盖尤斯对法律体系做过说明,查士丁尼在《法学总论》中,把法分为公法与私法两部分,并指出:"公法涉及罗马帝国的政体,私法涉及个人利益。"②

---

① 《马克思恩格斯选集》第4卷,人民出版社2012年版,第610页。
② [古罗马] 查士丁尼著:《法学总论》,张企泰译,商务印书馆1989年版,第一卷第一篇:"正义与法律"。

如果说罗马法把法分公法和私法，其目的在于集中力量更好地研究私法，那么从中世纪开始，这一观点则长期被人误传，甚至被神学家们所利用，把法学研究的重点由私法转为公法。新兴的资产阶级则继承了这种讹传，把法律体系划分公法与私法两部分。首先，重点研究公法，如不丹的《国家论六卷》，强调君主主权。后来随着新大陆的发现和罗马法复兴运动的开展，英国开始把法律体系的重点又由公法转向私法。进入20世纪，随着社会立法的大量出现，西方资产阶级国家法律体系，一般包括公法、私法和社会法三部分。

至于中国的法律体系，自古以来就民刑不分，诸法合体。自李悝《法经》起至清末，基本上无大的变化，在篇章上略有增加，由起初的"六篇"，发展到唐律十二篇，如新增"刑名"、"律例"、"十恶"、"八议"等规定。清代末年进行司法改革，从国外特别是从日本引进所谓《六法全书》，直至南京国民政府，除具体内容有所变化外，形式上仍然称之为《六法全书》，即所谓中华民国的"法统"。"六法"，即宪法、行政法、民法、商法、民事诉讼与刑事诉讼法。

2. 中国特色社会主义法律体系的形成、发展与构成

中国特色社会主义法律体系的形成历经了漫长过程。早在新中国成立前夕，即1948年2月，中共中央就颁布了《废除国民党六法全书和确定解放区司法原则的指示》。1949年初，毛泽东主席在《关于时局的声明》中，就明确提出了废除伪宪法、废除伪法统等八项和谈条件。新中国成立后，中央正式在全国废除国民党六法全书，于1950年起开展了大规模的司法改革运动，从而奠定了新中国法律体系的基础，并开始人民立法活动，不断取得新的成就，如果不是十年动乱带来的干扰与破坏，新中国的法律体系早已建成，或至少有一个基本框架。

党的十一届三中全会，确实是中国历史的转折点，带来了法制建设的春天。特别是20世纪90年代起，党树立了依法治国方略，加强了人民代表大会的建设，使我国立法活动得到了迅速发展，质量也不断提高，民主立法与科学立法带来了立法活动的一片繁荣。通过20余年的努力，终于在2012年建成了中国特色社会主义法律体系。这个体系由七大法律部门所组成，即宪法及宪法相关法、民商法、行政法、经济法、社会法、刑法、诉讼与非诉讼程序法。

3. 法律体系的发展与完善

历史在前进，社会在发展，而法律特别是法律体系则相对滞后，因此，法律体系的发展与完善是时代的必然要求，一般来讲，有如下办法：（1）法律修改。这是必要的，否则，法律就跟不上形势的发展。但法律应保持相对的稳定，"朝令夕改"必然会影响法律的稳定性，如我国刑法修改的次数太多，导致法律适用中的困难不断增加。修改法律要慎重，要有前瞻性、预测性。（2）法律编纂。这实际上是一项巨大的立法活动，我国立法机关应该认真对待，不能长期不进行这一活动，至少十年要进行一次，不能由法律汇编或法律清理取代法律编纂。

法律体系的发展与完善最关键的是制定良法，杜绝恶法。早在古希腊时期，亚里士多德就反复强调过良法问题，毛泽东同志在其处女作《商鞅徙木立信论》中赞扬商鞅变法，说："商鞅之法，良法也。"① 因此，立法机关应以制定良法为己任。所谓良法至少有四条标准：（1）顺应世界潮流，符合时代要求；（2）体现人民意志，保护人民利益；（3）便于操作，有利法律的实施；（4）规范严整，和谐统一。应该说，我国立法机关制定的法律绝大部分是良法，但也有一些恶法，如"四人帮"企图篡党夺权，曾制定过什么"公安六条"，它以镇压人民为目的，肯定是恶法。即使在新时期，也有个别法律是恶法，如2014年"两会"期间，有人大代表提到的那些不便操作或无法执行的法律，实际上也是恶法。今后，立法机关要加强民主立法、科学立法，既要考虑其必要性，也要考虑其可行性。中国特色社会主义法律体系要从根本上减少甚至杜绝恶法。

当然，随着时代的发展，还要及时制定新的法律，及时修改旧的法律，要加强人权立法，环保立法，使"向污染宣战"、"尊重与保障人权"落到实处。

（三）法治国家、法治政府、法治社会一体建设是法治体系运行的途径与机制

党的十八大以来，习近平同志在不同场合多次强调建设法治中

---

① 《毛泽东早期文稿》，湖南人民出版社1990年版，第6页。

国，必须依法治国、依法执政、依法行政共同推进，法治国家、法治政府、法治社会一体建设。鉴于其中有相互包容、相互保障和相互促进的因素，本文综合起来作如下解读。

1. 法治中国是主题

"法治中国"，这是中国人民的共同心愿和总的建设目标，其内容丰富，博大精深，它涵盖了"依法治国"与"法治国家"两层含义，是它们更生动、更明确的概括。在中国近代史上，治国体系与方略历经五次否定的漫长过程：第一次否定是戊戌变法对清王朝帝制的否定；第二次是辛亥革命对戊戌变法君主立宪的否定；第三次是新中国的成立对南京国民政府独裁政权的否定；第四次否定是未遂的否定，即"四人帮"对人民共和国的否定；第五次是社会主义法治对"四人帮"企图篡党夺权的否定，其中也包括对前苏联模式的否定，但对新中国建国30年来在总体上是肯定的，因为前30年为后30年的改革和发展作了准备。

但必须看到"法治中国"，是改革开放最大的成果，是振兴中华最直接的表达，也是当代中国历史发展的必然，是我国民主与法制建设的总称和最大成果。它既包括"依法治国"这个基本方略，也包括"法治国家"这一现代文明治国理政的基本方式。它们的共同点是：（1）尊重与保障人权，维护社会公平正义；（2）强调权力制约，把权力关进制度的笼子里；（3）弘扬民主，落实一切权力属人民这一根本准则；（4）提倡规则治理，对事不对人；（5）强调权利平等、机会平等、结果平等，使人人都有出彩的机会。

2. 法治政府是关键

2004年国务院作出建设法治政府的重要决定，这无疑是深化依法治国的应有之义，也是现代文明的必然要求。10年来，法治政府建设成效显著，但问题也不少，如行政执法部门众多、权力交叉、权责模糊、越权执法、监督机制堪忧、运行机制不规范等等，严重影响了法治政府的建设，原计划10年完成，现在看来20年都还要努力。

针对政府职能错位、越位、缺位等不良倾向，党和国家从新世纪起就开始进行了执法体制的改革，如文明执法、人性执法、理性执法等，均收到了一定效果。党的十八届三中全会在此基础上，提出了要"整合执法主体、相对集中执法权、推进综合执法、着力解决权责交叉、多头执法问题、建立权责统一、权威高效的行政执法体制"。具体来说，如下：

第一，科学设置和合理划分行政机关职能的职责权限，减少各行政部门的职能交叉，做到因事设职、权责明确。

第二，整合执法主体，推行大部制，将相近的职能尽可能集中到一个部门，实行综合的行政管理。

第三，减少执法层次，重心下移，理顺中央政府与政府、上级政府与下级政府的关系和权力配置，强化执法职能，中央和省级政府以决策、指导和监督为主。

第四，推进综合执法，明确某一执法事项由一个层次的单一执法主体负责，特殊事项需要多个执法主体的，必须严格划分各自执法的范围，避免多头执法。

第五，规范行政执法职能，尽快制定统一完备的行政程序法，解决各单行条例或法律中关于行政执法程序的相互矛盾与冲突。打破"重实体，轻程序"的旧习，强化程序意识，强调执法中的程序合法性。

第六，完善行政执法责任制，建立权责统一的行政执法的监督机制，遵循"谁行为、谁违法、谁担责"的原则，防止权责分离、揽权诿责、有权无责的倾向。

第七，提高执法人员的专业水平，规范招录、任用等事项，强化考核评估机制、建议激励机制，引导与规范执法人员严格执法、公正执法、文明执法与理性执法。

第八，整合各监督部门，形成监督体系，借鉴香港"廉政公署"的某些做法，提高监督的有效性，反对一切干扰。

建设法治政府必须同建设法治国家、法制社会一并进行，不能、也不可能孤立进行，更不能孤立建成法治政府，过去提出十年建成是不能实现的，应与法治国家、法治社会同步。建设政府是一项复杂繁重的任务，首先必须树立如下几个理念：依法行政、公正行政、公开行政、清廉行政、服务行政。与此同时，要使人民政府成为有限政府、责任政府、服务政府。其次，法治政府要建立如下制度：行政执法制度、行政许可制度、行政处罚制度、行政征收制度。

建设法治政府是一项巨大的系统工程，它作为中国特色社会主义法治体系的核心部分，要全党、全国人民共同努力，为之不懈奋斗！

3. 法治社会是基础

马克思主义经典作家一再告诫我们：法律必须以社会为基础。同样，法治国家必须以法治社会为基础。过去，人们往往把法治社会看成是法治国家的一部分，或者是它的延伸。新中国成立以来，我们看到或经历的大都是国家社会一体化。这是因为我们的国家是人民的国家，社会是人民的社会，两者根本利益是一致的，而我们的政治体制又高度集中，人们也很难把国家与社会分开。在以阶级斗争为纲的历史条件下，我们的社会的发育是不健全的，是直接受国家管理的，尽管在法律上有群众基层自治的规定，但执行不彻底，尽管近10年来大有提高，但与现代文明的要求还相距甚远。针对这一现实，习近平同志提出了法治国家、法治政府、法治一并建设的方针。

法治国家要以法治社会为基础，而法治社会的形式又必须以法治国家为主导，要形成"党委领导、政府负责、社会协同、公众参与、法治保障"的新格局。如果说法治国家是指国家生活民主化、法治化，那么法治社会则是指全部社会生活的民主化、法律化。我国与资本主义国家不同，资本主义国家与市民社会是对立的，矛盾是不可调和的。尽管近代以来，美国等西方国家的"社会中心说"提出"公民社会"这一新理念，要求政府让权、放权，让社会组织、非政府组织、非经济组织，实行"社会自治"，力图把执政党从社会组织中"踢出去"，这显然不符合中国国情。我们要建立的法治社会与资本主义法治社会有根本上的不同：（1）目的不同，前者是维护资本主义的社会秩序，后者则是维护人民政权的稳定，建设法治社会，为的是更好地"尊重与保障人权"。（2）方式不同，中国是用以人为本、人民广泛参与，在党的统一领导下，共同治理社会，而西方国家的自治则是盲目的、无政府的，经常给社会带来不安与破坏。（3）途径不同，社会主义的社会自治是依法进行的，并且是有组织、有计划地开始，先是农村村民委员会、城镇居民委员会，然后向社区组织、社会组织、事业单位展开。而西方国家是基本不同的利益集团实行自治。（4）基础不同。西方国家社会自治是构建"公民社会"，按"小政府，大社会"的结构组织，各利益集团各行其事，甚至勾心斗角、尔虞我诈、相互残杀，就连美国这样的头号资本主义国家，都出现过多次"政府关门"的丑态。我们搞社会主义民主,实行选举民主、协商民主、自治民主、谈判民主,尽管也有这样或那样的问题,但总体上,社会是稳定的,特别是可以集中力量处理大事、难事。

当然,建设法治社会是一件前无古人的系统工程,还会遇到种种困难。我们认为,只要全国人民万众一心,坚持法治国家、法治政府一并建设,我们的目标就一定能实现。目前要做好:(1)政府向社会下放一定权力,该社会管的事项应由社会管理;(2)有计划放开社会自治,如高等学校可以按章程依法自主办学,医院按法律规定可以民办等;(3)加强社会组织和人民对政府的监督,与国家一起把权力关进制度的笼子里;(4)加强党对社会组织的领导与建设,如在民办企业、民办学校,都要建立党的组织等。

(四) 司法制度是法治体系的重要载体和保障

司法制度是国家治理体制的最后一道防线,法律的实施是法治体系的生命。

新中国司法制度的产生有三个前提和基础:(1)中华人民共和国的成立,为人民司法制度的创建奠定了政治基础;(2)革命根据地司法制度的经验,是新中国司法制度的渊源和基础;(3)废除国民党"六法全书"是人民司法制度产生的前提。

通过新中国成立初期废除旧法,颁布新法,和近三年的司法改革运动,人民法院和人民检察署很快建立起来了。1954年《宪法》颁布后,《人民法院组织法》和《人民检察院组织法》随即产生,并在革命和建设中发挥了重大作用,巩固了人民政权,确保了社会安定。但在前进的道路上也遇到了一些挫折,特别是十年动乱,人民司法制度成为重灾区。

经过党的十一届三中全会的重大转折,人民司法制度迎来了春天,中国特色社会主义司法制度,经30余年的改革与努力,终于在实践中形成,并且有如下优越性:(1)广泛的人民性与鲜明的政治性的统一;(2)实体公正与秩序的统一;(3)内部监督与外部监督的统一;(4)法律效果与社会效果的统一。应该说,与以往相比,我国司法制度的变化是很大的,但由于种种原因,我国司法制度存在一些不足甚至错误,如出现了一些冤假错案,枉法裁判时而有之;办案效率低下；司法公信力不高；诉讼程序不规范等，从而大大降低了人民对司法机关的满意度。

针对存在的问题，早在几年前我国对司法体制与机制就进行了改革，特别是党的十八届三中全会，对司法体制改革作了全面的部署，对建设公正、高效、权威的中国特色社会主义司法制度作了科学的顶层设计，切实保障人民法院、人民检察院作为国家审判机关和国家法律监督机关的国家属性，切实保障并依法监督它们依照法律独立行使审判权和检察权。

第一，实现地方司法机关的人、财、物由省级机关统一管理，改变目前地方司法机关的人、财、物受到同级地方机关管理的弊端，弱化乃至消除司法和地方属性，彰显单一制国家结构形式的特点。第二，实行司法人员人事管理制度的改革，按性质和职能分为司法人员、司法辅助人员、司法行政人员等，采用不同的招录、使用、晋升的公式和标准，并提供相应有差别的待遇及各类保障。第三，遵循司法规律，探索权责明晰的司法权力运行机制，改革审判委员会制度，完善主审法官、合议庭办案责任，要求谁审理谁裁判；建立突出检察官主体地位的办案责任制，完善权力制约机制，建立诉讼职能与诉讼监督机能相分离的检察权运行模式。第四，全面推进法律规定的司法公开的改革，实行审判公开、检务公开；实现司法信息最大限度公开，保障公众对司法的知情权、参与权、表达权和监督权。第五，加强法院的数字化建设，提高审判质量与效率。第六，加强司法人员的职业论理教育和业务素质教育，法官与检察官每两年要轮训半个月。

总之，构建中国特色社会主义法治体系是一项巨大工程，是推进国家治理体系与治理能力现代化的基础，需几代人的共同努力。我们必须，也应该为此而不断探索、不断实践、不断前进，使国家治理现代化由理想变成现实。

"治理"一词的沿革考略*
——以语义分析与语用分析为方法

党的十八届三中全会提出"推进国家治理体系和治理能力现代化",引起了举国上下一致关注,这是中华民族的伟大创举。但是,以往的研究成果多将"治理"看做20世纪90年代从西方引入的舶来品①,忽略了中国自己的历史传承、文化传统与经济社会发展中"长

---

* 本文刊载于《法制与社会发展》2014年第4期,系李龙教授与其博士生任颖合著。

① 《辞海》(第六版)"治"字释义即为20世纪90年代以来在西方兴起的新的管理范式。在西方论著中,能查到世界银行首次使用治理一词,詹姆斯·罗西瑙创始治理理论,丹尼尔·考夫曼和青木昌彦提出国家治理概念的论述。Daniel Kaufmann, *Governance Matters* Ⅲ: *Governance Indicators for 1996, 1998, 2000 and 2002*, *World Bank Econ Rev.*, 2004;James N. Rosenau and Ernst Otto Czempiel, *Governance without Government: Order and Change in World Politics*, Cambridge University Press, 1992;Jon Pierre, *Debating Governance: Authority, Steering and Democracy*, Oxford University Press, 2000。国内学界的研究也以引入西方治理理论或反思其与中国水土不服为主线,认为治理和善治是21世纪国际社会科学的前沿理论之一,是经济全球化、政治民主化、政治多极化的产物,反映了20世纪晚期以来西方发达国家政治管理和行政管理的新趋势、发展中国家实现经济社会发展所需要的政治条件,以及世界各国对建立新的国际政治经济秩序的愿望。其在有关"治理"的研究中一直引用为据,例如,全球化背景下政府作用的前瞻性思考,提出从宏观上改革政府治理模式,增强政府治理能力的论述;其一是研究西方国家政府改革的,毛寿龙、李梅、陈幽泓:《西方政府的治道变革》,中国人民大学出版社1998年版;其二是研究国家治理变革的,强世功:《法制与治理:国家转型中的法律》,中国政法大学出版社2003年版。2003年国内学界发表了一系列以马克思主义唯物史观为指导,立足中国国情,强调中国现代化进程要走自己的路,不能盲目照搬西方治理模式将国家与政党排除在社会建设之外的文章,刘建军:《治理缓行:跳出国家权力回归社会的陷阱》,载《探索与争鸣》2003年第3期;李春成:《治理:社会自主治理还是政府治理?》,载《探索与争鸣》2003年第3期;李峰:《治理:工具理性还是价值理性?》,载《探索与争鸣》2003年第3期;李景鹏主编:《中国政治学年鉴》(2003—2005年),中国文联出版社2006年版,第52~54页。

期发展、渐进改进、内生性演化"的治理基础。习近平总书记反复强调要"在不断学习中把他人的好东西化成我们自己的东西",更要有坚定的制度自信,"加强对中华优秀传统文化的挖掘和阐发","把继承优秀传统文化又弘扬时代精神、立足本国又面向世界的当代中国文化创新成果传播出去"。要完成这一任务,就需要把概念逻辑放到历史事实演进的过程中去,考证概念本身是怎么来的,在什么意义上使用。①

一、中国的"治理"溯源

"治理"并非舶来品,其在中国的历史源远流长。② 尧舜时期就有治世的思考,《商君书·修权》有"公私之交,存亡之本",指出尧舜治理以天下为公,所以能够建功立业,为天下人所拥戴。③《史记·五帝本纪第一》也有"言遍告天子治理之言也。"④ 与自然经济相适应,出现了最早的以疏导方法治理黄河的观念。公元前2025年,夏启建立了中国历史上第一个奴隶制国家,出现"奉天罚罪"的习惯法来调整社会关系,直至西周时期,习惯法中皆有治安管理的内容,《周礼》有秋官司寇下专设户籍管理的记载。

---

① 列宁指出,在社会科学问题上有一种最可靠的方法,它是真正养成正确分析这个问题的本领而不致淹没在一大堆细节或大量争执意见之中所必需的,对于用科学眼光分析这个问题来说是最重要的,那就是不要忘记基本的历史联系,考察每个问题都要看某种现象在历史上怎样产生、在发展中经过了哪些主要阶段,并根据它的这种发展去考察这一事物现在是怎样的。参见《列宁选集》(第4卷),人民出版社1995年版,第26页。

② 《辞海》(第六版)"治"字的释义第二项为"治理;管理"。例句为"《商君书·更法》:'治世不一道'"。因而,在对中国古代史料的考证中,出现"治"、"治理"的并用。学界亦有从教化、法律、政制、商业角度,分析中国古代共治、礼法治理架构的研究成果。参见夏征农、陈至立主编:《辞海》(第六版),上海辞书出版社2009年版,第2952~2953页;姚中秋:《华夏治理秩序史》(第一卷),海南出版社2012年版,第11页。

③ 冯克正、傅庆升主编:《诸子百家大辞典》,辽宁人民出版社1996年版,第775页。

④ 司马迁:《史记》,中华书局1959年版,第24页。

春秋战国时期开始使用"治理"一词①，诸子百家将其用于治国、理政、平天下抱负的抒发。儒家的"仁政"、"德礼教化"，《孟子·滕文公上》有述："尧舜之治天下，岂无所用心哉？亦不用于耕耳。"②，其卷五也有述"君施教以治理之"。③《荀子·君道》记载："然后明分职，序事业，材技官能，莫不治理，则公道达而私门塞矣，公义明而私事息矣。"④ 道家的"无为而治"、"道法自然"，《老子注·五章》中："天地任自然，无为无造，万物自相治理，故不仁也。"认为"有恩有为，则物不具存"。⑤ 法家的"以法治国"、"废

---

① 其一，有学者指出上古五帝时期已有文字出现，但笔者没有检索到"治理"一词的表述。上古史料汇编《尚书》（卷一）有"诸侯四朝各使陈进治理之言"，卷八《康诰第十一周书》有"是乃治理大明则民服"，但其为唐朝陆德明音义部分的内容；最为接近史籍原貌的应该是考证为战国中晚期的"清华简"，有"乃惟不顺是治"，经考证为记录周公摄政时代的文献，但没有查到"治理"原词。其二，《老子》（道德经上篇）有"万物自相治理"，但为魏晋玄学家王弼的注释。其三，儒家典籍《春秋》为现存最早编年体史书，对其进行解说的《春秋谷梁传》有"纪，治理也。有罪当治之，今失之者，以文姜之故。"但成书于西汉；《春秋经传集解》（文上第八）有"治旧洿，治理洿秽"，但直到西晋杜预才将《春秋》、《左传》合集为《春秋经传集解》，现在我们读到的是"相台岳氏刻梓荆家塾"刻本。其四，根据西汉刘向整理《荀子》的类目，其最早可追溯至战国末期；《管子》（卷第八）有"所谓居家治理可移于官"，但其成书于战国至秦汉；同样，为秦统一六国提供理论准备的《韩非子》最早可追溯至战国末期。所以，以将《孟子》列为"治理"一词最早出现。也有学者认为此并非孟轲本人所作，但成书时间公认为战国中期。参见孔安国撰、陆德明音义：《尚书》，四部丛刊景宋本，第8、85页；李学勤：《清华简与〈尚书〉、〈逸周书〉的研究》，载《史学史研究》2011年第2期，第108页；老聃、王弼注：《老子》，古逸丛书景唐写本，第3页；范宁集解、陆德明音义：《春秋谷梁传·庄公第三》，四部丛刊景宋本，第35页；杜预撰、陆德明音义：《春秋经传集解》，四部丛刊景宋本，第137页；管仲撰、房玄龄注：《管子》，四部丛刊景宋本，第80页。

② 蔡希勤编著：《四书解读词典》，中华书局2005年版，第476页。

③ 汉代赵岐的《孟子章句》也有此说，此后，宋朝朱熹的《孟子集注》、明朝李贽的《四书评》、清朝康有为的《孟子微》对其"托古"为治皆有注论。参见孟轲撰、赵岐注：《孟子》，四部丛刊景宋大字本，第42页；贾传棠主编：《中国古代文学作品多解大辞典》，中州古籍出版社1997年版，第769页。

④ 李伟民主编：《法学辞源》，中国工人出版社1994年版，第804页。

⑤ 王弼注：《诸子集成：老子注》，中华书局1954年版，第3页。

私立公",《韩非子》卷二十"制分第五十五"中:"其法通乎人情,关乎治理也。""夫治法之至明者,任数不任人。是以有术之国,不用誉则毋适,境内必治,任数也。"辨析了依"法"与"术"、刑赏分明而治,达到政理之"势"的必要性。①

汉朝将"治理"视为秩序、稳定状态(《礼记·大学》称"修齐治平"),在专门针对公职人员的建设方面使用了"治理"一词。如《汉书·文帝纪第四》:"师古曰:'治安,言治理且安宁也。治音丈吏反。'"至东汉时期,② 出现"法治"一词的使用,由《史记》首作"奉职循理,亦可以为治",《汉书》、《后汉书》、《清史稿》继之的良吏论说中出现"治理"一词,如《汉书·循吏传第五十九》:"故二千石有治理效,辄以玺书勉厉,增秩赐金,或爵至关内侯,公卿缺则选诸所表以次用之。"③

三国时期也将"治理"用于政务、政绩,陈寿著纪传体国别史《三国志》魏、蜀、吴三册都有关于治理的记述,《魏书·诸夏侯曹传第九》记述"《世语》曰:允二子,奇字子泰,猛字子豹,并有治理才学"。《魏书·任苏杜郑仓传第十六》:"臣前以州郡典兵,则专心军功,不勤民事,宜别置将守,以尽治理之务"。《蜀书·杜周杜许孟来尹李谯郤传第十二》:"泰始八年诏曰:'正昔在成都,颠沛守义,不违忠节,及见受用,尽心干事,有治理之绩,其以正

---

① 韩非把商鞅的法(严刑厚赏)、申不害的术(辨别忠奸)和慎到的势(权威)融为一体,被称为法家的集大成者。也有学者将法家视为中国历史上研究"国家治理方式"(法治)以及"体制改革"的学派。至秦始皇统一中国前,兼收先秦各学派言论的《吕氏春秋》(第二十五卷)《似顺论》(原文译注)亦"言其为君治理分定,不悖惑也。"参见韩非:《韩非子》,上海古籍出版社1989年版,第165页;吕不韦撰、高诱注:《似顺论》,四部丛刊景明刊本,第216页。

② 以《汉书》为依据编写的《前汉纪》有"郡中清净,所在治理",《后汉纪》有"臣闻人君之道仁义为主,仁者爱人,义者治理,爱人故为之除残,治理则为之去乱"。此外,《后汉纪》(卷六)出现"法治"一词的使用,"犹知法治所以使之得所而安其性者也"。参见《四部丛刊》史部卷第六第6页、卷二十第5页;袁宏:《后汉纪》,四部丛刊景明嘉靖刻本,第20页。

③ 班固撰,颜师古注:《汉书》,中华书局1962年版,第111、3624页。

为巴西太守。'"①

有关南北朝的一系列纪传体断代史中,南朝齐史《南齐书》有《良政》篇,《苏侃传》:"事宁,除步兵校尉,出为绥虏将军、山阳太守,清修有治理,百姓怀之。"② 南朝梁史《梁书·良吏传·庾荜传》:"时承凋弊之后,百姓凶荒,所在谷贵,米至数千,民多流散,荜抚循甚有治理。"③ 北魏史《魏书·赵郡王干传》:"诏曰:'夫刑以节人,罪必无滥,故刑罚不中,民无措足。若必以威杀为良,则应泛通众牧。苟须有禁,何得不稽之正典?又律令条宪,无听新君加戮之文。典礼旧章,不著始临专威之美。尚书曲阿朕意,实伤皇度。干暗于治理,律外重刑,并可推闻。'"④

《隋书·高祖杨坚纪》描绘了"治"与"乱"的对比状态:"十四年夏四月乙丑,诏曰:'在昔圣人,作乐崇德,移风易俗,于斯为大。自晋氏播迁,兵戈不息,雅乐流散,年代已多,四方未一,无由辨正。赖上天鉴临,明神降福,拯兹涂炭,安息苍生,天下大同,归于治理,遗文旧物,皆为国有。比命所司,总令研究,正乐雅声,详考已讫,宜即施用,见行者停。人间音乐,流僻日久,弃其旧体,竞造繁声,浮宕不归,遂以成俗。宜加禁约,务存其本。'"⑤

至唐朝,已经可以查到"法"与"国家治理"(当时指治平状态)一词同时出现的论述,并且出现了财政治理。⑥《周礼疏》(附释音周礼注疏卷第十五)有:"[疏]注'制灋成治若咎繇'。释曰:以其言治、言力,故知制灋成治,出其谋力。按《虞书》……汝作

---

① 陈寿撰,裴松之注:《三国志》,中华书局1959年版,第304、499、1041页。
② 萧子显撰:《南齐书》,中华书局1972年版,第528页。
③ 姚思廉撰:《梁书》,中华书局1973年版,第767页。
④ 魏收撰:《魏书》,中华书局1974年版,第542页。
⑤ 魏征等撰:《隋书》,中华书局1973年版,第38页。
⑥ "量九土之所入,而治理其赋税。"参见杜预、陆德明音义:《春秋经传集解》,四部丛刊景宋本,第306页。

士，五刑有服，是咎繇制其刑灋，国家治理，故以咎繇拟之。战功曰多"。① 以唐朝历史为书的《新唐书》以及以五代十国割据政权下断代为书的《旧五代史》中的《唐书》篇中，都有用治理一词表述政务致治的记述。《新唐书·丁公著传》："穆宗立，未听政，召居禁中，条询治理，且许以相。"《循吏传·韦仁寿传》："帝素闻仁寿治理，诏检校南宁州都督，寄治越巂，诏岁一按行尉劳。"②《旧五代史·唐书·末帝纪中》："朕常览贞观故事，见太宗之治理，以贞观升平之运，太宗明圣之君，野无遗贤，朝无阙政，尽善尽美，无得而名。"③

宋代尤其重视"治道"、"资政"经验的总结，《宋史》本身就是为总结治国经验而修纂的，因而，文中详细描绘了治理之世所应当具有的状态，大量记述了治国理政的经验。《文苑传二·夏侯嘉正传》："神曰：'天道以顺不以逆，地道以谦不以盈。故治理之世，建仁为旌，聚心为城。而弧不暇弦，矛不暇锋，四海以之而大同。何必恃险阻，何必据要冲？若秦得百二为帝，齐得十二而王。其山为金，其水为汤。守之不义，歘然而亡。水不在大，恃之者败。水不在微，怙之者危。若汉疲于昆明，桀困于酒池，亦其类也。故黄帝张乐而兴，三苗弃义而倾。则知洞庭之波以仁不以乱，以道不以贼，惟贤者观其知

---

① 其后，出现"国家治理"与经济建设（富强）、价值观念（核心价值的树立以及公正严明思想）、法律制度之间关系的辨析。比如，宋代李昉的"教顺成俗，外内和顺，国家治理，此之谓盛德"。刘炎的"上无与于国家治理，下无与于风俗名教，斯其出处亦可占矣。出处之道，主忠主孝，内有所主则外无所忘。"明朝：程开祜的"臣又尝谓国家治理、富强二字原不相离，未有不富而能强者"。清代有"一切事物循理从公，毫无私意，且分别是非，进善退恶，乃国家治理攸关。"参见阮元校刻：《十三经注疏》（上册），中华书局1980年版，第203页；李昉等撰：《太平御览》，中华书局1960年版，第652页；刘炎撰：《迩言》，清文渊阁四库全书本，第5页；程开祜辑：《筹辽硕画》，民国时期国立北平图书馆善本丛书景明万历本，第863页；胤禛：《雍正上谕内阁》，清文渊阁四库全书本，第144页。

② 欧阳修、宋祁撰：《新唐书》，中华书局1975年版，第5046、5616页。

③ 薛居正等撰：《旧五代史》，中华书局1976年版，第646页。

而后得也。'"①

纪传体断代史《元史》有《治典》篇，元代"末帝"改革币制、治理黄河、知顺天命，加号"顺帝"，《顺帝纪五》有载："丁酉，赦天下，其略曰：'朕纂承洪业，抚临万邦，夙夜厉精，靡遑暇逸。比缘倚注失当，治理乖方，是用图任一相，俾赞万机。爰命脱脱为中书右丞相，统正百官，允厘庶绩，曾未期月，百废具举，中外协望，朕甚嘉焉。尚虑军国之重，民物之繁，政令有未孚，生息有未遂，可赦天下。'"②

至明朝，"治理"成为考核举荐人才的科目，被明确列于"考功图"中，《明史·开济列传》："济条议，以'经明行修'为一科，'工习文词'为一科，'通晓书义'为一科，'人品俊秀'为一科，'练达治理'为一科，'言有条理'为一科，六科备者为上，三科以上为中，不及三科者为下。"并且，出现了专门针对"治理"做出解释的词条，《明史·开济列传》"练达治理今《献备遗》《名臣实录》俱作晓达治道。"明代后期，首辅大臣张居正开展了政治、经济的全方位改革，以整顿吏治为施政的核心，以安定民众为长治久安之术。③ 此外，还出现了论述"治理"的专著，如徐广的《谈治录》，现在能查到的共七卷，原著字迹已有些不清。

《清经世文》中出现"国家治理之法"的表述。④《清史稿》中出现"比较法"角度的治理论述，并从治理方略出发对各国政体进行比较，反思清末治乱状况。陈忠倚的《清经世文三编》（卷三十四户政十三）："国家治理之法与庶司奏绩之谟，毋贵乎法古也，亦毋贵乎守常，要在随时变通因时制宜以期益国益民而已矣。"《清史稿》

---

① 宋神宗推崇为"鉴于往事，有资于治道"的《通鉴》（《资治通鉴》）有"吾闻之，处大无患者常多慢，处小有忧者常思善；多慢则生乱，思善则生治，理之常也"。参见脱脱等：《宋史》，中华书局1977年版，第13031页；司马光：《资治通鉴》，四部丛刊景宋刻本，第817页。

② 宋濂等撰：《元史》，中华书局1976年版，第888页。

③ 张廷玉等撰：《明史》，中华书局1974年版，第335、3977页。

④ 学界有关于顾炎武"众治"思想（"分天子之权"和"宗子辅人君之治"）的论述。参见周可真：《论顾炎武的"众治"思想》，载《苏州大学学报》1999年第4期。

中，从《世祖本纪二》的"焦心劳思，以求治理"，《德宗本纪二》的"一切归有司治理"，到《时宪志》的"无庸钦天监治理"、《地理志》的"台省治理"、《礼志》的"胥勤治理"、《选举志》的"亟思破格求才，以资治理"、《职官志》的"知州掌一州治理"、《食货志》的"中国主权，华民生计，地方治理"、《刑法志》的"务期中外通行，有裨治理"、《艺文志》的"朕稽古右文，聿资治理"、《邦交志》的"俄、日两国政府归还中国全满洲完全专主治理之权"，再到亲王、大臣的传记，以及《循吏传》、《藩部传》，都有"治理"一词的记载。《戴鸿慈传》有"各国治理大略，以为观其政体：美为合众，而专重民权。德本联邦，而实为君主。奥、匈同盟，仍各用其制度。法、意同族，不免偏于集权。唯英人循秩序而不好激进，其宪法出于自然之发达，行之百年而无弊。反乎此者，有宪法不联合之国，如瑞典、挪威则分离矣。有宪法不完全之国，如土耳其、埃及则衰弱矣。有宪法不平允之国，如俄罗斯则扰乱无时矣。种因既殊，结果亦异⋯⋯一曰，无开诚之心者国必危⋯⋯二曰，无虑远之识者国必弱⋯⋯三曰，无同化之力者国必忧"①。

可以看出，在中国，"治理"一词的词源强调"治国理政"之道。②《辞源》中"治"解释为"直吏切或直利切，澄，"意为管理、梳理、惩处、校量，"政治清明安定"，与乱相对，有"治平"（治国平天下）、"治化"（治理国家、教化人民）、"治术"（韩非的致治之术）、"治本"（治国的根本措施）、"治宜"（治理所宜）之说。③ 其中可借鉴的有益经验包括：（1）重视法律的作用，朱熹《四书集注·孟子集注》："治天下不可以无法度。"（2）民本思想，

---

① 参见陈忠倚辑：《清经世文三编》，清光绪石印本，第676页；赵尔巽等撰：《清史稿》，中华书局1976年版，第140、960、1669、2264、2528、3179、3357、3672、4187、4263、4513、12404~12406页。后者成书于民国时期，避谈帝国主义侵略、诬蔑辛亥革命的方面不可取。

② 学者从中国古代的公私之辩和礼治传统出发，提出治理在中国的实现"取决于中国所处的文化传统和制度环境在多大程度上能够与善治框架相容"。笔者则更倾向于以发掘中国治理传统为基础，建构中国的治理现代化之路的观点。参见谈萧：《中国传统治理的制度结构》，载《学习与实践》2012年第1期。

③ 《辞源修订本：第三册》，商务印书馆1979年版，第1768页。

刘安《淮南子·诠言训》："为治之本，务在安民。"（3）和谐，《尚书·尧典》："克明俊德，以亲九族。九族既睦，平章百姓，百姓昭明，协和万邦，黎民于变时雍。"（4）强国，《墨子·非命下》："强必治，不强必乱。"（5）公平，《吕氏春秋·贵公》："昔先圣王之治天下也，必先公，公则天下平矣，平得于公。"郭嵩焘《送吴之官浙江》（诗之四）："天下求治见治难，群邑得理天下安。"（6）综合施策，《太平广记》（卷二百四十一）："文德武功，经天纬地。"（7）重视核心价值体系的作用，王符《潜夫论·德化》有"务治民心"。（8）风清气正，张良《阴符经注》："治国之术百数，其要在清净自化。"（9）善治，强调道德的作用，马融《忠经·政理》："德者为理之本也。"魏征《群书治要·政要论》："政善于内，兵强于外。"①

1848年马克思主义诞生，1851—1852年马克思撰写的《路易·波拿巴的雾月十八日》、恩格斯的《德国的革命与反革命》中已经有"治理"一词出现。② 然而中国自1840年鸦片战争爆发后的70年里都没能摆脱半殖民地半封建社会性质，国家主权遭到严重侵犯，包括司法权在内的管理权力实质上掌握在列强手中，乱世无治制。康有为、梁启超等资产阶级立宪派主张仿行西方制度，发动了戊戌变法；以孙中山为代表的资产阶级革命派追求建立在三民主义基础上的"天下为公"、"世界大同"，但均未成功。直至在马克思主义指导下，中国共产党领导的新民主主义革命和社会主义革命取得胜利，否定了

---

① 《人类智慧宝库·中国智慧卷》，改革出版社1992年版，第533~537、540、547~548页。

② 恩格斯的《德国的革命与反革命》第十一章"维也纳起义"有"治理制度"的表述，马克思的《路易·波拿巴的雾月十八日》第五部分引用波拿巴的咨文："我首先注意的问题不是谁将在1852年治理法国，而是要运用我所能支配的时间使这个过渡时期不发生风波和乱子。"第六部分有"法国资产阶级把这种商业停滞说成是纯粹由于政治原因，由于议会和行政权之间的斗争，由于临时政体的不稳定"。尽管这里是为了揭示资产阶级的虚伪性，但对于"治理"一词的考证而言是有价值的。参见《马克思恩格斯选集》（第1卷），人民出版社1972年版，第656、747页。

国民政府的资产阶级道路,① 建立人民民主专政的国家政权,才又回到治世的路上来。新中国成立后面临的首要问题就是怎样管理、建设国家,但缺乏资金与专家的现实使得我们只能寻求苏联支援,而此时的苏联,正沉浸于1936年确立的斯大林模式所带来的建设成就中,奉行"全能主义国家治理模式"②,并将其作为实现社会主义的唯一道路在各个社会主义国家推广。因而,新中国成立初期实行以计划经济为基础的高度集中的政治体制,国家是管理的唯一主体,其余则为管理的对象。"治理"一词则主要在环境领域使用,如《新黄河》1949年刊载董必武同志"华北人民政府董主席对于'治理黄河初步意见'的指示信",1953年第5期刊登王化云"读斯大林'苏联社会主义经济问题'联想到治理黄河的方法"。1972年在改良盐碱地的思

---

① 这里并不是说1912—1949年的民国时期没有治理,相反,又颇多以治理、政论为主题的论述,如伍廷芳:《民国图治刍议:30章》,上海商务印书馆1915年铅印本;林损:《政理古微》,民国间铅印本;Tumanov. P.,《苏联国家是怎样治理的?》,钱新哲译,载《时与潮》1945年第2期,第34~35页。后者从1936年制定的《斯大林宪法》(文中写作史达林宪法)出发,论述建立在公民自由权利保障基础上的"千百万的劳动人民共同治理","通过劳动人民的代表组成的各级苏维埃(The Soviets of Working People's Deputies)治理苏维埃联邦共和国"。进入新世纪,关于治理的研究亦未停滞,萧新煌:《台湾的非政府组织、民主转型与民主治理》,载《台湾民主季刊》2004年第1卷第1期;廖坤荣:《多层次治理》,载《台湾民主季刊》2009年第6卷第2期;廖俊松:《全观型治理:一个待检证的未来命题》,载《台湾民主季刊》2006年第3卷第3期。

② 从列宁为苏联社会主义经济制度描绘"亿万人都遵照一个计划工作的基本蓝图"起,1917—1951年是苏联斯大林模式下的全能主义国家治理形成阶段,尽管1952年起试图引入商品货币关系对国家治理模式进行调整,但效果不佳,直至1991年苏联解体,才全面引入自由市场经济。全能主义国家治理模式的特点是国家吞没了社会、计划排挤了市场,国家是唯一的治理主体,它有利于国家集中资源建设机器大工业,在短时间内,苏联就从一个落后的农业国转变成一个强大的社会主义工业国家,但经济结构的不平衡严重影响了人民的生活水平,与"强国家"形成鲜明对比的是"弱社会"。赫鲁晓夫用盲目削弱国家职能的方法改革治理模式,又导致了国民经济及其管理的混乱,叶利钦更是将政府视为俄罗斯经济灾难的罪魁祸首,以建立完全的自由市场经济为目标大力削减政府职能,反而造成了"弱政府"下的职能混乱、约束机制缺失、大规模的生产倒退、社会贫富分化、不安定因素增加。参见景维民、许源丰:《俄罗斯国家治理模式的演进及其对中国的启示》,载《俄罗斯中亚东欧研究》2009年第1期。

考中出现"综合治理"概念。

1978年是中国社会主义建设的转折点，党的十一届三中全会否定了"四人帮"的人治道路，① 作出把工作重心转移到经济建设上来的科学决策。1978年第五次全国人民代表大会提出工业、农业、国防和科学技术"四个现代化"目标，1992年邓小平同志发表南方谈话，中共十四大确立社会主义市场经济体制目标，这一时期"治理"的中心在于优化经济、促进改革与发展，中国共产党第十三届五中全会就有"治理整顿、深化改革"的提法。与此同时，随着马克思主义指导地位的重新确立，健全社会主义民主和加强社会主义法制任务的提出，以及中共十三大包括政治体制改革在内的改革开放总方针的提出，"我们党开始以全新角度思考国家治理体系问题，强调领导制度、组织制度问题带有根本性、全局性、稳定性和长期性"。邓小平同志明确提出用30年时间在各方面"形成一整套更加成熟更加定型的制度"。关于"治理"一词的使用，可以查到1981年有社会治安"综合治理"的论述，如《法学杂志》1981年第4期刊登胡石友的《搞好社会治安的"综合治理"》；有刑事司法领域的"综合治理"，如《现代法学》1983年第4期刊登盛祖贻和雪犁的《严惩犯罪分子与综合治理是辩证的统一》。

20世纪90年代至21世纪初期，我国的建设重心集中在党的建设。江泽民同志全面系统阐明了"三个代表"重要思想的科学内涵和基本内容。《中华人民共和国村民委员会组织法》与《中华人民共和国城市居民委员会组织法》公布、民间组织管理条例颁行，村民、城市居民自我管理、民主监督模式，以及作为治理主体的社会力量正逐步成熟。学者对"治理"的研究也在前行，可以查到1990年有"财政治理整顿"的表述，《财政研究》1990年第1期刊登时任财政部部长王丙乾的《贯彻五中全会精神实现财政治理整顿目标》；1994

---

① 中国近代史上法治道路经历了五次否定：戊戌变法对封建人治的否定，辛亥革命对资产阶级改良道路的否定，新中国的成立对国民党资产阶级道路的否定，"四人帮"妄图篡党夺权对法治道路的否定，党的十一届三中全会对"四人帮"人治道路的否定。参见李龙著：《中国特色社会主义法治理论体系纲要》，武汉大学出版社2012年版，第91~95页。

年有"公司治理"的论述,如记录青木昌彦北京之行所思的《关于中国公司治理改革的几点思考》发表于《经济社会体制比较》1994年第6期;出现"国家的治理"的提法,《江海学刊》2000年第4期刊登武汉大学法学院柳新元的《国家的治理方式、治理成本与治理绩效》,《战略与管理》2000年第4期刊登北京大学法律系强世功的《法制的观念与国家治理的转型——中国的刑事实践(1976—1982年)》。

党的十六大至十八大的10年是"国际形势风云变幻、国内改革发展稳定任务繁重"的10年,"管理"范畴仍然在维护稳定与发展方面发挥着积极作用,党中央将构建"党委领导、政府负责、社会协同、公众参与、法治保障"的中国特色社会主义社会管理新格局作为事关党固、国稳、民安的头等大事来抓。胡锦涛同志提出要加强和创新社会管理,提高社会管理科学化水平,全面推进社会主义经济、政治、文化、社会建设以及生态文明建设和党的建设,要按照"生产发展、生活宽裕、乡风文明、村容整洁、管理民主"的要求建设社会主义新农村,要"更加注重社会公平"。① 与此同时,治理主要仍是以综合治理、环境治理、犯罪治理、公司治理、城市治理、乡村治理等形式存在。

2013年党的十八届三中全会做出全面深化改革战略部署,明确了完善和发展中国特色社会主义制度、推进国家治理体系和治理能力现代化的总目标。为了与国家现代化进程相适应,上层建筑需要进行调整,并相继提出国家治理、法治政府、财政治理、社会治理②等一

---

① 《夺取中国特色社会主义新胜利——热烈祝贺中国共产党第十八次全国代表大会开幕》,载《人民日报》2012年11月8日,第2版。

② 2006年已经可以检索到"治理"与审计关系的论述,如王昊:《政府审计与国家治理体系》,载《中国经济问题》2006年第4期;"审计署审计科研所与中国审计学会研讨会"等一系列关于"国家审计与国家治理"的探讨开始展开。2013年,学界发表了一系列探讨国家审计与国家治理的关系的文章,靳思昌、张立民:《论国家治理与国家审计边界的界定》,载《中国审计》2013年第1期;梁晶:《从国家治理到全球治理:全球化环境下国家审计的新使命》,载《中国审计》2013年第4期;姚金海:《国家审计与国家治理关系辨析》,载《中国审计》2013年第15期;肖瑞利:《政府审计实施国家治理的基础》,载《中国审计》2013年第15期;陈荣平、卞慧娟:《完善国家治理的审计路径》,载《中国审计》2013年第17期。

系列概念,例如,建立新的与政治、经济、文化社会发展相适应的国家治理体系,建立公平与正义的治理秩序,实现治理能力的现代化;科学的宏观调控,有效的政府治理,是发挥社会主义市场经济优势的内在要求;财政是国家治理的基础和重要支柱,科学的财税体制是优化资源配置、维护市场统一、促进社会公平、实现国家长治久安的制度保障;创新社会治理,必须着眼于维护最广大人民的根本利益,最大限度增加和谐因素,增强社会发展活力,提高社会治理水平,维护国家安全,确保人民安居乐业、社会安定有序,要改进社会治理方式,激发社会组织活力,创新有效预防和化解社会矛盾体制,健全公共安全体系,① 注重顶层设计与末端治理相结合的系统性改革和治理方略正式形成。

二、西方"治理"的历史考证及对中国的启示

西方文明中的"治理"有可供借鉴以实现创造性转化的成果,也有需要加以辩证分析的概念工具用法。② 从原始民主治理、古希腊

---

① 《十八届三中全会公报全文》,载《人民日报》2013 年 11 月 13 日,第 1 版。
② 关于西方"治理"的文献:(1)中文论文:根据不同政治社会体制确立"治理"路径的研究,楼苏萍:《治理理论分析路径的差异与比较》,载《中国行政管理》2005 年第 4 期;阐述克服"科层治理"、"竞争性治理"、"网络治理"局限性的方法的研究,曾凡军:《西方政府治理模式的系谱与趋向诠析》,载《学术论坛》2010 年第 8 期;论述信息化时代"治理"发展的必然趋势的研究,翁士洪:《整体性治理模式的兴起——整体性治理在英国政府治理中的理论与实践》,载《上海行政学院学报》2010 年第 2 期;根据本国国情选择地方治理路径的研究,吴自斌:《法国地方治理的变迁及其启示》,载《江苏社会科学》2010 年第 4 期;建立法律授权下的"标准化"应急机制的研究,闪淳昌、周玲、方曼:《美国应急管理机制建设的发展过程及对我国的启示》,载《中国行政管理》2010 年第 8 期,第 105 页。(2)中文书目:王振海、黄文冰、严惜怡等:《寻求有效社会治理:国内外社会组织发展范式分析》,社会科学文献出版社 2010 年版;孙定东著:《市场一体化的欧盟治理:CAP 与地区政策的借鉴研究》,时事出版社 2010 年版;丰华琴著:《从混合福利到公共治理:英国个人社会服务的源起与演变》,中国社会科学出版社 2010 年版。(3)英文著作:以解释学为方法的,Chris Methmann, Delf Rothe and Benjamin Stephan, *Interpretive Approaches to Global Climate Governance*: *Deconstructing*(转下页)

城邦自治、中世纪社会宗教治理，到"欧洲格局"变迁中的"多极协商治理"、联合治理，以及"三权分立"制度下的"自主治理理论"、"小政府、大市场"治理模式，各个国家根据政治社会体制选择治理路径的经验与教训，以有利于自己的治理道路。

（一）原始民主治理阶段

资料显示，恩格斯的《家庭、私有制与国家的起源》所描述的氏族议事会已经在实质上具备了协调公社与成员间关系的"治理"机能。如第二章"家庭"，论述家庭公社选举产生最高管理者，公社

（接上页）the Greenhouse, Routledge, 2013; 比较分析角度的, Rüdiger Wurzel, Anthony Zito and Andrew Jordan, *Environmental Governance in Europe*：*A Comparative Analysis of New Environmental Policy Instruments*, Edward Elgar, 2013; 以国家与社会关系为视角的, Joy Yueyue Zhang and Michael Barr, *Green Politics in China*：*Environmental Governance and State-Society Relations*, Pluto Press, 2013; 社会与环境治理角度的, Yonghong Lu and Tang, Shui Yan, *Institutions*, *Regulatory Styles*, *Society and Environmental Governance in China*, Routledge, 2013; 依法治理, Jacques Lenoble and M. Maesschalck, *Democracy*, *Law and Governance*, Ashgate, 2010; 通过发展的治理实现, Celine Tan, *Governance Through Development*, Routledge-Cavendish, 2010; 政治、国家与治理, Jon Pierre and B. Guy Peters, *Governance*, *Politics and the State*, Palgrave Macmillan, 2010.
（4）英文论文：反思善治的, Veerle Van Doeveren, *Rethinking Good Governance*, *Public Integrity* 2011; 论述积极公民身份与参与式"治理"的, Jessica Murray, Busani Tshabangu and Natasha Erlank, *Enhancing Participatory Governance and Fostering Active Citizenship*：*An Overview of Local and International Best Practices*, Politikon. 2010; 论述治理领域的公民社会悖论的, Thomas Bernauer, Tobias Bdhmelt and Vally Koubi, *Is There A Democracy—Civil Society Paradox in Global Environmental Governance?*, *Global Environmental Politics*, 2013; 论述民主治理的, Evan J. Ringquist, Milena I. Neshkova and Joseph Aamidor, *Campaign Promises*, *Democratic Governance*, *and Environmental Policy in the U.S. Congress*, *Policy Studies Journal*, 2013; 探讨多层治理的, Stigt Rien, Driessen Peter P. J., and Spit Tejo J. M., *Compact City Development and the Challenge of Environmental Policy Integration*：*A Multi-level Governance Perspective*, Environmental Policy and Governance, 2013; 详情参见《中文治理书目》，载《中国治理评论》2012 年第 1 期；《英文治理书目》，载《中国治理评论》2012 年第 1 期；《英文书目》，载《中国治理评论》2013 年第 2 期；《英文治理论文》，载《中国治理评论》2012 年第 2 期；《英文论文》，载《中国治理评论》2013 年第 2 期。

成员全体会议具有最高权力；以维护"自然赋予"的氏族制度神圣权力为目的，在氏族范围内实行共产制，制定受习惯法保护的平等、自由、公正的制度，设立实行全体决定与罢免的议事会，而氏族与部落外多是不受法律保护的残酷战争。"原始氏族管理制度"词条对此有清晰解释，氏族以传统习惯和道德来调节氏族成员间的关系，维护氏族利益，并设有相应的管理机关来履行氏族的社会职能，如全体氏族成员选举产生氏族酋长（或首领），负责领导氏族平时的生产、管理生活；战时，则由全体氏族成员临时选举产生氏族军事首领，负责对外战争；由各家族长老组成的氏族议事会，负责处理氏族内部的事务，以及与其他氏族交往的事务；由氏族内全体成年男女参加的民众大会，讨论和决定本氏族的重大事情。① 也有学者根据敬畏自然中形成的宗教秩序，将人类所处的这一时期称为"神权时代"，把这一时期的治理称为"宗教治理"中的自然法阶段。

（二）城邦自治治理阶段

古希腊时期（古代自然法）已有"哲学王"统治和法的治理之争，柏拉图《理想国》（节选本）"正义及其定义"部分有"真正治理城邦的人"的表达，"因为在治理技术范围内，他拿出自己全部能力努力工作，都不是为自己，而是为听治理的对象"；"哲学家应该为王"部分有"如果能找到一个国家治理得非常接近于我们所描写的那样"；"何为哲学家"部分有"我们必须对我们敢于认为应该做我们治理者的那种哲学家，给以明确的界说"②。亚里士多德的《政治学》（章一）有"凭城邦政制的规章加以治理，依照这种规章，全邦人民轮番为统治者和被统治者，而城邦政治家就仅仅在当值的年月执掌政权"。③ 公元前4世纪，雅典出现"城邦自治型社会治理模式"。"Governance"词条解释即指出"治理"一词"来源于拉丁文

---

① 史仲文、胡晓林主编：《中华文化制度辞典：文化制度》，中国国际广播出版社1998年版，第110页。

② ［古希腊］柏拉图著：《理想国》节选本，郭斌和、张竹明译，靳希平选编，商务印书馆2002年版，第45、48、119、122页。

③ ［古希腊］亚里士多德著：《政治学》，吴寿彭译，商务印书馆1965年版，第4、182页。

和古希腊语，意为引导、控制和操纵、掌舵"，指国家管理公共事务和政治活动。根据修昔底得的《伯罗奔尼撒战争史》，在新的战争方式（如波斯战争重装兵方阵）对兵力的大量需求下，土地贵族势力减弱，平民的力量得到抬升，民主治理成为团结城邦、抵御城邦之间频繁战争的重要手段。在公元前594年梭伦改革、公元前509年克里斯提尼改革、公元前461年伯里克里改革之后，古希腊雅典"城邦自治型社会治理模式"逐渐形成，到伯利克里时期，以普通公民广泛参与为标志的雅典民主制社会治理模式发展到鼎盛阶段，在这一模式的有效作用下，西方历史上最早的道德伦理类型——美德伦理产生了，这实际上就是当时的城邦所确立的"核心价值体系"，构成了西方政治伦理研究的重要内容。根据恩格斯《家庭、私有制和国家的起源》的记载，成年男性自由民在公民大会中享有充分的自由权利，君主或僭主的权力要受到公民大会、元老院、监察委员会等相关机构的监督和制约。柏拉图也从《理想国》的"哲学王"统治主张转变为对法的治理的追求，他的《法律篇》记载了"绝对服从已有法律的人才能对其同胞取得胜利"。马克思将雅典民主制社会治理模式称为奴隶时代古典政治的最高发展阶段，但奴隶制的阶级制约性，使这一治理成为少数精英的工具。随着雅典在伯罗奔尼撒战争中的失败，其民主制让位于马其顿王国和稍后的罗马帝国，面对面的直接民主也被专制大国政治取代，城邦公民的美德伦理类型也让位于一种为广大苦难百姓所崇奉的基督教信念伦理。①

（三）专制主义的治理路径

中世纪，西方进入"社会宗教治理"阶段，神权至上赋予教皇无上的权力，法学等皆依附于神学，学者将这一阶段与原始社会的神权治理相区别，称之为宗教治理模式的高级阶段。与氏族社会基于对自然秩序的敬畏而形成的多神崇拜不同，社会宗教治理是人类步入阶级社会的产物，因此为服务于统治目的而奉行"一神崇拜"，制定系统的宗教教义，建立完善的宗教组织，其典型的特征是"政教合

---

① 参见靳凤林：《古希腊城邦自治型社会治理模式与美德伦理》，载《"人文奥运与和谐社会"论坛文集》2006年，第343、347页。

一",即宗教内容是现实社会关系的反映,宗教活动是世俗政权的体现。① 这在神学自然法中有所体现,《阿奎那政治著作选》中"政治制度的必要性"部分有"如果行政管理是由社会上某一大部分人执行,这一般就叫做平民政治,例如一支大军治理着一城或一省时便是这样。然而,如果行政管理归人数较少但有德行的人承担,那就叫做贵族政治"。"君主政体的真正目的"部分有"治理其人民的国王则是上帝的一个仆人","神学大全"部分有"如果世界是像我们在第一篇中所论证的那样由神治理的话,宇宙的整个社会就是由神的理性支配的。所以上帝对于创造物的合理领导,就像宇宙的君王","永恒法"部分有"就治理那些受共支配的人们的行动的统治者来说,他的心中的理想具有法律的性质","人法"部分有"人法可以按照那些对于公共福利负有专责的人的不同职务加以区分:有为人民向上帝祈祷的祭司,有治理社会的统治者,有为社会的安全而作战的军人"。"一种混合的政治制度"部分有"所以上帝一开头就没有把享有无上权力的君主置于他们之上,而是派一个士师和官长去治理他们,只是到了后来,根据人民的请求,他才仿佛很生气地给了他们一个国王"②。

(四) 宪政主义的治理探索

资产阶级以抽象理性、人权、民主为大旗展开反对封建专制的斗争,③ 宪政主义形成,近代自然法学兴起。在英国,霍布斯的《利维坦》第十二章"论宗教"有"国王来治理"的表述,第三十章"论主权代表者的职责"有"不要仰慕邻国的政府治理形式,不要期望变革";④ 洛克的《政府论》第八章"论亚当由于丈夫身份而享有主

---

① 刘双舟:《人的独立意识:分析社会治理模式变迁的一个视角》,载《政法论坛》2008年第3期。
② [意]阿奎那著:《阿奎那政治著作选》,马清槐译,商务印书馆1963年版,第47、106、111、117、130页。
③ 这些理念也体现在"治理"领域,如提出民主治理、法律的治理,并且出现对中国的治理,以及国家在治理中重要作用的思考。
④ [英]霍布斯著:《利维坦:在寻求国家的庇护中丧失个人自由》,吴克峰编译,北京出版社2008年版,第57、153页。

权"有"当一个人和其他人同意建立一个由政府治理的国家的时候,他就使自己对这个社会的每一成员都负有一种义务:服从大多数人的决定"。第十二章"论国家的立法权、执行权和对外权"有"在一个国家中,就成员彼此之间的关系来说,虽然每个人都是独立的,并以个人的身份受法律的治理,但是,就他们同国家之外的其他人的关系来说,他们构成了一个整体"。① 在法国,孟德斯鸠《论法的精神》第二章第一节"共和政体及与民主政治相关的法律"有"法律应当规定怎样投票、由谁来投票、为谁投票以及为什么事情而投票。事实上,这和君主政体应当知道君主是什么样的、应该如何治理国家,具有同等的重要性"。第三节"君主政体的性质及其相关法律"有"政治、法律及它的各种动力必然是存在着局限性的。与治理民事一样,治理政治同样也很简单"。第十九章第七节"中国政体的特征"有"这种礼教包容了人们在生活上的一切细小的行动。因此当人们有办法令它们得到严格遵守时,中国就会治理得相当成功"。② 卢梭《论人类不平等的起源和基础》的"献给日内瓦共和国"部分有"我特别要逃避一个因下面的情形而必定治理得不好的共和国:那里的人民,相信可以不要政府官员,或者只给这些官员以一种不确定的权力,因而轻率地自行掌管民政和执行法律。从自然状态中直接产生出来的最初的政府的粗糙组织"。第二部分有"要把我们的力量集结成一个至高无上的权力,这个权力根据明智的法律来治理我们,以保卫所有这一团体中的成员,防御共同的敌人,使我们生活在永久的和睦之中"。③

社会法学派在服务于垄断资本主义的政治法律实践中兴起,出现

---

① [英]洛克著:《政府论》,刘晓根编译,北京出版社2007年版,第101、125页。

② [法]孟德斯鸠著:《论法的精神》,彭盛译,当代世界出版社2008年版,第7、32、151页。

③ [法]卢梭著:《论人类不平等的起源和基础》,李常山译,东林校,商务印书馆1962年版,第54、128页。

"人民的治理"、"治理政党"的表述。① 其中庞德"系统地阐明法律是社会控制的有效手段，法律的功过得失要通过它的社会效果来检验"②。在整个现代西方法学中，庞德的社会法学为垄断资本效力最大，因而也就影响最大。其代表作《通过法律的社会控制法律的任务》第一章"文明和社会控制"有"人们对法律不满意并且愿意尝试一下不要法律的治理，因为他们感到，（正如有的人所说的）法律一直没有合法地运行"。第二章"什么是法律？"有"那些相信万能国家的人，一定不会假设柏拉图的哲人君主，他们必须假设有一个在超人之下的超人治理者，或一个超人占多数并以权力委诸超人行使而组织起来的社会"③。狄骥的《宪法论：第一卷——法律规则和国家问题》第五章第五十二节"神权说"有"在王国之外，更有其他形式的政体，历史使我们看到有许多共和国，其中有些是由全体人民来治理的"，第五十三节"各种的民主学说"有"当国王没有统治能力的时候，在法国有权治理国家事务进行的权力是什么呢？很明显，这种责任既不归于一个国君，也不归于王族的会议，而是归于授予权力的人民"④。《韦伯政治著作选》中"德国的选举权与民主"有"出于国家的理由，也有可能规定一些治理政党组织的条件"，"新政治秩序下的德国议会与政府"有"如果文人们想象治理一个大国与任何中等规模的城市自治基本上是同一回事，那就是非常可怕的错误了"⑤。

---

① 分析法学服务于资产阶级巩固政权的需要，也有"治理"一词的使用。如纯粹法学代表人物凯尔森的《共产主义法律理论》（1957年）第九章"苏维埃的国际法理论"有"正是国内法——换句话说，国家主权——的优先地位，才使各国能够根据自己的愿望来治理自己"。参见［奥］凯尔森著：《共产主义的法律理论》，王名扬译，商务印书馆1962年版，第208页。

② 孙国华主编：《中华法学大辞典·法理学卷》，中国检察出版社1997年版，第329页。

③ ［美］庞德著：《通过法律的社会控制：法律的任务》，沈宗灵、董世忠译，商务印书馆1984年版，第8、33页。

④ ［法］莱翁·狄骥著：《宪法论第一卷——法律规则和国家问题》，商务印书馆1959年版，第404、409页。

⑤ ［德］韦伯著：《韦伯政治著作选》，［英］拉斯曼、［英］斯佩尔斯编，东方出版社2009年版，第82、127页。

(五)"欧洲格局"的治理路径

欧洲的"治理"与"欧洲格局"的演变进程一致。① 在欧洲大陆,意大利开启了文艺复兴,在德国主要表现为宗教改革,在法国主要体现为人文主义法学的兴起。哲学从神学中分离出来,法学成为独立的学科,古希腊古罗马文明获得新生,专制主义让位于自由民主,人治让位于法律之治,治理也回到对人的关注上来。同时拉开了资本原始积累时期,欧洲列强"侵略、征服和奴役亚洲、非洲、美洲各国人民"的序幕,马克思指出"占主要统治地位的商业资本,到处都代表着一种掠夺制度",是以"最残酷的暴力为基础的"。16世纪葡萄牙、西班牙王权掠夺式的统治模式与17世纪荷兰分散的地方权力治理,逐渐让位于建立在《自由大宪章》和议会制度基础上的英国宪政模式。② 资产阶级世界革命时代开始。

1815年,英国、俄国、奥地利、普鲁士四个大国主导维也纳会议,重新划分了领土霸权,并就新的均势问题做出了决定,确立了维也纳体系,与此同时,欧洲大陆的法治框架也逐步形成。③ 以此为基

---

① 学者分析"国际格局"相对稳定的"动态结构",得出影响"欧洲格局"的三大因素,即主体的利益追求、关系维度、文明程度,其同样也影响着治理进程。参见吴学永:《变化中的欧洲格局——对国际格局的一种理论分析尝试》,载《世界经济与政治》1995年第11期,第43页。

② 艾周昌、程纯编:《早期殖民主义侵略史》,人民出版社1982年版,第1、3页。

③ 法治国概念起源于德国,1797年德国哲学家康德《法的形而上学原理》出版,提出国家是人们依据法律组成的联合体,主张依靠法律的统治,以对抗18世纪欧洲专制国家过渡阶段的混乱,被视为法治国概念的起源。19世纪的德国,历史法学在与自然法学的争论中占了上风,资产阶级夺取政权时使用的理性、人权抽象概念,逐渐让位于巩固政权所需要的实证法工具,实证主义法学兴起,法律实证主义者魏克尔指出,人民与国家的关系应通过实证法来界定,继而,1816萨克森—魏玛宪法、1818年巴伐利亚、巴登共和国宪法等一系列宪法性法律颁布,至奥托·迈耶《法国行政法原理》(1886年)、《德国行政法原理》(1895年)出版,法治国概念得到系统论证。战后法治国重建的序幕自德国法哲学家拉德布鲁赫《论法律的不法和超法律的法》(1946年)的出版展开,1949年德国基本法则成为新的法治国理念的重要实践。参见刘争志、林恩伟:《德国法治国概念源流考略及新探》,载《上海政法学院学报》(法治论丛)2010年第6期。

础，19世纪欧洲的多极协商治理模式出现，国家以合作为基础实现多边协商和自我克制，但实质则成为"维持一个由五个有能力和社会化程度相似的领导者领导下的国家社会"，它的均势并不像表面上看起来那样平衡，而是充斥着大国相互之间的戒心与争夺霸权的较量。"一战"爆发，多极协商治理体系宣告解体。①

"二战"后，欧洲的"联合治理"建立在德国对历史的正确态度开启和解程序的基础上。经历两次世界大战切肤之痛的欧洲各国将和平作为治理的首要价值追求，以"经济货币联盟治理"为重要标志，采取由钢铁、运输等部门联合推行经济一体化再到政治一体化的治理路径。② 其中，英国采取"多数规则"（多数选票制），执政党组成的政府也以"简单多数联盟"、政治文化共同目标为基础，实现冲突解决与治理维护；瑞士的治理则以深刻的文化社会分歧为背景，因此选择"联盟类型"（欧洲治理研究专家贝阿特·科勒·科赫语），就是通过协商一致增加共同利益来实现治理；德国延续了19世纪"法治国"原则，以合法性维护治理的非政治化，他们对权力扩张的惨痛教训仍心有余悸；法国则更信赖经济政府，它从"国家主义"哲学出发，建立强大国家官僚政体基础上的治理权威。以上治理方式相同的是，以"善治"为名减少政府单方导向，增强"网络（通过共同的安全与福利利益建立联结）的自我治理（通过与理事会和欧盟委员会达成协议来协调多元利益）功能"。③

（六）"三权分立"制度下的治理模式

美国经历了民主政治与自由主义经济的长期发展，逐步成为世界

---

① 南开大学世界近现代史研究中心：《世界近现代史研究：第二辑》，中国社会科学出版社2005年版，第164、169页。

② 学者从功能主义和新功能主义、联邦主义和邦联主义、政府间主义和超国家主义、历史制度主义和多层治理理论多个角度探讨欧洲一体化的治理路径。参见赵勇：《欧盟的多层治理与决策机制：对"泛珠三角"区域发展的启示》，载《广东外语外贸大学学报》2007年第2期。

③ 吴志成著：《治理创新——欧洲治理的历史、理论与实践》，天津人民出版社2003年版，第283~285、348~349页。

的中心。自由资本主义（亚当·斯密古典自由主义）推动其快速从农业社会转变为工业社会，与此同时，社会财富越来越集中在少数人手中，种族矛盾加深，周期性的社会矛盾成为美国推行治理的原因。与坚持政府、社会"协同治理"的欧洲不同，在"三权分立"制度中，"治理"成为制约、对抗的手段，① 其以社会中心论为指导，主张权力分立下"社会的回归社会"（即排除政党作用）。

19世纪中后期，美国国家治理结构的转型起到了积极作用，保留了资产阶级的民主理念、个人自由、法治原则，被称为"进步时代改革"。在政党分肥制与有限政府构成的国家治理局限性凸显的背景下，"社会保护运动"发展起来，劳工组织、农场主协会、妇女运动在治理结构的转型中发挥了重要作用。如80年代的"八小时联合会"促成了全国劳工联盟的成立；90年代，以争取更高工资和改善工作条件为诉求的强大罢工运动席卷美国；代表农民利益的农场主协会演变成19世纪末最具影响力的政治反叛运动——党派平民党，其政治纲领第一个系统地表达了政府与人民的权力应当扩张；妇女争取平等权利和机会的运动也组织起来，"社会安置运动"成为呼吁"新的治理"的第一个有组织的宣言；1901年9月，老罗斯福继任总统，开始了"加强联邦政府进行经济管制和社会管制的能力，制定保护劳工权益的法律的施政过程"，改革浪潮在1913年至1916年达到高峰；1929年经济大萧条暴露了胡佛自由主义政策的局限，再一次改变了美国人对政府职能的认识，并导致了1932年富兰克斯·罗斯福的上台与"新政"的推行，促成了在重构国家治理结构的过程中追求个人自由和社会责任之间、政府权威和私人商业权力之间的平衡。②

---

① 学者将"三权分立"与联邦制、公民社会、市场经济作为美国"治理生态"的政治、经济、社会支柱。参见郑杭生、邵占鹏：《中国社会治理体制改革的视野、举措与意涵——三中全会社会治理体制改革的启示》，载《江苏社会科学》2014年第2期；戴昌桥：《中美两国地方治理比较研究》，吉林大学行政学院2011年博士学位论文。

② 参见马骏：《经济、社会变迁与国家治理转型：美国进步时代改革》，载马骏、侯一麟主编：《公共管理研究》第六卷，上海人民出版社2008年版，第4、19、22、31、33、39、41页。

二十世纪六七十年代，反战运动、黑人争取民主权利的斗争此起彼伏，美国国内的社会矛盾严重激化，复兴自然法学的理念成为被压迫劳动阶级寄托美好愿景的载体。从"可管理性危机"出发，出现"依法治理"的表达，"道德"（富勒 1964 年出版《法律的道德性》）、"正义"（罗尔斯 1977 年出版《正义论》）、"权利"（德沃金 1977 年出版《认真看待权利》）范畴也成为这一时期治理的重要内容。罗尔斯的《正义论》提出，"在一个治理良好的国家中，只有较少的人花费大量时间来从事政治，因为还存在着人类善的许多其他形式"，① 其在哈佛大学的讲义《道德哲学史讲义》中"莱布尼茨讲座"第二讲"作为个别理性实体的精神"部分引用了"这就是上帝治理着心灵，就像君主治理着他的臣民"。"黑格尔讲座"第一讲"市民社会"部分将组成市民社会的第二个部分概括为"依法治理（Rechtsflege），即抽象法形成于确定的、得到颁布和众所周知的法律中"。② 虽然公民参与的"有效的治理"被视为解决政治和社会发展带来的冲突的重要途径，福利国家的理论和实践达到鼎盛时期，但这一自由主义福利国家正在被联邦结构笨重、三权分立、社会权利压抑困扰，形成"分层化社会秩序"。③

20 世纪 80 年代，凯恩斯主义导致的行政福利国家面临各种社会问题、财务问题、信任危机，传统行政工具的不可治理性表现尖锐。④ 美国的退休治理改革扩展至整个企业的管理领域，出现"公司治理"、"企业治理"概念。大财团的经济利益需求最终使美国回到

---

① ［美］罗尔斯著：《罗尔斯读本》，万俊人编，中央编译出版社 2006 年版，第 111 页。
② ［美］罗尔斯著：《道德哲学史讲义》，张国清译，上海三联书店 2003 年版，第 175、464 页。
③ ［法］弗朗索瓦·格扎维尔·梅里安：《治理问题与现代福利国家》，肖孝毛译，载《国外社会科学杂志（中文版）》1999 年第 1 期。
④ 郭济主编：《中国行政管理学年鉴 2002》，国家行政学院出版社 2002 年版，第 432 页。

了"社会中心论"与自由主义基础上的"小政府,大市场"治理模式,① 以"放松管制、削减福利、贸易自由化、经济全球化"为特征的盎格鲁-撒克逊模式开始扩张,它创造了美国历史上持续时间最长的经济持续增长。法国经济学家米歇尔·阿尔贝尔认为美国的资本主义是世界上最好的制度,福山称之为"历史的终结"。直至美国次贷危机引发蔓延至全球的金融危机,"华盛顿共识"确立的新自由主义经济的神话被打破,美国经济社会发展陷入困境,而在推行这一模式的发展中国家,民族工业受到国际金融资本的破坏,"经济安全、民族独立、国家主权"遭到弱化,经济结构畸形、发展缓慢,国家职能削弱、社会协调能力降低,"全盘西化"的治理模式带来"前所未有的社会经济危机与政局混乱"。②

---

① 美国的治理表现出"物的依赖"(马克思《1857—1858年经济学手稿》)的特征,亚当·斯密的自由主义、排除政党作用的"社会中心论"在治理理念中根深蒂固。(1)洛克、亚当·斯密和休谟的自由主义哲学开创"社会中心主义",其将国家和社会视为二元对立的范畴,强调个人的自然权利和社会契约演化的自动均衡,追求个人利益最大化(边沁的"功利主义")。在"社会中心主义"那里,好事都是社会做的,坏事都是国家干的;其弊端是可见的,20世纪80年代,历史制度主义在对社会中心论、国家中心论的扬弃中发展出强调"制度和历史重要性的新范式"。(2)将地方控制对立于认同政府单位的观念,从美国建国时已经产生并得到巩固。托马斯·杰斐逊指出,"美国人创建这个国家时所持的一种特有的公民资格……治理美国的理念一直聚焦于小型的地方政府,而州政府和国家政府仅仅履行那些为数有限的、特定的功能",对于协商与参与的关注是缓和社会矛盾的手段,19、20世纪对政府职能的加强只是在市场出现无法调和的矛盾时的权宜之计。(3)只要一个人占有财富(货币、资源、知识产权),他在美国就会在实质上拥有影响国际与国内治理过程及结果的权力,在资本主义制度下,"由于货币交换成为人们之间进行联系的唯一手段,一切自然形成的关系的纽带都被打破,社会关系表现为纯粹物的关系,人对人的依赖关系被人对物的依赖关系所代替。这种人对物的依赖关系使人们固定的依赖关系变成互相间的全面依赖"。参见杨光斌:《被掩蔽的经验待建构的理论——社会中心主义的经验与理论检视》,载《社会科学研究》2011年第1期;[美]理查德·C.博克斯著:《公民治理——引领21世纪的美国社区》,孙柏瑛等译,中国人民大学出版社2005年版,译者前言第3页;李淮春主编:《马克思主义哲学全书》,中国人民大学出版社1996年版,第516页。

② 吕薇洲、刘婧宜:《金融危机与"盎格鲁-撒克逊模式"的衰落》,载《理论导刊》2009年第8期。

(七) 对中国治理体系建设的启示

从中国的优秀文化传统和政治社会体制出发,吸取公共事务管理核心范式从"统治"(government)、"管理"到"治理"(governance)转变的经验,也清醒认识"三权分立"与对抗性治理模式的本质属性。

1. 治理理念方面

(1) 作为"公共理性"的"治理",以政府推动的"网络治理"、保证委托人指导地位的"授权机制"、促进理性沟通和协作实现的社会解释理论为基础,① 预设"权力多中心化",成为以"多元、合作、互动"弥补两分法弊端的"第三项"。托克维尔在《论美国的民主》中指出:"民主政体中公民的参与要比效益也比公共事务的治理更为重要。"里夫金在费希尔的《NGO与第三世界的政治发展》的序言中也提出,"市场、政府和公民社会形成的三足鼎立",构成市场资本、政府资本和社会资本。哈贝马斯则进一步提出了"私人领域"和"公共领域"须在"交往理性"中寻求平衡、共识。② (2) "治理"的政治性"语用预设":一是贝阿特·科勒-科赫提出的"随国家不同而变化的治理模式",即公民意愿转化为有效政策选择和多元社会利益转化为统一行动的、具有约束力的行为过程。二是C. 罗伯特·罗茨在《新的治理》中列举治理的六种定义,以作为最小国家的管理活动的治理、作为公司管理的治理、作为新公共管理的治理、作为善治的治理、作为社会控制体系的治理、作为自组织网络的治理,建立以协商、合作为特性的政府、市场、社会互动模式;三是罗西瑙的《没有政府统治的治理》将"治理"定义为由共同目标支持的活动,不限于公共机构的行为,并且不一定需要依靠国

---

① 并以之克服国家、政府与社会对立必然导致的治理悖论。参见王诗宗:《治理理论及其中国适用性》,浙江大学公共管理学院2009年博士学位论文。

② 梅恩兹认为,"在系统论的理论术语中,governing 指的是把一个自主系统当作 governance 的对象,使之从一种状态转变为另一种状态"。社会学研究方面,中国学者提出从现实的个人与社会关系出发的"社会互构论",以之破解自由主义所致的二元对立困境。参见郑杭生、杨敏著:《社会互构导论:世界眼光下的中国特色社会学理论的新探索——当代中国"个人与社会关系研究"》,中国人民大学出版社2010年版,第1页;陈琼、曾保根:《对当代西方治理理论的解读》,载《行政论坛》2004年第9期。

家的强制力来实现;四是格里·斯托克的《作为理论的治理:五个论点》认为"治理"不限于政府的权力行为,随着公共部门和私人部门责任界限的日益模糊,集体行为须依靠"自主网络"与政府的合作才能实现;五是让·彼埃尔·戈丹的《现代的治理,昨天和今天:借重法国政府政策得以明确的几点认识》、弗朗索瓦·格扎维尔·梅里安的《治理问题与现代福利国家》分析"治理"在权威来源、权力运行、指导与合作关系方面与"统治"的区别。(3)"治理"的经济性"语用预设":其一,奥利弗·E.威廉姆森在《治理机制》中阐述"事后治理机制",关注合约风险的鉴别和缓解,将治理看作评估"备择组织模式功效"的手段;其二,青木昌彦在《比较制度分析》中论述了市场治理的"整体性安排",认为机制元素间"相互支持的互补性关系"呈现了多样性的一个源泉。(4) 维持国际秩序的治理的"语用预设":第一,皮埃尔·塞纳克伦斯在《治理与国际调节机制的危机》一文中指出,用于国际秩序的计划项目的"治理",成为多种多样的政府性和非政府性组织、私人企业和社会运动发挥调节作用的规章和惯例性"含义的用语";第二,肯尼思·华尔兹主张"实现国际体系的治理"只有"权力均势"一种方法,在互动中制定"秩序、稳定和维护国际体系的程序",成员国"自认受相互关系中的一套规则所约束,并在共同制度中发挥作用";第三,霍尔斯蒂强调"治理在一定意义上就是秩序加上某种意向性",意味着通过对行为的限制"维护国家地位、减少战争频率";第四,星野昭吉在《全球政治学》中的国际体系"垂直治理"向"平行治理"转变的观点,指出"治理是个人与权力机关、社会与私人之间管理共同事务多种方式的总和",包括"使人们服从的正规权力机关和管理"与"享有共同利益的非正规的措施",是"冲突与对立的利益得到协调、人们之间相互合作"的持续过程。① (5) 克服悖论的

---

① 此外,世界银行以治理表示"为了发展而在一个国家的经济与社会资源的管理中运用权力的方式",主张"建立为公共事务的处理提供一个可靠而透明的框架",认为"良好的治理应该导致非政府机构、尤其是私营企业的参与"。经合组织发展援助委员会将其定义扩展为"运用政治权威,管理和控制国家资源,以求经济和社会的发展"的活动。学者从全球治理委员会的治理定义中概括出过程性、协调性、参与主体的广泛性、方式的互动性四个方面的特征。参见吴志成:《西方治理理论述评》,载《教学与研究》2004年第6期。

"语用预设"同样表现出与政治体制相适应的特性:一是,"治理失败"的努力促使了"元治理"(meta-governance)、"善治"概念的出现,其以合法性(legitimacy)、透明性(transparency)、责任性(accountability)、法治(rule of law)、回应性(responsiveness)、有效性(effectiveness)促进公共利益的最大化,以"功能系统"间的协同与合作促进"增加的价值"(黑斯廷斯语)的实现,杰索普的《治理兴起及其失败的风险:以经济发展为例的论述》分析了治理机制克服市场和国家调节局限性的重要作用。① 二是,针对福利国家出现的"难以治理性"(ungovernability)提出"社会倾斜之新治理"(modern governance),库依曼分析了"治理"的十二个种类:最小化治理、公司治理、新公共管理、善治、社会动态系统治理、自组织网络、政府作为掌舵角色、全球治理、经济或经济部门治理、治理与治理意识、多层次治理、参与治理,彼得斯在《政府未来的治理模式》中概括了四种治理模式:市场模式、参与模式、弹性模式、和解制模式,登哈特提出了新公共服务理论。"整体性治理"(holistic governance)出现,便迅速成为信息化时代克服"新公共管理"带来的"碎片化"的新模式(如一站式服务),开启了"协同政府"(英国首相布莱尔观点)建设。② 三是,应对"社会政治子系统的高度复杂性(complexity)、动态性(dynamic)、多样性(diversity)",施罗德提出"新治理",这一不同于政治统治(state)的"社会—政治治理"(society-political governance),包括"政府与社会的共同规制(co-regulation)、共同激励(co-steering)、共同生产(co-production)

---

① 卡赞西吉尔提出"治理制度改革"是"对于新古典自由主义(Neo-liberalism)意识形态要求的一种回应"。参见俞可平著:《治理与善治》,社会科学文献出版社 2000 年版,引言第 2~6、9~10 页。

② 也有学者将"整体性治理"视为弥补"科层治理"(韦伯、威尔逊)、"竞争性治理"(新古典经济学)、"网络治理"局限性的必然趋势。其涵盖协同治理(joined-up governance)、水平化管理(horizontal management)、跨部门协作(cross-agent collaboration),致力于"将不同层次或同一层次的治理进行整合"、"在一些功能内部进行协调",以及"在政府部门与非政府部门或私人部门之间进行整合"。参见曾凡军:《西方政府治理模式的系谱与趋向诠析》,载《学术论坛》2010 年第 8 期;翁士洪:《整体性治理模式的兴起——整体性治理在英国政府治理中的理论与实践》,载《上海行政学院学报》2010 年第 2 期。

和合作管理（cooperative-management）"；而在三权分立制度中则催生了"自主治理理论"的出现，奥斯特罗姆阐述《联邦党人文集》中的自治原则，分析官僚制行政（韦伯观点）引入民主制行政的必要性，形成"自主治理理论"，认为政府内部应走向解制，以最大限度地维护公共利益。①

2. 治理机制方面

（1）建设以政府为主导的地方治理，立足于本国国情与政治社会体制选择治理路径。法国的民主"既不同于英国，又不同于美国，具有自己独特的风格，体现了民主发展和社会治理变迁的路径依赖特征"，其中《市镇、省和大区权利与自由》法令的通过奠定了法国地方治理分权改革的基石，"以中央政府、地方政府、企业、私人部门、非政府组织和公民为主体，政府、市场、公民和社会协作的地方治理模式"形成，"以实现公共服务的高质量、高效率和公平为目标"，实行市场化分权，"扩大公民政治参与，使公民成为地方治理的重要力量"。②（2）公众广泛参与的城市民主治理方面，西方国家"从环境保护、城市规划、社会福利保障，到政府绩效评估、社区自主管理"完善公众参与的基础因素（参与主体的素质、公民文化与法律制度），通过投票、听证、公民调查和公民的主动回应平台、公民论坛、公民宪章运动、公民满意度投票、网络平台来参与决策，特别是"涉及公众利益的决策与管理，政府不仅要为利益相关者提供明确的参与渠道，而且在实质上把一定决策权交给了公众，进而取得公众的支持和信任"。③（3）服务于美国国家治理机制的国家审计，为完善我国国家审计在更高层次和更广范围服务国家治理的机制提供

---

① 参见楼苏萍：《治理理论分析路径的差异与比较》，载《中国行政管理》2005年第4期。

② 学者进而指出，中国的地方治理要走"渐进式的持续发展之路"，建立"以党组织为主导的治理结构"、"条块结合的治理格局"、"法治与德治相结合的治理方式"，走中国特色的民主之路；也有构建"治理型社会自治体制"以实现和谐的目标模式提法。参见吴自斌：《法国地方治理的变迁及其启示》，载《江苏社会科学》2010年第4期。

③ 通过"强化政府在社区管理中的分权，培育社区学习型组织"，实现"公众参与的梯度发展"。参见吴思红：《国外城市民主治理中公众参与机制及其启示》，载《湖北行政学院学报》2010年第1期。

了借鉴。自 1978 年美国的《监察长法》授权行政机关内部监察长办公室的设立起，美国审计署与负责行政部门内部审计、日常监督的监察长密切配合，审计效率大大提高；1984 年通过的《单一审计法》（于 1996 年修正）有效防止了审计资源的虚耗；民间审计力量的加入，用具备合理结构的审计体系集中"关注国家治理各层面面临的问题"；审计署内设战略问题局主管联邦预算、政府管理、政策规制，使其能广泛参与并完善国家治理。① （4）建立公共危机"协同治理"网络，使应急机制在"法律授权下开展工作"，向"标准化建设"方向发展。1988 年，美国以《斯塔福德减灾和紧急援助法》为基础，形成"应急机制标准与多方主体应急协调计划"，为"各级政府、私营部门和公共组织提供一套全国统一的方法"，以及"一套完整的国家应急行动计划"，实现协调一致和快速高效地应对突发事件。②

三、"治理"一词在国际领域的使用

国际领域的治理多侧重于经济方面，使用"治理"一词来避免敏感的政治话语对解决受援国问题造成阻碍，但"全球治理"（global governance）中也隐含了"一个政治进程"。事实证明，只有建立国家多边协商、民间力量交流合作、国际组织平等的政治协调与经济社会发展支持的"新的全球治理之网"，才能"维护全人类的安全、和平、发展、福利"。

1945 年 6 月 26 日，50 国代表在旧金山签署《联合国宪章》，③这在构建和平体制的过程中，开启了"国际行为准则和治理的新时代"，包括帝国在内的"民族—国家"是权利保护与生活保障的主导

---

① 张军：《国家审计与国家治理：美国的经验与启示》，载《中央财经大学学报》2012 年第 8 期。

② 学界也有根据赫尔曼·哈肯的协同学（Synergetics），以及"自组织现象"，建立中国公共危机"协同治理"网络结构的主张。参见闪淳昌、周玲、方曼：《美国应急管理机制建设的发展过程及对我国的启示》，载《中国行政管理》2010 年第 8 期；张立荣、冷向明：《协同治理与我国公共危机管理模式创新——基于协同理论的视角》，载《华中师范大学学报》（人文社会科学版）2008 年第 3 期。

③ 从 1648 年《威斯特伐利亚和约》、《维也纳和约》，到《国际联盟盟约》、《联合国宪章》的制定，国际社会完成了对国家主权与人权的认同。

主体，政府间组织和非政府组织（NGO）也获得了较快发展，承担着维护稳定和促进发展的职能。①

20世纪70年代，"治理"开始作为协调国际关系的概念出现。第一，是在国际组织处理棘手的受援国问题时，使用"治理"一词以避开政治性敏感话语，以通过改革创造让现代市场顺利运作的机制获得政治支持，如维护公共管理部门的廉洁、建立新型劳资关系、改革司法体制。② 第二，是在弥补国家调控的局限性方面，经济合作组织成员国福利国家危机、布雷顿森林体系瓦解、金融市场失控、政府间组织失灵等一系列问题的出现，要求国家、市场、组织、部门之间新的国际协调方式的出现，以"相互保证安全的广泛协议和预期"，于是，一种"既可以避免无政府状态，又可以绕过民族国家"的治理，"便被视为缺失了第三项"（沙普尔语）被推广开来。③ 第三，

---

① 国际组织在"全球治理"中发挥着重要作用。14世纪但丁提出"联合统一的世界各国"设想，其后，圣西门用"欧洲议会"、康德用"和平联盟"、康有为用"大同世界"描绘了他们心中的人类联合；1907年国际协会联盟（UIA）在布鲁塞尔成立，1919年巴黎和会上国际联盟成立，国际劳工组织、国际常设法院及一批非政府组织出现；"二战"后联合国成立，全球性、区域性政府间组织和非政府组织飞速发展；冷战结束后国际组织呈现全球化发展特点，非政府组织（包括"独立组织、民间组织、第三部门、志愿协会"）的数量达到政府间组织的7倍。关于此问题参见UIA 2004—2005年《国际组织年鉴》。国际组织研究领域美国学者弗里德里克·克拉托赫维尔与爱德华·曼斯菲尔德对国际组织理论的发展轨迹进行了刻画：功能主义视角下，国际组织削弱了国际体系无政府性；从自由主义角度看，国际组织在促成合作方面具有重大作用；建构主义视域中，国际组织促成了国家身份的转换。"全球治理"实质成为资本跨越国界进行渗透的工具，19世纪末产生的跨国公司逐步发展成为发达国家金融组织控制下的"国际性垄断组织"，联合国于1974年成立了跨国公司委员会。"撒切尔—里根超自由主义国家模式在意识形态领域的全面渗透"（乌尔利希·贝克语）得到了经济合作与发展组织等机构的认可。但如第三世界国家要求建立国际经济新秩序和新的国际社会治理体系、追求国际关系民主化的努力从未停止，亨廷顿的就对第三世界国家的制度现代化进行了论述，参见[美]弗里德里克·克拉托赫维尔、爱德华·曼斯菲尔德著：《国际组织与全球治理读本》，北京大学出版社2007年版，第3、5页；[美]塞缪尔·亨廷顿著：《变革社会中的政治秩序》，上海世纪出版社1968年版，第1~3页；国际组织在世界范围内维护和平、发展、平等、人权，以中立立场提供支持与帮助、进行协调与斡旋方面也发挥着积极作用。

② 俞可平著：《治理与善治》，社会科学文献出版社2000年版，第15页。

③ [英]鲍勃·杰索普著：《治理的兴起及其失败的风险：以经济发展为例的论述》，漆燕译，载《国际社会科学杂志（中文版）》1999年第1期。

是在应对社会科学的研究范式危机方面，人们在反思二元对立世界观的基础上，发展出协调经济活动、国家规制和组织权力的协议式"治理"。

（一）概念悖论

20世纪80年代，市场仍被视为治理领域的主导，作为"全球治理"基础的世界政治秩序（《勃兰特报告》语）初步形成，① 因此治理被用来"给借贷国强加政治条件"服务，也与政权、国际秩序联系在一起使用。一方面，在自由市场意识形态支配着的整个国际金融界，排除政治和社会发展的经济至上观点在国际贷款机构中盛行，治理以跨组织协调形式出现。② "新规章制度理论"就认为国际社会不存在权威强制，而是以尊重调节机制、遵守合作惯例构成良好治理的基础，以相互依存的共同目标推行跨越边界的协议，从而在功利和实用目的指引下，"国际社会的规章制度化水平日益提高"，无政府的治理也日益加深。③ 另一方面，冷战结束后，多边行动与共同目标、民主平等与人权发展促进了国际社会的联合（治理）。1989年，世界

---

① 经济方面，跨国公司联盟席卷全球金融市场并将经济联成一体，与国家（规制）相对，（自由主义）市场成为治理领域不可忽视的一个方面，在资源配置中发挥作用；政治方面，《勃兰特报告》描述了面临的危险与挑战、解决问题的办法在于国际化，越民族国家边界的"世界内部政治"，这种世界秩序政治就是全球治理的基础。参见秦麟征：《勃兰特委员会及其全球发展战略》，载《国外社会科学》1984年第2期。

② 阿尔坎塔拉的论述印证了这里的说法，她指出，在英语国家出现已有数百年的"治理"一词，指的是在特定范围内行使权威，对范围广泛的组织或活动进行有效安排。像目前关于发展问题的辩论中的其他许多概念一样，"治理"一词也被许多大不相同的意识形态群体用于各种不同的、常常是相互冲突的目的。"而在开发界，直至20世纪80年代，可以说治理还是一个不常听到的词。"参见［法］辛西娅·休伊特·德·阿尔坎塔拉：《"治理"概念的运用与滥用》，载《国际社会科学杂志》（中文版）1999年第1期。

③ 参见彼埃尔·德·塞纳克伦斯：《治理与国际调节机制的危机》，冯炳昆译，载《国际社会科学杂志》（中文版）1999年第1期。国际货币基金组织和世界银行受经济大国支持，推行极端新自由主义，国际合作机制发展，经济合作组织成员国间依存增长，传统国家主权概念削弱，这就是学者所说的"意识形态的终结"，是推行"全盘西化"的表现之一。

银行发布《撒哈拉以南非洲：从危机到可持续增长》报告，指出非洲问题的根源在于"治理的危机"（crisis in governance），要以"善治"为目标进行改革，建立具备有效公共服务、独立司法体制、代议制立法机构（负责公共审计）、对公共资金负责的管理、遵守法律、尊重新闻自由和人权的"多元化的制度结构"，引入自由市场经济、进行经济重组，必须进行彻底的、系统的"治理"重建，加强社群、妇女组织、专业协会及其他社会组织和利益集团的活动。①

20世纪90年代初，经济全球化背景下出现了"全球统一经济规则与各国经济主权的矛盾"，以消解民族国家主权为特征的"全球治理"概念（维利·勃兰特1990年提出）得到全面推广，治理视角的国际关系研究成为"一种知识和意识形态选择"，服务于跨国组织的政治、军事干涉。② 自由市场的鼓吹者许诺，在新自由主义发展观基础上改善国家管理，以减少政府作用、权力私有化推动市民社会的建立，那么，"即使没有任何永久性的公共支持也能建立起繁荣社会"，全球时代的政治生活就是要从政府的统治走向没有政府的治理（governance without government）、从民族国家的政府统治走向

---

① 韦深涉：《西方治理理论的价值取向与理论困境》，载《广西大学学报（哲学社会科学版）》2007年第4期。

② 20世纪90年代初并没有出现"新的世界秩序"，美国实行单边主义，而我们却没有对其进行约束的国际竞争秩序；《社会主义文摘》杂志主编奇利奥·帕尼在《全球化与国家》一文中提出"国家国际化"，以北美自由贸易区的墨西哥和加拿大"充当美国新自由主义霸权传送带"为例，说明形成共识的跨国过程及受全球性意识形态指导的原则构成对各国政府和公司决策的集中化冲击。学者指出一时间凡有治理机制的领域都具有"全球性质"，与其说是"全球建设"，不如说是"微边主义"（minilateralism），是"金融巨头塑造小政府意识形态的工具"，正像马克思、恩格斯在《共产党宣言》中所述："不断扩大产品的销路，资产阶级就不得不奔走全球各地，它不得不到处钻营，到处落户，到处建立联系。"资产阶级开拓了世界市场，它迫使一切民族采用资产阶级的生产方式，迫使他们推行所谓的文明。参见[德]乌尔利希·贝克著：《全球政治与全球治理：政治领域的全球化》，张世鹏等译，中国国际广播出版社2004年版，总序、序言第4页、正文第259页；《马克思恩格斯全集》（第4卷），人民出版社1958年版，第469页。相应的，反思治理失效的"善治"概念对"善政"的挑战出现。

全球治理（global governance）、从善政（good government）走向善治（good governance）。然而实际的情况则是，对市民社会的强调与将国家和人民相互对立的观念联系在一起，造成了对权力以及权利的双重剥夺，波黑、利比亚、卢旺达、阿富汗的"国家政治和行政职能几乎荡然无存"。跨国组织想方设法"使制止严重侵犯人权和人类安全的国际干预具有合法性"（《已经改变了的国家》语）。作为全球治理的主体（国际组织和全球公民社会）及治理的规则仍被国际霸权操纵。①

詹姆斯·罗西瑙的治理理论恰恰符合了边界渗透、挑战别国统治的"治理的实质精神内涵"，因此被视为"治理理论的创始人"。但事实上，其所论述的是超越国家边界的"全球治理"。1992年，罗西瑙的代表作《没有政府的治理：世界政治中的秩序与变革》（Governance without Government: Order and Change in World Politics）出版，开篇即指出"本书所有作者都同意众多的治理体系正在全球层次上发挥作用，为世界政治中的合作和整体利益奠定基础，国家行为及其主权和政府并不是展开治理讨论的前提条件"。第一章"世界政治中的治理、秩序和变革"指出全球影响深远的时代，"民族国家政府的法律和条约已遭到破坏"，治理概念的基础是共同的目标，构成全球秩序基础的制度安排萌芽于维持世界秩序的"自觉活动"。以下的各章都认可缺乏中央权威的全球秩序。第三章用"威斯特伐利亚神殿朽化"来比喻主权的消解，马克·W.赞奇指出17世纪以来，"世界政治的结构和功能受到国家体系的限制"，迫使世界政治出现治理体系，"世界政治处于中心位置主权国家的假定"越来越不可信。第四章"发展中世界新古典经济学说的胜利：国际经济秩序的治理基础和政策趋同"论述行为趋同促进了国际政治经济中的目的性治理，世界政治秩序的相互作用推动了新古典经济在世界范围内的胜利。第六章"国际制度的有效性：棘手案例与关键因素"探讨了世界政治中国际制度的自发因果及国际制度的效用体现。第十章"变动中的秩序与公民权"探讨了没有政府的治理中微观层次上的行为体，回

---

① 俞可平主编：《全球化：全球治理》，社会科学文献出版社2003年版，第2、23页。

答了全球治理发生意义深远的转型的可能。① 1995 年，在全球治理委员会创刊的《全球治理》(Global Governance) 创刊号上，② 罗西瑙发表《21 世纪的治理》(Governance in the Twenty-first Century)，提出全球治理是"通过控制、追求目标以产生跨国影响的各级人类活动的规则系统"，"包括被卷入更加相互依赖的、急剧增加的世界网络中的大量规则系统"，与统治相区别，它未必依靠一国领土范围内自上而下的强制力或政府正式的规则和机制来实现。在同一杂志上还刊登了劳伦斯·S. 芬克尔斯的《什么是全球治理》(What is Global Governance)，文章揭示全球治理是"国际上做政府在国内做的事"，是超越国界的无主权的治理，排除中央组织和"全球性的参照系统"，市场就成为了唯一影响社会的"调节者"，深藏"狡诈的经济自由主义"用心，而在现实中，多重结构本身自发协调的设想极易被群体由自己需要出发的行动打破。③ 此外，罗西瑙的《全球新秩序中的治理》一文④论述了全球化压力下的快速一体化与高度分裂化塑造的"全球治理体系"；《面向本体论的全球治理》一文⑤，阐述了"全球治理"的"权威空间"（SOAS）与主权国家的领土疆界未必一致，强调"非政府组织、非国家行为体、无主权行为体、政策协调网络（policy networks）、全球公民社会、跨国联盟、知识共同体（epistemic com-

---

① ［美］詹姆斯·罗西瑙著：《没有政府的治理：世界政治中的秩序与变革》，张胜军、刘小林等译，江西人民出版社 2001 年版，第 1~2、4~7、9、24~27 页。

② 1991 年在瑞典举行的会议发表《关于全球安全与管理的斯德哥尔摩倡议》，在维利·勃兰特的倡导下，提出成立全球治理委员会；1992 年全球治理委员会（Commission on Global Governance）成立，英瓦尔·卡尔松（瑞典籍）、什里达特·兰法尔（圭亚那）任主席，包括中国、印度、德国、美国、法国、英国在内的 26 个国家的著名人士为委员，秘书长为汉斯·达尔格伦（瑞典藉），其将治理视为共同利益、广泛支持基础上公私机构和个人合作式的管理。

③ ［法］玛丽·克劳德·斯莫茨：《治理在国际关系中的正确运用》，肖孝毛译，载《国际社会科学杂志（中文版）》1999 年第 1 期。

④ 参见［英］戴维·赫尔德、安东尼·麦克格鲁编：《治理全球化：权力、权威与全球治理》，曹荣湘译，社会科学文献出版社 2004 年版。

⑤ 参见［美］马丁·休逊等编：《走向全球治理理论》，纽约大学出版社 1999 年版。

munity）"等世界政治力量的作用。因而，学者指出罗西瑙的理论旨趣是把治理作为"理解全球变革的根源和政治含义制高点"的概念工具（格里·斯托克称其为统治方式的新发展）。①

（二）概念重构

全球化进程中的主权国家危机使许多国家陷入政权分裂，甚至无政府状态。跨国犯罪、环境问题、核扩散等全球性问题挑战国际社会领域的管理模式，而恢复公共服务、重建基础设施，增强管治权威、法治、安全都需要有效的善治来实现，联合国开始重构善治概念。联合国发展项目组（The United Nations Development Program）指出"善治是政府、公民社会组织和私人部门在形成公共事务中相互作用，以及公民表达利益、协调分歧和行使政治、经济、社会权利的各种制度和过程"②。"治理"一词也逐渐从经济评估领域扩展到政治社会改善方面，与经济社会发展、和平与合作、促进平等、尊重法律、民主协商、责任政府、改善与进步联系起来。

1995 年，联合国成立 50 周年，全球治理委员会发布《天涯成比邻》（*Our Global Neighborhood*）报告，或称为《我们的全球之家》或《我们的全球伙伴关系》，其第一章"新的世界"第一节"全球治理的概念"指出治理是"各种各样的个人、公共的或个人的团体处理其共同事务的总和"，通过这一持续的过程，"各种相互冲突的利益和不同的利益可望得到调和，并采取合作行动"；它是"对人类的生存和发展问题做出总体的对策"的不断协调的回应性进程，"对影响人民和整个全球社会的问题做出建设性对策方面，国家和政府依然是主要的公职机构"，"以地方性的、全国性的或地区性的有影响的决

---

① 治理理论的另一位代表人物罗茨提出的"治理的 6 种不同定义"，也没有妨碍全球化时代拾起"治理"这一旧术语的"共识"（消解民族国家的领土和主权意识）。参见李义中：《全球治理理论的基本取向问题》，载《安庆师范学院学报》（哲学社会科学版）2005 年第 2 期。

② [美] G. 沙布尔·吉玛、丹尼斯·A. 荣迪内利编：《分权化治理：新概念与新实践》，唐贤兴、张进军等译，格致出版社、上海人民出版社 2013 年版，第 19 页。

定为依据"产生行之有效的全球决策;它是市场、组织、国家协调的过程,包括"改革和增强现存政府间机构体系,并改善其与私有和独立集团的合作关系",包括强制执行权力的授权以及"达成得到人民或团体同意或者认为符合他们利益的协议";在协商、平等、透明、责任、法律原则基础上激发人民铸造未来的努力,促进国家间合作,尊重多样性的共同生活,保障和平与发展基础上免于威胁与匮乏的生存安排。第七章("呼吁采取行动")第二节("治理、变革和价值")论述了治理在促进安全、管理经济、加强法治、改革机构(包括联合国的机构改革)方面的积极作用。①

1996年,"治理"在使国际金融机构放弃经济主义,重新考虑社会和政治问题方面的成效显现。世界银行首次调整政策,"不再无视借款国恶劣的治理水平和体制,援助机构逐渐采用治理指标去甄别和奖励那些治理品质得到改善的发展中国家",在"发展政策十项战略"中响应哥本哈根世界首脑会议倡导的"反对贫困的战争"(学者改称其为"免于贫困与匮乏的自由");联合国开发署(UNDP)发布年度报告《人类可持续发展的治理、管理的发展和治理的分工》(*Governance for Sustainable Human Development, Management Development and Governance Division*);经济合作与发展组织(OECD)发布《促进参与式发展和善治的项目评估》(*Evaluation of Programmes Promoting Participatory Development and Good Governance*);世界银行学院全球治理局局长丹尼尔·考夫曼与世界银行发展研究小组经济学家阿尔特·克雷、世界银行马西莫·马斯特鲁济,从31个不同研究机构、智库、非政府组织、国际机构、私人公司的数据库中筛选资料,发布"全球治理指标"(The Worldwide Governance Indicators),从话语权和责任(Voice and Accountability)、政治稳定性(Political Stability and Absence of Violence)、政府效率(Government Effectiveness)、规制质量(Regulatory Quality)、法治(Rule of Law)、防治腐败(Control of Corruption)方面对212个国家、215个经济体的治理(一个国家的权威

---

① [瑞典]卡尔松、[圭亚那]兰法尔主编:《天涯成比邻——全球治理委员会的报告》,中国对外翻译出版公司1995年版,第1~2、4~5页。

实施的传统和制度)进行评估,分析国家的治理环境与治理能力,提供民主治理与人权信息。①

1997年,东南亚金融危机爆发,市场调节失控、公司治理危机引发治理领域变革,国际金融体制在调节经济社会动荡中的局限性凸显出来,而非洲和拉丁美洲的经济改革过程、苏联解体后东欧及独联体国家遭遇的困难等现实,也引发了人们对缺失政治合法性与机构效率的治理路径的反思。在里卡多·彼得拉雷倡议下成立的里斯本小组提交《竞争的极限》报告,指出要建立"政治调控机构与规则",用"协调合作的全球调控体系"制约市场机制的破坏力量,以防止民族国家在适应全球化过程中"严重的政治的软弱无力症"。② 事实证明,只有建立在主权国家、国际组织、社会团体、各国公民平等协商与相互合作基础上的全球治理,才能"健全和发展一整套维护全人类安全、和平、发展、福利、平等和人权的新的国际政治经济秩序",以及"处理国际政治经济问题的全球规则"。③

1999年,北约自我授权投入科索沃战争和反对南斯拉夫的战争,

---

① 国际主要治理评估指标体系还包括,(1)多边援助机构发起的治理评估指标体系:联合国开发计划署治理指标项目(Governance Indicators Project)用于成员国评估本国民主治理、联合国开发计划署和经合组织的 Metagora 项目用自上而下的发展指标和评估方法提供人权与治理信息、伦敦海外发展研究所 ODI 的"世界治理评估"(World Governance Assessment)提供治理六大领域与善治六大原则参数;(2)双边援助机构发起的治理评估指标体系:美国国际发展署的"民主与治理评估框架"(Democracy and Governance Assessment Framework)、荷兰的"治理与腐败的战略评估"(Strategic Governance and Corruption Assessment)分析包括非正式因素在内的伙伴国家治理环境,英国国际发展部(Country Governance Assessment)对伙伴国家的治理能力与责任进行评估;(3)研究机构及独立组织发起的治理评估指标体系:全球廉政研究所(Global Integrity Index)关注腐败与基础维度、民主和选举研究所(Democracy Assessment)法治与民主制度监督国别报告,还有 Mo Ibrahim Foundation 的非洲治理评估(African Governance Assessment)提供撒哈拉以南48个非洲国家的治理质量排名。此外,联合国开发计划署"民主治理评估的能力发展"全球计划包括中国治理评估框架、与发展指数相关的治理指标的建立。参见周红云:《国际治理评估指标体系研究综述》,载《经济社会体制比较》2008年第6期。

② 里斯本小组:《竞争的极限:经济全球化与人类的未来》,张世鹏译,中央编译出版社2000年版,第188页。

③ 俞可平:《全球治理引论》,载《马克思主义与现实》2002年第1期。

克林顿政府的单边主义霸权政治损害了《联合国宪章》，轻易地破坏了已有的多边协调合作治理。学界出现对当今世界"全球治理"的本质及缺陷的反思，探讨使全球化有益于人类的新的治理基础，并更为客观、全面地对治理进行了界定。1999 年第 1 期《国际社会科学杂志（中文版）》相继刊登联合国社会发展研究所副主任辛西娅·休伊特·德·阿尔坎塔拉的《"治理"概念的运用与滥用》、地方治理专家格里·斯托克的《作为理论的治理：五个论点》、国家理论专家鲍勃·杰索普的《治理的兴起及其失败的风险：以经济发展为例的论述》、让·彼埃尔·戈丹的《现代的治理，昨天和今天：借重法国政府政策得以明确的几点认识》、弗朗索瓦·格扎维尔·梅里安的《治理问题与现代福利国家》、玛丽·克劳德·斯莫茨的《治理在国际关系中的正确运用》和彼埃尔·德·塞纳克伦斯的《治理与国际调节机制的危机》。

（三）中国贡献

进入 21 世纪，尽管现在的"多层全球治理"面临合法性危机，①但正如安南在"千年峰会"上的报告所述，包括联合国（UN）、国际货币基金组织（IMF）、国际劳工组织（ILO）、世界贸易组织（WTO）、国际证监会组织（IOSCO）、全球疫苗和免疫联盟、欧盟（EU）、亚太经合组织（APEC）、东南亚国家联盟（ASEAN）、拉丁美洲南锥体共同市场（MERCOSUR）在内的政府间组织与非政府间

---

① 对此学界有不同角度的分析：制度角度，有对全球化早期重要阶段的消亡、国际治理机制合法性衰落、解决全球问题的制度的失效进行分析，关于此问题参见［美］哈罗德·詹姆斯著：《全球化的终结：来自大萧条的教训》，哈佛大学出版社 2001 年版。经济角度，关键是全球经济治理须"从霸权下的'国际治理'"转变为"相对比较'全球的'、各国广泛参加的即更加包容的'全球治理'"，社会实证研究方面，有论述"全球治理"与公正诉求之间的关系，考察国际性和地区性组织在全球治理中的实际作用，揭示了法治、公开、责任、参与为特征的全球治理与"全球化"中的治理实际的裂痕，例如，Douglas Lewis, *Global Governance and the Quest for Justice*: *International and Regional Organizations*, Hart Publishing Ltd., 2006。参见庞中英著：《全球治理与世界秩序》，北京大学出版社 2012 年版，第 26 页；［英］托尼·麦克格鲁：《走向真正的全球治理》，陈家刚译，载《马克思主义与现实》2002 年第 1 期。

组织的联合、协议、会谈，正在致力于建立国家多边协商、民间力量交流合作、国际组织平等的政治协调与经济社会发展支持的"新的全球治理之网"。如世界贸易组织对"全球抗议"的影响正逐步扩大，多数国家的海洋法在国际海事组织（IMO）中拟定、空气安全法在国际民用航空组织（ICAO）中拟定、食品标准在粮食与农业组织（FAO）中拟定、知识产权法在世界贸易组织（WTO）和世界知识产权组织（WIPO）中拟定，国际会计准则委员会（IASC）建立全球会计准则，金融行动特别工作组（FATF）采取反洗钱措施，它们都在致力于促进主权国家平等对话、跨国协商民主（transnational deliberate democracy）、制度改革、市场矫正、社会公平、人类安全、免于贫困等有益于全人类的"全球治理理念"的实现。①

中国坚持走和平发展道路，致力于促进国家富强、人民幸福、人类和谐的治理的实现。建立在国家利益、党的利益与人民根本利益统一基础上的中国国家治理体系与治理能力现代化，立足中国国情，面向世界与未来，对治理范畴的科学建构，在理论基础、制度保障、根本价值内涵、路径选择、评估与发展方面有独特贡献②：第一，理论基础方面，中国国家治理体系建设以马克思主义为指导，是马克思主义与中国具体实际相结合的重要成果，是马克思主义世界观和方法论的时代体现。第二，制度保障方面，中国的治理建立在以人民民主专政为基础的中国特色社会主义制度基础上，是适应国家现代化总进程的具体实践，以让发展成果更多更公平惠及全体人民为目标，以人民性为本质属性。第三，根本价值内涵方面，中国的治理以"富强、民主、文明、和谐"为根本价值内涵，以制度文明推进国家治理文明，以"自由、平等、公正、法治"保障社会充满活力、健康有序、人民幸福、国家发展，"以国家的力量积极化解社会矛盾、修复社会裂痕、倡导和谐共处、促进社会和谐，形成万众一心、众志成城的国

---

① ［英］戴维·赫尔德、［英］安东尼·麦克格鲁编：《治理全球化：权力、权威与全球治理》，曹荣湘、龙虎等译，社会科学文献出版社2004年版，导言第1页、第10、15、21页。

② 《习近平在省部级领导干部学习贯彻十八届三中全会精神全面深化改革专题研讨班开班式上发表重要讲话强调：完善和发展中国特色社会主义制度 推进国家治理体系和治理能力现代化》，载《人民日报》2014年2月18日，第1版。

家力量"。第四,路径选择方面,中国的国家治理是顶层设计与末端治理的统一。充分发挥国家、政党、政府、社会、公民的积极作用,"提高党科学执政、民主执政、依法执政水平,提高国家机构履职能力,提高人民群众依法管理国家事务、经济社会文化事务、自身事务的能力,实现党、国家、社会各项事务治理制度化、规范化、程序化,不断提高运用中国特色社会主义制度有效治理国家的能力"。"在治理过程中,一味地强调社会自治或是市场自由,都是不切实际的伪命题。只有在顶层设计上不断优化,在末端治理上懂得放手,才能更好地应对社会的变革,完成治理的现代化转型。"[①]

[①] 《现代治理当熟谙有为与无为》,载《人民日报》2014年2月24日,第5版。

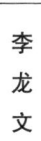

论国家治理与人权保障*

2014年5月26日,《2013年中国人权事业的进展》白皮书发布,这既是中共中央对发展权利、民主权利、社会保障权利、环境权利保障的卓越成就,也是其完善治理体系及改革政治体制、经济体制、文化体制、社会体制、生态文明体制的努力成果。"治理之道,莫在于安民",显示了中共中央保障人民幸福、完善治理体系的坚定决心。治理史既是一部改革史,也是一部权利斗争史。治理现代化离不开人权基础,国家发展最终落脚点在于人民的发展与幸福生活。中国国家治理体系与治理能力现代化致力于实现国家战略与人民根本利益、实现个人人权与集体人权的统一,坚持中国特色社会主义道路,开创人权保障的中国道路①。

---

* 本文刊载于《武汉大学学报(哲学社会科学版)》2014年第5期,系李龙教授与其博士生任颖合著。

① 已有的研究成果:从政治与法律、治理主体权能、公民文化方面阐述中国特色的民主治理与人权实现的关联性,参见王浦劬:《中国的协商治理与人权实现》,载《北京大学学报(哲学社会科学版)》2012年第6期;提出全球治理只有立足于"人权的普遍性与特殊性相统一、人权与国家主权相统一、人权的国内保护与国际保护相统一,才能真正保障和发展人权",参见何颖、霍建国:《全球治理对人权保障与发展双重作用的分析》,载《中国行政管理》2010年第12期;从共治、礼治框架分析"华夏治理之道"注重人的尊严与价值,姚中秋著:《华夏治理秩序史》(第1卷),海南出版社2012年;论述"国家治理体系和治理能力现代化的本质和核心是人的利益实现",参见杨海坤:《人权的保障程度检验国家治理能力》,载《光明日报》2014年5月20日,第2版。深入阐发中国"内生性演进"的治理传统与权利观念,辩证分析西方治理与人权的发展历史,对把握治理规律,总结人权保障经验,探索国家治理现代化与人权保障法治化的相互促进具有重要意义。

一、原始民主治理与人权保障血缘化

人们在以自然经济为基础的血族联结中发展出原始民主治理与朴素的权利观念：如易洛魁人的氏族以"共产制的家户经济"为基础（土地是全部落的财产），承担对本氏族的"老年人、病人和战争残废者所负的义务"（获得物质帮助权）；包括妇女在内的所有人"都是平等的、自由的"（平等权、自由权）；议事会是"氏族的一切成年男女享有平等表决权的民主集会"，是氏族的最高权力机关，氏族成员共同选举一个酋长和一个酋帅（选举权），并由联合议事会委任；"氏族可以任意罢免酋长和酋帅，这仍是由男女共同决定的"（罢免权）；"氏族的人名自始就伴有氏族的权利"（姓名权、名称权）；"个人依靠氏族来保护自己的安全"（生命权）；如果氏族成员被杀害，"起初是试行调解"，调解不成则受害者的氏族就有权复仇，行凶者的氏族没有诉怨的权利（一定意义上的程序性权利）；"死者的财产转归同氏族其余的人所有"（经济权利）。在印第安部落的治理中，增加了"有独特的、仅为这个部落所用的方言"（文化权利）的内容。至希腊人的氏族，成员仍有相互继承权及提供保护和帮助的义务。一方面，与人口增长相适应，选出代表参加议事会的需要演变成强化贵族权力的机会，狄奥尼修斯即指出英雄时代的议事会由贵族组成；另一方面，与战争对兵力的需求相适应，在人民大会中，"每个男子都可以发言"，且出现巴赛勒斯（军事首长、祭祀和审判权力）职位的继承。随着农业、手工业、商业和航海业的分工，血族联结的管理形式被摧毁，代替它的是贵族、农民、手工业者的等级划分（失去平等权）；部落融合为单一民族（volk），产生了凌驾于氏族习惯法之上的"雅典普遍适用的民族法（volksrecht）"，以及由拥有财富的家庭联合而成的"独特的特权阶级"，该阶级无可争议地担任公职（人民失去选举权和罢免权），刚萌芽的国家则将"这种霸占行为神圣化"。到公元前600年，贵族的统治、通过货币和高利贷对人民的压制已令人无法忍受（经济权利受到侵害），逐渐出现"使货币占有者对小农剥削神圣化"的习惯法，不能偿还贵族强加的债务的农民被迫将自己的子女变卖为奴隶（失去自由权，甚至生命权)①。

这一治理模式下人权保障的特征：（1）人权不具有普遍性，其适用范围局限于氏族内部，氏族外是残酷的战争，外部成员的权利不受法律的保护。（2）人权的内容包括生存权、平等权、选举权、罢免权、专属于本氏族成员的姓名权、财产权。（3）人权保障的依据为氏族习惯法。中国的上古时期，氏族内实行礼教化（饬礼），内部成员享有受习惯法保护的原始朴素的人权，对异族则"兵刑之官合为一"，如《吕刑》的"报虐以威"。（4）出现对侵犯氏族成员生命权行为进行的制裁，既包括刑罚性质的剥夺生命权，也包括民事性质的赔礼道歉、赔偿损失权。（5）议事会与氏族成员已经在实质上承担了政治、经济、社会、宗教、调解及习惯法的适用等领域的"共同治理"，而氏族成员的权利保障贯穿这一以共产制为基础的治理功能的实现。（6）共产制决定了其治理具有明显的协调性与自足性，所有争端都由氏族或当事人自己解决，习惯法具备了调整一切社会关系的能力与极强的凝聚力，这在祖鲁卡菲尔人对抗英国步兵的果敢与刚毅中有突出表现。

二、奴隶主"神权"统治与人权保障身份化

奴隶社会将神权凌驾于人权之上，以便为奴隶主的统治和身份化的人权保障提供依据。奴隶成为财产权的客体，只有奴隶主才处于主体地位，享有土地所有权、政治权利、人身自由，其实质是少数人剥削大多数人的"特权"，因此，出现了大批自由公民的贫困化。

公元前13世纪，埃及法老拉美西斯二世以法律形式确认奴隶主阶级的特权，至第十九王朝时期私有财产权被纳入人权约法；公元前1762年，古巴比伦王国的《汉谟拉比法典》宣称国王从诸神处获得统治全人类的权力；古印度《摩奴法典》同样以种姓主义为核心，

---

① 参见恩格斯：《家庭、私有制和国家的起源》，载《马克思恩格斯文集》第4卷，人民出版社2009年版，第100~102、105、111~112、114、120~121、128~129页。

确认国王是梵天创造的刑罚之神,并导致家庭、刑法、程序法领域的身份差异与人身侵害的出现;提修斯时期雅典的权力都掌握在执政官和贵族手中;公元前621年《德拉古法》为维护奴隶主统治而规定血腥重刑;梭伦以财产划分等级,规定中下等级的公民无权当选官职;伯里克利执政时期,民众大会的参加主体都只限于年满20岁的男性公民;罗马法的"法律面前人人平等"也不包括奴隶。但较之于原始民主治理下的朴素人权观,其仍有进步之处:(1)城邦治理具备独立的主权属性,人权保障义务主体初具雏形,这在保卫城邦的兵力需求所催生的改革中有突出表现。公元前594年,梭伦改革清除土地上的抵押,开始恢复农民的经济权利,"使那些因债务而被出卖和逃到海外的人"重返家园(生存权),限制贵族占有土地的数额,禁止缔结以人身作抵押的债务契约(一定程度上恢复人身自由权利),规定一切官吏都由人民大会决定(部分恢复选举权)。公元前509年,克利斯提尼革命进一步在形式上统一了城邦治理与公民权利,将全阿提卡划分为100个德谟并分别实行自治,住在每个区域的公民自行选举出区长、司库和审理轻微案件的法官(选举权)。(2)随着商品交换的发展,出现了契约治理及民事、刑事、行政、程序法等领域的权利保障。古埃及家庭法规定平等的人格权和财产权,古巴比伦有严禁诬告、保护人身权利的刑事法规定,至罗马帝国时期,形成了完备的法律体系,查士丁尼《法学总论》即以人法、物法、程序法为结构展开。(3)民主治理机制在改革中不断完善:公元前509年,《克里斯提尼立法》将雅典划分为10个德谟,每个德谟各选出50人组成议事会并作为最高行政机关,民众大会是最高立法机构,促进公民自由与权益保障,"德谟"(人民)的"克拉托斯"(统治)即构成民主(Democracy)。至公元前440年,《伯里克利立法》确立了民众大会为最高权力机关,议事会为其常设机关,规定所有公民都有担任官职的权利。古罗马的特里布斯民会强调不计财产资格,人民享有平等权。(4)出现人权保障的法典化萌芽,人权主体的范围已经有所扩大。公元前594年,《梭伦法律》废除债务奴役制,制定了关于发展社会经济、保障公民政治权利、保护妇女和孤儿权利、赋予公民司法权利的规定，治理模式改革促进了人权保障的进步。①

三、封建社会的治理与人权

这一历史时期②，中国创造了辉煌的文化，形成了中华法系。于盛世时，其治国理政勤民事（百姓权益）、明义理；反之，若是治理失效、背离人民（侵犯人权）则必致国事衰微。因此可以说，人权保障是开创盛世之治的基石。

三国时期出现对保障人民权利的治理之道的思考，《魏书·任苏杜郑仓传第十六》有"帝王之道，莫尚乎安民；安民之术，在于丰财"③，若"专心军功，不勤民事，宜别置将守，以尽治理之务"。④

唐宋时期，出现"开言路"（一定范围的民主权利）与"贞观之治"关系的论述，强调改革时弊、以法为治，以保障良好的治理状态（圣德）。《新唐书》有"帝素闻仁寿治理，诏检校南宁州都督"，而致"威令简严，人人安悦"。⑤宋代尤其重视"治道"、"资政"经验的总结，出现治理以"养民"（发展权）为根本的论述，其开创的"咸平之治"被誉为封建社会的顶峰。《宋史》有"为政之道，莫先于养民……财计之外，治理蔑闻，甚不称朕委属之意。国用有常，固在经理"。⑥

---

① 韩德培、李龙主编：《人权的理论与实践》，武汉大学出版社1995年版，第5、95、97~99、116页。
② 最早的治理与人关系的论述见于《管子》的"治国之道，必先富民"；"爱之利之，益之安之"，以使"天下治"，表明"利民"是治理的前提。这也是中国治理建设与人权保障的历史基础，正如习近平总书记所指出的："抛弃传统、丢掉根本，就等于割断了自己的精神命脉"，要"清楚中华文化的独特创造、价值理念、鲜明特色，增强文化自信和价值自信。"参见管仲：《管子》（卷四），四部丛刊景宋本，第41页；张岂之：《深刻认识中华文化的历史渊源》，载《人民日报》2014年5月16日，第8版。
③ 参见严可均校辑：《全上古三代秦汉三国六朝文》，民国十九年景清光绪二十年黄冈王氏刻本，第1943页。
④ 陈寿撰、裴松之注：《三国志》，中华书局1959年版，第499页。
⑤ 欧阳修、宋祁撰：《新唐书》，中华书局第1975年版，第5616页。
⑥ 脱脱等撰：《宋史》，中华书局1977年版，第4220页。

明清时期,"人民是治理的根本标准"的观点形成,黄宗羲在《明夷待访录》中提出"天下之治乱不在一姓之兴亡,而在万民之忧乐"①。同时,"求贤"以使人民"各安其所"(个体权利)被明确列于"考功图"中。《清史稿》有"合天下之心以为心,公四海之利以为利,制治于未乱"。②《清经世文三编》有"国家治理之法与庶司奏绩之谟,毋贵乎法古也,亦毋贵乎守常,要在随时变通因时制宜以期益国益民而已矣"。③

中国古代强调治理、"为政"的关键"在乎人":(1)关注人文、人道、人性、人的地位与权利、人心与世情。有从礼教传统出发的"关乎人文,以化成天下";《管子·五行》有"作立五行以正天时,五官以正人位";《史记·秦始皇纪》有"以诸侯为郡县,人人自安乐"(生存权)。(2)重视人民的力量对国家战略的重要支持。《礼记·中庸》有"其人存,则其政举;其人亡,则其政息人";《孟子·公孙丑下》有"天时不如地利,地利不如人和"(民本思想);《后汉书·吴汉传》有"若能同心一力",则"大功可立"。④(3)尽管中华法系对人的生命权及人格权有一定程度的保护,如由汉朝开始的保辜制、明清的断付财产养赡制,但仍以维护人治下的宗法等级特权为核心。比如《秦律》的"名"、《汉律》的"名籍"、《唐律》的"良贱"、元代的四等级制,皆规定了身份化的人格权保护;秦汉的腹诽罪确立了专属于皇族的名誉权与姓名权保护等。⑤

四、资本主义"物的依赖"治理模式与人权保障的契约化

与商品经济的平等交易及手工业工人缔结劳动契约的需要相适应,资本主义社会逐渐形成了"物的依赖"治理模式,开始走上人

---

① 参见黄宗羲著:《明夷待访录》,清指海本,第2页。
② 赵尔巽等撰:《清史稿》,中华书局1976年版,第292页。
③ 参见陈忠倚辑:《清经世文三编》,清光绪石印本,第676页。
④ 参见《辞源》修订本,商务印书馆1986年版,第158~161页。
⑤ 杨立新著:《人格权法》,法律出版社2011年版,第41~43页。

权保障契约化道路。马克思指出,人权是"脱离了人的本质和共同体的利己主义的人的权利"①,其实质是对财产权利与自由的保护。在这一"物的依赖"治理模式下,人权保障的历史局限性表现为:(1)阶级社会的治理与人权呈现形式上的统一及实质上的分离:从抽象的人出发,形式上强调个人权利、天赋之权、人权的普遍性,如《独立宣言》提出人人平等享有生命权、自由权和追求幸福的权利,实质上却承认黑奴制度、人权剥夺,甚至出现对应然权利的否定,如马里旦否定生存权和自由权的实在法地位;梅因否定平等权;诺伊曼否定主权与法治、人权的统一;狄骥更转而推行阶级调和、社会连带方案。(2)人权的内容方面,呈现法定权利与实有权利、应有政治地位与实际社会地位的分离。1776年美国《独立宣言》、1789年《人权与公民权宣言》明文规定私有财产神圣不可侵犯,但实质上是在保护资产阶级的所有权。平等权成为资本家平等地剥削劳动力的首要人权。(3)人权保障形式上的平等与实质上的不平等:"天赋人权"实质上是以"私有财产神圣不可侵犯"为核心的资产阶级的特权,私有制基础上的"物的依赖"治理模式仅代表大财团的意志。(4)人权保障的依据为资产阶级的法律,属于抽象人权概念的法律化,与法治精神格格不入。被誉为世界上第一个人权宣言的美国《独立宣言》,否决了托马斯·杰弗逊在初稿中有关贩卖黑奴是侵犯"生命和自由的神圣权利"的论述,直至1865年,美国才在宪法第十三条修正案中正式废除奴隶制。②

较之于人治与人权保障的身份化阶段,资本主义社会的治理与人权也具有进步性:(1)应然权利观念的现代化,形式上实现了从神权治理到人权治理、从人治到"法律之治"的转变,权力与权利皆由法律赋予,回归对人性尊严和人的价值的关注。一方面,不同于奴隶社会与封建社会以神权论证的权利来划分身份等级属性,资本主义社会以"天赋人权"、自由、平等、民主为应然权利的内容,在形式上具备了现代社会尊重人、保障人权的表征;另一方面,较之于原始

---

① 参见《马克思恩格斯全集》第1卷,人民出版社1956年版,第437页。
② 韩德培、李龙主编:《人权的理论与实践》,武汉大学出版社1995年版,第9、12、15、23、25、26页。

民主治理下的权利内容,其人权观念的类型与层次显然更完善。"自由"、"正义"、"权利"既是权利保障的内涵,也是治理的价值表征。(2)改革中表现出的先进性:第一是"平等多元"合作基础的确立。欧共体联合治理模式建立在以德国真诚道歉而开启和解进程的基础上,覆盖欧洲理事会所有成员国的《欧洲人权公约》建立起有效的争端解决程序和系统,公约条款在缔约国的宪法下推动着以"联合治理"与人权保障为基础的和平、发展进程;第二是加强改革,以便从战争中恢复发展经济、改善人民权利。欧洲大陆在从多极争霸到联合治理的转变中确立了欧洲公民的身份与地位;美国"进步时代改革"中,宪法第 17 条修正案确立"人民直接选举参议员"的权利、宪法第 19 条修正案规定"妇女获得普选权";罗斯福新政中提出"四大自由",确立了公民组织工会和集体议价的权利;民权运动中,1964 年的《民权法》、1965 年的《选举权法》、宪法第 24 条修正案、最高法院关于自由权利的裁决等在维护权益与促进平等方面都起到了积极作用。①

五、全球治理与人权保障

"治理"在国际领域的推广与民族国家争取独立权和发展权的斗争是联系在一起的。在反思"一战"、国际反法西斯斗争及国际组织解决受援国问题的过程中,全球治理以规定国家责任与促进国际合作的方式来促进人类权利的平等实现。1929 年,国际法学会通过了《国际人权宣言》,其第 1 条规定"每一个国家有义务承认每一个人对于生命、自由和财产的平等权利";1941 年,美英签订的《大西洋宪章》重申了人权,扩大了资产阶级人权理论的内涵和外延;1942 年,26 个对法西斯作战国家签订《联合国宣言》,申明"深信为保卫生存、自由、独立与宗教自由,并保全其本国与其他各国中的人权与正义";1945 年,来自 50 个国家的代表共同签署《联合国宪章》,其"序言"部分强调"重申基本人权,人格尊严与价值,以及男女与大

---

① 陆镜生:《美国人权政治:理论和实践的历史考察》,当代世界出版社 1997 年版,第 20、302、308、353、362、453、458 页。

小各国平等权利之信念"。随着民族国家争取独立权和发展权的斗争取得进展,失去殖民手段的一些国家开始在国际经济领域推行"治理"概念,以人权的普遍性粉饰对别国的政治干涉,以边界渗透和灵活协商治理消解国家主权。在冷战格局下的国际事务管理中,美国否认集体权利和国家权利,将人权限制在公民政治权利范围内;前苏联东欧社会主义国家积极争取经济、社会、文化各种权利的实现,并成功将其写入《世界人权宣言》第22条;《公民与政治权利国际公约》、《经济、社会、文化权利国际公约》进一步将《世界人权宣言》法律化为协定国际法,这为保障民族生存权提供了依据;1979年,《非洲人权与民族权利宪章》秉承"从非洲根除一切形式的殖民主义"的信念,倡导民族平等权、发展权、和平与安全权及享有良好环境权,否定个人权利和自由的绝对性,指出经济、社会、文化权利是公民政治权利的前提,并将人权保护范围扩大至妇女、儿童、老人、残疾人。① 1989年,世界银行发布《撒哈拉以南非洲:从危机到可持续增长》报告,指出非洲问题的根源在于"治理的危机"(crisis in governance),要以"善治"为目标进行改革,建立"多元化的制度结构",引入自由市场经济进行经济重组。②

全球治理结构的优化与人权倡导及实现发展权过程中国家责任的确立是联系在一起的。20世纪90年代初,经济全球化背景下出现了"全球统一经济规则与各国经济主权的矛盾"。③ 1995年,全球治理委员会发布《天涯成比邻》(*Our Global Neighborhood*)报告,其第一章"新的世界"第一节"全球治理的概念"即指出治理是"各种各样的个人、公共的或个人的团体处理其共同事务的总和",④ 从而将治理与民主权利联系起来。正如安南在"千年峰会"上的报告中所述,致力于促进主权国家平等对话、跨国协商民主(transnational de-

---

① 韩德培、李龙主编:《人权的理论与实践》,武汉大学出版社1995年版,第21、23、118、121、129、141、143页。
② 韦深涉:《西方治理理论的价值取向与理论困境》,载《广西大学学报(哲学社会科学版)》2007年第4期。
③ 俞可平:《全球治理引论》,载《马克思主义与现实》2002年第1期。
④ [瑞典]卡尔松、[圭亚那]兰法尔主编:《天涯成比邻——全球治理委员会的报告》,中国对外翻译出版公司1995年版,第1页。

liberate democracy)、制度改革、市场矫正、社会公平、人类安全、免于贫困等有益于全人类的"全球治理理念"正在逐步实现。① 其特点在于：(1) 从超越民族国家边界的治理与超意识形态的人权的统一，到平等对话基础上的"全球治理"与主权国家人权保障的有机结合，维护民族自决权、发展权，为世界各国的发展创造了良好的国际环境。(2) 重视主权国家在人权保障领域的主体地位，重视国际组织的作用，与坚持人道主义原则相结合，反对任何践踏人权的行径。(3) 运用法治方式保障人权，杜绝以任何借口违反国际法及国际公约采取行动，促进国家治理的实现及权利保障义务的履行。

六、中国国家治理体系现代化与人权保障法治化

中国国家治理体系现代化建设与人权保障法治化是辩证统一的，这一良性互动关系是由中国的治理与人权传统"内生性演进"而来，是立足于中国实际，是国家战略与人民根本利益、权利与义务、"治理权"与发展权的统一，开创了具有中国特色的治理建设与人权保障路径。

(一) 马克思主义人权理论中国化与人民主权实践的有机统一

马克思主义人权理论的核心是运用唯物辩证法揭示资产阶级人权的本质，这种考察方法从"从现实的前提出发，它一刻也离不开这个前提。它的前提是人"，是"处在现实的、可以通过经验观察到的、在一定条件下进行的发展过程中的人"。② "国家只有通过个人才能发生作用"③。毛泽东同志继承马克思主义理论，坚持实事求是，深刻把握事物的本质属性，为社会主义人权理论的发展确立了正确的政治方向；邓小平同志坚持物质文明和精神文明两手抓，为开创人权保障的中国道路奠定了坚实的物质基础，并提出建设社会主义民主与

---

① [英] 戴维·赫尔德、安东尼·麦克格鲁编：《治理全球化：权力、权威与全球治理》，曹荣湘、龙虎等译，社会科学文献出版社2004年版，第21页。
② 参见《马克思恩格斯选集》第1卷，人民出版社1995年版，第73页。
③ 参见《马克思恩格斯全集》第1卷，人民出版社1956年版，第270页。

法制，为实现人权保障法治化指明了方向；党的十八届三中全会做出全面深化改革战略部署。自此，注重顶层设计与末端治理相结合的系统性改革和治理方略正式形成。

人民主权是人权实现的前提和基础，公众参与是治理与人权相结合的机制保障，民意表达构建治理与人权的沟通维度。根据马克思主义基本原理，治理与人权的"对立"方面表现在：主体方面，治理的主体是国家、政府、政党、社会、公民，人权的主体则为人；客体方面，治理的客体是公共事务，人权的客体包括政治权利、人身权利、经济权利、社会权利、文化权利；国家的独立权、发展权、环境权等。治理与人权的"统一"方面总体表现为二者互为参照、互相支撑。中国国家治理体系建设坚持集体人权与个体人权的统一，奠定了重构积极的全球治理及实现治理权与发展权相统一的基石；注重公民、社会、政府、政党、国家主体积极作用的充分发挥，为人民主权的全面贯彻创造了条件。

（二）以人权保障法治化推进国家治理现代化

人权保障是治理现代化的出发点和落脚点：（1）以人为出发点和落脚点的治理是长治久安的前提。公元前6世纪到公元前4世纪，齐、梁、陈、卫等暴发大规模的奴隶起义就是反例。（2）以保障人权为要义的治理是盛世之治的必由之路。从"贞观之治"、"咸平之治"到"康乾盛世"，治国之道的探索源于安民、养民的动力，而盛世善治的实现则有赖于爱民如子，使"无冻馁之老者"的努力。（3）人权保障为治理体系建设提供价值指引，并促进治理体系的发展和完善，使其聚焦人民群众高度关注的问题，切实保障人权实现。

人权保障法治化是构建国家治理体系的正当性、科学性、现实性、和谐性的基础：（1）人权是治理指标体系的重要内容，集体发展权与个体人权是国家、社会、公民开展治理活动、实现治理目标的权利前提与合法性来源。（2）人的本质决定治理属性，人类尊严与正义原则是治理正当化的基础，只有以人的现代化、人的全面发展为目的的治理体系建设才符合法治规律与权利精神。（3）人权的实现是治理机制运行的前提，没有广泛的人民参与和人民管理一切事务权利的保障，就没有民主治理的实现。毛泽东同志在回答黄炎培历史周期率问题时就指出,"只有人人起来负责,才不会人亡政息"。① (4) 人权保障法治化推动治理的"人道化",传递尊重和保障人权的理念,奠定科学解决纠纷的基础,"使人类之间、人类与自然界之间、人与国家和社会之间变得和睦、至善和谦让","从人性深处加强对法治的信仰",在实现人权保障法治化进程中,完善治理现代化的精神维度。②

(三) 以治理现代化开创人权保障的中国道路

中国国家治理体系现代化推动人权法律化向法治化转变,以制度现代化与法治精神的高度统一维护公民的基本权利,促进人的全面发展:(1) 国家治理体系现代化保障应然人权、法定人权与实有人权的统一,使社会的利益与个人的利益处于一种公正而和谐的关系之中。单纯追求财富不是人类的最终命运,"政治中的民主,社会中的友爱、权利与特权的平等,以及教育的普及"③ 才能成就更高的发展阶段。(2) 治理现代化为人权保障提供环境支持,以协同性与全面性保障人权理念在各个领域的切实实现,而作为治理现代化根本价值内涵的富强、自由、民主、法治本身就包含了权利保障的要求。(3) 治理模式科学与否直接影响人权保障的实践。理论范畴积极作用的发挥受其所处的物质生活条件的制约,孤立地依靠法律、人权、民主概念不能防止对人的侵害,如希特勒轻易就废除了《魏玛宪法》、北约自我授权投入战争,毁掉了已有的协商治理成果。所以说,即便是人权概念本身,也曾成为"西方国家的普遍主义或社群主义、地方主义的工具"。④ (4) 科学的治理体系促进人的现代化与"成至善之我"的实现。真正的人权不是权利的肆意,创造人人平等协商、相

---

① 冯玉军著:《寻找法治的力量——中国经典法律格言赏析》,北京师范大学出版社2010年版,第199页。
② 张建著:《刑事司法与前沿理论》,人民法院出版社2010年版,第176页。
③ [美] 摩尔根著:《古代社会》,杨东莼、张粟原、冯汉骥译,商务印书馆1971年版,第969页。
④ [美] 科斯塔斯·杜兹纳著:《人权与帝国:世界主义的政治哲学》,辛亨复译,江苏人民出版社2010年版,第9页。

互合作的良好治理,使人真正成为人,才能享有全面发展的权利。①中国国家治理需以制度基础与文化传统开创人权保障的中国道路。治理模式制约人的属性,"权利永远不能超出社会的经济结构"及社会文化的发展。② 孙中山先生指出:"东方的文化是王道,主张仁义道德;西方的文化是霸道,主张功利强权。"中国以自己的方式来实现国家富强与人民幸福,"和"是中国人的血脉,构成了人权保障的中国气度与气质。③

---

① 陈慈阳著:《人权保障与权力制衡》,翰芦图书出版有限公司 2007 年版,第 30 页。
② 参见《中国大百科全书》,中国大百科全书出版社 1984 年版,第 423 页。
③ 曹鹏程:《"和"文化是中国人的血脉》,载《人民日报》2014 年 5 月 20 日,第 4 版。

法治新常态刍议*

"新常态"一词，业已成为当代中国各部门、各行业的时髦用语。这是符合客观规律的反映，也是实事求是的表述。法治，作为一种理念、一种制度、一种状态，特别是作为治国理政的基本方式，同样，是一种新常态。

法治作为一种常态，曾有法学家探讨过，但对于社会主义法治的新常态，却是一个崭新的命题。现谈点看法，供同志们参考。

一、法治是"规则之治"

法治作为"规则之治"，至少表明：首先，规则对事不对人，它克服了人性的缺点，可以避免以权压法、徇私枉法。对法律的普遍性服从是规则之治的核心内容，卢梭就曾讲过："法律将意志的普遍性和对象的普遍性集于一身"，它"从不关注个别的人和个别的行为"①。其次，规则可以反复适用。按统一标准办事，反对特权，实现法律面前人人平等。最后，也是最重要的，法律规则可以为人们提供三种行为模式，它明确地告诉人们：哪些行为可以做，哪些行为禁止做，哪些行为必须做，使人们可以预测自己行为的后果，从而为法治的引导、规范、促进和保障作用提供了理论支撑和现实根据。

要强调法治的引导作用。在各项工作中，法治不仅可以"保驾护航"，而且可以"引领导航"。它为"顶层设计"提供理论依据，

---

* 本文刊载于《社会科学家》2015年第1期。
① ［法］让·雅克·卢梭：《社会契约论》，杨国政译，陕西人民出版社2004年版，第32页。

也是对法治是治国理政基本方式的最佳诠释。当然,法治作为"规则之治"重要的是为"法律权威"与"依法办事"奠定了基础。

规则有法律规则、政策规则、宗教规则、习惯规则、技术规则之分。法律规则是规则的最高层次,具有如下明确特征:一是国家属性。它由国家制定并由国家强制力保障执行,其政治性比较明显。社会主义国家的法律规则主要依靠宣传教育,由人民自觉遵守和执行,尽管必要时也会使用国家强制力。虽然其他社会规则与技术规则的执行也依靠一定的强制力,但它不是国家强制。二是赏罚分明。法律规则具有权威性,神圣不可侵犯。一旦法律规则受到侵犯,当事者必然受到应有处罚,同时,法律规则对那些有功于国家与人民的人们,依法给予奖励。尽管其他社会规则也有奖罚的规定,但不及法律规则严厉。三是平等性。法律最讲公道,不仅要求法律规则公平,而且要求权利公平、机会公平、后果公平。规则公平是其他公平的前提与基础。

通过不断深化改革,特别是随着依法治国的全面推进,我国在规则公平方面大有改善,如改变了过去在户籍上把人分成三六九等以及城乡居民"同命不同价"、"同命不同判"的不公正情况,又如正在改变的退休"双轨制"以及国有企业高管工资待遇过高的不公平情况。

把法治称之为"规则之治"是法学界的共识,也是法律界的共同要求,正是这种共同的价值追求形成了"法律职业共同体",也正是这个共同体在党的领导下,才迎来今天法学的繁荣。

二、法治是"良法之治"

如果说"规则之治"是法治的形式常态,那么"良法之治"则是法治的实质常态。法,历来就有"良法"与"恶法"之分,人们肯定"良法",否定"恶法"。良法惩恶扬善,受人拥戴。早在20世纪初,青年时代的毛泽东就在其处女作《商鞅徙木立信论》一文中大力宣扬良法,大声疾呼"商鞅之法者,良法也"。① 社会主义法治之法,必然也应该是"良法"。

---

① 参见《毛泽东早期文稿》,湖南人民出版社1990年版,第2页。

良法之治是法治的内在要求。"法律是治国之重器,良法是善治的前提。"① 法治国家,一定是依良法而治的国家,亚里士多德的"已成立的法律获得普遍的服从,而大家所服从的法律又应该本身是制定得良好的法律"②,是对法治国家的经典表述。社会主义法治则更应是良法与善治的有机结合。

何谓"良法"?尚无统一标准,但有几点已形成共识:(1)良法必须符合人民利益,体现人民意志;(2)良法应顺应时代潮流,符合历史规律;(3)良法是可以操作的法律规则;(4)良法应该简明扼要,通俗易懂。凡是违背事物发展规律、缺乏权力制约、侵犯人权以及不具可操作性的法律都应当被排除在良法之外。为此,要求立法机关和决策者在制定法律与政策的过程中,做到民主立法、科学立法、依宪立法;多作调查研究,使法律与政策真实反映客观规律,符合人民利益,使法律与政策不仅成为人们的行为准则,而且推动经济社会不断发展与进步,使法律成为人民生命与财产、国家利益与安全的保护神。

第二次世界大战以后,清算法西斯战争罪犯的纽伦堡审判与东京审判,对良法与恶法问题做了科学的说明与生动的回答。当时,无论是纳粹战犯还是日本军国主义战犯,都异口同声否认自己的战争罪行。他们认为自己是按其国家通过的法律去打仗的,不构成犯罪。而法庭给予义正词严的驳斥,认为作为发动侵略战争借口的德国与日本所通过的法律是恶法,其本身就犯了反人类罪和战争罪。作为执行恶法的纳粹与日本军国主义战犯,当然无疑就是罪犯,从刑法上讲是执行犯,应负战争罪的责任。最后,法庭按"恶法非法",以反人类罪与战争罪对其中的首要分子处以了死刑。

"恶法非法"与"恶法亦法"是自然法学与分析法学长期争论的焦点,我们赞同"恶法非法"的观点,主张良法治国,正如十八届四中全会所强调的,我们要实行良法善治。

---

① 《中共中央关于全面深化改革若干重大问题的决定》,人民出版社2013年版,第8页。

② [古希腊]亚里士多德:《政治学》,吴寿彭译,商务印书馆1965年版,第199页。

三、法治是"公正之治"

法律的生命在于实施,实施的灵魂在于公正。法治之所以受人遵循与信仰,其根本原因就是"公正"二字。法治的公正既包括程序公正,也包括实体公正。我们要坚持和贯彻两个公正:一方面,要求法治的各个环节都要全面贯彻公正原则,坚持公正的底线,向社会昭示社会主义公正的品性;另一方面,通过在法治中对公正的坚守,向社会倡导公正理念,并使之成为社会主义社会的主流价值和全社会的共同理想。

公正的朴素含义,一般是指公允持平、办事公道、不偏不倚、利益均衡,同时,又含有惩恶扬善、是非清楚、办事公道。在司法领域,公正具有特殊含义,专指依法办案,以事实为根据,以法律为准绳,重证据,重调查研究,反对主观臆断,杜绝逼、供、信,将公正贯穿于办案的整个过程。

司法公正已成为全社会关注的焦点。这是因为公正是司法的本质,更是社会公平的底线。尽管全面实现司法公正是一个较长的过程,但党中央还是急人民之所急,先后在第十八届三中、四中全会上都比较详细论证了这个问题,并作出顶层设计。其中有几条改革措施将一直铭记在人们的心中:一是去行政化,反对地方保护主义,将法院与检察院统一由各级管理。二是谁审理,谁裁判,确保法院独立行使审判权,法官对案件终身负责。三是法院以审判为中心,实行分类管理,突出法官的地位与作用。四是对法官提出更高的要求,实行严格的法官选拔和惩处制度。当然,还有不少改革正在深化,这无疑是件大好事。

四、法治是"控权之治"

法治的初衷就是"权力制约"。其实,早在法治之前即古罗马共和国时期就存在"权力制约"。按当时的有关规定,罗马的最高行政长官为执政官,它不仅受到严格的监督,公民有权对其违法行为向元老院提出控告,同时在执政官届满卸任时,还要接受监察官的检查。

权力制约形成制度并受法律调控发端于英国的洛克,发展于法国的孟德斯鸠,完成于美国的汉密尔顿。其理论根据是建基在孟德斯鸠的重要论断上:"一切有权力的人都容易滥用权力,这是万古不易的一条经验","要防止滥用权力,就必须以权力制约权力"。① 这就是人们常讲的"把权力关进制度的笼子里"。

权力的集中必然导致腐败,而公共权力的腐败必然导致法治被破坏。对权力的制约存在有多种方式,资本主义的三权分立就是其中一种。邓小平同志说过:"我们讲民主,不能搬用资产阶级的民主,不能搞三权鼎立那一套。"② 社会主义国家不搞三权分立,但并不是不要权力的制约。在制度设计上,我国是在人民主权原则下,通过人民代表大会制度对行使国家权力的各级国家机关及其工作人员的职责、权限进行划分,并构建由党内监督、人大监督、行政监督、司法监督、审计监督、社会监督等组成的监督体系,强化民主集中制原则来实现对权力的制约。

我国对权力制约历来重视。早在 1945 年的"延安窑洞对"时,毛泽东在回答民主人士黄炎培提出的"周期率"问题时,就明确指出,我们用"民主"即人民监督政府,用权力制约来避免"人亡政息"的结局。新中国成立后,特别是改革开放以来,我国成为了世界上监督机构最多的国家,但效果仍然一直不佳。近年来贪腐现象又有恶性发展之势,好在通过"老虎苍蝇一起打"将其气焰打下去了,但根本的问题——制度不严并未解决,要加强权力制约的制度建设,完善中央巡视制度,加强人民监督制度,切实发挥法律监督机关的功能,切实把权力关进制度的笼子里,用法治思维与法治方式来认识和处理贪腐问题,使贪腐分子不敢腐、不能腐、不愿腐!

五、法治是"保障人权之治"

法治作为"保障人权之治",是当今世界为法治的价值追求所提

---

① [法] 孟德斯鸠:《论法的精神·上》,张雁深译,商务印书馆 1961 年版,第 154 页。

② 《邓小平文选》第 3 卷,人民出版社 1993 年版,第 195 页。

出。人是一切法律、法治的出发点与归宿，马克思说过："不是人为法律而存在，而是法律为人而存在。"① 因而，人权是法治的内在动因。人类总结20世纪两次世界大战的惨痛教训，明确在《联合国宪章》中宣告保障人权，并于1948年通过了《世界人权宣言》。我国宪法也确认了"尊重与保障人权"这一原则。

人权是人成其为人应该具有的权利，它既是一种道德权利，更是一种法律原则。自20世纪以来，人权与法治就不可分离。中国共产党一贯重视对人权的保护。在革命战争时期，不少解放区或革命根据地都颁布过保障人权的法规，还组织和领导了"中国人权大同盟"等人权组织。改革开放以后，中国共产党已将保障人权提升为宪法原则。近年来，我国不仅不断加强人权的理论建设，而且大力加强人权制度建设，并积极参与国际人权保护工作。建国以来特别是改革开放以后，我国在人权保障方面取得了巨大成功，赢得了世界人民的赞许。

法治主要通过三个方面来保障人权：一是确认人权的内容与范围。通过宪法与其他部门法的规定，一方面向人们公开确认人作为人有哪些权利，特别是规定本国公民享有哪些权利与自由；另一方面明确指出在本国国情下，人权行使的边界。二是法治规定实现人权的程序、原则与方法。个人在实现人权时不能损害和破坏他人行使人权，也就是说，人权与其他权利一样，也是受制约的，但人权中的基本人权有一定的特殊性，它不可转让、不可分割，有些权利连法律也不可剥夺。如人格尊严，即使是被判处死刑也不能被剥夺。三是法治对破坏人权的犯罪行为予以必要的制裁。历史上，纽伦堡审判与东京审判就是对破坏人权行为的有力打击和对战争犯的严厉制裁。在一国范围内，对那些侵犯他人人身、财产权利与自由的行为，必须要对其进行制裁，否则，人权保障就是一句空话。

当然，由于种种原因，我国在保障人权上还是有漏洞的。从近年来平反的几个冤假错案来看，我们在司法领域还存在逼、供、信的个别情况，还存在以权乱法、徇私枉法的丑恶现象。我们应从中吸取教训、引以为戒，通过学习和践行党的十八届四中全会文件，深入进行

---

① 《马克思恩格斯全集》第3卷，人民出版社2002年版，第40页。

司法改革，使人民从每个案件中感受到公平正义，感受到人权的确实保障。

六、法治是"多数人之治"

  古往今来，治国方略可概括为两种：法治与人治。人治是一人或少数人之治，而法治是多数人之治。毫无疑问，正如亚里士多德早就指出的那样：法治优于人治。他认为，法治较之人治的优越性体现在：一是多数人的智慧优于一人或少数人的智慧，多数人审慎制定的法律肯定更具有正确性。特别对于立法工作，他明确指出："与其寄托一人，毋宁交给众人。"① 二是法治更加公正且不受个人感情的左右。他认为"让一个个人来统治，这就在政治中混入了兽性的因素"，而"法律恰恰正是免除一切情欲影响的神祇和理智的体现"。② 三是法治借助于法律来进行统治，而法律不会像人那样信口开河，具有很强的明确性和稳定性。

  中国几千年来一直是"人治"。1949年中华人民共和国的成立为实行法治奠定了政治基础，党的十一届三中全会开辟了中国特色社会主义法治道路，这一伟大创举正在中国全面推进。人们还念念不忘邓小平同志在《解放思想，实事求是，团结一致向前看》中所提出的："为了保障人民民主，必须加强法制。必须使民主制度化、法律化，使这种制度和法律不因领导人的改变而改变，不因领导人的看法和注意力的改变而改变。"③ 这就是说，法治是多数人之治，是人民之治，不能因领导人的改变而改变，也不能因领导人的情况与注意力的改变而改变。

  正因为法治是多数人之治，法治的最终目的必然就是保护人民利益，增进各民族人民的福祉。我国是中国共产党领导的人民民主专政

---

  ① [古希腊] 亚里士多德：《政治学》，吴寿彭译，商务印书馆1965年版，第171页。

  ② [古希腊] 亚里士多德：《政治学》，吴寿彭译，商务印书馆1965年版，第169页。

  ③ 《邓小平文选》第2卷，人民出版社1994年版，第146页。

的社会主义国家，占人口绝大多数的人民是国家的主人，人民通过人民代表大会管理国家事务。这就更加要求我们要实行法治，也更加能够体现法治是"多数人之治"的属性，所以习近平同志指出："把坚持党的领导、人民当家作主、依法治国有机统一起来是我国社会主义法治建设的一条基本经验。"① 我们必须牢记这条经验与原则，并在实践中贯彻执行。

七、法治是"公开之治"

法治是公开之治，法治的各个环节包括立法、执法、司法、守法、护法等都应该是公开的，因为法治保护的是国家与人民的利益，它体现的是人民的意志。法治同时也必须是公开的，因为这样便于人民知情和公开监督。也正因为法治是公开之举，所以便于集中人民智慧，从而使法治更加有力，更加有效地发挥作用。

法治公开的形式是多样的。立法公开包括草案的起草要民主，要听证；草案要公开，接受广泛讨论；通过要慎重，一般法案认证要立法机关过半数票同意，必要时要通过全民表决。司法要公开，除特殊情况外，所有案件都应公开审判。司法公开是公正司法的必然要求，是保障民众对司法的知情权、参与权、表达权和监督权的必然选择，也是提高司法公信力的有效途径。执法也要公开，接受社会的监督，因为"阳光是最好的防腐剂"。习近平同志强调指出，要"坚持用制度管权管事管人，让人民监督权力，让权力在阳光下运行，是把权力关进制度笼子的根本之策。"② 法律监督的内在要求法治的公开，没有公开就无从监督。法律监督本身也是公开的，人民拥有申诉、控告、检举、揭发以及提建议的权利，而这些权利的行使也应当是合法且公开的。

---

① 习近平：《关于〈中共中央关于全面推进依法治国若干重大问题的决定〉的说明》，载《中共中央关于全面推进依法治国若干重大问题的决定》，人民出版社2014年版，第49页。

② 《中共中央关于全面深化改革若干重大问题的决定》，人民出版社2013年版，第35页。

"公开之治"不仅要求公开形式的多样性，而且要求其公开应遵循如下原则：一是公开必须严格遵守国家法律。法律要求公开的事项，一律公开，而基于国家秘密、企业的商业秘密以及公民个人隐私保护需要而法律不予公开的，不得公开。二是公开应当具有及时性。无论是立法、司法还是执法都应当在法律规定的时限内公开，以便人民及时地了解、掌握国家的治理状况，实现人民在真正意义上的当家作主。三是公开应当避免形式主义。法治的公开不是为了公开而公开，而是在实质意义上的全面公开，这是社会主义制度的本质要求。作为治国理政基本方式的法治必须是公开的，要尽量做到家喻户晓，人人皆知。

八、法治是民主之治

近代以来，在世界范围内，民主与法治有着不可分割的联系，离开民主的法治将导致专制，离开法治的民主，必将出现无政府主义。

其实，"民主"一词是舶来品。哲学家将其译为"人民主权"；法学家翻译为"多数人的统治"；历史学家将其意译为"平民的政府"，主要是因为古希腊最早的共和国名是"平民政府"。中国古代有"民主"一说，但其与近代意义的民主的含义完全相反，如"天惟时求民主"一说，其"民主"之意是"民之主"。因此，我们只能从中国的现实出发来解释"民主"，即人民当家作主。这既符合我国宪法原则，更符合我国实际情况。

自古以来，民主的形式就呈现多样性；有直接民主，如雅典的公民大会；也有间接民主，如古罗马的元老院。现代形式的民主更趋向多元化，如协商民主、代议民主、自治民主等等。至于法治与民主的联系，可以概括为互为基础、互为保障。过去，我们只强调民主是法治的基础和法治是民主的保障，现在我们必须看到法治同样是民主的基础，民主同样是法治的保障。因为民主如果没有法治这个基础，必然会走向反面，必然会导致无政府主义出现，甚至会扰乱社会秩序，导致动乱产生，香港出现的所谓"占中"便是典型的例子。同样，法治没有民主来保障，就会出现"公说公有理，婆说婆有理"的乱象，使民主失去标准与原则。一般来说，民主的三大原则即多数决策、程序正义、保护少数，必须用法治来保障与实现，必须要依靠法律的权威来确定，必须依靠规则来实现。

因此，要全面推进依法治国，必须加强人民民主。实现民主必须从实际出发，从国家的历史传统出发，特别是从现有的国家制度出发。在我国，既要搞选举民主，实现选举平等，一人一票，又要搞协商民主。在多民族国家里，协商民主是团结各民族的重要纽带，是解决各地区发展不平衡的最好办法，也是协调各阶层、各团体、各单位利益的基本方法。同时，还要从中国现状出发，考虑各种历史状况，实现自治民主。

九、法治是"文明之治"

董必武同志指出："说到文明，法制要算一项。"① 法律，人类进入文明时代的重要标志；法治，现代文明的重要组成部分。古罗马之所以显赫一时，是因为它拥有集古代智慧于一体的佳作；中国唐代之所以出现万国来朝的辉煌，是因为它拥有治理封建帝国的唐律；近代法国之所以成为西方国家关注的焦点，是因为它拥有被恩格斯称赞为第一个世界性法律的《拿破仑民法典》。

正如庞德所说，文明除了有物质文明和精神文明之分，还有"政治文明"之说。但不管是哪种文明，都与法治有紧密的关系。先看作为基础的物质文明，特别是现代物质文明，其离不开法治的引导、规范、促进、保障和制约，在微观领域，更是离不开法治对利益主体合法性的确认，对利益主体交互行为的规制以及对主体之间经济纠纷的调整和处理。再看精神文明，法治作为一种理念，法学作为一种社会意识，无疑是精神文明的组成部分。特别是法治与政治文明的关系，则更为生动和具体：第一，法治作为一种制度，是政治文明的载体，它不断促进社会形态的更替，闪耀社会主义制度的光辉。第二，法治作为治国之道，促使政治文明更加人性化、人道化，大大提高了人们的幸福指数。第三，法治与民主的相互作用与相互保障，不仅促进政治民主化，而且有利于民主的多样化，如我国便有选举民

---

① 《董必武政治法律文集》，法律出版社1986年版，第520页。

主、协商民主、自治民主等多种形式，显示出社会主义民主的优越性。

法治作为文明之治，具体体现在法治的各个环节：在立法方面要文明立法。文明立法首先表现在内容上，要使每个立法符合时代潮流，体现文明气息，要使法律成为引导人类文明的标杆，要使法律规则成为现代文明的体现，使社会和谐成为法律的基本价值。司法文明是法治的基本要求，它要求：（1）尊重与保障人权，特别是对当事人，要尊重人格、关注人性、体恤人情、讲究人道，切实维护被害人、被告人的合法权益。（2）严禁刑讯逼供，彻底废除法西斯式的审讯方式。（3）切实保障犯罪人的人道主义待遇，严禁各项打骂和侮辱人格的措施，如剃光头、穿标有囚犯证号的衣服等。同时，在法律监督、法律执行各个领域都要讲文明，特别是在行政执法中要严禁拆房屋、停水停电等非人道的行为。

总之，文明是法治的基本要求，应贯彻到各个具体环节。社会主义法治新常态的关键是坚持依法执政，全面加强党的领导。

马克思主义法学创立过程的三部曲*

马克思主义法学的创立是法学发展史上的伟大变革，它历经了一个发展演变的过程。弄清它的来龙去脉，对坚持和发展马克思主义法学具有重大的理论意义。马克思主义法学是"在马克思、恩格斯创建唯物史观的基本原理，分析、揭露剥削阶级，特别是资产阶级的法律制度，并在批判继承以往社会法律文化的过程中形成的"，"以马克思主义为指导来研究法律现象的"法学理论。① 马克思主义法学由马克思与恩格斯两人共同创立，"《黑格尔法哲学批判》是马克思主义法学的发源地，《德意志意识形态》是马克思主义法学的奠基之作，《共产党宣言》是马克思主义法学成熟的标志"②。马克思主义法学创立后，经由其他马克思主义经典作家的理论阐述以及实践补充，在之后的发展中逐渐演变成为一个完整的理论体系。

一、发源地：《黑格尔法哲学批判》

《黑格尔法哲学批判》（以下简称《批判》）是马克思于 1843 年 3 月到 9 月底在克罗茨纳赫写下的一部未完成的手稿，该手稿于 1927 年才得以发表。《批判》是对黑格尔《法哲学原理》一书中阐述的国家问题部分做的全面的批判性分析，其对《法哲学原理》第 257~

---

* 本文刊载于《时代法学》2015 年第 1 期，系李龙教授与其博士生凌彦君合著。
① 孙国华、朱景文：《法理学》，中国人民大学出版社 1999 年版，第 4 页。
② 李龙、李志明：《马克思主义法学的创立、发展及其主要内容》，载《人民法院报》2008 年 8 月 20 日，第 5 版。

260节的批判部分已经遗失，现存手稿也在第261~313节出现中断。原稿中并没有标题，"黑格尔法哲学批判"这个标题是苏共中央马克思列宁主义研究院在1927年首次发表该文稿时添加的标题。

马克思主义法学的创立是一个艰辛复杂的过程。马克思带着他在《莱茵报》时期面对物质利益所产生的"苦恼的疑问"，完成了他的这第一部著作。《批判》标志着马克思的法学思想从以唯心史观为基础，开始转变为以唯物史观为基础，它是"马克思早期法学思想演变的重要里程碑"。① 该作品是马克思对自己"苦恼的疑问"的初步回答，它摧毁了庞大的黑格尔法哲学体系，开启了马克思主义法学发展史的新篇章。马克思在《批判》中给出了历史唯物主义的朴素表达——市民社会决定国家与法，该观点贯穿了历史唯物主义的灵魂与核心，堪称马克思主义法学的发源地。

马克思主义法学区别于其他法学流派的本质在于马克思主义法学以历史唯物主义，即唯物史观为理论基础，"以经济基础决定上层建筑的原理为指导，始终坚持法的物质制约性，认为一定的经济基础决定法的内容、发展和变化，同时又承认法对经济基础强有力的反作用"②。之所以说《批判》是马克思主义法学的发源地，主要是因为作为马克思主义法学的理论基础的历史唯物主义萌芽于、发源于这部作品。马克思在该著作中以费尔巴哈的唯物主义为思想武器，对黑格尔唯心主义进行了猛烈批判，指出："黑格尔把国家观念作为主体，而把现实的人即家庭成员和市民社会成员当作'谓语'的唯心主义'颠倒'。"③ 通过批判黑格尔法哲学所坚持的市民社会与国家的关系——国家决定市民社会，提出了市民社会和国家的正确关系——不是国家决定市民社会，而是市民社会决定国家。马克思突破并超越了费尔巴哈唯物主义的自然观，在历史领域也开始走向了唯物主义。在这个层面，可以说青年马克思的哲学思想就已开始走向马克思主义。

---

① 李龙：《论马克思主义法学的创立》，载《中国法学》1990年第3期。
② 李龙、李志明：《马克思主义法学的创立、发展及其主要内容》，载《人民法院报》2008年8月20日，第5版。
③ 寇东亮：《青年马克思人学思想变革的逻辑脉络——从〈黑格尔法哲学批判〉到〈神圣家族〉》，载《学习与实践》2013年第7期。

马克思不仅指出市民社会决定国家,还指出市民社会决定法,也就是说他已经在该著作中初步提出了法的物质制约性,而物质制约性是马克思主义法学的根本属性。在这个意义上,可以说青年马克思的法学思想已开始走向马克思主义法学观。

之所以说《批判》是马克思主义法学的发源地,而不说它是马克思主义法学的奠基之作或成熟之作,是因为在该作品中马克思并未完全和正式确立唯物史观,即历史唯物主义理论。要弄清楚这个问题,就需要回到《批判》在整个马克思主义哲学体系中的定位问题。通过研究文本我们可以发现,《批判》并不是马克思历史唯物主义世界观转变完成的标志,而只是他走向历史唯物主义的开始。历史唯物主义理论并没有在该著作中得到全面表达和全面确立,准确地说在该著作中历史唯物主义理论只是开始发源和萌芽。尽管"马克思所说的市民社会与黑格尔一样,都是指经济活动的私人领域,是为了满足经济需要而产生相互作用的共同生活"[1],但不能简单地将"市民社会决定国家"这一观点等同于"经济基础决定上层建筑"这一历史唯物主义的最基本命题,不能简单地认为市民社会决定国家的观点的提出就标志着马克思历史唯物主义理论的全面确立。因此,对于《批判》在马克思主义法学创立过程中的历史定位的准确表述应该是:《批判》是马克思主义法学的发源地。

另外,将《批判》定位为马克思主义法学的发源地,除了作为马克思主义法学理论基础的唯物史观发源于这部作品这个根本原因外,还因为《批判》反映和体现了马克思主义法学的另外两个重要的特点:首先,马克思主义法学始终坚持人是法律的主体和目的的观点。在该著作中,马克思通过批判黑格尔法哲学,提出了"在民主制中,不是人为法律而存在,而是法律为人而存在"的观点[2],这个观点凸显了人的主体地位,并指出人是法律之源,人是法律的目的,从而将在黑格尔法哲学中被压抑的人解放出来。这一观点事实上就体现了人是法律的主体和目的这一马克思主义法学的重要特

---

[1] 李娉:《马克思对黑格尔的继承与超越——以〈黑格尔法哲学批判〉为中心》,载《江西社会科学》2013年第2期。

[2] 《马克思恩格斯全集》第3卷,人民出版社2002年版,第40页。

点。其次，马克思主义法学始终坚持人民主权，坚持民主与法制的辩证关系，重视民主和法制的相互作用，以民主和法制共同支撑社会主义法治国家的大厦。在《批判》中，马克思批判了黑格尔推崇的君主主权和君主立宪制，提出了人民主权和民主制，并认为只有在民主制中人民主权才能实现。在此意义上，《批判》也体现了马克思主义法学重视民主和坚持人民主权这一重要的特点。综上所述，无论从唯物史观发源于《批判》来看，还是从《批判》体现了马克思主义法学观的重要特点来看，在马克思主义法学创立的过程中，《黑格尔法哲学批判》都应该被定位为马克思主义法学的发源地，而且是仅有的发源地。

二、奠基之作：《德意志意识形态》

《德意志意识形态》（以下简称《形态》）是马克思和恩格斯于1845秋天至1846年夏天合作完成的，该著作在马克思、恩格斯生前并未发表，是以手稿形式保存下来的，1924年第一次由苏联马克思恩格斯研究院以俄文发表于《马克思恩格斯文库》第1卷。《形态》是马克思主义发展史上最为重要的著作之一，其最伟大的历史成就在于创立了唯物史观，初步完成了哲学史上的根本性变革，《形态》首次正式全面阐述了历史唯物主义的一般原理，即生产力决定生产关系、经济基础决定上层建筑。"马克思和恩格斯不仅在《德意志意识形态》中初步完成了马克思的第一个伟大发现——唯物史观，为马克思主义法学的创立奠定了理论基础，而且该书本身就以唯物史观为武器，阐明了马克思主义法学的基本原理，是马克思主义法学的奠基之作。""马克思主义法学是以揭示法的根源的物质性、法的本质的阶级性、法的发展的规律性而创立的。《德意志意识形态》明确地阐明了这三个基本原理。"①

科学的唯物史观是马克思主义法学创立的理论基础，是马克思主义法学产生的哲学前提，它使法学理论真正建立在现实基础之上。在《形态》中"由于存在论上的彻底革命与历史唯物主义的形成，马克

① 李龙：《论马克思主义法学的创立》，载《中国法学》1990年第3期。

思的社会政治理论才真正获得了哲学上的全面奠基"①。马克思和恩格斯在该作品是这样阐述唯物史观的:"这种历史观就在于:从直接生活的物质生产出发阐述现实的生产过程,把同这种生产方式相联系的、它所产生的交往形式即各个不同阶段上的市民社会理解为整个历史的基础,从市民社会作为国家的活动描述市民社会,同时从市民社会出发阐明意识的所有各种不同理论的产物和形式,如宗教、哲学、道德等,而且追溯它们产生的过程。"② 从这种唯物史观出发,马克思和恩格斯指出,要了解法的本源,就应该考察它与现实社会之间的关系,而不应将脱离现实经济关系的自由意志或抽象的权力视为法的基础,从而指出了法的根源的物质性。

"马克思与恩格斯明确指出了国家与法对经济的依赖关系。"③ 他们指出,法是从人们的物质关系以及由此而导致人与人的争斗中产生的,那些不依赖于个人意志的物质生活,即人们之间相互制约的生产方式和交往形式是国家的现实基础,也是法律产生的基础。马克思和恩格斯认为:"法律关系从野蛮到文明的发展过程,就充分证明社会经济关系是法的最深厚的客观内容及其赖以存在的根据。"④ 马克思和恩格斯从社会经济关系出发对法的本源作出规定,超越了唯心主义法学流派对法的本源的认识,从而为马克思主义法学的发展确立了基本的规定性,即法的根源的物质性。

在论述了法的客观经济属性后,马克思和恩格斯在《形态》中还提出了法的主观属性,即法的国家意志性和法的本质的阶级性。他们指出法是体现统治阶级共同利益的国家意志。首先,法律是统治阶级意志的体现。由统治阶级共同利益所决定的意志的表现就是法律。"统治阶级的思想在每一时代都是占统治地位的思想。这就是说,一个阶级是社会上占统治地位的物质力量,同时也是社会上占统治地位

---

① 吴晓明:《黑格尔法哲学与马克思社会政治理论的哲学奠基》,载《天津社会科学》2014 年第 1 期。
② 《马克思恩格斯选集》第 1 卷,人民出版社 1995 年版,第 92 页。
③ 李蕾:《马克思早期法学思想的重要里程碑——纪念〈黑格尔法哲学批判〉发表 170 周年》,载《湘潭大学学报(哲学社会科学版)》2013 年第 4 期。
④ 李光灿、吕世伦:《马克思恩格斯法律思想史》,法律出版社 2001 年版,第 239 页。

的精神力量。"① 法律体现的是统治阶级的意志，具有明显的阶级性，但是作为法律的统治阶级的意志不是统治阶级中少数人的意志，或者个别人的意志，而是统治阶级整体意志的反映，该意志体现统治阶级的整体利益。② 其次，马克思和恩格斯指出法律是国家意志。那么，在这个意义上，并不是所有的统治阶级意志都是法律，作为法律的统治阶级意志必须是上升为国家意志的统治阶级意志。马克思和恩格斯强调，在考察法律时不能将其国家意志性与物质制约性割裂开来，而应该坚持法的主观性和客观性的统一，并使其客观性成为其主观性的基础。③

马克思和恩格斯在《形态》一书中还揭示了法的发展的规律性。他们首次科学地揭示了法律的产生及其发展规律，指出法律并不是永恒存在的，而是人类社会发展到一定阶段的产物。他们在考察原始社会部落所有制的基础上，提出"私法和私有制是从自然形成的共同体［Gemeinwesen］的解体过程中同时发展起来的。"④ 马克思和恩格斯指出法律是和所有制联系在一起的，没有私有制的出现，便不可能有法律的产生，私有制是在原始社会解体过程中随着动产的出现而出现的，这样就把法律同商品生产与交换联系在一起了，私有制、商品交换、阶级、国家这些都是法律产生的条件和前提。⑤ 法律随着私有制的产生而产生，法律的发展同样和所有制的演变以及商品经济的发展有着密切联系。《形态》指出："当工业和商业——起初在意大利，随后在其他国家——进一步发展了私有制的时候，详细拟定的罗马私法便又立即得到恢复并取得威信。"⑥ 后来随着资产阶级力量的壮大，法便在所有资产阶级国家开始真正发展起来，除了英国外，所有国家法的发展都以罗马法典为基础。

---

① 《马克思恩格斯选集》第1卷，人民出版社1995年版，第98页。
② 侯廷智、邰丽华著：《马克思主义法学思想理论及其现实意义》，首都经济贸易大学出版社2011年版，第39页。
③ 李光灿、吕世伦著：《马克思恩格斯法律思想史》，法律出版社2001年版，第240页。
④ 《马克思恩格斯选集》第1卷，人民出版社1995年版，第132页。
⑤ 李龙：《论马克思主义法学的创立》，载《中国法学》1990年第3期。
⑥ 《马克思恩格斯选集》第1卷，人民出版社1995年版，第133页。

综上所述,《形态》阐明了历史唯物主义的一般原理,为马克思主义法学的创立提供了明确的理论基础和科学方法,同时,马克思和恩格斯在其中首次系统阐明了法的根源的物质性、法的本质的阶级性以及法的发展的规律性等历史唯物主义法学的基本原理,因而说,《形态》作为历史唯物主义法学的理论形态,是马克思主义法学的奠基之作。

三、成熟标志:《共产党宣言》

《共产党宣言》(以下简称《宣言》)发表于1848年2月,是马克思和恩格斯为共产主义者同盟起草的纲领性文件,它系统阐述了历史唯物主义的基本原理和科学社会主义的内容,科学揭示了社会发展的历史规律。《宣言》的出版标志着马克思主义的诞生。在法学方面,《宣言》包含着对历史唯物主义法学原理的经典阐述。马克思和恩格斯在《宣言》中旗帜鲜明地阐明了历史唯物主义法学的世界观,揭示了法的本质问题、人类社会的历史运动与法律发展的规律,以及无产阶级推翻资产阶级统治建立自己的法制的历史必然性。①《宣言》是马克思主义历史唯物主义法学的纲领性文件。伴随着马克思主义的诞生,《宣言》也标志着马克思主义法学的成熟和公开问世。

马克思和恩格斯在《宣言》中坚持和发展了他们在《形态》中关于法的本质的认识,揭示了资产阶级法律的本质和特征。法的本质问题是法学不可回避的根本性问题,在马克思和恩格斯之前,已有许多思想家和法学家就法的本质问题做过探索,提出了各自的见解。如有人将法的本质归为神的意志或上帝的意志,有人将法的本质归于人类的理性,有人认为法是主权者的命令,等等。马克思和恩格斯在《形态》中就已经考察了法的本质问题,认为法是体现统治阶级共同利益的国家意志。在《宣言》中,他们继续坚持这种认识。

针对资产阶级思想家的各种荒谬观点,马克思、恩格斯驳斥指出:"你们的观念本身是资产阶级的生产关系和所有制关系的产物,

---

① 李光灿、吕世伦著:《马克思恩格斯法律思想史》,法律出版社2001年版,第270页。

正像你们的法不过是被奉为法律的你们这个阶级的意志一样,而这种意志的内容是由你们这个阶级的物质生活条件来决定的。"① 这段话是对资产阶级法的本质的经典论述,它揭示出法的本质是阶级意志性和物质制约性的统一。首先,马克思和恩格斯认为资产阶级的法是被奉为法律的资产阶级的意志。他们在考察资产阶级的产生和发展历史后指出,资产阶级的意志上升为法律是随着资产阶级成为统治阶级而实现的。他们指出,资产阶级并非天生就是统治阶级,他们的成长经历了一个过程。在封建地主统治时期,资产阶级是被压迫的阶级,后来随着资本主义生产的发展,在工场手工业时期他们成为与君主国中的贵族相抗衡的势力,再后来随着机器大工业的发展和世界市场的出现,他们推翻了封建统治建立了资产阶级国家,并成为其中的统治阶级,他们的意志才最终上升为法律。其次,马克思和恩格斯指出被奉为法律的资产阶级意志的内容是由资产阶级的物质生活条件所决定的。他们认为资本主义私有制是资产阶级法律赖以生存的基础,科学地揭示了资产阶级法的物质制约性。

在《宣言》中,马克思和恩格斯分析了人类社会演变的历史,揭示了人类社会的历史运动与法律发展的规律。他们首先指出阶级斗争是推动人类文明社会发展的直接动力。《宣言》开篇就提出:"至今一切社会的历史都是阶级斗争的历史。"② 他们认为,人类社会的发展是建立在压迫阶级和被压迫阶级的对立基础之上的。在封建时期,资产阶级作为被压迫阶级,他们也曾发挥过积极的革命性的作用,即推翻了封建统治,建立了资产阶级国家。当资产阶级成为统治阶级的时候,他们变成了压迫阶级,压迫作为被统治阶级的无产阶级。因而,无产阶级和资产阶级的斗争将成为人类社会继续向前发展的推动力量,最终的结果将是无产阶级推翻资产阶级并建立无产阶级自己的统治。资产阶级和资本主义社会"首先生产的是它自身的掘墓人。资产阶级的灭亡和无产阶级的胜利是同样不可避免的"③。伴随着阶级斗争推动人类社会的发展,法律作为阶级斗争的工具自身在

---

① 《马克思恩格斯选集》第1卷,人民出版社1995年版,第289页。
② 《马克思恩格斯选集》第1卷,人民出版社1995年版,第272页。
③ 《马克思恩格斯选集》第1卷,人民出版社1995年版,第284页。

人类文明的演进中不断地发展，资产阶级的法律最终将随着资产阶级统治的灭亡而被无产阶级的法律所取代。

接着，马克思和恩格斯从历史唯物主义的基本原理出发，指出推动人类社会由低级向高级发展的决定力量是生产力与生产关系、经济基础与上层建筑之间的矛盾运动。当一个社会的生产关系无法适应它的生产力发展的要求时，就会爆发革命而被新的生产关系所取代。社会所有制关系的每一次变革，都是旧的所有制关系不再适应新的生产力发展要求的必然结果。① 资本主义生产关系的出现是封建制阻碍资本主义生产力的结果，同样地，在资本主义后期，由于资本主义私有制阻碍生产力的发展，那么资本主义生产关系必将被新的生产关系即共产主义生产关系所取代。因而，正如资产阶级统治取代封建统治是历史发展的必然一样，无产阶级取代资产阶级统治而建立共产主义同样是历史发展的必然。同样，作为上层建筑的法律同样是随着生产力的发展，随着经济基础的不断发展而发展演变的，法律的发展同所有制的发展紧密相联，共产主义法制取代资本主义法制是历史发展的必然。

综上所述，马克思和恩格斯在《宣言》中运用历史唯物主义的基本原理深刻地分析了资产阶级法律的本质和特征，论证了法的本质特性是阶级意志性和物质制约性的统一，同时，他们以唯物史观为基础分析了人类社会发展的历史规律和法律发展的规律，指出无产阶级推翻资产阶级统治建立共产主义和共产主义法制的必然性。可以看到，在《宣言》中，马克思和恩格斯的历史唯物主义法学观已经成熟。作为历史唯物主义法学系统的纲领性文件，《共产党宣言》是马克思主义法学成熟的标志。

四、结语：研究马克思主义法学创立过程之三部曲的意义

厘清马克思主义法学的发展过程，尤其是其中具有里程碑意义的

---

① 李光灿、吕世伦著：《马克思恩格斯法律思想史》，法律出版社2001年版，第270页。

三部曲，对于发展马克思主义法学特别是马克思主义法学的中国化具有重要的意义。我们知道，马克思主义法学区别于其他法学理论的最为重要的特点在于其是以唯物史观为理论基础。"在探寻法的本体过程中，马克思主义法学运用唯物主义的经济决定论，辩证地分析了经济基础与作为上层建筑的法律之间的关系。"① 马克思主义法学极具特色的辩证唯物主义和历史唯物主义方法论是它区别于其他法学理论的又一特点，也是其保持生命力的不二法宝。该方法论不仅是马克思主义法学研究法律和法律现象的方法，更是其保持开放、自我完善的方法。坚持和发展马克思主义、马克思主义法学的中国化都需要我们坚持唯物史观这个理论基础，以及辩证唯物主义和历史唯物主义的方法论。

　　坚持和全面推进依法治国、建设法治中国是当前我国社会主义事业的重要议题，也是全面深化改革的重大问题之一。社会主义法治必须坚持以马克思主义法学为指导，要将中国化的马克思主义法学理论贯穿于社会主义法治的全面实践中。究其原因，主要有以下几点：首先，"从法学亲缘性来看，马克思主义法学具有促进社会主义法治建设的主观意志与客观可能。因为同样以唯物史观的理论为基础，马克思主义法学在方向上契合社会主义价值观"②。其次，马克思主义法学始终坚持人是法律的主体和目的的观点，与我国社会主义法治以人为本的理念是一致的。最后，马克思主义法学始终坚持民主制和人民主权，重视民主和法制的相互作用，这一点与我国建设社会主义法治国家过程中坚持人民民主专政、坚持人权主权、重视社会主义民主与社会主义法治的交互关系的理念和做法是统一的。

---

① 武静：《论马克思主义法学方法论》，载《广西社会科学》2014年第2期。
② 王耀海：《马克思主义法学发展的动力与路径》，载《江西社会科学》2013年第4期。

全面推进依法治国视域下的人权保障*

一、人权的视域问题

人权的源头，可以追溯到文艺复兴运动推动下的启蒙运动时期。虽然我们惊喜地发现在人类的文明史中，人权的保障理念在早期的制度中已初现端倪，如1215年英国的《大宪章》；我们也可以说类似的人权思想在先哲的学说中已时有闪现，例如普罗泰戈拉关于"人是万物尺度"的论断以及斯多葛学派有关人人平等的主张，但不可否认，"人权是人类启蒙观念的反映"。①"天赋人权"作为反对君权神授最强有力的口号，是以对客观权利的关注转向对人这个主体的关注来完成的。惟有在这些启蒙斗士的洞见下，譬如斯宾诺莎的"思想自由"、伏尔泰的"不宽容不可能是人权"、康德的"人是目的"等，方能呈现出现代人权的面貌。菲尼斯认为，回顾历史上权利的区分有助于我们理解权利，因为它本质上与许多领域的区分是一致的，如"正义类型分类"、"权威解释"、"义务来源"、"义务合法性解释"。②

但对人权源头追寻的意义有时也不应被过分夸大。从某种角度来说，探源活动只对历史学或史料学具有真切的含义，只有这些学科才以历史本身为对象，以历史的真实性为研究的终极价值，至于其他学

---

* 本文刊载于《现代法学》2015年第2期，系李龙教授与其博士生余渊合著。

① ［瑞士］托马斯·弗莱纳著：《人权是什么?》，谢鹏程译，中国社会科学出版社1999年版，第5页。

② John Finnis, Natural Law and Natural Rights, Clarendon Press, 1980, p. 207.

科，更愿意关注的是其背后的真理性价值。这样说，并不表示法学不要求历史的真实。没有历史的真实，得出的"真理"时常是荒诞可笑的。我们之所以这样说，只想表示法学的主要任务是后者，它工作的意义在于解释隐藏在事件背后客观永恒的价值。因此我们的人权理论大可不必言必称希腊，也无须言必称尧舜，毕竟真实并不全然等于真理。

进一步来讲，当今世界的人权思想、理论直至制度确实都发源于西方，并体现为一种更为文明的历史进程，但这也并不能否认我们自身有别于西方的人权演进的存在。一般认为，我国的人权思想启蒙运动发端于五四新文化运动时期，并以《新青年》的创刊为主要标志。① 还有学者指出，我国人权思想的启蒙甚至可追溯至1887至1889年间由何启和胡礼垣编写的《新政真诠》一书。② 我们暂且不去探讨这些观点是否确切，但可以肯定的是，我国的人权思想启蒙绝不是以对宗教的反抗为起点，我国现代人权观也并非是不受影响的原创，这使我国人权思想理论在现实中也形成了与西方国家从启蒙到发展上的差异。历史是无法复制的，更何况它的起点早已不一致，这就促使我们的人权理论形成自己的视域，而不是仅仅依赖于模仿与诠释。

在认识我们的人权理论时，持有自己的视域是应当的，也是必要的。"所谓'视域'，通常是指一个人的视力范围，因而它是一种与主体有关的能力。"③ 在哲学领域，黑格尔最早系统阐释了"精神现

---

① 参见朱华：《新文化运动初期的人权思想初探》，载《史林》2002 年第 1 期；徐锦贤：《中西现代化启动时期人权思想启蒙之比较》，载《江海学刊》2000 年第 6 期；张永泉：《由科学与人权并重到德赛两先生并举——五四时期陈独秀思想的重要转折兼论鲁迅的启蒙思想特征》，载《鲁迅研究月刊》2006 年第 8 期；李阳生：《五四时期中国先进分子人权观的演变》，载《湖湘论坛》1993 年第 5 期。也有学者主张"20 世纪 20 年代末 30 年代初的人权运动，是中国历史上真正以'人权'为目标的，也是惟一的一次人权运动。"葛明珍：《人权史论Ⅱ》，载徐显明主编：《人权研究》第 1 卷，山东人民出版社 2001 年版，第 229 页。

② 参见徐显明：《百年前人权观念在中国的传播与百年后的人权入宪》，载徐显明主编：《人权研究》第 4 卷，山东人民出版社 2004 年版，第 2 页。

③ 倪梁康著：《胡塞尔现象学概念通释》，三联书店 2007 年版，第 218 页。

象"，认为精神现象开始于直接意识，是对绝对认知的确定，是精神的"观"，胡塞尔进而为这种"精神的观"提供视域这一观点。同时提出视域具有有限性与无限性，视域的有限性表现在"即使视域不为事物所阻挡，它的最大范围也就是天地相交的地方，即地平线"，视域的无限性表现在"随着主体的运动，'视域'可以随意地延伸。对于主体来说，'视域的边界是永远无法达到的'"①，而各种意识行为本身又都具有自己的视域。因此人权的视域问题，也就是某一主体以某一立场从人权观的角度来看待权利对象，同时它也意味着我们对该权利对象的认知是有限性和无限性的统一。

二、推进依法治国与人权保障

视域是一种与主体有关的能力，探讨推进依法治国视域下的人权保障，其基本的理论前提是理清推进依法治国与人权保障的主体关系。而在理清推进依法治国与人权保障的主体关系前，首先应就人权与人权保障的差异予以说明。迄今为止，还未有一种完美的人权概念为所有人广泛接受，但可以明确的是，并非所有的人权都经由社会承认，并非所有的人权都受到了法律的保护，这是由人权的开放性所决定的。我们不妨将人权的开放性当作胡塞尔所称的"外视域"。外视域的显著特征就是它的不确定性。"但无论外视域是如何不确定，它都是一种始终存在着的可能性。"② 而由人权到人权保障，则预示着新视域的不断获得，此时就发生了人权的"外视域向内视域的转变"。外视域进一步得到确定，权利对象的不断认知使其为社会所承认，并被认为应予以保护，它便在实际上进入到了实证法权利的范畴。

与此同时，视域的转换更主要是体现在主体的转换上。人权的主体只能是个人，而对一国公民而言，人权保障的义务主体则主要是国家。人权以个体作为主体，决定其理论始终是以个人为归依，是站在个人利益的角度去评价国家的得失。然而人权保障，尤其是一国的人

---

① 倪梁康著：《胡塞尔现象学概念通释》，三联书店2007年版，第218页。
② 倪梁康著：《胡塞尔现象学概念通释》，三联书店2007年版，第221页。

权保障，常常是个人基于个人利益对国家提出的各项要求，是对国家行为与不行为正当性的议论。因此，保障人权的话题，自然也能形成国家主体的视域，即国家站在某种立场上，以保障人权为最终目的来看待权利对象，并且这样一种结论与个人站在个体或集体的立场上以保障利益为目的看待权利对象应当是同一的。只是由于视域的有限性和无限性的存在，两种视域也会出现差异，但这种差异的关系不应是对立关系而应是服从关系，"面对个人权利，国家没有特殊的、专门的权利，因为权利的主体只能是个人，国家不能以任何理由损害和剥夺个人的权利，国家作为一个治理实体（a body of governance），它的主要任务是为个人实现自己的权利创造条件，这也是国家存在的根据"。① 换句换说，如果国家由于视域差异性的存在而去坚持自己的固有观点，否认个人视域下的人权理论，那就如同《皇帝的新装》一样滑稽：没有衣服谈什么衣服的美丽，不承认个人的人权谈什么人权的保障。

事实上，推进依法治国的实施主体也不能简单地与依法治国的主体画等号。《中共中央关于全面推进依法治国若干重大问题的决定》（以下简称（《决定》）已经明确指出"人民是依法治国的主体"，并重申坚持人民主体地位是依法治国必须坚持的原则。依法治国是社会主义法治的核心内容，随着我们对依法治国认识的不断加深，依法治国作为治理国家的基本方略逐渐得到肯定，并被认为应予以进一步的深化。这时，它同样也进入到一个全新的视域，即依法治国方略不仅仅是继续被认知，同时也在被实行。它的实施主体是党和国家，从而形成了视域的转换。国家作为推进依法治国的实施主体，已获得普遍的承认。《决定》表明，依法治国是党和国家工作全局中的一部分，并具有更加突出的地位和更加重大的作用。②

国家既然是保障人权和推进依法治国的主体，那么保障人权当然

---

① 江怡：《论国家在保障人权中的地位和作用》，载李鹏程、单继刚、孙晶：《对话中的政治哲学》，人民出版社2004年版，第82页。

② 《决定》原文表述为：我国正处于社会主义初级阶段，全面建成小康社会进入决定性阶段，改革进入攻坚期和深水区，国际形势复杂多变，我们党面对的改革发展稳定任务之重前所未有、矛盾风险挑战之多前所未有，依法治国在党和国家工作全局中的地位更加突出、作用更加重大。

以推进依法治国为立场。基于对人权概念根深蒂固的认识，人权保障的主体和立场或许为少数学者所不愿承认，但这往往又是真实的事实，并且这种基于主体的立场，也不囿于国内的范围，即使是在国际环境中，人权保障的立场也有所体现。"卢旺达、达尔富尔和加沙的情况表明，人道主义的行动和无行动都是由霸权强国的战略利益所决定的。"① 国家与其掩饰自身的这种立场，不如正视它，并主动承担自己的责任和义务。

改革开放以来，我们的视域不断拓展。从法治与人治问题的大讨论到法治的最终确定，直至1999年"实行依法治国"被写入宪法，从对人权的回避到对人权的肯定，乃至2004年"保障人权"的入宪，都昭示了我国法治文明的艰辛历程。如今，党和国家再次高度重视依法治国，并在十八届四中全会上一举通过了《决定》，这是法治征程的又一伟大时刻。对于法治与人权，李步云教授曾有一个精当的比喻："如果法治可以称之为法学的皇冠，那么人权就应当是皇冠上的明珠。"② 当党和国家再次捧出这顶皇冠，我们也理所应当地需要重视这颗明珠。全面推进依法治国视域下人权保障的应有之意，就是国家以保障人权为目标应更好地发挥法治的引领和规范作用。

三、推进依法治国对人权保障的引领和规范

引领，即带领。它有两层含义：一是在前头带领后面的人跟随着；二是领导或指挥。③ 在全面推进依法治国视域下，其主要是指国家以保障人权为目标对法治工作队伍的带头和领导。《决定》提出的加强法治工作队伍建设，主要包括了五大领域，即立法、执法、司法、法律服务、法学教育。

（一）立法领域：从科学立法到立良善法

取得普遍共识的"科学"的定义是："科学是一种知识体系、研

---

① ［英］科斯塔斯·杜兹纳著：《人权与帝国》，江苏人民出版社2010年版，第8页。
② 李步云著：《论人权》，社会科学文献出版社2010年，自序。
③ 辞海编辑委员会：《辞海》，上海辞书出版社1999年版，第2915页。

究活动和社会建制。"① 在立法领域，对科学立法也可从这三个维度进行理解：其一，按照一定的原则建立起一个相对完整的法律体系；其二，为获得法律的真实知识而进行的系统且具历时性的整个立法研究过程；其三，使立法者得以在立法机构中从事立法活动的组织制度。国家在推进依法治国视域下的人权保障过程中，体现于立法领域中的内容，也应当是从这三个维度发挥引领作用，并最终形成一个以人权原则建立起来的相对完整的法律体系。人权是法的终极价值，"法律的功用在人权的保障"②，只有切实保障了人权，法律才称得上是一部良善法。同时我们还应注意到，人权知识在进化中注定是一个被扬弃、修正和更新的过程，因此对科学立法的告诫是：依法治国切忌掉进良善法的谎言里，必须时常回到科学立法的架构上，即对人权的保障必须从知识体系、研究活动和社会建制的整体出发，以确保立法的良善性。

（二）执法领域：从严格执法到执权威法

1978 年党的十一届三中全会提出依法治国的十六字方针，其中"执法必严"作为依法治国的关键得到普遍的认可。2014 年《决定》再次重申了"严格执法"。但严格执法又经常被误读，城管的过度执法、公安机关个别警察的刑讯逼供等经常被看作是"严格执法"的表象。其实这些侵犯人权的执法行为恰恰说明不严格执法的危害极大。严格执法的前提是"严格守法"，即执法机关的执法行为必须严格在法律的框架内运行，因此严格执法是在法律规定的范围内保障人权，是对人权最低限度的保障。《决定》在解释严格执法时提出，"行政机关不得法外设定权力，没有法律法规依据不得作出减损公民、法人和其他组织合法权益或者增加其义务的决定"，这再次说明严格执法是我国对人权保障制度的肯定。

---

① 李醒民著：《科学论：科学的三维世界》，中国人民大学出版社 2010 年版，第 30 页。

② 胡适、梁实秋、罗隆基著：《人权论集》，中国长安出版社 2013 年版，第 34 页。

从严格执法到执权威法,体现的是政府在严格执法的前提下对人权更全面的保障。一方面,我们的法律虽然试图完整地划出权力的边界,但事实上是个划界难免有所遗漏;另一方面,法律只是在给执法行为划界,却并没有对执法行为和方式提出更为细致的要求。"尽管政府不是法律的主人,但它是法律的保证者,有千百种方法使人们热爱法律。治国有方还是无方,就表现在此。"① 国家在推进依法治国时,以人权保障为目标,也就是要求政府的执法行为必须考虑到人权保障这一因素。把人权保障作为执法行为合理性的原则之一,这本质上是对执法权威性的填补。古希腊先哲亚里士多德指出:"一切政务还得以整部法律为依归,只有在法律所不能包括而失去其权威的问题上才可让个人运用其理智。"② 执权威法是指执法人员的理智必须包含对人权保障的考量,它丰富了严格执法的内涵。

(三) 司法领域:从公正司法到司公信法

公正司法是依法治国的根本要求,其重要性不言而喻。正如16世纪伟大的哲学家培根所言:"一次不公正的裁判,其恶果甚至超过十次犯罪。因为犯罪虽是冒犯法律——好比污染了水流,而不公正的审判则毁坏法律——好比污染了水源。"③ 我国的司法理论界,普遍存在着实体公正与程序公正的划分。由于实体公正的相对性和不确定性,全面推进依法治国需要依托实体公正与程序公正的相互作用来体现司法领域的公正。公正司法的目的是通过司法的实体公正实现社会公正。程序公正对实现实体公正起到了保障和促进作用。西方法谚有云:"正义不仅应得到实现,而且要以人们看得见的方式加以实现。"

从公正司法到司公信法,我们希望实现的是一种卢梭式的理想,即实现一切法律之中最重要的法律,"这种法律既不是铭刻在大理石

---

① [法]卢梭著:《卢梭全集》第5卷,李平沤译,商务印书馆2012年版,第219页。
② [古希腊]亚里士多德著:《政治学》,吴寿彭译,商务印书馆1965年版,第163页。
③ [英]培根著:《培根人生随笔》,人民日报出版社2007年版,第177页。

上，也不是铭刻在铜表上，而是铭刻在公民们的内心里，它形成了国家的真正宪法，它每天都在获得新的力量，当其他法律衰老或消亡的时候，它可以复活那些法律或代替那些法律，它可以保持一个民族的创制精神，而且可以不知不觉地以习惯的力量代替权威的力量"①。人是新的力量源泉，司公信法就是在司法中贯彻人权保障的精神和制度。除了在判决中体现对人权的保障，即作为实体公正中的人权保障，还应当体现程序公正中的人权保障：（1）程序公正本身就是实体公正。亚里士多德曾说，"公正不是德性的一个部分，而是整个德性；相反，不公正也不是邪恶的一部分，而是整个的邪恶。"② 社会主义法治的实现，不仅仅要求司法判决保障个人权利，更要求司法过程中权利得到保障，包括所有参与人的隐私权、当事人的知情权、申诉权、抗辩权等。（2）程序公正证明实体公正。对人权的保障，必须是一体的，任何一方面的侵犯都构成对整个人权的侵犯。实体公正要求保障的完整性，同样也适用于程序公正。"运用程序公正的界定功能（界定实体公正）需要具备公正的三个要素，即对程序的适当运用（程序公正），存在适用的必要环境（背景公正），以及公正的程序本身。"③ 当我们评价司法程序对人权的保障效果时，公正的三要素同样必须被给予完整的考量。

（四）法律服务领域：从加强法律服务到基层法律服务

爱人，源于爱自己。从历史上看，任何政府既可以是国家保障人权的执行机构，也可能沦为侵犯人权的主体，因此，代表公意的国家应当为个人的自爱留下生存的土壤。当个人以国家机关侵犯人权为理由提请法治下的国家保障时，法律服务队伍的直接帮助将更值得信

---

① ［法］卢梭著：《社会契约论》，何兆武译，商务印书馆2002年版，第101~102页。

② 苗力田主编：《亚里士多德全集》第8卷，中国人民大学出版社1992年版，第97页。

③ ［德］阿克塞尔·岑谢尔：《正义理论中程序正义的功能》，载樊崇义、夏红编：《正当程序文献资料选编》，中国人民公安大学出版社2004年版，第239~240页。

赖。法律服务队伍涵盖了律师、公证员、基层法律服务工作者、人民调解员等，具有明显的非官方性。因此，如果说国家在其他领域对人权保障的强调是一种态度和立场，那么在法律服务领域的重申则表达了保障人权的决心。

基层法律服务至少起到了一个至关重要的作用，即对基层执法、司法的弥补。一百多年前，马克斯·韦伯就对中华帝国的统治下了一个精当的评论："由于帝国的巨大扩展以及相对于人口规模来说官员数量的较少，中国的行政在一般统治者的治理下，既不精细也不集权。中央机构的指令均被下属机构拿来便宜行事，而不是当作具有约束力的指令。"① 如今，我国法治建设固然取得了不少成绩，机构设置和人员安排也更趋合理，但反腐力度的加大也折射出腐败与低效现象并未被成功杜绝。"便宜行事"的恶果是，要么侵害国家利益，要么侵犯人权从而损害国家权威。基层法律服务的强化正是对这类最广泛、最直接的"下属机构""便宜行事"的监督和震慑，它迫使执法、司法人员承担相应的责任，通过促使权责对等来保证他们的行事方式回到法治的轨道上来，从根本上保障人权。总之，加强法律服务，实现法律服务领域对人权的保障，需要执法、司法协同作业，而基层法律服务，既是基础，也是工作的重点。

（五）法学教育领域：从完善法学教育到法学创新教育

理解我国法学教育政策，完善我国法学教育，应分宗旨与管理两方面。宗旨方面，通过《决定》可知，我国当前法学教育的宗旨是培养造就熟悉和坚持中国特色社会主义法治体系的法治人才及后备力量，建设通晓国际法律规则、善于处理涉外法律事务的涉外法治人才队伍。我们会惊喜的发现，这一宗旨与实现人权保障高度吻合，对法学教育领域职业化与国际化的强调恰当地体现出了人权的实践性与普遍性。完善中国特色社会主义法学理论体系、学科体系、课程体系，并非是对法科学生个性的扼杀，而是基于个性发展的法治实现。法律

---

① ［德］马克斯·韦伯著：《经济与社会》第 2 卷上册，阎克文译，上海人民出版社 2010 年版，第 1192 页。

实务的顺利开展,无论是在国内还是国际上,都基于对法律大致相同的理解。各自为阵的法学理论,再加上学子们对理论的不同认识,将导致法律对人权的保障难免出现如孟子所谓的"如水益深,如火益热"的情形。

因此,对法学教育的完善是法律实务的基础,而对处于深化改革时期的法律实务而言,创新教育将是下一步发展方向。"必要有了新的人才,方能运用新的法度政治;必要有了新的教育,方能培养此项人才;又必要有了新政治的企图,方能建设此项教育,所以'变法'与'兴学'在此时成了相连的关系,两样事情是要同时并举的。"① 我们的深化改革和完善法学教育也应是并举的,创新法治人才培养机制,离不开创新的教育。人权的开放性为法学创新教育提供了源源不断的支持,而回到实务界,依法治国视域下的人权保障则更强调法学教育理念的创新:从求资格到求能力,其具体内容包括:第一,应用(apply)法律的能力。法律里的应用有两层含义:"在解释制定法时,用来描述其范围之内的人、物或作用的种类";"在讨论制定法的应用时,指制定法生效的过程。"② 应用法律不仅要求对法律条文的理解,更重要的是对法律条文的甄别和筛选后的使用,而传统的学院理论教育的重点是前者,因此学院教育资格的获得,并不足以代表应用法律能力的获得。或许,实现学院教育与司法考试的对接,才是连接两者从而获得应用能力的有效途径。第二,运用(use)法律的能力,即根据法律的特性对其加以利用的能力。③ 法学教育的理念应以法律的目的为依归,法律的终极目的就是保障人权。因此运用法律的能力,应是以保障人权为原则,"对那些缺乏确定性与实在性的法律素

---

① 陈青之著:《中国教育史》,岳麓书社2010年版,第547页。
② 薛波主编:《元照英美法词典》,北京大学出版社2003年版,第84页。
③ 《元照英美法词典》多将该词与一定的利益相连,如使用权、收益、用益等。《现代汉语词典》对运用的解释是"根据事物的特性加以利用"。两者在利用、利益层面很接近。参见薛波主编:《元照英美法词典》,北京大学出版社2003年版,第84页。《现代汉语词典》,商务印书馆2005年版,第1689页。

材进行决疑术处理"的能力。① 此种能力的发挥能促进人权研究的深入,并且通过法律的运用,我们有理由寄希望于人权保障系统化的实现。正如韦伯所言:"这种系统化并不是法律的系统化,而是与身份群体的地位和人生的实际问题有关的系统化。由于律法要服务于神圣目的,那么这些律法经籍就不单单论及律法,而且还旁及礼仪、伦理,偶尔也论及社会惯例和成规。"②

---

① [德] 马克斯·韦伯著:《经济与社会》第 2 卷上册,上海人民出版社 2010 年版,928 页。
② [德] 马克斯·韦伯著:《经济与社会》第 2 卷上册,上海人民出版社 2010 年版,928 页。

马克思主义法学的发源地*
——《黑格尔法哲学批判》解读

《黑格尔法哲学批判》(以下简称《批判》)是马克思1843年写下的一部未完成的法哲学著作手稿,该手稿于1927年由苏共中央马克思列宁主义研究院首次发表。该手稿是针对黑格尔《法哲学原理》中国家问题的部分所作的批判性分析,是马克思世界观转变历程中的一部重要作品,是马克思法哲学变革的真正发源地。在这部手稿中,马克思第一次集中对黑格尔法哲学展开了批判,表明马克思的世界观开始从唯心主义转向唯物主义,历史唯物主义的思想在其中开始萌芽。

一、《批判》的写作背景——马克思"苦恼的疑问"

(一)大学期间马克思的法学观

1835年中学毕业后,马克思进入波恩大学学习法律。1836年10月,马克思离开波恩大学来到柏林大学继续攻读法学。在刚到柏林大学的一段时间里,马克思就对康德主义法学充满了兴趣。在康德主义的影响下,他尝试构建自己的法哲学体系。然而,随着阅读范围的扩大以及思考深度的推进,马克思逐渐认识到康德、费希特理想主义法学世界观的缺陷,认识到寻找一种新的法学世界观的必要性。经过反

---

* 本文刊载于《理论月刊》2015年第3期,系李龙教授与其博士生凌彦君合著。该文被中国人民大学报刊复印资料《马克思列宁主义研究》2015年第5期全文转载。

思和自我批判后,马克思宣告自己按照康德主义建立法哲学体系的尝试失败。

马克思在抛弃康德主义法学观的同时,开始转向黑格尔学说。1837年4、5月,马克思在柏林郊区施特拉劳休养期间,仔细阅读了黑格尔及其部分学生的著作,并深深被黑格尔思想所吸引。同时在此期间,他结识了"博士俱乐部"的成员,① 与他们积极探讨黑格尔哲学问题。② 马克思通过深入阅读和研究,掌握了黑格尔辩证法的核心——思维与存在对立统一的理论,从而克服了康德、费希特的主观唯心主义的缺陷,该观点试图将主体与客体、思维与存在绝对对立起来,以主体驾驭客体,用"应有"去审判"现有"。于是,黑格尔学说从马克思曾经的"思想之敌",逐步成为马克思的"精神依托"。③

(二)《莱茵报》时期马克思的苦恼

1842年1至2月,马克思在《德国年鉴》发表第一篇政论文章《评普鲁士最近的书报检查令》,揭露普鲁士新书报检查令反理性、压制精神自由的反动本质。在这篇政论文章中,马克思的世界观仍然是黑格尔的唯心主义。他根据黑格尔的理性主义法学观,认为普鲁士专制政府对于出版自由的限制是违反理性的,是对精神自由所施加的暴力。但是从这时开始,投身于社会政治实践中的马克思开始发现他所目睹的社会现实与自己头脑中所信仰的黑格尔学说之间存在矛盾。

1842年5月,马克思开始为《莱茵报》撰稿。马克思在《莱茵报》发表的第一篇论文《关于新闻出版自由和公布省等级会议辩论情况的辩论》,是针对第六届莱茵省议会关于出版自由问题的辩论。马克思在这篇文章里论述了法与自由的关系,指出"法典就是人民

---

① "博士俱乐部"是以布鲁诺·鲍威尔为首的青年黑格尔派组织,主要成员包括埃德加尔·鲍威尔、阿道夫·鲁滕堡、卡尔·弗里德里希·科本等人。

② 中国人民大学马列主义发展史研究所编:《马克思恩格斯思想史》,上海人民出版社1982年版,第26页。

③ 李光灿、吕世伦主编:《马克思恩格斯法律思想史》,法律出版社2001年版,第48页。

自由的圣经"。① 此时的马克思已经发现黑格尔的理性国家概念和法哲学同它的经验存在是对立的。1842年10月至1843年3月，马克思任《莱茵报》的主编。期间他写了《关于林木盗窃法的辩论》一文，分析了真正的立法过程并非如黑格尔学说所展示的那样是理性过程的支配，而是由物质利益所决定的。后来又写下了《摩泽尔记者的辩护》，通过对摩泽尔地区农民经济状况的分析，试图从实证的角度来考察国家和法律现象。② 马克思觉察到了物质利益对于法的影响和制约作用，并且深刻意识到要认识法和法律现象，就不能忽视对于物质利益问题的探讨。他原来所信仰的黑格尔唯心主义法学观与社会现实发生了剧烈冲突，马克思陷入了"苦恼的疑问"。为了解决这个疑问，马克思之后便开始了对黑格尔国家观的批判。

（三）费尔巴哈的影响

导致马克思从黑格尔的唯心主义转向唯物主义的另一个很重要的因素是费尔巴哈的影响。他为马克思提供了批判黑格尔哲学的思想武器，加速了马克思向唯物主义转变的进程。费尔巴哈原来也是青年黑格尔派，1839年他以唯物主义立场发表了文章《黑格尔哲学批判》，对自己此前所尊崇的黑格尔哲学发起了批判。1841年费尔巴哈发表了著作《基督教的本质》，1842年发表文章《关于哲学改造的临时纲要》，在这两部作品中他断然抛弃了黑格尔绝对精神的神话，打破了黑格尔的唯心主义思辨哲学体系。

费尔巴哈通过对宗教和神学的批判，承认自然界独立于人的意识而存在，认为世界上除了人和自然之外没有神。他竖起了无神论的大旗，提出了唯物主义的主张。他一改思辨哲学将"思维"作为考察对象的做法，而将思维主体的人作为考察对象。他认为应该从存在出发而不是从思维出发来认识现实的世界。他说："思维与存在的真正关系只是这样的：存在是主体，思维是宾词。思维是从存在而来的，

---

① 《马克思恩格斯全集》第1卷，人民出版社1995年版，第176页。
② 需要说明的是，在1956年版的《马克思恩格斯全集》第1卷中，该文章的题目是《摩塞尔记者的辩护》。

然而存在并不来自思维。"① 从中可以看出他认为存在和物质是第一性的，思维和意识是来自存在和物质的，是第二性的。这是费尔巴哈站在唯物主义的基本立场上，对黑格尔的唯心主义哲学所主张的思维与存在关系进行的彻底颠覆。费尔巴哈这种唯物主义思想，对马克思写作《批判》产生了确定无疑的影响。

二、《批判》的核心观点

（一）市民社会决定国家与法

1. 黑格尔关于国家与法决定市民社会的观点

黑格尔在《法哲学原理》中首次明确区分了国家和市民社会，开创性地提出了市民社会和国家相分离的理论。马克思认为："看到现代社会中市民社会与国家的分离是黑格尔的深刻之处。"② 在黑格尔那里，市民社会作为"伦理"发展的一个环节，是在家庭、市民社会和国家的"正—反—合"的逻辑展开中得到论述的。他认为，市民社会是"各个成员作为独立的单个人的联合，因而也就是在形式普遍性中的联合，这种联合是通过成员的需要，通过保障人身和财产的法律制度，和通过维护他们的特殊利益和公共利益的外部秩序而建立起来的。这是外部国家。③ 在市民社会中普遍性和特殊性二者之间是不统一的，后者是核心原则。市民社会是个人利益相互冲突的领域以及私人利益跟公共事务冲突的舞台。

国家作为伦理理念的现实，是作为普遍利益领域发展起来的，在国家这个领域中普遍性和特殊性二者之间是统一的。构成国家的伦理理念是精神绝对永久和必然存在。国家的理念可分为三个环节，首先是具有直接现实性地作为内部关系来说的国家制度或国家法；其次是

---

① ［德］费尔巴哈著：《费尔巴哈哲学著作选集》上卷，荣震华等译，商务印书馆1984年版，第115页。
② 李娉：《马克思对黑格尔的继承与超越——以黑格尔法哲学批判为中心》，载《江西社会科学》2013年第2期。
③ ［德］黑格尔著：《法哲学原理：或自然法和国家学纲要》，范扬、张企泰译，商务印书馆2009年版，第198页。

国际法，它处理个别国家同其他国家的关系；最后是作为普遍理念之定在的在世界历史中给自己以现实性的绝对精神，它凌驾于个体国家之上，用以将各自独立的国家联系起来以形成外部关系。①

黑格尔在《法哲学原理》中赋予国家至高无上的地位，他认为"国家是绝对自在自为的理性东西"，"成为国家成员是单个人的最高义务"。② 在黑格尔的法哲学体系中，国家代表伦理理念发展的最终环节，而市民社会是伦理理念发展的中间环节。国家代表最高的伦理生活原则，实现了普遍性与特殊性的统一，而市民社会以特殊性为原则，是一个非自足领域。在这个意义上，黑格尔对国家和市民社会的地位做出了规定，在他看来国家和市民社会之间并非是平等和对等的关系，国家的地位是高于市民社会的。同时，黑格尔认为国家是作为结果在伦理概念的演化进程中出现的，在现实中它是先于家庭和市民社会而存在的，伦理理念由家庭向市民社会的演进是在国家内部完成的。市民社会"必须以国家为前提"③，在此意义上，市民社会的存在和发展都依赖于国家，后者是前者的基础，国家和市民社会之间的决定与被决定关系是国家决定市民社会。此外，按照黑格尔的逻辑，国家制度或国家法作为国家理念的一个环节，作为具有"直接现实性"的国家理念，在个体国家内部其与国家是一致的。由于国家决定市民社会，那么在个体国家内部的意义上，国家法也决定市民社会。因此，在《法哲学原理》中黑格尔事实上提出了国家与法决定市民社会的观点。

2. 马克思的批判

马克思一针见血地指出，黑格尔在探讨国家与市民社会之间的关系时颠倒了观念和现实，这是典型的唯心主义错误。他指出，这是"逻辑的、泛神论的神秘主义"④。"马克思批判黑格尔把国家观念作

---

① [德] 黑格尔著：《法哲学原理：或自然法和国家学纲要》，范扬、张企泰译，商务印书馆2009年版，第295页。
② [德] 黑格尔著：《法哲学原理：或自然法和国家学纲要》，范扬、张企泰译，商务印书馆2009年版，第288~289页。
③ [德] 黑格尔著：《法哲学原理：或自然法和国家学纲要》，范扬、张企泰译，商务印书馆2009年版，第224页。
④ 《马克思恩格斯全集》第3卷，人民出版社2002年版，第10页。

为主体，而把现实的人即家庭成员和市民社会成员当作'谓语'的唯心主义'颠倒'。"① 他认为，国家是根基于家庭和市民社会的，是后两者发展的产物。国家和家庭、市民社会之间的关系是现实地存在着的，并非如黑格尔所说只是在观念层面上伦理理念不断演化的结果。"国家是从作为家庭的成员和市民社会的成员而存在的这种群体中产生的。思辨的思维把这一事实说成是观念活动……"② 这种以观念为主体，将家庭、市民社会等现实作为观念活动的做法彻底颠倒了事物的真相，因而注定无法正确揭示国家与市民社会之间的合理关系。

在批判黑格尔颠倒现实和观念的唯心主义的基础上，马克思给出了他对国家和家庭、市民社会之间关系的认识。在他看来，"政治国家没有家庭的自然基础和市民社会的人为基础就不可能存在。它们对国家来说是必要条件"③。不管国家是以家庭为天然基础还是以市民社会为人为基础，都可以推导出它是被规定、被制约的东西，而规定和制约它的恰恰就是在黑格尔那里作为被决定的一方出现的家庭和市民社会。因此，马克思认为国家和家庭、市民社会之间的关系是家庭与市民社会决定国家，而不是黑格尔所主张的国家决定家庭与市民社会。

马克思进一步通过分析私有财产和长子继承制来批判黑格尔在国家、法和私有财产的关系问题上的唯心主义观点，指出国家、法与财产关系的真正内在联系是：国家与法的全部内容是财产，法与财产的本质联系在于财产关系构成法的实在内容，而法只是财产关系的外在表现。④ 黑格尔认为国家和法律通过确立长子继承制和长子继承权来规定和支配私有财产，长子继承制这种法律现象不是根源于私有财产和现实的财产关系，而恰恰相反的是，它依赖于政治国家。在此意义上，可以说黑格尔在《法哲学原理》中阐明的国家、法与私有财产

---

① 寇东亮：《青年马克思人学思想变革的逻辑脉络——从〈黑格尔法哲学批判〉到〈神圣家族〉》，载《学习与实践》2013年第7期。
② 《马克思恩格斯全集》第3卷，人民出版社2002年版，第12页。
③ 《马克思恩格斯全集》第3卷，人民出版社2002年版，第12页。
④ 李光灿、吕世伦主编：《马克思恩格斯法律思想史》，法律出版社2001年版，第48页。

的关系是前两者决定后者，而不是后者决定前两者。

马克思批判了黑格尔在国家、法与私有财产关系问题上颠倒真相的做法，提出了私有财产决定国家与法的观点。他将地产和长子继承制放在黑格尔所说的市民社会中进行考察，指出这种以长子继承制世袭的地产是私有财产，是"不依赖于国家的财产、不依赖于行政权的恩惠"。① 马克思认为国家制度的基础和本质是私有财产，私有财产决定政治国家。马克思指出长子继承制的本质是"抽象的私有财产对政治国家的权力"，而不是黑格尔所描述的"政治国家对私有财产的权力"，黑格尔在论述政治国家和私有财产的关系时颠倒了因果。② 长子继承权的实质是私有财产，是私有财产决定这项法律权利，而不是相反，因此，马克思指出了私有财产与国家、法的科学关系是前者决定后两者。

"黑格尔的市民社会专指私人领域，即个人通过经济活动追求特殊利益的领域。"③ 马克思在对黑格尔法哲学进行批判时坚持了黑格尔市民社会的内涵，但侧重于强调其经济性。因此，以上所论述的马克思的两个观点——市民社会决定国家，私有财产决定国家与法——可以合并为一个观点来表达，那便是：市民社会决定国家与法。这是马克思在《批判》中提出的最为核心的法哲学观点，也是其法哲学区别于黑格尔法哲学以及其他唯心主义法哲学的最为根本的理论基础。这是对他在《莱茵报》时期关于物质利益的"苦恼的疑问"的初步回答。

（二）人民主权

黑格尔在吸收孟德斯鸠三权分立原则的基础上将国家权力的划分改造为立法权、行政权和王权，并按照普遍性—特殊性—单一性，即"正—反—合"的逻辑发展顺序，赋予王权至高无上的地位，极力主张君主主权和君主立宪制。黑格尔认为："国家成长为君主立宪制乃

---

① 《马克思恩格斯全集》第3卷，人民出版社2002年版，第122页。
② 《马克思恩格斯全集》第3卷，人民出版社2002年版，第124页。
③ 李娉：《马克思对黑格尔的继承与超越——以黑格尔法哲学批判为中心》，载《江西社会科学》2013年第2期。

是现代的成就,在现代世界,实体性的理念获得了无限的形式。"①黑格尔以英国为榜样,以英法两国的政治经验为借鉴,从理论上反对德国当时的君主专制体制,主张实行君主立宪体制。其法哲学的主要任务就是从逻辑上论证君主立宪制的必然性和合理性。②他主张君主主权,认为王权是"立宪君主制的顶点和开端"。③ 在他看来,国家主权作为"整体的这一绝对决定性的环节就不是一般的个体性,而是一个个人,即君主"。④

但是,颇为诡谲的是,主张君主主权的黑格尔却认为君主主权与人民主权二者之间不是对立的,他将二者之间的关系描述为前者是后者的象征。他辩解说,"如果只是一般地谈整体,那也可以说国内的主权是属于人民的,这同我们前面所说的国家拥有主权完全一样,"人们一谈起人民主权就认为它和君主主权相对立,这是"一种混乱思想,这种思想的基础就是关于人民的荒唐观念"。⑤ 他认为一个国家如果没有作为主权者的君主,那它的人民便是没有定形的存在,这样的人民组成不了一个国家,从而就没有主权、没有政府。

马克思在《批判》中不认同黑格尔推崇的君主立宪制,也反对黑格尔极力主张的君主主权。马克思论述了人民主权,提出了民主制的主张以及人民主权只有在民主制中才能实现的观点。马克思认为人民主权和君主主权是两个完全对立的概念。他批判了黑格尔试图调和二者的做法,认为如果主权存在于君主身上,那么谈论同它相对立的人民主权就是不真实的,"因为主权这个概念本身不可能有双重的存在,更不可能有对立的存在"⑥。马克思认为主权概念是不可分割的,

---

① [德] 黑格尔著:《法哲学原理:或自然法和国家学纲要》,范扬、张企泰译,商务印书馆 2009 年版,第 326 页。
② 李光灿、吕世伦主编:《马克思恩格斯法律思想史》,法律出版社 2001 年版,第 142 页。
③ 《马克思恩格斯全集》第 3 卷,人民出版社 2002 年版,第 27 页。
④ [德] 黑格尔著:《法哲学原理:或自然法和国家学纲要》,范扬、张企泰译,商务印书馆 2009 年版,第 336 页。
⑤ [德] 黑格尔著:《法哲学原理:或自然法和国家学纲要》,范扬、张企泰译,商务印书馆 2009 年版,第 338 页。
⑥ 《马克思恩格斯全集》第 3 卷,人民出版社 2002 年版,第 38 页。

主权者只能是单一的，要么是君主，要么是人民，一面主张君主主权，一面又提倡它与人民主权之间不矛盾的观点是荒谬的。马克思反对黑格尔的君主主权论，主张人民主权。他非常经典地描述了君主和人民主权的关系："人民主权不是凭借君王产生的，君王倒是凭借人民主权产生的。"①

马克思不仅指出君主主权与人民主权二者之间的对立，也阐述了民主制与君主制这两种国家形式之间的对立。他说："民主制是君主制的真理，君主制却不是民主制的真理。"② 在民主制中，国家制度的任何一个环节都是整体人民的环节，而在君主制中，国家的整个制度构成必须适应一个不动的点，因而在君主制中，国家制度是部分决定整体的。"民主制是国家制度的类。君主制则只是国家制度的种，并且是坏的种。民主制是内容和形式，君主制似乎只是形式，然而它伪造内容。"③ 在这里，马克思不仅指出了民主制和君主制的对立，而且提出民主制不仅是国家形式，更是一种国家制度。

马克思指出人民主权只有在民主制中才能实现。马克思认为，在君主制中即便是在君主立宪制中，人与政治制度之间的关系从来都是前者从属于和附属于后者，对于实行君主制和推崇君主主权的国家形式来说，政治制度与国家并不相符。④ "在君主制中是国家制度的人民；在民主制中则是人民的国家制度。"⑤ 与君主制中人民从属于政治制度不同，在民主制中，国家制度是人的自由的产物，表现为人民的自我规定，是人民主权的现实的真正的实现。民主制是一切国家制度的本质，其他一切国家形式只能体现某种特殊性，而惟有民主制将特殊性与普遍性达成了一致。因此马克思主张的民主制是唯一能够真正现实地实现人民主权的最完善的国家形态，所以应该坚持人民主权而不是君主主权，人民主权只有在民主制中方可实现。

---

① 《马克思恩格斯全集》第3卷，人民出版社2002年版，第37页。
② 《马克思恩格斯全集》第3卷，人民出版社2002年版，第39页。
③ 《马克思恩格斯全集》第3卷，人民出版社2002年版，第39页。
④ ［英］戴维·麦克莱伦著：《马克思主义以前的马克思》，李兴国等译，社会科学文献出版社1992年版，第117页。
⑤ 《马克思恩格斯全集》第3卷，人民出版社2002年版，第39页。

（三）在民主制中法律为人而存在

黑格尔认为，国家作为维护个体的人的自由的存在，相对于其公民来说是一种权利，而个体的人成为国家的一个成员是他的最高义务，个人只有在国家中才能获得其完整性和普遍性。个人在任何时候都不能脱离国家而只能依赖于国家。因此，"黑格尔得出的结论是：个人必须无条件服从国家"①。在君主立宪制中，如果人民离开国家将变成无形式的东西和纯粹一般的概念。既然个人必须无条件服从国家，那么他也必然地要服从作为国家理念环节之一的国家制度或国家法，因而，在君主制下人与法律的关系必然是人要服从法律，即人为法律而存在，而不是法律为人而存在。

马克思不同意黑格尔通过将个人与国家在实质上对立起来从而贬低个人的做法，他认为解决该问题的关键就是实行民主制。在民主制中，人是所有政治过程的现实主体，也是国家的基础，国家是为人而存在的。"不是国家制度创造人民，而是人民创造国家制度。"② 在民主制中，个人与国家具有统一性。马克思接着又提出了一个经典的论断："在民主制中，不是人为法律而存在，而是法律为人而存在。"③ 即在民主制中，法律是人民意志的体现，是保障人民的普遍利益的，是为人民服务的，在其他国家形式中人是被法律所规定的，不是人作为主体来制定法律而是法律来规定人。这是对民主制中法律和人的关系的经典表述。

在民主制中，人不仅是国家的主人，是法律的主体，更是创造国家和创制法律的主体。马克思指出民主制中的法律是人的活动的产物，而在其他国家形式中人是受法律规定的异化存在。在民主制国家形式中，国家及其法律"都只是人民的自我规定和人民的特定内容"④。事实上，通过批判黑格尔所推崇的君主制中人与法律之间的

---

① 张金婷等：《论马克思对黑格尔法哲学的批判——读〈黑格尔法哲学批判〉及其导言》，载《黑龙江史志》2009 年第 18 期。
② 《马克思恩格斯全集》第 3 卷，人民出版社 2002 年版，第 40 页。
③ 《马克思恩格斯全集》第 3 卷，人民出版社 2002 年版，第 40 页。
④ 《马克思恩格斯全集》第 3 卷，人民出版社 2002 年版，第 41 页。

异化关系，马克思阐明了人是法律之源，人是法律的目的，法律的产生以现实的人为基础，法律存在的意义在于为人服务。"马克思通过对黑格尔关于君主主权思想的批判，揭示了人的社会本质"①，从而将黑格尔法哲学中被压抑的人解放出来，凸显了人的主体性地位。

三、《批判》的历史定位——马克思主义法学的发源地

（一）《批判》在马克思主义哲学体系中的历史地位

马克思主义法学是以马克思主义哲学为理论基础的。因此，要理解《批判》在马克思主义法学发展史上的地位，就有必要先了解它在马克思主义哲学体系中的历史地位。《批判》在马克思主义哲学史上的定位问题，长期以来存在争议。由于《批判》是马克思的手稿，在其生前并未发表，1927年才得以发表，因而对于早期的马克思主义研究者来说，根本就不知道这部作品的存在。《批判》在发表之后也未得到马克思主义哲学研究者的足够重视，很多学者并未将它作为马克思主义的重要文本来进行解读。直到苏东剧变之后，市民社会和国家的关系问题再次凸显出来，《批判》才引起世界范围的关注。关于《批判》在马克思主义哲学体系中的历史定位，中外学者们的观点主要集中在以下三种：

第一种观点认为，马克思在《批判》中并未彻底摆脱黑格尔的唯心主义世界观，他在该作品中用以批判黑格尔法哲学的理论武器是费尔巴哈的唯物主义，其中并没有产生历史唯物主义世界观。该观点是日本学者城塚登所主张的观点。他认为："在批判黑格尔法哲学的过程中，马克思始终坚持费尔巴哈人本主义的立场。"② 少数国内学者也持类似观点。他们认为，在《批判》中马克思虽然由唯心主义转向了唯物主义，但其转向的唯物主义仍然是费尔巴哈人本主义基础上

---

① 寇东亮：《青年马克思人学思想变革的逻辑脉络——从〈黑格尔法哲学批判〉到〈神圣家族〉》，载《学习与实践》2013年第7期。

② ［日］城冢登：《青年马克思的思想——社会主义思想的创立》，肖晶晶等译，求实出版社1988年版，第54页。

的机械唯物主义,并没有形成马克思的"新唯物主义",即历史唯物主义。此时的马克思还没有突破费尔巴哈的人本主义世界观。

第二种观点认为,马克思在《批判》中确定无疑地由黑格尔的唯心主义转向了唯物主义,但是就历史观来说,只是由唯心主义历史观开始转向唯物主义历史观,唯物主义历史观并未完全确立。这是一部分前苏联学者持有的观点。前苏联学者费多谢耶夫、巴库拉泽和法国学者奥·科尔纽等主张在马克思思想发展史上,《批判》只具有从唯心主义历史观向唯物主义历史观过渡的性质,但应该指出的是唯物主义历史观在其中已经占据优势。① 国内多数学者也赞同这种观点。②

第三种观点认为,在《批判》中马克思实现了世界观由唯心主义向唯物主义的彻底转变,真正走向了历史唯物主义。大多数前苏联学者持此观点。前苏联学者维尔斯基、约夫楚克、拉宾等认为,《批判》的完成,标志着马克思已经完成了哲学世界观的转变。他们提出的主要论据是,在批判了黑格尔的国家决定市民社会的观点后,马克思已清晰而明确地提出了市民社会决定国家的重要观点。③ 此观点被理解为历史唯物主义彻底确立的依据。中国学者只有一小部分赞同此观点。

以上关于《批判》在整个马克思主义哲学体系中的历史地位的几种观点各有其道理。第一种观点和第三种观点代表了两个极端,笔者基本赞同第二种观点。笔者认为马克思在《批判》中提出的最为核心的法哲学观点——市民社会决定国家,这是其法哲学区别于黑格尔法哲学以及其他唯心主义法哲学的最为根本的理论基础,但它只能

---

① 廖凯:《〈黑格尔法哲学批判〉研究综述》,载《常熟理工学院学报》2010年第3期。
② 参见王东、郭丽兰:《马克思哲学创新的重要铺垫——〈黑格尔法哲学批判〉历史地位新论》,载《天津行政学院学报》2008年第2期;陶富源:《马克思哲学世界观第一次转变的开端——重读〈黑格尔法哲学批判〉》,载《高校理论战线》2006年第12期;蔡英田:《马克思世界观转变的开端——学习〈黑格尔法哲学批判〉》,载《吉林大学社会科学学报》1983年第1期,等等。
③ 廖凯:《〈黑格尔法哲学批判〉研究综述》,载《常熟理工学院学报》2010年第3期。

算作是唯物史观的萌芽和发源,不能简单地将其等同于历史唯物主义的核心命题,不能简单地认为该观点的提出就标志着马克思主义历史唯物主义理论的全面确立。

(二) 马克思自己的评价

"所谓马克思主义法学,就是以马克思主义作为理论基础,以经典作家的法学论述作为核心,经由相关法学家的后续论述所形成的法学形态。"① "在探寻法的本体过程中,马克思主义法学运用唯物主义的经济决定论,辩证地分析了经济基础与作为上层建筑的法律之间的关系。"② 要正确理解《批判》在马克思主义法学发展史上的历史地位,除了需要理解它在整个马克思主义哲学发展史上的定位以外,还需要尊重马克思本人对其作品的评价。通过考察可以发现,马克思在他后来的著作中针对他早期的这部作品曾有过回顾和评价,因而,正确地认识和解读马克思对于自己这部作品的评价,需要尊重马克思本人的原意,这对于准确地理解马克思主义法学创立和发展过程中该著作品的地位和作用具有相当重要的意义。

在1859年发表的《〈政治经济学批判〉序言》中,马克思说:"为了解决使我苦恼的疑问,我写的第一部著作是对黑格尔法哲学的批判性的分析……我的研究得出这样一个结果:法的关系正像国家的形式一样,既不能从它们本身来理解,也不能从所谓人类精神的一般发展来理解,相反,它们根源于物质的生活关系,这种物质的生活关系的总和,黑格尔按照18世纪的英国人和法国人的先例,概括为'市民社会'……"③

从以上马克思自己的评价来看,他认为自己在《批判》中所得的最为重要的研究成果是发现了法的关系根源于物质生活关系。马克思通过对黑格尔法哲学的批判,"把法的关系和国家的形式归结于它们的世俗基础。这样一来,马克思所直接面对的就不是被思辨所神秘

---

① 王耀海:《马克思主义法学发展的动力与路径》,载《江西社会科学》2013年第4期。
② 武静:《论马克思主义法学方法论》,载《广西社会科学》2014年第2期。
③ 《马克思恩格斯选集》第2卷,人民出版社1995年版,第32页。

化了的社会现实,而是此岸世界之非神圣的社会现实,亦即作为物质的生活关系之总和的市民社会"①。由于当时他还没有接触政治经济学,所以还未能准确地表述出物质生活关系即经济基础决定法的命题,而只是沿用了黑格尔的市民社会概念,指出市民社会决定法。

由上可知,他在《批判》中已经初步地表述了历史唯物主义的精神和粗糙的历史唯物主义观点。该著作中出现了历史唯物主义的萌芽,因此它可以说是历史唯物主义的发源地。"马克思主义法学的根本特征,在于'唯物',这也是其科学性的主旨来源。"② 因而,按照马克思的本意,应该这样来理解该著作在马克思主义法学发展史上的地位:由于该著作中出现了物质生活关系决定法这个历史唯物主义的雏形表达,那么以唯物史观为哲学基础的马克思主义法学在该作品中事实上已经发源了。另外,《批判》还体现了马克思主义法学始终坚持的人民主权说以及人是法律的主体和目的等观点。在该作品中,马克思批判了黑格尔推崇的君主主权和君主立宪制,提出了人民主权和民主制的主张,并认为只有在民主制中人民主权才能实现。同时,他提出了在民主制中法律为人而存在的观点,凸显了人的主体地位,指出人是法律之源,人是法律的目的。所以,我们可以得出结论:在马克思主义法学的创立和发展过程中,《批判》是它的发源地。

---

① 吴晓明:《黑格尔法哲学与马克思社会政治理论的哲学奠基》,载《天津社会科学》2014 年第 1 期。
② 王耀海:《马克思主义法学发展的动力与路径》,载《江西社会科学》2013 年第 4 期。

论全面推进依法治国与国家治理现代化[*]

从古至今，治理理念、治理原则、治理体制及其基本要求一直塑造着法治的指导思想、地位、功能和保证，法治模式又不断为治国理政进程革新方略。正确处理法治与治理的关系是改革发展稳定、治党治国治军的重要基础，是治理法治化的逻辑前提，对"四个全面"总体部署的协调推进具有战略意义和现实影响。本文从历史溯源、理论基础、逻辑框架、现实意义四个方面展开，对全面推进依法治国与促进国家治理体系和治理能力现代化的辩证关系论证，试图回答国家、政党、政府、社会建设的根本性、全局性、长远性问题，这对完善和发展中国特色社会主义制度、"促进国家治理体系和治理能力现代化"、形成"建设中国特色社会主义法治体系"的基本纲领，具有重大战略意义。

一、法与治理的历史溯源

中国特色社会主义法治体系建设根源于中国的"法治"与"善治"传统，中华优秀传统文化的"创造性转化"与"创新性发展"是完善和发展中国特色社会主义制度、建设社会主义法治文化和实现"中国经验马克思主义化"的根基与血脉。塑造法治与治理的中国道路、中国精神、中国力量，是"在中国大地上探寻"解决问题之道的必由之路。全面把握范畴的历史发展，是正确处理坚持从中国实际出发与学习借鉴世界优秀文明成果关系的重要前提，是国际法治与全

---

[*] 本文刊载于《河南财经政法大学学报》2015年第5期，系李龙教授与其博士生任颖合著。

球治理概念科学重构的历史基础。

(一) 中国传统

中国古代的"法治"即是"治国安邦"之义,强调以德治国、严明法制、公正利民以成盛世之治;而盛世(如北宋汴京)的衰落则表现为城市治理的落后与理性规约的缺失。最早可追溯到"五帝治理"时期,太昊伏羲氏立"五官"(其中"秋官"掌刑狱)以为治,黄帝之治"使民安其法者也,所谓仁义礼乐皆出于法",尧之治"善明法禁之令而已矣"①。

1. 明确以法成治世之功的原则

《舜典》区分累犯、过失犯,以慎刑名。"象以典刑,流宥五刑"以达到"唯刑之恤"的目的。《大禹谟》记载了以明五刑"弼五教,期于予治,刑期于无刑,民协于中,时乃功",确立了"与其杀不辜,宁失不经"的基本原则。② 而《清经世文三编》也有"国家治理之法与庶司奏绩"关系的论述。

2. 治理方法成体系

中国古代已出现系统的治理方法探讨,并且初步形成了不同主体各司其治的基本框架、基本原则。《太平经》一书阐述了治理的十种方法,即"元气治"、"自然治"、"道治"、"德治"、"仁治"、"义治"、"礼治"、"文治"、"法治"、"武治"。③ 匡政巨著《群书治要》第五十卷从天下大同道、"万里一心"的角度论述了"以人治人,以国治国,以天下治天下",并从四个方面分析了治国的"大体",即"仁义"、"礼制"、"法令"、"刑罚",指出面对治道万端,要把握其核心原则,即"一者何？曰公而已矣"。④ 在"宗法一体化的国家治

---

① 上古时期的历史多见于后世的史料考证中,参见管仲撰,房玄龄注：《管子》,四部丛刊景宋本,第161页。

② 关于法律技术发展的详细描述,参见孔安国撰,陆德明音义：《尚书》,四部丛刊景宋本,第8、14、34页。

③ 关于治理方法体系的论述,参见汉代道家治国经典《太平经》,明正统道藏本,第178页。

④ 对治理之本的分析,参见魏征等编：《群书治要》,四部丛刊景日本,第580、585~586页。

理体系"中,以德治国①与严明法制相结合。《尹文子·大道上》确立了以道为治、以法为治、以术为治、以权为治的先后顺序。② 荀况也指出礼义是"治之",法是"治之端",君子是"治之原",礼是"法之大分,类之纲纪"。③ 中国古代的审判是维护秩序的"社会治理系统"的组成部分,更多的纠纷是通过"礼仪和调解"来解决,重视和解、关系的恢复。④

3. 法成为治理机制

战国时期,法家被视为中国历史上研究"国家治理方式"(法治)以及"体制改革"的学派。至秦始皇时期,"法式"为"治道运行,诸产得宜"的基本方式。⑤ (1)法是治理的准则。将法视为"天下之仪"、辨是非与安民生及治理的基础,指出"法则治"。⑥ (2)法制统一是治理的前提。"海内为郡县",不可不一法而治,"一法"是民族治乱的重要前提。(3)以法为强国之治。"治强生于法",通过以法为治,建立并巩固强大的国家体系,这在历次变法中都有鲜

----

① 学者将中国古代的"礼治"视为"等级法"(规则)之治,属于广义的治理规则体系,如章太炎的《检论·礼隆杀论》:"礼者,法度之通名。大别则官制、刑法、仪式是也。"陈寅恪的《隋唐制度渊源略论稿》:"礼律古代本为混通之学。"萨孟武的《中国政治思想史》:"非礼不决之礼就是法律",故"安上治民莫善乎礼"。萧公权的《中国政治思想史》:"春秋时人之论礼,含有广狭之二义。狭义指礼之仪文形式,广义指一切典章制度。"也有反对这一主张的思想史与制度史论证,之所以得出不同的结论,是因为虽不能将礼、法等同起来,但二者都是规范化治理的组成部分,发挥着治理"准绳"(规则)的作用。参见李贵连著:《法治是什么》,广西师范大学出版社2013年版,第18~20页。

② 治理方法位阶的论述,参见郑玄注,陆德明音义:《周礼》,四部丛刊明翻宋岳氏本,第178、181、189页。

③ 法与治理关系的详细论述,参见荀况撰,杨倞注:《荀子》,清抱经堂丛书本,第4、57页。

④ [法]罗伯特·雅各布著:《上天·审判:中国与欧洲司法观念历史的初步比较》,李滨译,上海交通大学出版社2013年版,第4页。

⑤ 法作为治理基本方式的论述,参见司马迁:《史记》,清乾隆武英殿刻本,第128页。

⑥ 法在治理体系中重要作用的论述,参见管仲撰,房玄龄注:《管子》,四部丛刊景宋本,第182页。

明体现,① 同时强调治理环境建设,即"徒善"不能开创伟大政治局面,"徒法"不能自动形成善治局面。②

4. 良法善治与改革更化

强调改革是"善治"的前提,"民本"是"善治"之本,"厉行节约"是"善治"的要素。只有通过"更化"才能不断适应战略需要和时代变迁,实现良好的治理;只有爱民、养民、"宽民力",才能实现治理的核心价值目标,③ 而善治本身即包含了"务俭约、重民力"的内在要求。④（1）良法之治,强调需"遵成法治"、以养民之良法治之,防止专断。唐朝"盛世"建立在厉行法治、完善制度的基础上,太宗时期,深以隋"不惟法度之善"而亡为戒,尤重"公心望治"、克己纳谏、依法办事,开创了"贞观之治"。玄宗时期,厉行法治,编纂《唐六典》,完善法制,成就"开元之治",制度完善（皇帝诏书亦须门下省"副署"审查）、贸易兴盛、吏治清谨、政治修明、人民安居、社会公正、声威远播,"无敢侵欺细人"。（2）改革之治,总结汉朝治乱的历史经验,得出没有实现善治的根源在于"当更化而不更化"。（3）民本之治,"守法以宜民"、"尽心民事"、法察民情、治宜于时是善治的前提。⑤（4）和谐之治,中道是"天下之大本",和谐是"天下之大道",并将其提升到治理之本的高度。

5. 国家法度与政府治理的关系

国家法度与政府治理的关系强调以法促进治理能力的提高,对制法者的资格进行严格的限定,尤其强调明选的基础性作用,需明了"治乱之源",才可以"令制法"。⑥ "以八灋治官府"在"邦治"、"官治"层面系统总结了"官属"、"官职"、"官联"、"官常"、"官

---

① 以法为强国之治的论述,参见张玉书:《佩文韵府》,清文渊阁四库全书本,第6322页。
② 法的局限性的论述,参见孟轲撰,赵岐注:《孟子》,四部丛刊景宋大字本,第54页。
③ 班固撰,颜师古注:《汉书》,中华书局1962年版,第1032、1137页。
④ 陈寿撰,裴松之注:《三国志》,中华书局1959年版,第704页。
⑤ 张廷玉等撰:《明史》,中华书局1974年版,第60页。
⑥ 立法与治理关系的论述,参见刘安撰,许慎注:《淮南鸿烈解》,四部丛刊景钞北宋本,第154页。

成"、"官灋"、"官刑"、"官计"之辩。此外,还包括司马光提出的"十科举荐令"等诸多官府治理规则。①

6. 旧民主主义革命时期的法制与治理

从洋务运动、太平天国运动、戊戌变法到辛亥革命及新文化运动,治理呈现出从经济发展方式变革到政治制度革命,再到思想解放与理论指导的根本性转变。1851年的"金田起义"是已形成"军律"的太平军武装对抗清廷的开始。太平军在经济制度上推行公有制,颁布了《天朝田亩制度》与《资政新篇》;司法制度上每军设"典刑法"官,由"帅"兼任,程序上以两司马"调理"为一些诉讼的必经程序,实体上推行严刑峻法,"凡犯天条者,一律处死刑";政治制度上建立"官制",颁布"三谕"、"十款天条";文化制度上颁布"礼制",实行《太平天历》,以"礼拜堂"形式推行教育;军事制度上建"军制",史称"永安建制",但其本质属性仍为封建等级制,从"万岁"、"千岁"到"大人"、"善人"、"贞人"不等。属于君权与神权合一治理与专制统治的法律化,这一根本制度的弊端,成为"天京事变"及其形势后来急转直下的决定性因素。随着"治外法权"引发的教案增多及民族矛盾的加深,1899年起,形成规约的义和团以组织化形式发展壮大起来,但由于道路选择的错误,它并未提出彻底的反帝反封建纲领。加上组织内部治理的弊端,1901年义和团在"中外反动势力的联合绞杀"中失败;辛亥革命后,三民主义的法治与"民治"模式形成,它将国家权力分为政权(四权)和治权(五权),包含了人民直接行使民主权利和政府机关行使管理职能,而国家富强则依赖于五权宪法的施行,民治就是把"支配人事"、"调和自由和专制"的权利交给人民,良好的宪法是建立真正的共和国的前提。② 辛亥革命将法律提升至"惟系"国家治乱的至上地位,指出一旦不依法律为治,则"专在势力",但在其发展后期出

① 八灋与政府治理关系的论述,参见郑玄注,贾公彦疏:《周礼疏》,清嘉庆二十年南昌府学重刊宋本十三经注疏本,第27页。

② 《孙中山选集》下卷,人民出版社1981年版,第575页。

现了党义治国的悖论，体现出它也有历史局限性的一面。① 思想理论指导对于改革和治理具有基础性意义，辛亥革命后的中国社会处在"封建主义"、"鬼神迷信"、"尊孔祭天"思想罗网的束缚与扼杀下，社会发展、改革与治理上空的阴霾亟待冲破。1915年，《青年杂志》创刊，1916年改名为《新青年》，倡导"文学革命"、思想解放、民主自由。1917年，"十月革命"的爆发成为社会主义革命时代的启始，"布尔什维主义的胜利"是"庶民的胜利"（李大钊语），社会主义思想与理论成为全世界被压迫人民争取独立与解放的"曙光"。"五四运动"后，新民主主义革命时期的文化运动开始正式以马克思主义为指导思想，以《湘江评论》等刊物、马克思学说研究会等组织为理论阵地，但其全面肯定"民主"和"科学"、全盘否定儒家思想与礼教传统的做法，违背了马克思主义唯物辩证法的基本原理。②

（二）西方的法与治理理论

法律制度是适应私有制和社会发展对经济治理规则的需要而产生的，古代自然法、中世纪神学自然法、古典自然法、分析法学、社会学法学等的理论演进，法国宪法、美国宪法、《独立宣言》、《人权和公民权宣言》等的法治实践，正是治理在各个时期探索的成果，反映历史发展阶段以及时代的治理目标。其后，在应对资本主义生产关系内部矛盾及克服治理悖论的过程中，治理由弥补政府、市场协调不足，发展为将国家、政府、政党与社会对立起来的新自由主义理论、公共选择理论、"没有政府的治理"、"第三条道路"和社会中心论。

1. 法治与城邦治理

（1）治权归于法律。毕达库斯指出，治权寄托于法律；③ 柏拉图从《理想国》的"哲学王"统治主张转变为对法的治理的追求，认为一旦法律遭到践踏，城邦的灾难也就会随之而来，因此，服从法律

---

① 陈旭麓、郝盛潮主编：《孙中山集外集》，上海人民出版社1990年版，第234页。

② 法治与人治问题讨论集编辑组：《法治与人治问题讨论集》，群众出版社1980年版，第253页。

③ ［古希腊］亚里士多德著：《雅典政制》，日知、力野译，商务印书馆1959年版，第142页。

的治理十分必要。相反,如果"法律在官吏之上"(官吏是法律的仆人),诸神就会保佑并赐福于这个国家及其人民;① 亚里士多德指出在任何方面,法律都"应得到尊重而保持无上的权威";② 梭伦认为人民是应当服从治理的人,然而"治理的人"则需要遵守法律的规定,并禁止附带人身担保的财产行为。(2)治理能力制约法治的实施和保障。柏拉图重视护法官、将军、政务员、宗教事务官、管理员、教育督导员、法官的选任办法和职务履行,提出官职安置(政府治理的一个部分)上的不当,会导致已制定的良好的法律价值被掠夺,滋长政治破坏与恶行,背离法治的精神。③ (3)知识的治理与法律的治理,柏拉图认为如有可能,就不用法律的支配,因为知识与法律、秩序相比更为有力量,但很少有人能够达到这样完美的状态,退而求其次,法律将成为"第二种最佳选择",因其以"全体城邦的善"为根本目标。当法律失去权威时,国家将会灭亡。(4)良法之治与城邦美德伦理的治理,亚里士多德强调"凭城邦政制的规章加以治理",包括治理者本身都受法律的治理,法治是最优良的统治者(法律至上),包括已成立的法律获得普遍服从和该法律本身制定得良好;而且,城邦美德伦理是当时的社会核心价值体系,强调通过对法律的普遍遵守的实现,在一些治理领域,积习所成的不成文法比成文法更有权威。④ 其历史局限性在于奴隶制社会的法与治理是为奴隶主服务,奴隶则被视为奴隶主的所有物,是法律的客体。直至伯里克利改革后,公职人员才不再有财产限制,而陪审员从年满30岁的男性公民中抽取,被抽到者无权拒任,女性被排除在外,公民大会表决

---

① [古希腊]柏拉图著:《法律篇》,张智仁、何勤华译,上海人民出版社2001页,第714~715页。

② [古希腊]亚里士多德著:《政治学》,吴寿彭译,商务印书馆1997年版,第192页。

③ 强调"根据理性和神的恩惠的阳光指导自己的行动"的首要地位。参见[古希腊]柏拉图著:《法律篇》,张智仁、何勤华译,上海人民出版社2001年版,第751页。

④ 普遍良好的秩序仍"以道德优良的生活为宗旨",法律的治理成为中道的权衡。参见[古希腊]亚里士多德著:《政治学》,吴寿彭译,商务印书馆1997年版,第167、170、182、353页。

权也是如此。

2. 等级化教会法与宗教治理

历史上的第一个现代国家发源于泛欧洲的罗马教会，其以系统的法律体系为基石推进国家治理与建设进程。1140年，格拉提安的《教会法整理汇编》(Concordance of Discordant Canons) 是对其国家法律实践的"现代体系化"的总结。① 13世纪，布拉克顿描述了国王"在上帝和法律"管理下的治理状态，这一状态通过《自由大宪章》及议会权力得以加强，促进了法治的成长。法律被奉为治理的主要权威，在取得自由特许状的城市，通过公众大会的治理选举产生官员，采用新的法律，形成互相制约的立法、行政、司法机构。除行会等组织成员外，市民享有包括参与司法裁判（民众法官）在内的平等的自由权利，但仅有城市公社和自治的商人团体通过自由特许状获得自由，其余则仍处于教会"神权"统治下。14世纪后，虽有衡平法加以调整，但普通法的形式主义倾向并未改变，高度技术化的法律规则、判例导致封闭状态的出现，封建制度制约法律确立的民主治理机制的实效，议会依靠贵族势力限制王权，至都铎王朝时期则置于国王控制之下，直到斯图亚特王朝被解散，资产阶级革命才逐渐恢复。② 阿奎那强调了法律的共同福利属性与理性命令性质，指出处于神治下的法律是人们的行动准则，从神意治理角度确立了永恒法的至上地位，认为它是构成宇宙整个社会秩序的基础和国家治理的前提。③

---

① 12和13世纪最早的现代法律体系产生（受11世纪末、12世纪初格列高利七世发起教皇革命的影响），它有两种表现形式，即罗马天主教会的新教会法（jus novum），以及"世俗法律体系"（王室法、封建法、城市法、商法）。至16世纪以前，西方法律体系，包括宪法性法律、法律哲学、法律科学，及刑法、民法、程序法的原则和规则，都处于罗马天主教会的管辖；以以路德的宗教改革为关键的德国革命，"德国各公国的路德宗统治者们都颁布了综合性立法"（Ordnungen），管理公国范围内的教堂建构、家庭关系、公共教育及社会救济，17世纪英国的资产阶级革命仍以加尔文的宗教改革为关键。参见［美］伯尔曼著：《法律与革命》第2卷，袁瑜琤、苗文龙译，法律出版社2008年版，导论第2~3页，第4、6~7页。

② 高鸿钧著：《法治：理念与制度》，中国政法大学出版社2002年版，第104~106、112页。

③ ［意］托马斯·阿奎那著：《阿奎那政治著作选》，商务印书馆1963年版，第106、110页。

3. 资产阶级启蒙思想中的权利法治与治理

(1) 卢梭在主张人民主权的同时,强调了政府在"掌管民政和执行法律"中的重要作用,指出排除公权力或只赋予不确定权力的做法,会产生"治理得不好的共和国"。通过"明智的法律"进行治理,才能够为人民提供安全保障,防止侵害,形成永久和睦的生活环境。一个治理得良好的国家,是法律至上、人民守法的国家。① (2) 洛克指出,"人民的福利是最高的法律"(Salus populi suprema lex)。国家立法权或最高权力的享有者负有通过确定、公开、有效的法律进行治理的责任,反对临时命令的统治,因为其并不能为人民提供应有的安全和保障。《政府论》第四章"论奴役"阐述了政府治理下的人的自由是以国家立法权和法律规范为基础,且立法权与执行权应分离,不能擅自剥夺任何人的财产权。第七章"论政治的或公民的社会"确立了社会在治理中的重要作用,并将其作为"真正的和唯一的政治社会"的前提,其理论根源则为社会契约论所让渡的自然权力的集合,社会以"仲裁人"的身份处理那些"请求保护的事项",就权利纠纷做出裁决,并以确定的法律规则公正、平等地对待所有人。第十章"论国家的形式"将立法权力归属作为判定国家形式的重要标准。②

4. 德国古典哲学中的法与治理

(1) 康德在《论永久和平》中指出,法律是国家这一人民联合形式产生的基础,以公共利益为核心目标,以道德准则(自由法则)为主要内容,但并不同于道德规范的含义,因为这些规则仅作用于人的行为,而非思想,因而它具有合法性形式与规范价值。公民具有三种法律属性:宪法规定的自由(只服从认可的法律)、公民的平等、政治的自主,任何情况(包括不公)都须毫无例外地遵守法律。③ (2) 黑格尔指出,好的法律是良好的国家治理状态的前提,《法哲学

---

① [法]卢梭著:《论人类不平等的起源和基础》,李常山译,东林校,商务印书馆1962年版,第51~52、54、128页。

② [英]洛克著:《政府论》下篇,叶启芳、瞿菊农译,商务印书馆1981年版,第16、36、53、58页。

③ [德]康德著:《法的形而上学原理——权利的科学》,商务印书馆1991年版,第14、137页。

原理》第一篇"抽象法"中提到，法的命令是对人的尊重，使人真正成为人。第三章"不法"指出，在没有法律的社会状态中，原始复仇性质的刑罚屡见不鲜，要以刑罚的正义（犯罪自身的辩证法）代替复仇对治理的破坏，实现"从法向道德的过渡"。在第三篇"伦理"中界定了市民社会范围内"特殊公共利益"的管理主体层次，确立了政府（行政权）、"自治团体"、"同业公会"等不同治理主体的重要作用，并以国家法律与公共利益为治理基础，而伦理（精神性的世界）的发展则由三个阶段组成，即自然联合的家庭、通过法律制度和外部秩序建立的单个人的联合、在国家制度中的统一。第三章"国家"再次强调了自治团体对国家治理力量的支持作用，"顶层的组织化应与群众（基层）的组织化结合起来"，其构成了合法的权力存在的基础。但他把辩证关系的根本归结于绝对精神，其市民社会和国家观也从客观唯心主义出发，宣扬王权至上和私有财产权的"神圣性"，为殖民事业提供了论证，并把三权分立改为王权、行政权、立法权的结合，否定了国家的事务就是一切人的事务的观点。①

5. 分析法学与自然法学之争，凸显了程序自然法是规则治理的基础工程

（1）富勒在《法律的道德性》第二章"道德使法律成为可能"中论述了"法律的内在道德的八项要求"，第三章"法律的概念"阐明全书的立论目标——"服从于规则之治的事业"中自然法的内涵和属性要求，提出"法律的内在道德"观点，指出其是"程序版的自然法"（procedural version of natural law），致力于对建构和管理规则系统方式的分析与总结，而非规则实际目标的研究，这些规则有效地规范了人类行为，保持了其合法性形式和规范价值。第四章"法律的实体目标"全面阐述了要实现"服从于规则之治的事业"这一目标，理性人须负责地进行参与，而不能背离程序自然法规范的要求，否则即构成对公民权利与尊严的侵犯；同时，要保持制度的"特定完整性"，这一完整性构成了该制度有效性甚至是合法性的逻

---

① ［德］黑格尔著：《法哲学原理》，范扬、张企泰译，商务印书馆1961年版，第47、107、173~174、311页。

辑前提。① （2）德沃金的权利理论的核心是"法律发展的理论"，宗旨是通过法律的发展"维持道德社会"，而这一发展本身以平衡"法律和政治实践的一致性"与适应性为前提，法律以政治道德为基础，因此，"政府道德责任"是其适应社会政治条件做出法律调整和改革的原则，其构成了法律发展的效力基础，也是公民法律信仰的保障。德沃金在《认真对待权利》第十一章"法外之法"中描述了通过由态度而非权力或领土界定的"法律帝国"，即谈及政治的阐释性的态度、表示异议态度、建设性的态度，以"高于实践的原则"，建立起社会中的联合，以建设美好未来。② 此外，罗尔斯强调正义的规则是调整理性人的行为并为社会合作提供框架，在"正义原则规制良好的社会"，法治准则是"程序正义和制度设计"的基础，将合法性与自由主义原则（公共性、一般性、透明性）联系起来。③ （3）哈特在《法律的概念》第五章"法律作为初级规则和次级规则的结合"中论证了法律内涵与不同类型规则的联系，指出命令、服从、习惯、威胁观念是法律基本形态的必要内容，只要法律适用，人类就不能任意行为。但对于法律体系的复杂性也要有清晰的认识与"周延地处理"，需要把握法律科学的真正关键，即设定义务的"初级规则"（primary rules）和授予（公共的或私人的）权力的"次级规则"（secondary rules）。第七章"形式主义与规则怀疑论"提到在涉及人民自由的事项上，树立法律权威与司法威信。第八章"正义与道德"论述了对"法律作为社会控制工具的特质"（治理机能）的阐释，强调须区分初级规则和承认、变更、裁判等次级规则，法律和道德的关联处于核心的位置，但"国家只能惩罚触犯法律明令禁止的行为"，但在极端情况下，也不能忽视道德的判断。④

---

① ［美］富勒著：《法律的道德性》，郑戈译，商务印书馆2009年版，第55页。

② ［美］德沃金著：《认真对待权利》，信春鹰、吴玉章译，中国大百科全书出版社1998年版，第87~88、142页。

③ ［美］杰里米·沃尔德伦著：《法律与分歧》，王柱国译，法律出版社2009年版，第10页。

④ ［英］哈特著：《法律的概念》，许家馨、李冠宜译，法律出版社2011年版，第45、74、141、142页。

6. 关于社会学法学

在庞德的《通过法律的社会控制》一书中，第一章"文明的社会控制"指出，一战后，人们对法律制度和法律正义的失望引出了"不要法律的治理"，没有了如19世纪"法律统治"权威性理想指导下的强力行使，助长了对个人意愿与偏好的放任，而文明是人类通过社会对外在物质世界和内在本性的最大限度的控制来维系的。第二章"什么是法律？"论述法律是按权威性的传统理想由一种权威性的技术加以发展和适用的一批权威性法令（三要素），其用"惩罚、（有限的）预防、特定救济和代替救济"，履行着调和、解决、排解利益冲突和纠纷的职能，奠定了文明的延续与发展的秩序基础。相信万能国家的人，不会诉诸柏拉图的哲学王假设，而是需要一个治理者或组织起来的社会推进法律的社会控制，需要宗教、道德、教育的支持，埃利希已证明了作为法律秩序基础的各个治理主体及他们的联合形成的内在秩序对社会治理的重要意义。①

7. 戴雪的自由主义法治与治理观

即法律主治。法律的治理是人民唯一需要服从的东西，这也意味着除非经过法律规定的程序，人们不受无故惩罚与剥夺，以致人身权利、财产权利受损。以避免"武断性"（arbitrariness），不给予行政院"裁决职能"。"裁决权能"（discretion）即使是在一个民主国家中，赋予行政院法律上的"裁决权能"，将导致对人民权益与自由的侵害。② 哈耶克新自由主义思想中的法治与进化论理性主义治理观，即民主的治理要求人们就一般性规则达成共识，并且，最高权力机构及其他所有权力、国家统一皆以"人民之同意"（the consent of people）为前提，如果代议机构将政府治理与立法这两项权力集于一身，那么，"法律下的政府"（government under the law）和法治就不能够实现。第三卷"自由社会的政治秩序"中第十三章"民主权力的分立"分析了现行代议制度是以政府的治理需要而非立法要求为源起，

---

① [美]罗斯科·庞德著：《通过法律的社会控制》，沈宗灵译，商务印书馆2009年版，第9、32、37页。
② [英]戴雪著：《英宪精义》，雷宾南译，中国法制出版社2001年版，第21、232页。

并且，现行立法机关、代议机构的属性也是由其所"承担的政府治理职责所决定的"。因此，导致最高权力机构集中关注政府治理而非法律这一现象的出现，是因为制度设计本身就使政府治理成为"压倒法律的工作"。同时，民选议会的政府治理任务"常与立法者的目的直接发生冲突"，代表的当选将取决于所属党派的政府治理成就，而非立法工作状况。为防止无限权力冲破禁锢并占据支配地位，必须改进调整各种行动（包括政府行动在内）的法律框架，以及构成正当行为规则的"法律人的法律"。①

8. 垄断资本主义时期的法治与对抗式治理模式

即 20 世纪 90 年代西方兴起的管理范式。它与自己主导建立的国际规制与全球治理秩序的形成密切相连。"一战"后国际组织的成立与公约的达成，成为世界范围内的治理转变的转折，其奠定了从均势、强权向平等协商、法律的治理转变的基础。（1）定义：将法律看作"社群的决策过程"，以"建立人类尊严之公共秩序"、加强公众参与为目标。拉斯韦尔和麦克道格尔在《自由社会之法学理论：法律、科学和政策的研究》的第二部分"社会过程背景"中将治理"作为一个整体的社会过程"；② 全球治理不仅意味着正式制度和组织维持管理世界的规则，而且意味着所有其他组织追求影响跨国规则和权威体系的目标和对象；③ 联合国发展计划署认为治理是一种"公共管理框架"，以正义、平等、高效的法律系统为基础，包括正式和非正式的制度和规则，但其基础不是控制，而是协调，治理本身不是一套规则或制度，而是一个过程，只有接受一套共同的权利和责任观念，才最符合人类的整体利益，才能实现善治；④ 罗茨列举治理六种定义中的第四种"作为善治的治理"这一公共服务体系，强调效率、

---

① ［英］弗里德利希·冯·哈耶克著：《自由秩序原理》上，邓正来译，生活·读书·新知三联书店 1997 年版，第 271~272、309~310、306、313 页。
② ［美］哈罗德·D. 拉斯韦尔、迈尔斯·S. 麦克道格尔著：《自由社会之法学理论：法律、科学和政策的研究》，法律出版社 2013 年版，第 2 页。
③ ［英］戴维·赫尔德等著：《全球大变革：全球化时代的政治、经济与文化》，社会科学文献出版社 2001 年版，第 70 页。
④ ［瑞典］卡尔松、［圭亚那］兰法尔主编：《天涯成比邻——全球治理委员会的报告》，中国对外翻译出版公司 1995 年版，第 1~2、4~5 页。

法治、责任的作用；斯托克《作为理论的治理：五个论点》的第三种治理观点强调致力于集体行动的组织存在权力依赖，组织间相互交换资源的结果取决于参与者的资源、游戏规则和环境；罗西瑙在《没有政府的治理》中指出，治理是以被多数人接受为生效前提的规则体系。①（2）原则：作为全球治理改革的重要组成部分，"独立且据法裁判的全球治理裁判机制"以法治原则为基础，坚持程序公正、法官（及工作组、专家小组）中立、秘书处的平等对待、透明度原则，以"保证全球治理机制在自身法律框架基础上的独立性"，执法不得损害法治和民主原则；根据公认的法律原则，处理好新的更大范围内的全球治理机制与已有机制的衔接协调、正当性论证或失效问题，联合国框架内的问题解决也不能违背全球治理机制的相对独立性原则，以实现"没有全球政府的全球善治"；在全球治理机制内部，国际组织以法治为行动原则和组织模式，以实现善治为目标；民族国家以法治为善政的组成部分和善治的重要原则。全球治理机制一方面加强了全球治理的规则化、制度化，另一方面，以形式法治理论为基础构建了法律规范本身的合法性基础，由民主合意的程序性规定。由此，全球治理机制成为实现法治原则的重要载体，是"国际关系民主化"的基本前提，而"集体安全体制的失败"是由于国际联盟规制体系本身的绝对化，它割裂了政治、法律、国家权力的系统作用，使得维护和平发展与平等、避免武力与侵略的规定在国家权力的扩张面前不堪一击，但它可以合理界定和限制全球治理机制尤其是立法职能机构的权力，促进各种全球治理机制间的合理分工与协作。跨领域权力扩张须经严格合法的民主程序，改革同时承担立法、裁判、监督甚至执行职能的部门或机制。②（3）国际规制与全球治理实践中的中国责任："全球规制"是全球治理的核心③，包括国际人权立法、经济贸易规则、诉讼与仲裁规定等方面，全面协调和规范全球治理进

---

① ［美］詹姆斯·罗西瑙著：《没有政府的治理：世界政治中的秩序与变革》，张胜军、刘小林等译，江西人民出版社2001年版，第5页。
② 王奇才著：《法治与全球治理——一种关于全球治理规范性模式的思考》，法律出版社2012年版，第80、82~83、155~156页。
③ 俞可平著：《全球化：全球治理》，社会科学文献出版社2003年版，第14、68页。

程。法治指标与治理指标密切相联,法治原则体现于《联合国宪章》、《世界人权宣言》等一系列国际规约中,《国际法原则宣言》(1970年)第一次明确提出国家间法治(rule of law among nations),确认了联合国和国际法治之间的内在关联,并通过七项国际法原则的确立建立法治框架。2000年《联合国千年宣言》强调了国际法治与国家法治密切相联。2004年,联合国秘书长向安理会(UNSC)提交《冲突与后冲突社会中的法治与过渡司法》报告,指出法治意味着一个"治理原则"(a principle of governance),并确立国际法治基本原则。2006年联合国大会通过《国内和国际的法治》(the rule of law at the national and international levels)决议,明确了推进国内和国际的法治,国家和国际的良治和法治,对促进经济持续增长、推动社会可持续发展、消除贫困与饥饿以及保护所有人权和基本自由极为重要,确立了联合国及其会员国以"公正和善政"为指导方针,提出国家间和平共处与合作的三个基础——法治、国际法基础上的国际秩序、公正原则。中国以"亲仁善邻"、"天下为公"、"天下大同"等治理观念为基础,承担起大国的历史责任,完善涉外法律法规体系,构建开放型经济新体制,积极参与国际规则制定及执法安全的国际合作,积极推进对国际司法机制的深度参与,重构全球治理,推动国际法治,建立国际新秩序。①

此外,后现代语境的"治理术",福柯在《安全、领土与人口:法兰西学院演讲系列1977—1978》第四讲"治理术的问世:从司法国家、行政国家到治理国家"中,强调了以人口自身为目标的治理,指出中世纪司法国家对应"法律的(习惯法或成文法)社会",15、16世纪,行政国家对应"管制和纪律的社会"。是从主权出发的治理艺术,"治理国家"则对应"安全配置控制的社会"。国家治理有赖于"牧领技术"、"新的外交-军事技术"、"治安"。将"治理"(governmentality)与"权力/知识(power/knowledge)"、"规训"(discipline)等概念联系起来探讨,强调法制、管理、伦理权力实践是作为"灵活策略"与动态关系的"生产性实践"与"生产性网络",从权利分析的法律模式转变为"权力分析的战略模式",其弊端是在一

---

① 单文华:《法治中国的国际维度》,载《光明日报》2014年11月5日。

定程度上解构了法律、制度及国家的积极作用。①

二、理论基础

依宪治国、良法善治关系一个国家根本性、全局性、长远性的制度安排，不能套用西方的理论分析中国的现实，更不能走"改旗易帜的邪路"，首要的任务是完善中国特色社会主义法治理论与治理理论体系，实现完善和发展中国特色社会主义和推进国家治理体系与治理能力现代化相统一，坚定道路自信、理论自信、制度自信。

（一）马克思主义法与治理观

马克思主义法与治理观以阶级本质的分析为核心，奠定了法与治理分析的方法论基础，是科学社会主义理论体系的重要组成部分。

1. 法与治理的辩证唯物主义与历史唯物主义基础

法与治理运行机制的内在矛盾是系统化发展的动力，"法治只有不仅作为一种有效的治国方略而且更作为一定形态的经济关系的必然要求"而产生、存在和发展时，"才能对社会的发展和进步起广泛、稳定和持久的推动作用"，这也构成了古代法治和近现代法治的区别。② 现代国家的法不仅是经济基础的表现，而且需要呈现内部和谐一致性。从方法论角度看，恩格斯在《社会主义从空想到科学的发展》一文中指出，社会变迁的终极原因不在于对真理和正义的认识，而在于生产方式和交换方式的变更，公平、正义等价值追求是具体的、历史的。立法的不断丰富与完善要依据经济生活条件所借以表现的方式。关联关系是一种"活的机体"，自然界、人类历史、精神活动是由联系和相互作用"无穷无尽地交织"形成的，应从运动的、本质上变化的视角，而非静止的、永恒不变的状态，去考察相互联系的事物的运动、变化、生成、消逝。这就要求：第一，我们把法治与

---

① ［法］米歇尔·福柯著：《安全、领土与人口：法兰西学院演讲系列（1977—1978）》，钱翰、陈晓径译，上海人民出版社 2010 年版，第 2 页。

② 周旺生、朱苏力主编：《北京大学法学百科全书：法理学·立法学·法律社会学》，北京大学出版社 2010 年版，第 523 页。

治理的关系放到整个历史进程中去，从社会形态的生产关系基础出发，研究法治与治理发展的必然因果联系；第二，既分析相互促进作用的内涵、机制、方式等发展规律，又注意相互制约作用、历史悖论出现的情形及克服的路径；第三，从时代性的总的联系去考察，实现"四个全面"总体部署的协同推进。

2. 揭示法与治理在"巩固国家根本制度"上的本质一致性

强调法是"阶级的物质生活条件来决定的"阶级意志的体现，马克思主义的治理理论也围绕揭示治理的阶级本质展开。经济方面，马克思在《法国的状况》一文中批判了1860年1月15日《通报》上发表的路易·拿破仑、国务大臣富尔德的关于"国民财富"（如在"工人阶级中普及福利"）的书信，揭示了帝国治理下的国民生产的发展并未"改变法国人民群众的生活状况"，以及农业、工业、信用事业发展方式的剥削实质，人民不可能平等分享发展成果，而是成为服务于帝国经济治理的工具；政治方面，马克思在对"华沙会议"的讨论中，揭示沙皇俄国"解放农奴"是建立在"消灭共产主义原则的计划"的基础上，贵族所取得的政治权力即是行使"宪法权利参加帝国的一般治理"，是以放弃对农奴的统治权为条件；国家安全方面，在《墨西哥的干涉》一文中，马克思阐述了以建立民主政府为名，以主权干涉为实质的治理（包括如英国、西班牙、法国的十字军征讨）所造成的"无政府状态"给人民带来的灾难，并在对"加里波第的信"的讨论中描述了通过人民性质的运动取得治理权、"排除法国外交干涉的一切借口"，保护国家不受敌人侵犯的安全治理，揭示了"加里波第和拉法里纳之争"的虚伪性。①

3. 国家与法的理论方面

马克思在《评普鲁士最近的书报检查令》一文中，从国家治理的准则出发，探讨作为"政治理性和法的理性的统一"的国家，遵循以行为规范而非思想强制，"作为主要标准的法律"，因为行为是一个人主张基本权利的唯一现实媒介，也是受法律规制的唯一因由。如果所思所想也成为惩罚的对象，那么这种法律则具有"危害生存的法律"、"追究倾向的法律"、"报复的法律"的法律属性，是特权，

---

① 《马克思恩格斯全集》第15卷，人民出版社1963年版，第194页。

是党派倾轧的工具,而非权利保障的手段。①

4. 从抽象的理性人权观到历史唯物主义人权观的转变

将法与治理的联系建立在人的现代化基础上,以人们的自由行动与联合及自我控制为基础,"使法律成为人民意志的自觉表现"。只有以物质生活条件为基础,立足生产方式及其矛盾运动,确立人的本质与法权体系,才能使一切人实现个人自由与全面发展,"人在积极实现自己本质的过程中",也同时在创造其社会本质。而历史唯物主义人权理论确立之前,费尔巴哈将抽象的"类"作为人的本质,将法视为抽象理性,治理与现实的社会联系脱离开来。②

5. 科学社会主义理论体系

空想社会主义理论(如《太阳城》、《乌托邦》、《自然法典》中)对实业制度、法郎吉、新和谐公社(治理)及自然法是人为法的前提共同构成自由的基础进行了论述;在科学社会主义体系中,共产主义是在更高物质基础上实现"自由、平等、博爱精神"的回归;国家从社会中产生,从产生之初即以缓和社会冲突、维护公共秩序为职能,以"表面上凌驾于社会之上的力量"控制利益冲突、维持生存发展;③ 国家的政治职能以社会职能为基础,恩格斯在《论住宅问题》中阐述了从习惯(生产和交换的共同规则)、习惯法到法律的演变过程,指出国家是以维护法律为职责的公共权力④,强调国家、政府在公共治理中发挥着积极作用;无产阶级专政的政权以公有制为主体,以"议行合一"为原则,实行民主治理,巴黎公社即为"首倡者和楷模",其确立了包括人民代表大会的权力、立法与行政主体的民选、民治,公务人员依法对每个公民负责的一整套民主治理机制;强调社会力量在治理中的作用,马克思在《哥达纲领批判》中指出,国家的"高踞社会之上的机关"属性要合理转变,才能够真正实现自由。通过对西方以个人中心主义为基础的"自由民主理论"(liberal democracy theory)进行辩证分析,该理论体系发展为强调国

---

① 《马克思恩格斯全集》第1卷,人民出版社1995年版,第120、122页。
② 《马克思恩格斯全集》第42卷,人民出版社1979年版,第24页。
③ 《马克思恩格斯选集》第4卷,人民出版社1995年版,第170页。
④ 《马克思恩格斯选集》第3卷,人民出版社1995年版,第212页。

家与社会的互动的"治理民主理论"（governable democracy theory），即以"宪法根本秩序"为基础、以正义原则为准则、以善治为目标的政体民主形式。①

6. 法与治理机制的关系方面

列宁指出，无产阶级取得胜利、掌握国家政权，国家公职人员要"根据法律管理国家"，人民的自由才能得到保障。② 国家制度须真正的、实际的体现人民意志，即"人民成为国家制度的原则"，③ 将群众是否实际参与国家管理视为民主制的阶级性差别之一。列宁在《俄共（布）纲领草案》中指出，资产阶级的民主制和议会制在形式上宣布了各种自由和权利，无产阶级的民主制则着重于在实际上保障劳动人民真正参与国家管理、享有文化和民主权利、享受文明的福利。④ 立法权与法律执行权归于人民，斯大林在《十月革命和俄国共产党的策略》指明，人类民主发展进程的一大里程碑是苏维埃的立法权和法律执行权在人民代表权力上的集中体现。⑤

（二）中国特色社会主义理论体系中的法与治理

中国特色社会主义理论是通过一系列法律文件、报告、纲要、决定等形成的具有高度内在一致性与协调性的开放体系。

1. 人民民主专政的法制理论与治理基础

早在 1912 年，毛泽东同志在《商鞅徙木立信论》一文中就阐述了良法观，肯定法律之治，指出"法令而善，其幸福吾民也必多"。⑥ 在新民主主义革命理论的指导下，民主和法制对于建立人民民主专政的国家制度的根本性意义凸显。从 1947 年《中国人民解放军宣言》（《双十宣言》）、中共中央《必须将革命进行到底》的指示，到

---

① 杨光斌：《超越自由民主："治理民主"通论》，载《国外社会科学》2013 年第 4 期。

② 廖盖隆、孙连成、陈有进等主编：《马克思主义百科要览》上卷，人民日报出版社 1993 年版，第 1368 页。

③ 《马克思恩格斯全集》第 3 卷，人民出版社 2002 年版，第 2 页。

④ 《列宁全集》第 36 卷，人民出版社 1985 年版，第 85 页。

⑤ 《斯大林全集》第 6 卷，人民出版社 1956 年版，第 336~337 页。

⑥ 《毛泽东早期文稿》，湖南人民出版社 1990 年版，第 6 页。

1948年末、1949年初，在中国人民解放战争取得全国范围内胜利形势明了的背景下，毛泽东同志为揭露国民党在《新年文告》中以"求和"保留伪"法统"的政治斗争阴谋，发表《将革命进行到底》一文，指出通过彻底的革命坚决推翻国民党的反动统治，是实现人民解放、民主和平和建立新中国的首要条件，废除伪"法统"符合人民的意志。1949年1月，中共中央政治局会议通过了《目前形势和党在一九四九年的任务》的指示，其后的1月14日，毛泽东同志发表关于时局的声明，再次强调废除伪宪法、废除伪法院等民主和平主张。① 1949年7月，毛泽东同志在《论人民民主专政——纪念中国共产党二十八周年》一文中指出，在工人阶级及共产党的领导下，强化"人民的军队，人民的警察和人民的法庭"，"以保护国防和保护人民利益"，由此，"消灭阶级和实现大同"。②

在党的建设和政权建设的法律化阶段，彭真同志强调法律体现人民意志，成为"敌占区城市工作的策略"方法，"奠定我们能在敌后坚持长期抗战的合法基础"。③ 晋察冀边区的政权组织机构与陕甘宁边区等抗日根据地的基本相同，并且由《晋察冀边区参议会组织条例》、《选举条例》、《行政委员会组织条例》、《县、区、村组织条例》等法规、法令加以确认，具有了合法的法律形式，明确规定了人民的基本权利与义务。党的八大报告提出，必须"进一步加强人民民主的法制"，"逐步地、系统地制定完备的法律"，"巩固社会主义建设的秩序"。

2. 社会主义法制理论与治理

1978年，党的十一届三中全会公报中强调加强社会主义法制，实现具有稳定性、连续性和极大权威性的民主的制度化、法律化。④ 邓小平同志提出，制定刑法、民法、诉讼法、工厂法、人民公社法、森林法、草原法、环境保护法、外国人投资法等各种必要的法律，通

---

① 毛泽东：《将革命进行到底》，载《人民日报》1949年1月1日。
② 毛泽东：《论人民民主专政——纪念中国共产党二十八周年》，载《人民日报》1949年7月1日。
③ 《彭真文选》，人民出版社1991年版，第8页。
④ 《中国共产党十一届中央委员会第三次全体会议公报》，载《人民日报》1978年12月24日。

过法律形式确定经济关系,坚持十六字方针,强调通过民主程序集中力量制定各种必要的法律。①

最早提出"法治"的中央文件是 1979 年 9 月党中央发布的《关于坚决保证刑法、刑事诉讼法切实实施的指示》(64 号文件)。1979 年,彭真同志在中央党校所作《关于社会主义法制的几个问题的讲话》中提出"要依法办事,依法治国"。1980 年 8 月邓小平同志在中共中央政治局扩大会议上发表讲话强调制度问题的根本性、全局性、稳定性和长期性,保证人民真正享有管理国家的权利,"人人有依法规定的平等权利和义务"。1982 年第五届全国人民代表大会第五次会议通过的《中华人民共和国宪法》,其第 5 条规定,"国家维护社会主义法制的统一和尊严"。邓小平同志在回答日本公明党委员长竹入义胜的提问时,指出"正确处理好法治和人治的关系",在回答法拉奇提问中进一步指出,要"认真建立社会主义的民主制度和社会主义法制"。党的十三大提出建设有中国特色社会主义的基本路线,强调"建立高度民主、法制完备、富有效率、充满活力的社会主义政治体制"。

3. 法与政党治理理论

20 世纪 90 年代,苏联解体、东欧剧变更凸显了思想理论指导、党的建设与执政能力的提高对于国家治理的重要意义。1992 年,"党的十四大将党内法规的表述写入了党章",提出依法治国是建设社会主义法制国家的任务,进一步明确了政党治理法治化方向。②

1996 年,江泽民同志在中共中央第三次法制讲座总结讲话中,首次对依法治国基本方略进行了系统阐述。他在中共中央举办的法制讲座上指出:"干部依法决策、依法行政是依法治国的重要基础。"八届人大四次会议将"依法治国,建设社会主义法制国家"基本方针写入《国民经济和社会发展"九五"计划和 2010 年远景目标纲要》,通过《中华人民共和国行政处罚法》推进依法行政。1997 年,党十五大报告提出,"进一步扩大社会主义民主,健全社会主义法

---

① 《邓小平文选》第 2 卷,人民出版社 1994 年版,第 146 页。
② 黄树贤:《大力加强党内法规制度建设》,载《人民日报》2014 年 12 月 16 日。

制",从公民权利角度阐述了依法治国的基本含义,强调"广大人民群众在党的领导下,依照宪法和法律规定,通过各种途径和形式管理国家事务,管理经济文化事业,管理社会事务"。党的十六大提出,发展社会主义民主政治必须坚持党的领导、人民当家作主和依法治国有机统一,推进政治体制改革,建设社会主义法治国家,强调从中国实际出发,借鉴人类政治文明有益成果。1999年3月,九届全国人大第二次会议通过宪法修正案,其第13条提出《宪法》第5条增加一款"中华人民共和国实行依法治国,建设社会主义法治国家。"同年7月,国务院发布《关于全面推进依法行政的决定》,提出依法行政要严格按照法定权限和程序,既要保护公民合法权益,又要提高行政效率。①

4. 依法治国与和谐治理理论

和谐治理是指运用公共政策等手段,调整社会结构,调节社会资源分配,化解社会矛盾,促进全面协调可持续发展,并仍以"管理"范畴为社会建设的核心。以科学发展观为指导的健康可持续发展的治理理念,强调以人为本,创新社会管理体制,加强社会领域立法,如《就业促进法》、《社会保险法》、《劳动争议调解仲裁法》,重视社会权利保障,实现建设和谐社会、"两型社会"、小康社会、"和谐中国"、"美丽中国"目标。2002年,学界开始出现对"社会主义和谐法治"的探讨,如刘光的《论社会主义和谐法治——从柏拉图的国家学说谈起》(发表在《政法学刊》2002年第2期)。从2005年开始,关于"和谐法治论"的研究扩展到政治、经济、文化、社会各个领域。2004年,《宪法》第33条增加1款,作为第3款,即"国家尊重和保障人权。"2007年,学界出现将和谐法治置于法治话语体系转换、建设社会主义法治国家高度的论述,如张文显的《走向和谐法治》(发表在《法学研究》2007年第4期)。党的十七大报告提

---

① 2004年国务院发布《全面推进依法行政实施纲要》;2013年,首个《中央党内法规制定工作五年规划纲要》(2013—2017)出台,坚持"宪法至上、党章为本",强调"保证党内法规制度体系与中国特色社会主义法律体系内在统一",完善党领导国家法治建设的党内法规、配套党内法规及体制机制完善,以及党内法规制度体系的内在协调、与时俱进。参见《中央党内法规制定工作五年规划纲要》,载《人民日报》2013年11月28日,第10版。

出实现国家各项工作法治化，强调要更加注重社会建设，完善社会管理，促进社会公平正义。2011年2月19日，胡锦涛同志在省部级主要领导干部社会管理及其创新专题研讨班开班仪式上提出，从法律、体制、能力建设方面出发，"完善党委领导、政府负责、社会协同、公众参与、法治保障的社会管理格局"。①

5. 全面推进依法治国与国家治理体系与治理能力现代化阶段

在十八大报告基础上，十八届三中全会和十八届四中全会两项决定开辟了全面推进依法治国与国家治理体系与治理能力现代化新阶段。法治是治国理政的基本方式，全面推进依法治国与全面深化改革相互促进，共同维护人民主体地位，促进制度现代化的实现。运用法治思维和法治方式深化改革、推动发展、化解矛盾、维护稳定。② 法治在处理社会问题、作出总体部署中的引领和规范作用，强调以法治框架、法治轨道、法治理念、法治方法促进国家和社会生活稳定、规范、和谐运行，"领导干部要做尊法、学法、守法、用法的模范"，"全社会都尊法、学法、守法、用法"，以党的领导、人民当家作主和依法治国的有机统一为基本原则，以中国特色社会主义法治体系为基本依据，以依法治国、依法执政、依法行政共同推进为实现机制，推进"科学立法、严格执法、公正司法、全民守法"，在国家治理体系和治理能力现代化上形成总体效应。中央全面深化改革领导小组第二次会议通过了《关于十八届三中全会〈决定〉提出的立法工作方面要求和任务的研究意见》、《关于深化司法体制和社会体制改革的意见及贯彻实施分工方案》等，强调了"法治的引领和推动作用"，"加快形成科学有效的社会治理体制"等具体工作要求。

三、全面推进依法治国与国家治理现代化

治理史也是一部法治发展史，法治与治理呈现领域的同源性、过

---

① 胡锦涛：《扎扎实实提高社会管理科学化水平——在省部级主要领导干部社会管理及其创新专题研讨班开班式上讲话》，载《理论参考》2011年第3期。
② 《坚定不移沿着中国特色社会主义道路前进 为全面建成小康社会而奋斗——胡锦涛同志代表第十七届中央委员会向大会作的报告摘登》，载《人民日报》2012年11月9日。

程的同构性及本质属性、基本原则方面高度的一致性，在制度、体制、机制设置上存在互补性，以党的领导、人民当家作主和依法治国的有机统一为基本原则，以人民根本利益为最终目标，由其所处的物质生活条件决定，受其所服务的基本制度的制约。

（一）逻辑框架

正确处理法治与治理的关系是国家治理法治化的逻辑前提。法治化（becoming rule of law）即国家生活、社会生活全部纳入法治轨道，直到建成法治国家，形成法治社会，树立法治的制度文明和精神文明，达到民主法治的理想境地。从治国方略的高度来说，法治化"促使国家行为、社会行为按照法治的理念、精神、原则、规则运行"，也将经过实践检验的"国家的某些政策、举措或某些社会规范（如道德、习俗、社会组织规则）转化为法律和法律制度"。①

1. 逻辑前提

法治与治理的相对独立性。从治理的主体、手段、方法上，善治和法治的区别明显

（1）法治以国家强制力为后盾，将行为控制在国家法律范围内，善治的基础不是控制而是协调。随着社会价值多元化和利益冲突的增多，协商、共识、沟通的重要性日趋凸显，有些治理甚至"不是简单采取判决的方法"，而是诉诸多元纠纷解决机制的灵活作用。②
（2）法律从单纯国家治理工具转变为独立的自主性的力量，与社会正义、个体自主性、国家权力边界联系起来，法治领域的制定主体是人民，实施主体是法定主体，有来自法律的授权，执政者、行政者既是主体，也是被规范的对象而治理领域主体多元化，是"合意权力"（consensual power）与强制权力（coercive power）属性的有机结合。法治运行表现为从法律规范出发的执行、适用、遵守，它包括反馈机

---

① "促使国家与社会生活建立法治秩序；能够克服国家行为的随意性、不稳定性、无预测性、不公开性等弊端"，"或者是使某种国家措施、社会规范法制化"。周旺生、朱苏力主编：《北京大学法学百科全书：法理学·立法学·法律社会学》，北京大学出版社 2010 年版，第 399 页。

② 朱景文：《从法治到善治的思考》，载《法制资讯》2012 年第 5 期。

制在内，并不以多向度约定为依托；治理体系的运行则建立在广泛协商、多元互动、合作认同达成的共同目标基础上。厉行法治以实现根本权益保障和行为规范约束的统一为核心，推进治理以协调公共事务，实现维护秩序与激发活力的协同为要义。法治更重规则性、稳定性，以权威性为前提，强调规范、遵守、制度坚持，追求权利保障与权力制约；治理更重协商性、灵活性，以共同的目标为前提，强调共识、合作、体制创新，追求公共利益的实现。

2. 法与治理权

（1）治理权来源于法律，人身权利、政治权利、经济权利、文化权利、社会权利保障的法治化是多元主体"共治"的前提。1959年新德里国际法学家大会通过的《法治宣言》指出，国家的一切权力来源于法律，而法本身应尊重人性的尊严，实现"治权层次上的民主"。学界便出现了"法治治理权"的论述。①（2）法治对主体权利的保障是民主治理的前提，治理的合意权力与强制权力属性结合的前提是法律与社会的良性互动（朱景文语）。法治"是一种以法律为基础的治理"（law-based governance），治理实现"法律与社会之间的良性互动"及"合意权力（consensual power）与强制权力（coercive power）的结合"，"避免法治的'刚性'加剧社会的冲突"，"法治化治理强调法治必须成为国家和社会管理中一种常规的治理方式"，才能真正实现"社会治理意义上的法治"。②

3. 法与治理规则体系

"国家治理必须依靠法制的统一、尊严和权威"。宪法以最高法律效力统领这一规则体系，赋予其"高度的内在一致性和适用效力的统一性"。③（1）法治体系为治理现代化提供"良法"依据与价值判

---

① 胡建淼：《国家治理现代化关键在法治化》，载《学习时报》2014年7月14日。

② 即"鲜活的生活事实"，"成为日常社会生活中人们交往实践的一部分。把法治理念转化为一种具体的治理实践"。参见张元元著：《澳门法治化治理中的角色分析》，澳门理工学院一国两制研究中心2009年版，导论第8~9、11页、第10页。

③ 宪法的全面贯彻落实为推进国家治理现代化提供"最根本的秩序保障与制度规范"。参见《塑造共同的宪法信仰》，载《人民日报》2014年12月4日，第1版。

断,任何重大改革都要于法有据,作为全面深化改革的总目标之一,治理现代化的各个层面、各项工作都要依法开展,在不与宪法等法律相抵触的前提下,充分发挥市民公约、乡规民约、行业规章、团体章程等社会规范的积极作用,以及开展行业自律、基层自治,以良法、良俗保障人权的实现。而法律的创立、改变和论证要根据其自身规则,自我调整、自我强化、自我维持,以其自身的方式行为、思考、发展,如政治、文化变迁的影响要通过规范的法律程序的转化产生作用。①(2)现代法治的自我更新同时也促进了治理内涵的发展,除一般治理范畴外,法治运行系统本身也是对社会关系的调整,实现专门机关和特定范围的治理,通过立法实现稳定的规则治理、通过行政法治确保公共产品(包括安全)和公共服务、通过司法(如刑事程序法治、民事程序法治中"互动式的主体性司法")维护社会正义、通过社会法治实现国家治理与社会治理的整合和联动(如法定公民参与治理机制),以及通过党内法规体制实现政党治理。②

4. 法治体系与治理运行体系

治理体系承载法治内在协调机制的建立,在国家与社会之间"形成适宜于现代化发展的良性结构"。③(1)方法体系:法治现代化与治理现代化的实现需要有科学的路径和方法,已有成果包括了制度、技术、结构、方式(法律、行政、经济、道德、教育、协商)等方面。④ 从根本意义上讲,确立法治在治理体系中的根本性地位,以"形成健康有序和可持续发展的国家治理结构",可实现社会和谐,促进社会公平发展。(2)价值体系:法治是治理价值体系的基础性构成,治理价值体系包含国家治理层面的富强、民主、文明、和

---

① [美]比克斯著:《牛津法律理论词典》,邱昭继等译,法律出版社 2007 年版,第 17、19 页。

② 张志铭等著:《世界城市的法治化治理——以纽约市和东京市为参照系》,上海人民出版社 2005 年版,第 2~3、9、346 页。

③ 邓正来著:《国家与社会:中国市民社会研究》,北京大学出版社 2008 年版,第 3 页。

④ 参见刘勇:《用法治推进国家治理现代化》,载《解放军报》2014 年 3 月 17 日,第 6 版;陶希东:《国家治理体系应包括五大基本内容》,载《学习时报》2013 年 12 月 30 日,第 6 版。

谐价值目标，社会治理层面的自由、平等、公正、法治价值取向，公民个人层面的爱国、敬业、诚信、友善价值准则。（3）指标体系：治理评价指标体系的目标、原则、框架需贯彻法治精神，法治是国家治理体系和治理能力现代化的标准之一。2012 年，"中国社会治理评价指标体系"标准发布，共涵盖"1 个一级指标"、"6 个二级指标"、"35 个三级指标"，实质为民主、法治、公平、正义、自治治理价值和理念的体现。① （4）治理能力：法治促进国家与社会之间"形成适宜于现代化发展的良性结构"及治理能力的提高，包括"提高依法执政、依法治国、依法行政、依法治理社会的能力"，运用社会主义法治体系治理国家的能力，运用中国特色社会主义制度有效治理国家的能力；包括党和国家领导干部深化改革、推动发展、化解矛盾、维护稳定的能力，党领导人民治国理政的能力，党领导全面推进依法治国，科学执政、民主执政、依法执政的能力；包括依法全面履行政府职能、依法决策、严格公正、文明执法、综合执法、统一领导和协调行政执法管理、政务公开的能力，党和国家机关、企事业单位、人民团体、社会组织等的工作能力；包括人民群众依法管理国家事务、管理社会事务、管理经济文化事业，参与政府立法，依法维权的能力及国防军事能力等。

（二）现实意义

法治是治理文明的重要标志与"善治的基本要素"，是治国理政的基本方式与治理现代化目标的基础性支撑力量。坚持中国特色社会主义法治道路是促进国家治理体系和治理能力现代化的必由之路，全面推进依法治国，引领、规范国家治理现代化进程，并提升"四个全面"战略部署在国家治理现代化上的总体效应和总体效果。

正确处理法治与治理的关系，以坚持党的领导、人民当家作主和依法治国的有机统一为总原则。其中，党的领导是正确实施治理的根本保证，人民当家作主是治理的本质要求，依法治国是党领导人民实

---

① "中国社会管理评价体系"课题组、俞可平：《中国社会治理评价指标体系》，载《中国治理评论》2012 年第 2 期。

施治理的基本方式。① 国家治理现代化奠定了系统性改革的基本框架，赋予了法治现代化的历史使命与时代内涵。全面推进依法治国的目的是通过中国特色社会主义法治体系的建立、改革与完善，实现中国法治建设的现代化，在国家治理上形成总体效应和总体效果。符合国家治理体系和治理能力目标的现代化法治体系包括形式"新常态"。规则之治；实质"新常态"，良法善治；战略"新常态"。适应中国特色社会主义事业总体布局与改革发展要求，协调推进"四个全面"战略部署，将法治现代化与治理现代化融入改革开放和社会主义现代化建设伟大进程，将其提升到完善和发展中国特色社会主义制度的高度进行推进，开拓新境界，完成新发展。

中国特色社会主义法治体系是治理体系现代化的根本依据，涵盖法律规范体系、党内法规制度体系、"政策制度体系"及有关社会规范体系。中国国家治理方式向法治与法治基础上的德治变迁，"才有利于完成中国现代化这一人类历史上最伟大的巨变"。② 法治为治理提供具有普遍性、确定性、稳定性、权威性、可预见性、可操作性的行为规范，通过建立稳定、明确的行为指引，促进社会共识的达成和社会关系的调整。在法治轨道上推进国家治理体系和治理能力现代化，"任何重大改革都要于法有据"，乡规民约与行业及团体规程等社会规范，人民团体、社会组织及社会矛盾预警、民意表达、协商沟通及救济救助等机制的积极作用的发挥都要在法治框架内展开。依法治国是国家治理的基本方式，是党领导人民依法治理国家，充分保障人民当家作主，实现国家各项工作以及社会生活的法治化；依法执政是政党治理的首要任务，是党依据宪法法律治理国家与依据党内法规从严治党的统一；依法行政是政府治理的核心内容，包括权力机关、行政机关、司法机关，严格依照宪法法律规定履行职责，推进治理进程；法治社会是社会治理的战略目标。

治理现代化是中国特色社会主义法治"新常态"的战略推进器。中国特色社会主义道路致力于人的自由与全面发展目标的实现，是法

---

① 李龙：《建构法治体系是推进国家治理现代化的基础工程》，载《现代法学》2014年第3期。
② 谢岳、程竹汝：《法治与德治》，江西人民出版社2003年版，第1页。

治现代化、治理现代化回归于人的现代化的科学路径。全面推进依法治国，需要国家治理领域系统深化改革，从制度现代化层面形成总体性的、战略性的巨大推进力。法治现代化与治理现代化一体相连，共同提供对现代民族国家的制度安排，维护公共生活秩序，其根本是运用中国特色社会主义制度有效治理国家，通过全面深化改革，在改革领域形成各个领域的"联动和集成"，在治理领域形成国家治理体系和治理能力现代化上的总体效应和总体效果，"推动中国特色社会主义制度更加成熟、更加定型"，实现国家繁荣富强、人民幸福安康。①

---

① 潘伟杰：《法治与现代国家的成长》，法律出版社2009年版，第6页。

中国特色社会主义人权理论体系研究*

党的十八届三中、四中全会分别通过了关于全面深化改革和全面推进依法治国的两大决定，提出以中国特色社会主义法治理论体系和国家治理体系现代化为支柱，揭开了全面推进人权建设的新的历史篇章。2015年6月8日，国务院新闻办公室发表了《2014年中国人权事业的进展》白皮书，进一步确立了中国人权保障道路与理论发展的基本立足点，标志着中国特色社会主义人权理论体系进入全面形成阶段。

人权理论体系是研究人权范畴、价值、保障与建设、发展与创新的内在规律、基本特征、历史进程、经验教训的科学体系，一个国家的人权理论体系既由其"人权国情"决定，也受外部发展环境的影响和社会历史条件的制约。中国特色的人权理论体系是中国特色社会主义理论体系的组成部分，是中国人权发展道路的科学指导，也是国家安全和意识形态安全的前沿阵地。

一、中国特色社会主义人权理论体系的历史渊源

中国特色社会主义人权理论由历史文化传统"内生性演进"而来，是对中华优秀传统文化的创造性转化和创新性发展。史料考证显示，中国古代已经出现"人权"一词，在理论层面形成了一定的体系；但其在实践中的应用具有历史局限性。《新唐书·吴兢传》："人

---

* 本文刊载于《中南民族大学学报（人文社会科学版）》2015年第6期，系李龙教授与其博士生任颖合著。

主与人权，犹倒持太阿，授之以柄。"① 货币政策方面，《元史·刘宣传》："大抵利民权物，其要自不妄用始。"② 政治权利方面，《清史稿·选举志八·新选举条》："男子照地方自治章程有选民权者。"此外，《清史稿·戴鸿慈传》对"各国治理大略"民权观进行了比较分析。③

中国古代的民权思想集中体现在黄宗羲所著的《明夷待访录》一书中，"天下利害之权"应归于"千万天下之人"，该书还将权利保障提高到国家治理层面，"天下之兴亡，不在一姓之兴亡，而在万民之忧乐"，因此，权利保障需要采取两个方面的举措，一是反对君主专制，"以天下为主"，强调民权；二是反对一家之法，"公天下之法"，强调民意。它批判了"敲剥天下之骨髓，离散天下之子女"等侵犯财产权利、人身权利的现象，主张"使天下受其利"（兴"公利"、除"公害"）。

中国古代的权利保障思想体现在对良法、善治、"更化"、民本的阐述方面。《大禹谟》记载了通过明五刑，弼五教来实现治理，即以法作为准则，强调其对于家庭、社会、国家治理的重要作用。④（1）立良法，标准主要包括两个方面：一是民意，强调"出法权制"，须"允人心"。⑤ "正法治化，人民良善，庆无不利"；⑥ 二是公正，"处心公明"是"固为良法"的前提条件，相反如果徇私罔顾情理，则"才不为用"。⑦ （2）行善治，一方面是改革，"故汉得天下以来，常欲善治而至今不可善治者，失之于当更化而不更化也。"⑧ 另一方面是民本，"善治者守法以宜民"，将不利于人民休养生息的

---

① 欧阳修、宋祁撰：《新唐书》，中华书局1975年版，第4525页。
② 宋濂等撰：《元史》，中华书局1976年版，第3952页。
③ 赵尔巽等撰：《清史稿》，中华书局1976年版，第3255、12405页。
④ 孔安国、孔颖达等注：《尚书正义》，上海古籍出版社1990年版，第460、686页。
⑤ 房玄龄等撰：《晋书》，中华书局1974年版，第937页。
⑥ 沈约撰：《宋书》，中华书局1974年版，第2381页。
⑦ 脱脱等撰：《宋史》，中华书局1977年版，第3755页。
⑧ 班固、颜师古注：《汉书》，中华书局1962年版，第2505页。

苛法去除。① "自古未有不尽心民事而可以称善治者也。"② 若"不通治体，苟好烦苛，此乱民之甚者也"，当务之急，须得求贤，"去四甚"。③（3）保民权，"故其治国也，正明法，陈严刑，以救群生之乱，去天下之祸，使强不凌弱，众不暴寡，耆老得遂，幼孤得长，边境不侵权，君臣相亲，父子相保，而无死亡系虏之患"④。同时，由历史局限性决定的人权战略保障的缺失，至孙中山先倡导"平均地权"与"以权制能"，《中华民国临时约法》确立主权在民及人民选举权、罢免权、创制权、复决权时，均未从根本上形成对人民当家作主的战略保障，因而人权发展与国家建设的目标也就未能真正实现。

二、中国特色社会主义人权理论体系的思想基础

中国特色社会主义人权理论是以马克思主义的基本原理、方法研究中国人权国情、实践发展、理论变迁进程及规律，在思想融合中形成的内在协调的科学体系。中国特色社会主义人权理论体系以马克思主义人权理论中国化为发展进路，以完善和发展中国特色社会主义制度为目标。⑤

（一）马克思主义人权理论

马克思主义人权理论经历了萌芽、形成、发展三个阶段，分别以《论犹太人问题》、《〈黑格尔法哲学批判〉导言》对黑格尔人权思想的批判，《1844年经济学哲学手稿》、《神圣家族》和《德意志意识

---

① 张廷玉等撰：《明史》，中华书局1974年版，第60页。
② 赵尔巽等撰：《清史稿》，中华书局1976年版，第10618页。
③ 陈寿撰，裴松之注：《三国志》，中华书局1959年版，第706页。
④ 王先慎撰：《韩非子集解》，商务印书馆1933年版，第69页。
⑤ 西方的人权理论以文艺复兴为启示，从但丁提出人权概念，以人权代替神权，到洛克的《自由与人权》、潘恩的《人权论》、密尔的《论自由》及美国《独立宣言》、法国《人权与公民权利宣言》实践，在反对封建专制与人治方面有值得借鉴的历史进步性，同时也呈现出历史局限性的一面，如对经济社会文化权利和集体人权的否定。中国的人权理论体系建构要从中国的人权国情与实际出发，坚持中国特色社会主义道路，充分发挥社会主义制度的优越性与历史进步性。

形态》对人权发展上的唯物史观的阐释,以及列宁的人权思想为代表。① 马克思主义人权理论体系以对"人的本质"的科学认识为基础,由两个方面的内容组成:一是对于人权的阶级本质分析,集中体现于马克思主义哲学思想中;二是与经济、政治、社会发展观点一体相连的人权建设思想,集中体现于科学社会主义理论体系。

第一,个人人权与集体人权实现进程的高度一致性。个人只有在集体中才能获得全面发展,"没有无义务的权利,也没有无权利的义务。"马克思在《德意志意识形态》中指出,"在控制了自己的生存条件和社会全体成员的生存条件的革命无产者的集体中",个人的自由发展成为联合体治理的目标,个人只有在"真实的集体的条件下",才能"获得全面发展其才能的手段",实现个人自由。而将联合体与个人对立起来的"虚构的集体"则构成了被支配阶级的"新的桎梏"。在《黑格尔法哲学批判》中,马克思批判了从"肉体的自然的国家成员的素质",即人的出生,认定特定的社会地位、社会职能、社会权利的阶级观点,指出国家的职能是"人的社会特质的存在和活动的方式",其与"个人的国家特质",而非私人特质相连。

第二,唯物主义的人权观。人权实现的经济社会基础是唯物史观在人权发展上的重要启示。权利无法超出"经济结构以及由经济结构所制约的社会的文化发展",因此,"一个人有责任不仅为自己本人,而且为每一个履行自己义务的人要求人权和公民权"。② 一是物质制约性,人的全面发展"以建立在交换价值基础上的生产为前提",但市场自由并不是人的自由的充分条件,在人类历史发展的"物的依赖"阶段,个人"更不自由,因为他们更加受到物的力量的统治",把人"贬低为一种创造财富"的力量。马克思在《论犹太人问题》一文中指出,资产阶级人权"是作为孤立的、封闭在自身的单子里的那种人的自由",财产权、自由权、平等权、安全权是"自私自利的权利"与"利己主义的保障",没超出"作为封闭于自身、私人利益、私人任性、同时脱离社会整体的个人的人",是"脱离了

---

① 李龙:《论马克思主义人权观的形成与发展》,载《武汉大学学报》1991年第5期。

② 《马克思恩格斯选集》第2卷,人民出版社1972年版,第662页。

人的本质和共同体的利己主义的人的权利"。① 二是文化制约性，列宁进一步论述了文化制约性在人权保障领域的体现，苏维埃无产阶级民主的优越性受制于"文化上的落后"，"并使官僚制度复活"，而这绝不是"法律造成了障碍"。②

第三，人权的法律保障，以"法治国"（源于康德）建设为目标，以"生活的物质条件"为基础，确立"法权关系以及国家生活的形式"，将政治权利自由与人类解放联系起来，区分参加政治共同体的"公民权利"与市民社会"利己主义的人的权利"，强调人民主权具有基础性地位，自由存在于法律形式之中，指出"没有关于出版的立法就是从法律自由领域中取消出版自由"，并以外在行为"要求现实权利的唯一东西"，而支配思想的法律则是扼制自由权利的专制工具。马克思在《〈黑格尔法哲学批判〉导言》中指出，无产阶级革命标志着一切阶级的彻底解体，这一"完全丧失"需要通过"人的完全恢复才能恢复自己"；他在《黑格尔法哲学批判》中指出，"人民主权不是从国王的主权中派生出来的，相反地，国王的主权倒是以人民的主权为基础的"。他在《关于出版自由和公布等级会议记录的辩论》中明确指出"公民不承认以特权形式存在的权利"。只有当现实的个人成为类存在物的时候，"只有当人认识到自己的'原有力量'，并把这种力量组织成为社会力量，因而不再把社会力量当作政治力量跟自己分开的时候"，才能完成人类的解放。③

（二）马克思主义人权理论中国化与中国人权保障经验马克思主义化

当代中国马克思主义人权思想的新发展以抗日民主政权、工农民主政权及人民民主专政下的人权实践为现实基础。人权基础理论方面，马克思主义人权理论中国化的成果是形成毛泽东人权思想、邓小平人权理论、人权保障与党的建设思想、和谐人权观、全面推进人权

---

① 《马克思恩格斯全集》第1卷，人民出版社1995年版，第437~439页。
② 《列宁选集》第3卷，人民出版社1995年版，第766页。
③ 邢贲思主编：《马克思主义思想宝库》，南海出版公司1990年版，第31、34、38、39、882、884页。

法治建设思想，以权利与义务相统一为基础，核心体现为人权入宪。

1. 毛泽东的人权思想以"具体的自由"、"人民的自由"观为核心

1922年毛泽东同志在《更宜注意的问题》一文中强调了劳工生存权、劳动权、劳动全收权保障，在《井冈山的斗争》中揭示了全国人民仍无"普通的民权"，没有"言论集会的权利"。1931年，《中华苏维埃宪法大纲》明确规定了工人农民红军兵士及一切劳苦民众"都有权选派代表掌握政权的管理"。他在中国共产党《为抗日救国告全体同胞书》中号召"为民族独立、民权自由、民生幸福"而奋斗，提出"抗日救国的言论、出版、集会、结社和武装抗敌的自由"，民主和自由被置于核心地位，还在《论政策》中阐述了"同等的人权、财权、选举权和言论、集会、结社、思想、信仰的自由权"。"保障人权，解救民生，完成统一"观点在《论人民民主专政》得到进一步阐发，毛泽东同志还主持制定了1954年宪法，人民权利保障有法可依。

2. 邓小平的人权理论集中体现于开辟中国特色社会主义道路伟大创举

1985年，邓小平同志提出了关于人权主体的若干问题，明确指出西方所讲的人权与"我们讲的人权，本质上是两回事"，无产阶级的运动是"为绝大多数人谋利益的"，因此，人权应该是"绝大多数人的人权"，中国的现代化不能建立在西方的民主化、自由化基础上，要"按照自己的实际来提问题，解决问题"。中国的民主是人民民主、社会主义民主，是实现社会主义现代化和共同富裕的重要前提，与资产阶级"个人主义的民主"有本质区别，中国"要讲社会主义的法制"，反对极端个人主义与无政府主义，注重个人利益与集体利益、局部利益与整体利益、暂时利益与长远利益的协调统一，而以生存权和发展权为首要人权的实现以"发达的、生产力发展的"社会主义为重要基础，从而消灭剥削，消除两极分化，实现共同富裕与人的全面发展。

3. 江泽民同志强调人权普遍性与中国国情相结合，人权的普遍性与特殊性相统一

1991年，"关于对人权要进行研究的指示"传达后，有关机关和

研究单位提出"建设马克思主义人权理论体系"的动议,并在理论研究、政策制定、宣传教育方面取得了重大成绩。同年11月,国务院新闻办公室发布《中国人权状况》白皮书,阐明我国人权理论与实践的发展成就;在《爱国主义和我国知识分子的使命》中指出失去国家主权就意味着失去人民民主和人权;在《高举邓小平理论伟大旗帜 把建设有中国特色社会主义事业全面推向二十一世纪》的报告中指出"共产党执政就是领导和支持人民管理国家的权力",尊重和保障人权。"三个代表"重要思想将党的建设与人民根本利益统一起来,并要求制定一系列关涉人权的党内法规,强调依法行政,促进政府治理、政党治理与人权保障的高度统一。①

4. 和谐人权观

胡锦涛同志在《高举中国特色社会主义伟大旗帜 为夺取全面建设小康社会新胜利而奋斗》的报告中指出,科学发展观的核心是以人为本,强调从经济、政治、文化、社会、生态各个方面全面保障人民各项权益,坚持"发展为了人民、发展依靠人民、发展成果由人民共享"。十六届六中全会通过的《中共中央关于构建社会主义和谐社会若干重大问题的决定》中提出,"社会和谐是社会主义的本质属性","以和谐精神推进人权实践",强调人权保障与个体自律的统一,促进"和谐人权"将人与自然、人与人、人与社会、个人与政府、国家与社会引向"新型的社会主义关系"维度,克服源起对抗性人权观从其确立之日起所内含的"不可逆转、不可克服的矛盾与局限",② 奠定了中国特色社会主义人权理论体系建设的重要思想基础。

5. 全面推进人权法治建设

2012年,习近平总书记提出"中国梦"重要指导思想,强调"国家利益、民族利益与人民根本利益"的高度统一,保障人民"共同享有人生出彩的机会",以及"平等参与、平等发展的权利",实

---

① 罗玉中、万其刚、刘松山著:《人权与法制》,北京大学出版社2001年版,第229~231、248~250、255页。

② 齐延平:《和谐人权:中国精神与人权文化的互济》,载《法学家》2007年第2期。

现人的全面发展。2013年，党的十八届三中全会通过《中共中央关于全面深化改革若干重大问题的决定》，其第九部分"推进法治中国建设"中强调"完善人权司法保障制度"，从司法体制改革出发，切实保障公民财产权利、人身权利、诉讼权利。2014年，党的十八届四中全会通过《中共中央关于全面推进依法治国若干重大问题的决定》，该决定将坚持人民主体地位确立为中国特色社会主义法治体系建设的根本原则，第二部分"加强重点领域立法"明确提出"公民权利保障法治化"，第四部分进一步强调从申诉权利保障、法律原则、司法措施、司法责任、司法监督、司法救助、诉访分离、强制执行法的制定等方面保证法治建设的人民属性。

三、中国特色社会主义人权理论体系建设的基本纲领

中国特色社会主义人权理论体系建设的基本纲领是党的基本路线在人权发展领域的集中体现，反映党领导人民有效治理国家的战略布局，以及人权理论与实践发展的基本目标。"国家尊重和保障人权"宪法原则的具体化，是中国特色人权理论体系的逻辑前提，是完善和发展中国特色社会主义制度，增强中国特色人权话语体系国际影响力的重要基础。

（一）总原则

中国特色社会主义人权理论体系建设的总原则是党的领导、人民当家作主和依法治国的有机统一，确立中国特色社会主义法治国家建设的根本目的是确保公民权利实现和基本人权落实，将人权发展纳入法治化、制度化轨道。具体而言，坚持科学执政、依法执政是人权保障的根本保证，完善人民当家作主的制度是人权发展的本质要求，依法治国是人权保障的基本方式。一是，充分发挥党"总揽全局、协调各方"，"领导立法、保证执法、支持司法、带头守法"的引领作用，坚持中国特色社会主义的人权发展道路；二是，发挥人大及其常委会主导立法的作用，完善全国人大及其常委会宪法监督，加强人大监督；三是，坚持依法治国和以德治国相结合与法律面前人人平等，法律适用领域的平等以司法平等为核心，权利受到平等保护与救济，

非经法定程序不得剥夺公民合法权益,从而在国家治理、社会治理各领域贯彻人权法治原则。

(二) 总目标

中国特色社会主义人权理论体系建设的总目标是以"四个全面"战略部署推进人权法治,实现国家战略、国际战略与人民根本利益的高度统一,形成中国特色社会主义人权法治体系,进一步完善和发展中国特色社会主义制度。具体而言,第一,全面深化改革开拓人权保障新路径,在国家治理、政党治理、政府治理、社会治理及公民个人行为层面确立制度化、规范化、程序化的整体性路径,实现顶层设计与末端治理的有机结合;第二,全面推进依法治国拓展人权保障新视野,通过法律规范体系、法治实施体系、法治监督体系、法治保障体系、党内法规体系推进人权法治体系的改革;第三,全面建成小康社会奠定人权保障新境界,以"东方文化和人权发展"促进世界和谐与共同繁荣;第四,全面从严治党缔造人权保障新布局,使治理权与发展权、治理现代化与人的现代化的统一在国家治理现代化上形成总体效应。

(三) 总路径

中国特色社会主义人权理论体系建设的总路径是突出重点与全面推进相统一。一是坚持人权普遍性与国情的统一,"在更高层次上保障好人民的生存权、发展权";二是统筹人权建设与各领域建设,实现协调发展;三是通过顶层设计和末端治理有机结合,实现依法治国、依法执政、依法行政共同推进,法治国家、法治政府、法治社会一体建设,在国家治理、政府治理、社会治理各个方面贯彻人权保障法治化原则;四是通过国家治理、区域治理、行业治理、基层治理的法治化,推进人权保障多层次、多领域、全方位、系统化发展;五是促进权力协调、利益平衡、科学发展,实现全面推进依法治国与人权可持续发展的统一。

(四) 总方略

中国特色社会主义人权理论体系建设的总方略是人权保障的法治

化,"完善体现权利公平、机会公平、规则公平的法律制度",强调人权发展合法性与合规律性。(1)经济权利的法治保障,"用法治精神建设现代经济",实现市场活动、政府规制行为法治化,及市场决定性作用与市场公正有序的统一。① 完善产权保护制度、企业自主经营权与社会责任、经济风险监控制度,制定民法典以系统调整平等主体之间的人身关系和财产关系,"促进商品和要素自由流动、公平交易、平等使用"。(2)民主权利的法治保障,推进协商民主体系制度化、规范化、程序化发展,"依法推进基层民主和行业自律"。完善国家机构组织法、选举法与惩治贪污贿赂犯罪法律制度,以党内法规制度体系提高中国共产党依法执政、科学执政及领导的能力,有序扩大人民参与。(3)文化权利的法治保障,以和谐为核心价值,以"公共文化服务保障法"促进"基本公共文化服务标准化、均等化",以"文化产业促进法"推动文化市场体系建设,以"国家勋章和国家荣誉称号法"引导社会进步,以网络法治建设规范网络交易平台,拓展广泛协商的途径。(4)社会权利的法治保障,以"加快保障和改善民生"为根本要求,促进社会公平正义,完善教育、就业、收入分配、社会保障、医疗卫生、食品安全等公共服务方面的法律法规,加强对特殊群体保护,"加强社会组织立法",完善社区矫正制度,维护社会安全。(5)生态权利的法治保障,以生态安全保障为核心,以生态补偿和环境公益诉讼为基础,以《中华人民共和国环境保护法》、自然资源产权法律制度与保护法、污染防治法等法律法规为依据,涵盖现场检查与环境监察制度、突发环境事件报告与处理、环境影响评价等制度保障。(6)国家安全法治与涉外法律法规体系建设,以法治方式维护国家主权、安全及发展权利,在《世界人权宣言》、《经济·社会·文化权利国际公约》等法律文件的基础上,② 维护"我国公民、法人在海外及外国公民、法人在我国的正当

---

① 李林、[芬]诺迪欧著:《人权保障与法治建设:中国与芬兰的比较》,社会科学文献出版社2014年版,第9页。

② 1875年至2003年中国共参加273个国际公约,涵盖能源、争端解决、人道主义、地区安全、国际经济、就业、金融、保险等诸多方面。参见中华人民共和国外交部网站:http://wcm.fmprc.gov.cn/pub/xws/xgfg/t4985.html。

权益","依法维护海外侨胞权益"。

四、中国特色社会主义人权理论体系的基本结构

中国特色社会主义人权理论体系是中国特色社会主义理论体系对"人权话语变迁"历史性推进伟大创举的重要标志。以中国的人权事业发展为实践基础,中国形成了自己的人权保障与发展理论,并由此推进着人权建设方略的改革与创新。

(一) 人权范畴论

正如米尔恩在《人权哲学》中所指出的,"任何一种理想标准的人权概念都忽视了文化的多样性",从"特定文化和文明传统出发"形成多元的人权蕴含、规则、原则及保障路径。① 理论方面,人权范畴的发展经历了个人自由(财产权为核心)、福利范式(经济与文化社会权利)、集体人权(发展权为核心)三个阶段。实践方面,权利早在原始民主治理阶段已取得习惯法保障形式,但只局限于氏族部落内部,进入奴隶社会与封建社会后,权利由身份法保障,权力与权利的主体和范围呈现出高度的一致性。在资本主义发展阶段,实现了"人权"理论化、系统化、法律化,但从《独立宣言》到《美洲人权公约》都存在否定集体人权的局限性,直接制约人权法治实践发展的进程。中国特色的人权理论体系以马克思主义的人权观为基础,以生存权和发展权为核心,立足本国国情,实现人权范畴科学发展。第一,以个人人权与集体人权、权利与义务、人权的国内保障与国际保护、权利斗争与权利对话、人权理论与人权国情的有机统一为重要特征;第二,坚持人权的全面发展观点,"注重将各项人权作为相互依存、不可分割的有机整体";第三,"整体性推进"个人人权与集体人权,实现政治权利与经济、社会、文化、生态权利的有机统一与协

---

① [英] A.J.M.米尔恩著:《人权哲学》,王先恒等译,东方出版社1991年版,第9页。

调发展。①

(二) 人权规范论

中国的人权规范体系以宪法为统领（2004年"尊重和保障人权"入宪），由关涉人权的法律体系、党内法规体系、社会规范体系三个方面构成。第一，通过法律规范体系、法治实施体系、法治监督体系、法治保障体系、党内法规体系、社会规范体系（市民公约、乡规民约、行业规章、团体章程）对社会关系、社会利益、社会行为的调整，实现多层次多领域依法治理；第二，通过立法实现稳定的规则治理；第三，通过行政法治确保公共产品（包括安全）和公共服务；第四，通过司法（如刑事程序法治、民事程序法治中"互动式的主体性司法"）维护社会正义；第五，通过社会法治实现国家治理与社会治理的整合和联动（如法定公民参与治理机制）；第六，通过党内法规体制实现政党治理；② 第七，通过公共治理促进"和谐人权保障关系"的形成，以"人权保障过程的协商共识"为治理机制，以人权法律体系为法治依据，其中，公共治理的协商治理成为"解决人权法失衡"问题的关键所在,③ 从而在国家治理、区域治理、行业治理、基层治理领域推进人权法治全面建设进程，推进在各具体领域人的自由与全面发展，促进社会公平正义，并以"新的全球治理之网"塑造科学的人权发展观。

(三) 人权价值论

坚持中国特色社会主义人权可持续发展道路，以社会主义核心价值体系为指导，保障公民"平等参与、平等发展的权利"与人生出彩的机会。"多层次、全方位、系统化是中国人权发展的基本属性"：第一，在国家治理层面，"富强、民主、文明、和谐"是国家治理现

---

① 蔡名照：《坚持走符合中国国情的人权发展道路》，载《人权》2014年第5期。

② 张志铭等：《世界城市的法治化治理——以纽约市和东京市为参照系》，上海人民出版社2005年版，第2~3、9、346页。

③ 罗豪才、宋功德：《人权法的失衡与平衡》，载《中国社会科学》2011年第3期。

代化的根本价值内涵,以国家的力量积极化解社会矛盾、促进社会和谐,形成尊重和保障人权及人权发展的共同理想;第二,在社会治理层面,以"自由、平等、公正、法治"培育国家生活和社会生活中的人权信仰,实现以人为本、依法行政;第三,在公民个人行为层面,"爱国、敬业、诚信、友善"的个人行为规范促进人与人、个人与国家、个人与社会的"社会主义的新型关系"的形成。① 人权构成了"国家和政府行为的价值基础和道德标准",通过培育国家生活和社会生活中的人权信仰,"建立在人权基础上的权威",促进全面深化改革与民族复兴进程,充分体现人权的政治属性、经济属性、文化属性、法治属性及民族属性。这一方面构成了文明社会及治理合法性的基础,另一方面,"人权保障也才能在社会上有效和有力",才能防止恶政、实现善治。②

(四) 人权保障论

人权治理现代化的实质是人与自然、人与人、人与社会、个人与政府、国家与社会关系的现代化,以"在自由、尊严、机会平等"条件下"获得物质福利和精神发展"为目标,全面推进人权保障视野的拓展。(1) 法治保障,主要包括立法先行、依法行政、司法救济、监督保障,具体包含:实行民主立法,发展第三方立法与评估;全国人大、政协、民政部、文化部、公安部、国家卫生计生委、国家民族委员会等积极协调、依法履职,完善行政复议与诉讼,良好处理涉诉信访;全国人大常务委员会、地方人大及其常委会行使撤销权或改变不适当的决议命令,检察监督、审判监督正确实行;加强刑事司法过程犯罪嫌疑人、被告人人身权利保护,机关独立框架内的办案责任制度建设,维护公平正义核心价值。(2) 社会保障,包括社区保障、选区保障、社团保障,以《中华人民共和国社会保障法》、《社会团体登记管理条例》、《基金会管理条例》、《中华人民共和国公益事业捐赠法》等规范为依据,通过政府、社会团体协同治理,充分

---

① 《凝聚全党全社会价值共识的重要纲领——学习〈关于培育和践行社会主义核心价值观的意见〉》,载《光明日报》2014年2月24日,第1版。

② 范进学:《人权三论》,载《当代法学》2005年第5期。

发挥中国人权发展基金会、中国残疾人联合会、中华全国归国华侨联合会、中华全国妇女联合会、中华全国总工会等组织的积极作用，完善社会救助体系，促进社会权利保障。(3)环境保障集中于对人权国情的科学分析与决策。一方面，动态人权国情反映一国公民的心理变迁对人权发展的制约性，提出舆论环境与文化保障要求，包括以社会主义核心价值观为指导，推进国家、社会、公民全面发展，为国家发展、公民参与和权利保障提供强有力的文化支撑。媒体运营者有对侵犯人权及其他违法信息的处理义务。另一方面，从静态人权国情出发，国家、政府社会、公民有责任为人权发展提供生态环境保障，包括对污染防治、资源保护的技术保障、政策支持、规划与民间力量保障，确立民众获得环保信息与广泛参与环境治理的原则。(4)战略保障，其总要求是人权可持续发展战略与人权话语权的统一，包括国内和国际两个方面，强调全球战略、国家战略与人民利益的统一。国内方面，将人权事业提升到完善和发展中国特色社会主义制度、实现治理现代化的高度；国际方面，尊重国家主权与文化社会发展权利、实现经济合作、维护地区稳定是保障人民福祉与共同繁荣的战略支撑。

走向全面深化改革与
全面依法治国的辩证统一[*]

全面深化改革与全面推进依法治国是共和国历史上的两大创举，有如"车之两轮"、"鸟之两翼"，共同构成改革的基本方向和顶层设计，标志着中国共产党治国理政进入了法治化的新境界。要实现全面深化改革与全面推进依法治国"双轮共驱"、"两翼齐飞"，就必须处理好改革与法治的关系。认清改革的两种性质与法治的两个阶段，是正确理解改革与法治关系的前提。

一、改革的两种性质

"改革"一词，在中国历史上早已有之。通过电子资源库全文检索，在二十五史中就有80篇文章使用了"改革"一词，而在中国基本古籍库中则有多达2333条共计2388次出现过"改革"一词。目前笔者所能发现的最早文献，也是与我们今天的政治哲学层面的改革最为接近的文献是《鹖子·卷下》，其中有说："帝之道而行其政令不改革也，学皇帝之道而常之。"在中国古代及至近代，改革与"变法"经常通用，如《史记·商君列传》在谈及商鞅变法时就是如此，"政必改革，礼岂因循"，"孝公既用卫鞅，鞅欲变法，恐天下议己"；又如《清史稿·康广仁传》在谈及戊戌变法时也是将改革与变法通用，"有为上书请改革，广仁谓当先变科举，庶人才可出"，"戊戌变法，德宗发愤图强，用端菜等言，召用新进"。所以说，在中国历史

---

[*] 本文刊载于《理论与改革》2015年第6期，系李龙教授与其博士生孙来清的合著。该文被《新华文摘》2016年第3期摘录。

上，通常用"变法"来指称改革，如管仲变法、商鞅变法、王安石变法、张居正变法、戊戌变法等。

史称"变法"的改革，深刻地揭示了改革与法治的内在联系。改革实际上有两种，即制度改革与体制改革。本文所讲的改革特指我国的体制改革，即社会主义制度的自我完善。当然，为了说明问题，也必然涉及制度改革这个附带问题。

历史是最好的见证。制度改革最具代表性的在我国古代有商鞅变法，在世界近代有日本的明治维新。商鞅变法是在秦国落后的土地王有制度已经远远不能适应因铁器与牛耕使用而大大发展的生产力的情形下发生的。商鞅在"治世不一道，便国不必法古"① 的思想指导下，于公元前356年和公元前350年进行了两次改革，颁布了一系列的法令，其中最为重要的是"制辕田"②，"为田开阡陌封疆"③，这直接冲击了奴隶制最根本的经济制度，封建的土地私有制开始在秦国确立起来。而日本的明治维新也是在日本的幕府统治已经无法适应商品经济发展的情况下发生的。德川幕府被推翻后，明治天皇在大久保利通、伊藤博文等为代表的维新人士的推动下，于1868年3月14日（阴历）以宣誓的形式发布了"五条誓文"，即"广兴会议决万机于公议"、"上下一心，盛行经纶"、"文武一途，下级庶民，使各遂其志，勿使人心倦怠"、"破除旧来之陋习，秉持天地之公道"、"求知识于世界，大振皇基"，④ 通过"废藩置县"、"殖产兴业"、"文明开化"三大政策开启了其近代化历程，"日本社会彻底地开始了从封建制向资本主义转变"。⑤ 体制改革最具代表性在我国古代有王安石变法，在世界现代有美国的罗斯福新政。在王安石变法与罗斯福新政实施过程中，它们虽然都颁布了大量的法令，但无论是王安石的"青苗法"、"免役法"、"保甲法"，还是罗斯福的"农业调整法"、"国

---

① 《商君书·更法》。
② 《汉书·地理志》。
③ 《史记·商君列传》。
④ [日] 安冈昭男著：《日本近代史》，林和生、李心纯译，中国社会科学出版社1996年版，第121页。
⑤ [日] 井上清著：《日本历史（中册）》，天津市历史研究所译校，天津人民出版社1976年版，第532页。

家产业复兴法"、"联邦紧急救济法"、"劳工关系法"、"公平劳动标准法"、"社会保险法",都没有触动当时的根本社会制度。罗斯福在其就职演说中就表达了自己改革的决心,即"我们唯一要害怕的东西就是害怕本身",又旗帜鲜明地指出了其改革的性质:"我国的宪法是简明而实际的,因此只要调整重点,合理安排,就可以适应各种特殊需要而不致损及它的基本形态。"① 可见,制度改革是社会根本制度的改变,是一种社会制度向另一种社会制度的转化,而体制改革则是在不改变现存社会的根本制度的前提下,对国家管理、社会运行中的体制机制进行的变革。

现实是本文的主题。体制改革专指社会主义制度的自我完善。改革开放的总设计师邓小平同志多次讲到我国改革的性质,他说:"改革是社会主义制度的自我完善,在一定的范围内也发生了某种程度的革命性变革。"但这种改革不是社会主义根本制度的改变。在谈到经济体制改革时,他说:"在改革中,我们始终坚持两条根本原则,一是以社会主义公有制经济为主体,一是共同富裕。"② 在谈到政治体制改革时,他又说:"我们政治体制改革总的目标是三条:第一,巩固社会主义制度;第二,发展社会主义社会的生产力;第三,发扬社会主义民主,调动广大人民的积极性。"③ 邓小平同志始终强调"在改革中坚持社会主义方向,这是一个很重要的问题",④ 并且对一些在中国改革问题上别有用心的观点提出了批评,指出:"某些人所谓的改革,应该换个名字,叫作自由化,即资本主义化。他们'改革'的中心是资本主义化。我们讲的改革与他们不同,这个问题还要继续争论的。"⑤ 这种对改革两种性质的论断,是邓小平同志的伟大创举,是马克思主义中国化的伟大成果,是我国改革的理论基础。制度改革与体制改革存在根本性不同,两者的主要区别在于:

首先,两者的性质不同。前者是对一个社会根本经济、政治制度

---

① [美] 舍伍德:《罗斯福与霍普金斯——二次大战时期白宫实录》上册,福建师范大学外语系编译室译,商务印书馆1980年版,第67页。
② 《邓小平文选》第3卷,人民出版社1993年版,第142页。
③ 《邓小平文选》第3卷,人民出版社1993年版,第178页。
④ 《邓小平文选》第3卷,人民出版社1993年版,第138页。
⑤ 《邓小平文选》第3卷,人民出版社1993年版,第297页。

的变革，目的就是要改变现存社会制度的属性，实现新制度代替旧制度，其在本质意义上就是社会革命；后者是在不改变一个社会根本制度的前提下，对那些不适应生产力发展的经济基础领域和上层建筑领域的具体制度进行改变或革除，进而解放和发展生产力，其在本质意义上就是社会制度的自我完善。虽然小平同志将中国的改革开放视作"革命"，但这主要是从解放生产力的意义上和改革对社会影响的广度和深度上来讲的，并不能将其与社会革命混为一谈，即"革命是解放生产力，改革也是解放生产力"①。"改革促进了生产力的发展，引起了经济生活、社会生活、工作方式和精神状态的一系列深刻变化。"② 但是，他也始终强调："中国搞资本主义不行，必须搞社会主义。"③ 他不仅否定中国的改革是根本制度的改革，也反对那种"无法无天"的所谓改革。在1984年10月，邓小平同志会见当时联邦德国总理科尔时就说过："我们把改革当作一种革命，当然不是'文化大革命'那样的革命。"④ 直至今日，将改革视为一场革命仍经常出现在党的文件中。其实小平同志还经常将一些其他举措视作革命，如他在谈到精简机构时就讲："这是一场革命。"⑤ 在谈到选贤任能时，也说"选贤任能也是革命"⑥。可见，这种表述只是一种类比性说法，指向性也非常明显，旨在强调改革的重要性以及对社会的强烈动员。

其次，两者的要求不同。前者是基于生产力与生产关系产生了根本性冲突，生产关系已经严重阻碍生产力的发展，无论是在经济基础领域还是在上层建筑领域，各种矛盾都得到了长期且严重的累积，现有的生产关系已经无法容纳生产力的发展，必须对生产关系进行根本性变革的情况下才可能出现；后者则基于生产力与生产关系出现了矛盾，这种矛盾要求对生产关系的某些领域展开变革，以适应不断发展的生产力，但生产力的发展并没有突破生产关系的容量。

再次，两者在遇到阻碍时所采取的方法不同。两者在本质上都是

---

① 《邓小平文选》第3卷，人民出版社1993年版，第370页。
② 《邓小平文选》第3卷，人民出版社1993年版，第142页。
③ 《邓小平文选》第3卷，人民出版社1993年版，第63页。
④ 《邓小平文选》第3卷，人民出版社1993年版，第82页。
⑤ 《邓小平文选》第2卷，人民出版社1994年版，第397页。
⑥ 《邓小平文选》第2卷，人民出版社1994年版，第401页。

求变,都会与现存的社会制度与相关的体制机制发生矛盾与冲突,但由于两者的属性不同,两者所追求的目标也不同,所以它们与现存社会制度及相关体制的冲突形式与处理方法也不同。作为第一种意义上的改革,它将冲破现存社会制度对它的一切阻挠,有时可能会采取一些极端的、暴力的手段,它可能遭受挫折,也可能几经反复,甚至演变成社会革命;而对于第二种意义上的改革来说,它在面对种种阻挠时,主要是通过和平的、竞争性而非斗争性的手段来加以解决,反对暴力手段,其成功往往取决于改革的及时性、计划性与改革者的决断力。

最后,两者的内容不同。前者是对现存的社会制度本身进行的变革,改革的内容都是针对政治、经济、法律等领域的根本性制度,关涉经济基础与上层建筑的基本内容,如生产资料的占有、国家权力的掌握、国家的根本法律制度等,从而达成社会制度的轮替;后者则是针对一定社会制度下的体制性与机制性内容进行的变革,目的不仅不是改变现存的社会制度,恰恰相反,它是为了更好地维护和发展现存的社会制度。因为生产关系仍然能容纳生产力的发展,所以,此种改革更多的是对上层建筑中的非根本性要素进行改变、完善和革除,以便上层建筑能更好地为经济基础服务。

作为社会历史发展的重要推动力,两种性质各异的改革,也有其共同性的一面,主要表现在:其一,两者都是求变。虽然两者在性质上不同,但两者的思维却有着共通性,即"变",都是要对现存的社会利益格局进行调整,只是在"变"的性质及其深度与广度上有不同。其二,两者往往有承继性。从历史向度来看,两者往往处于不同的发展阶段。当生产力与生产关系发生冲突的初期,一般是通过体制机制的变革来为生产力的发展扫清障碍,在此种改革失败或既得利益怠于改革而致矛盾不断叠加等情况发生时,制度变革往往就会发生。其三,两者都主要通过上层建筑对经济基础的反作用原理来达成目的。经济基础与上层建筑相互作用是马克思主义的基本认识,但人们往往重视经济基础对上层建筑的决定性作用而较少关注上层建筑对经济基础的反作用。对此,恩格斯在给施米特的信中,针对人们对这个问题产生的某些误解,明确指出了上层建筑对经济基础反作用的三种形式:"它可以沿着同一方向起作用,在这种情况下就会发展得比较快；它可以沿着相反方向起作用，在这种情况下，像现在每个大民族的情况那样，它经过一定的时期都要崩溃；或者是它可以阻止经济发展沿着既定的方向走，而给它规定另外的方向——这种情况归根到底还是归结为前两种情况中的一种。"① 在现实性上，两种改革都主要是通过对上层建筑——政治特别是法律的改变、革除来进行的；其四，两者都是客观性与主观性的统一。两者都是基于生产力与生产关系、经济基础与上层建筑发生矛盾与冲突的客观要求，但两者都离不开改革者的主观愿望与行动，都是客观需要与主观需求的统一，也是客观力量与主观行为的统一。

强调两种性质的改革，就是要明确当前我国的体制改革"改什么"与"不改什么"，处理好"变"与"不变"的关系，也就是"不要拒绝变，拒绝变化就不能进步。这是个思想方法问题"。② 要"正确地改革同生产力迅速发展不相适应的生产关系和上层建筑"③，要"在坚持四项基本原则的基础上，集中力量发展社会生产力"。④ 习近平同志指出："不能笼统地说中国改革在某个方面滞后。在某些方面、某个时期，快一点、慢一点是有的，但总体上不存在中国改革哪些方面改了，哪些方面没有改。问题的实质是改什么、不改什么，有些不改的、不能改的，再过多长时间也是不改。"⑤ 认清这一点，不仅有利于正确认识改革与法治的关系，也有利于认清假手改革伤害社会主义事业的企图。

二、法治的两个阶段，即依法治国阶段与法治国家阶段

法治有两个阶段，即依法治国阶段与法治国家阶段。其中，依法治国阶段是法治的初级阶段，法治国家阶段是法治的高级阶段。党的

---

① 《马克思恩格斯选集》第4卷，人民出版社1995年，第701页。
② 《邓小平文选》第3卷，人民出版社1993年版，第73页。
③ 《邓小平文选》第2卷，人民出版社1994年版，第141页。
④ 《邓小平文选》第3卷，人民出版社1993年版，第14页。
⑤ 中共中央文献研究室编：《习近平关于全面深化改革论述摘编》，中央文献出版社2014年版，第15页。

十一届三中全会标志着我国开始进入依法治国的法治初级阶段,党的十八届四中全会则标志着我国的法治建设开始进入全面推进依法治国,构建社会主义法治体系阶段并准备向法治国家阶段,即法治的高级阶段迈进。

(一) 社会主义法治建设的历程

1949年中华人民共和国的成立,为中国的法治建设奠定了政治基础。党的十一届三中全会开创了中国特色社会主义法治道路,标志着我国开始进入依法治国的法治初级阶段。邓小平同志在《解放思想,实事求是,团结一致向前看》中较早地提出了对社会主义法制的认识:"为了保障人民民主,必须加强法制","做到有法可依,有法必依,执法必严,违法必究"。① 形成了朴素但意义丰富的"社会主义法制原则"。党的十五大将"依法治国"确立为党领导人民治理国家的基本方略,并对其进行了科学界定:"依法治国,就是广大人民群众在党的领导下,依照宪法和法律规定,通过各种途径和形式管理国家事务,管理经济文化事业,管理社会事务,保证国家各项工作都依法进行,逐步实现社会主义民主的制度化、法律化,使这种制度和法律不因领导人的改变而改变,不因领导人看法和注意力的改变而改变。"② 在新中国成立50周年时,依法治国被写入宪法,正式成为一项宪法原则。《宪法》明确写道,"中华人民共和国实行依法治国,建设社会主义法治国家"。党的十七大提出要"全面落实依法治国基本方略","树立社会主义法治理念"。③ 随后将"依法治国"、"执法为民"、"公平正义"、"服务大局"、"党的领导"概括为社会主义法治理念的主要内容,形成了迥异于西方的中国法治话语体系,打破了西方国家在法治思想上的话语霸权。党的十八大则将法治从"治国基本方略"具体化为"治国理政的基本方式"。党的十八届四中全会更是以依法治国作为大会主题,提出"应该旗帜鲜明就法治建设的

---

① 《邓小平文选》第2卷,人民出版社1994年版,第146~147页。
② 《江泽民文选》第2卷,人民出版社2006年版,第28~29页。
③ 胡锦涛:《在中国共产党第十七次全国代表大会上的报告》,人民出版社2007年版,第29页。

重大理论和实践问题作出回答",① 指出当前的法治建设是在"中国特色社会主义法律体系已经形成,法治政府建设稳步推进,司法体制不断完善,全社会法治观念明显增强"情境下的依法治国,② 是在已然形成的中国特色社会主义法律体系基础上"建设中国特色社会主义法治体系",是"坚持依法治国、依法执政、依法行政共同推进,坚持法治国家、法治政府、法治社会一体建设"的依法治国。③ 这也必将成为中国法治建设历史上的重要里程碑。

(二) 法治两个阶段的宪法考察

《中华人民共和国宪法》第5条第1款规定:"中华人民共和国实行依法治国,建设社会主义法治国家。"对此,无论是基于语义考察,还是基于逻辑分析,前句"中华人民共和国实行依法治国"与后句"建设社会主义法治国家"都不属于同一层面的意思,意义上的递进性是显而易见的。一般认为,"实行依法治国"与"建设社会主义法治国家"是手段与目的的关系,即实行依法治国是达成建设社会主义法治国家目的的手段。这种分析虽有一定的道理,但还是不够全面。"实行依法治国"与"建设社会主义法治国家"不仅仅是手段与目的的关系,从历史的向度与事物的发展逻辑来看,两者应该处在不同的发展阶段,即实行依法治国是初级阶段,而社会主义法治国家是高级阶段。因为,法治与其他社会现象一样,都有一个产生与发展的过程。这一条款正是基于这一哲学原理,意在强调今后相当长时间内,中华人民共和国将实行依法治国的国家方略,其包含三层含义:一是区别于在此之前的法制建设时期;二是指明今后的相当长时期将实行依法治国这样一种新的治国方略;三是通过一定时期的依法治国,达到法治国家,而在未达成法治国家以前,都是处在实行依法

---

① 习近平:《关于〈中共中央关于全面推进依法治国若干重大问题的决定〉的说明》,载《中共中央关于全面推进依法治国若干重大问题的决定》,人民出版社2014年版,第46页。

② 《中共中央关于全面推进依法治国若干重大问题的决定》,人民出版社2014年版,第3页。

③ 《中共中央关于全面推进依法治国若干重大问题的决定》,人民出版社2014年版,第4页。

治国方略去建设社会主义法治国家时期。党的十八届四中全会决策："全面推进依法治国,总目标是建设中国特色社会主义法治体系,建设社会主义法治国家。"① 这正是宪法这一精神的反映,也是依宪治国的体现。

法治两个阶段的观点不仅可以从中国法治建设的历程中得到证明,也符合《中华人民共和国宪法》第五条第一款的立法内涵,并与当前全面推进依法治国的国家战略保持一致。

(三) 法治国家的常态与依法治国的特征

1. 法治国家的常态

法治国家阶段是法治的高级阶段,其常态是:规则之治;良法之治;权力制约之治;人权保障之治。首先,规则之治是法治国家的基础,也是法治国家的首要原则。法治首先就是依法而治,即法律是治国的依据,法律拥有至上的权威。法律权威是依法治国的核心原则,也是法治国家的客观要求。对法律的普遍性服从是规则之治的核心内容,"法律将意志的普遍性和对象的普遍性集于一身",它"把臣民作为实体、把行为视同抽象的来看待,它从不关注个别的人和个别的行为"。② 这也就意味着:一方面,任何公民只要违反了法律,发出了法律所禁止的行为,都不应因其任何不同的身份而免受法律的制裁;另一方面,任何公民的合法或法律静默的行为,都不应因其任何不同的身份而受到制裁。其次,良法之治是法治国家的内在要求。所谓"法律是治国之重器,良法是善治的前提"③。法治国家,一定是依良法而治的国家,亚里士多德的"已成立的法律获得普遍的服从,而大家所服从的法律又应该本身是制定得良好的法律"④ 是对法治国

---

① 《中共中央关于全面推进依法治国若干重大问题的决定》,人民出版社2014年版,第4页。

② [法]让·雅克·卢梭著:《社会契约论》,杨国政译,陕西人民出版社2004年版,第32页。

③ 《中共中央关于全面推进依法治国若干重大问题的决定》,人民出版社2014年版,第8页。

④ [古希腊]亚里士多德著:《政治学》,吴寿彭译,商务印书馆1965年版,第199页。

家的经典表述。至于什么是良法,虽然人言人殊,但其应该可以从价值合理性、规范合理性、体制合理性和程序合理性等几个方面来评判。凡是违背事物发展规律、没有权力制约、侵犯人权以及没有操作性的法律都应当排除在良法之外。再次,权力制约之治是法治国家的保障。对公共权力进行制约是法治的初衷之一,也是权力的本质使然。没有制约的权力必然导致腐败,"一切有权力的人都容易滥用权力,这是万古不易的一条经验","从事物的性质来说,要防止滥用权力,就必须以权力约束权力"。① 公共权力的腐败必然导致法治的破坏。对权力的制约有多种方式,资本主义的三权分立就是一种,但"我们讲民主,不能搬用资产阶级的民主,不能搞三权鼎立那一套"。② 社会主义国家不搞三权分立,但更加重视对公共权力的制约,强调"坚持制度管权、管事、管人,让人民监督权力,让权力在阳光下运行,是把权力关进制度笼子的根本之策"③。在制度设计上,我国是在人民主权原则下,通过人民代表大会制度对行使国家权力的各级国家机关及其工作人员的职责、权限进行划分,并构建由党内监督、人大监督、民主监督、行政监督、司法监督、审计监督、社会监督、舆论监督组成的监督体系,强化民主集中制原则来实现对权力的有效制约。最后,人权保障之治是法治国家的目的。人权是人之为人应有的权利,是人生存与发展的必要条件。法治离不开人权,人权是法治的内在动因。马克思早就说过:"不是人为法律而存在,而是法律为人而存在。"④ 人是一切法律、法治的出发点与归宿,如果没有人权,法律与法治也就失去了存在的意义和价值。实现充分的人权是社会主义法治的重要目标,这既是由人权的本性所要求的,也是社会主义国家的本质所决定的。作为我国人权建设的重要成就,尊重与保障人权已被写入宪法,人权保障已经初步实现制度化与法律化,但人权保障的实践之路仍然任重而道远。

---

① [法] 孟德斯鸠著:《论法的精神·上》,张雁深译,商务印书馆1961年版,第154页。
② 《邓小平文选》第3卷,人民出版社1993年版,第195页。
③ 《中共中央关于全面深化改革若干重大问题的决定》,人民出版社2013年版,第35页。
④ 《马克思恩格斯全集》第3卷,人民出版社2002年版,第40页。

2. 依法治国的特征

作为依法治国层面的法治，是法治的初级阶段。当前的主要任务是要推进社会主义法治体系的形成，其要义在于针对社会主义法治建设中存在的三大类问题，"下大力气加以解决"。① 其具有如下特征：

第一，依法治国具有复杂性。一方面由于国际上仍然有一股势力基于意识形态的原因不断地对中国的人权、民主、法治发展指手画脚，试图用西方自由主义民主价值观推动中国的法律改革，将中国的法治建设纳入其法治话语体系，最终实现"和平演变"社会主义中国的企图；另一方面是由于中国的改革进入攻坚期、深水区，各种既得利益都在争夺对改革的话语权，都在试图谋取更大的利益，而在法律上确认并扩大至少不损伤自己的利益显然就成了他们博弈的重点领域，特别是面临重大立法时这种利益纠葛的表现更为强烈，这也必然会对依法治国形成挑战。国际、国内两方面的复杂形势都决定了依法治国的复杂性。

第二，依法治国具有长期性。我国仍然处于社会主义初级阶段，这是我国的基本国情，也是我国全面推进依法治国的现实基础。虽然我国已经成为世界第二大经济体，但在人均总量上仍处在世界的后列，社会主义法治国家建设的物质基础还很薄弱，法治体系仍然需要长时间的构建，全社会的法治信仰仍未形成，"全面推进依法治国"才刚刚起步，法治国家建设仍然任重道远。社会主义初级阶段的长期性决定了我国未来将在相当长的时间内仍将处于依法治国，构建社会主义法治体系时期。

第三，依法治国具有现实性。依法治国首先强调的是严格依照现

---

① 三大类问题主要是指：有的法律法规未能全面反映客观规律和人民意愿，针对性、可操作性不强，立法工作中部门化倾向、争权诿责现象较为突出；有法不依、执法不严、违法不究现象比较严重，执法体制权责脱节、多头执法、选择性执法现象仍然存在，执法司法不规范、不严格、不透明、不文明现象较为突出，群众对执法司法不公和腐败问题反映强烈；部分社会成员尊法信法守法用法、依法维权意识不强，一些国家工作人员特别是领导干部依法办事观念不强、能力不足，知法犯法、以言代法、以权压法、徇私枉法现象依然存在。参见《中共中央关于全面推进依法治国若干重大问题的决定》，人民出版社2014年版，第3页。

存的法律法规治国理政，但由于受到客观物质条件的限制、人类智识的局限、立法者的偏私等因素的影响，现存的法律就可能存在违背客观事物发展规律、违背法治国家基本原则、侵害人权或无法操作等情形，如已被废除的劳动教养立法、《城市流浪乞讨人员收容遣送办法》和仍然有效的《卖淫嫖娼人员收容教育办法》等。对这些法律法规的严格执行当然是依法治国的要求，但从法治国家的原则性上来说，其又是违反社会主义法治国家原则的。这些违背法治国家原则的法律法规，正是改革的内容，有的已然被废除，而有的正是全面深化改革的目标。

第四，依法治国具有工具性。依法治国作为党治国理政的方略，目标是建设社会主义法治国家，实现民族伟大复兴的中国梦。无论是宪法的原则表述、十八届四中全会的有关决定还是在实践层面，依法治国都是迈向中国特色社会主义法治国家的一个阶段，这种基于对依法治国手段性的认识在现实性上是达成社会主义法治国家的要求，是建设社会主义法治国家的必要条件。但在依法治国的工具性认识上，我们坚决反对陷入工具主义的思维窠臼。因为对依法治国工具性特征的认识并不排斥法律权威、法律面前人人平等、保护人权等价值评判。

第五，依法治国具有过渡性。从法律在治国理政中的角色来看，在改革开放后的依法治国，曾经经历过政策为主到政策与法律并重再到法律为主、政策配合的过程，接下来，将进入到全面推进依法治国的新阶段，这是一个将各项改革举措纳入法治轨道的阶段，是一个党的决策必须法律化的阶段，是一个党和政府必须依法决策的阶段，是一个构建中国特色社会主义法治体系的阶段，是一个迈向中国特色社会主义法治国家的阶段，其具有过渡性。

三、改革与法治的关系

（一）改革与法治国家的一致性

改革，"是决定当代中国命运的关键一招，是发展中国特色社会主义、实现中华民族伟大复兴的必由之路"①。改革就是要走中国特色社会主义道路，完善与发展中国特色社会主义。中国特色社会主义道路就是中国式的现代化道路，这种现代化不仅仅是政治的、经济的、社会的、文化的现代化，还有法制的现代化。改革的任务之一就是对那些已然不适应社会主义政治、经济、社会、文化、生态等诸方面发展的法律法规进行"废"、"改"、"释"，并适时制定符合社会发展的法律法规，使其逐步迈向现代化，进而建设社会主义法治国家，实现中华民族伟大复兴的中国梦。改革虽然要"变"法，但是，作为社会主义制度自我完善的改革在任何方面都不会突破社会主义法治国家的基本原则，即规则之治、良法之治、权力制约之治、人权保障之治，任何对包括这些原则在内的法治国家原则的突破都是对改革自身属性的破坏而成了"异己"，也必将是改革的对象。因为改革必须是在法治国家轨道上的改革，改革不是要改革法治国家，而是要迈向法治国家。改革不仅不能违背法治国家的基本原则，改革正是要改变、革除那些违背法治国家建设的法律法规。因此，改革与社会主义法治国家是一致的，其与依法治国一道统一于建设社会主义法治国家。

(二) 改革与依法治国的辩证统一

1. 改革与依法治国具有兼容性

（1）两者在法治国家建设目标上的兼容性。十八届三中全会指出："全面深化改革的总目标是完善和发展中国特色社会主义制度，推进国家治理体系和治理能力现代化。"② 推进国家治理体系与治理能力现代化，是一项包括政治建设、经济建设、文化建设、社会建设和生态建设的巨大的系统工程。构造中国特色社会主义法治体系是它的基础与保障，法治体系建设是国家治理体系的基础工程。法治化既是推进国家治理体系和治理能力现代化的一项内容，也是国家治理体

---

① 中共中央文献研究室编：《习近平关于全面深化改革论述摘编》，中央文献出版社 2014 年版，第 3 页。
② 《中共中央关于全面深化改革若干重大问题的决定》，人民出版社 2013 年版，第 3 页。

系和治理现代化的保障,离开法治化的国家治理体系和治理能力现代化是违背法治国家的原则与要求的。党的十八届四中全会不仅明确指出了全面推进依法治国的总目标就是建设社会主义法治国家,并且对十八届三中全会所提出的国家治理体系和治理能力现代化作出了回应:"全面推进依法治国,总目标是建设中国特色社会主义法治体系,建设社会主义法治国家……促进国家治理体系和治理能力现代化。"① 因此,建设中国特色社会主义法治国家必然是改革与依法治国的目标。

(2)两者在内容上的兼容性。当前的改革,所涉范围之广、领域之深、力度之大均是空前的,依法治国作为其中的一个内容受到相当大的重视,"法治中国"被作为一个单独的主题,位列《中共中央关于全面深化改革若干重大问题的决定》第九部分。与此同时,司法改革更是被作为这次全面深化改革的重点之一。全面推进依法治国本身就是全面深化改革的必然要求,也是全面深化改革的逻辑使然。无论是经济体制改革、政治体制改革还是其他领域的改革,都要遵循依法治国的基本原则。"全面推进依法治国亦涉及改革发展稳定、治党治国治军、内政外交国防等各个领域,在规划全面推进依法治国过程中,中央深切地考虑到了其复杂性与关联性","坚持围绕中国特色社会主义事业总体布局,体现推进各领域改革发展对提高法治水平的要求,而不是就法治论法治"。② 这种立足全局和长远的统筹谋划,也使得改革与依法治国在内容上呈现出相互兼容的总体特征。

2. 改革与依法治国具有相关性

(1)两者相互作用。一方面,依法治国对改革起着引领与规范作用。法律的引导与规范功能为依法治国对改革的引领与规范提供了理论来源。法治的引导功能,是由法治的性质所决定的,作为行为规范的法,它为人们提供了包含三种行为方式的两种行为规范:一种是

---

① 《中共中央关于全面推进依法治国若干重大问题的决定》,人民出版社2014年版,第4页。

② 习近平:《关于〈中共中央关于全面推进依法治国若干重大问题的决定〉的说明》,载《中共中央关于全面推进依法治国若干重大问题的决定》,人民出版社2014年版,第46页。

权利性规范，它明确的是哪些行为可以做，即使你不做，也不会受到法律的制裁；另一种是义务性规范，它又提供了两种行为方式，明确了哪些行为是禁止做的，哪些行为是必须做的。如果公民做了法律所禁止做的事，或没有做法律所规定必须做的事，都可能要受到来自法律的制裁，这就在本质规定性上决定了依法治国对改革的引导作用。"实现立法与改革决策相衔接，做到重大改革于法有据"，正是基于法治的引领作用而言的，这也是深化改革要坚持"顶层设计"的内在逻辑。对于依法治国对改革的规范与保障作用，则是理论界一直谈论的话题，主要表现在宏观上的引导与促进，在中观上的规范与促进，在微观上的管控与保障，就是通常所说的"保驾护航"。只是在当前我国改革进入攻坚期与深水区的背景下，在强调依法治国对改革的"保驾护航"作用时，更不能忽视的就是其"导航"作用。另一方面，改革对依法治国起着精神与物质的保障作用。依法治国需要一个科学、强大的理论支撑、完善的制度支持与较好的物质保障，这些条件的获得离不开改革，通过永无止境的改革开放，可以为依法治国提供源源不断的精神动力与物质支撑。

（2）两者相互渗透。当前的改革已进入攻坚期与深水区，各种利益相互角力、各种力量相互纠缠，因而全面深化改革与全面推进依法治国必须同时展开，这也导致了两者相互渗透，形成了你中有我，我中有你的格局。在全面深化改革所涉的15个领域中，大部分都是全面推进依法治国的内容，而全面推进依法治国所涉的6大领域则都属于深化改革的内容。这种情况一方面说明了两者之间的内在联系及其相关性特征，同时也提醒我们，全面深化改革与全面推进依法治国恰如习近平总书记所形容的，乃"车之两轮"、"鸟之两翼"，需相互协调、相互配合，不能偏执一端。党中央也深刻地认识到了这一点，指出："全面深化改革需要加强顶层设计和整体谋划，加强各项改革的关联性、系统性、可行性研究。我们讲胆子要大、步子要稳，其中步子要稳就是要统筹考虑、全面论证、科学决策。"① 这就为处理改

---

① 习近平：《关于〈中共中央关于全面深化改革若干重大问题的决定〉的说明》，载《中国共产党第十八届中央委员会第三次全体会议文件汇编》，人民出版社2013年版，第115页。

革与依法治国的相关性关系提供了方法论的指引。

（3）两者相互促进。改革需要依法治国的引领，也需要依法治国的推进。"全面深化改革，关键是要进一步形成公平竞争的发展环境，进一步增强经济社会发展活力，进一步提高政府效率和效能，进一步实现社会公平正义，进一步促进社会和谐稳定，进一步提高党的领导水平和执政能力。"① 通过全面推进依法治国，必将会进一步地提高政府效能，推动社会公平正义，提高社会发展活力，从而促进改革；通过依法治国，实现改革有据、依法变法，也必将有利于改革。通过深化改革，统筹好各种社会力量，平衡好各种社会利益，实现经济发展、政治清明、文化昌盛，必将会为依法治国创造一个良好的环境。

3. 改革与依法治国具有一致性

（1）两者的目的一致。依法治国是治国之道，是强国之路，是民生之本，是公平正义之魂，党的十八大将其作为"治国理政的基本方式"。② 通过依法治国，就是要推进国家治理体系与治理能力的现代化，建设社会主义法治国家，并最终实现中华民族伟大复兴的中国梦。作为改革来讲，小平同志早就指出："改革是中国发展生产力的必由之路"。③ 通过改革生产关系中那些不适应生产力发展的因素、体制、机制，进一步解放生产力，实现经济持续、健康、稳定发展。我国当前的改革，是全面改革，是之前各项改革的深化，在《中共中央关于全面深化改革若干重大问题的决定》中，共提出了 15 个大的领域的改革，涉及政治、经济、文化、社会、生态等诸多方面。由此也包括了法治中国建设的诸多方面。由此可见，当前的全面深化改革不仅是要推进国家治理体系与治理能力的现代化，更为长远的则是实现法治中国，并最终实现中华民族伟大复兴的中国梦。因此，改革

---

① 习近平：《关于〈中共中央关于全面深化改革若干重大问题的决定〉的说明》，载《中国共产党第十八届中央委员会第三次全体会议文件汇编》，人民出版社2013年版，第90页。

② 胡锦涛：《坚定不移沿着中国特色社会主义道路前进，为全面建成小康社会而奋斗——在中国共产党第十八次全国代表大会上的报告》，人民出版社2012年版，第27页。

③ 《邓小平文选》第3卷，人民出版社1993年版，第136页。

与依法治国在最终目的上是一致的。

（2）两者的手段一致。改革与依法治国都是在中国共产党领导下，以循序渐进、和平的手段进行的，它们都反对急功近利，反对暴力与混乱。在任何时代，混乱与暴力都是与改革不相容的，更是与依法治国相矛盾的，都是治国之大忌。小平同志早就告诫过全党，他指出："中国的问题，压倒一切的是需要稳定。没有稳定的环境，什么都搞不成，已经取得的成果也会失掉。"① 中国的实际情况、改革与依法治国的本质要求，都决定了改革与依法治国在手段上的一致性。

（3）两者的方式一致。首先，两者都坚持"顶层设计"与"摸着石头过河"相结合。在谈及全面深化改革的方式时，习近平总书记指出要"加强顶层设计和摸着石头过河相结合，整体设计和重点突破相促进"。② 在论及全面推进依法治国时，他强调："全面推进依法治国涉及改革发展稳定、治党治国治军、内政外交国防等各个领域，必须立足全局和长远来统筹谋划。""既高屋建瓴地搞好顶层设计，又脚踏实地地做到切实管用；既讲近功，又求长效。"③ 这一系列表述，都充分证明了在全面深化改革与全面推进依法治国的方式上，党中央采取的就是坚持"顶层设计"与"摸着石头过河"相结合。其次，两者都坚持法治思维与法治方式。习近平同志在中央全面深化改革领导小组第二次会议的讲话中，重点强调了法治思维对推进国家治理体系与治理能力现代化的引导与推动作用，要求在法治轨道上深化改革。在党的十八届四中全会报告中，又特别指出："实现立法和改革决策相衔接，做到重大改革于法有据。"④ 没有法治思维与法治方式的引导与推动，改革必将如脱缰的野马而导致社会秩序混乱，也会严重地伤害法律权威、破坏法治。我国当前的改革是社会主

---

① 《邓小平文选》第3卷，人民出版社1993年版，第284页。
② 《中共中央关于全面深化改革若干重大问题的决定》，人民出版社2013年版，第7页。
③ 习近平：《关于〈中共中央关于全面推进依法治国若干重大问题的决定〉的说明》，载《中共中央关于全面推进依法治国若干重大问题的决定》，人民出版社2014年版，第46页。
④ 《中共中央关于全面推进依法治国若干重大问题的决定》，人民出版社2014年版，第15页。

义制度的自我完善,更加需要法治思维与法治方式的引导与推动,更需要依法治国的保障。依法治国则内在的要求必须坚持法治思维与法治方式,依法治国本身也内在的包含坚持用法治思维与法治方式治理国家与社会。

4. 改革与依法治国具有矛盾性

改革,一定意义上就是"立新法"、"废旧法"、"改陈法"、"释现法"。无论是哪种"变法",都是变,都是要改变现存的法律法规及其相关的法律制度,而相关法律制度的改变,也会带来一些治国的理念与手段的改变。这就是一般意义上的改革与依法治国的矛盾性所在,这种矛盾也当然反映在当前所进行的全面深化改革与全面推进依法治国的实践中。全面推进依法治国,就是要依国家业已制定的法律来治理国家、市场与社会,而全面深化改革却是要对那些已不适应生产力发展与时代要求的相关法律进行修改或革除,正如恩格斯所说:"'法的发展'的进程大部分只在于首先设法清除那些由于将经济关系直接翻译成法律原则而产生的矛盾,建立和谐的法的体系,然后是经济进一步发展的影响和强制力又一再突破这个体系,并使它陷入新的矛盾。"① 但是,值得注意的是,无论是全面深化改革还是全面推进依法治国,其都是中国特色社会主义的自我完善,全面深化改革是包括政治、经济、社会、文化、生态等各种制度的自我完善,全面推进依法治国则是中国特色社会主义治国方略的自我完善。当前的全面深化改革共涉及 15 个不同的领域,如政治体制、经济体制、社会治理体制、文化建设、生态建设、法制建设等。相关领域原有的法律制度必然要做适当的立、改、废、释等工作,这也必然与同时在这些领域所展开的全面推进依法治国有所冲突。但是,必须要明确的是,我们讲的全面深化改革与全面推进依法治国的矛盾性,是在社会主义法治国家内的矛盾,是可控的、非根本性的。正如上文所述,改革必须是法治轨道上的改革,改革不是要改革法治国家,而是要迈向法治国家;依法治国同样要求遵循法治国家建设的基本原则,如规则之治、良法之治等,依法治国不是要改变法治国家的基本原则,而是要迈向法治国家。改革不仅不能违背法治国家的基本原则,而且要改变、革

---

① 《马克思恩格斯选集》第 4 卷,人民出版社 1995 年版,第 702 页。

除那些违背法治国家建设的体制、机制；依法治国不仅不能违背法治国家的基本原则，而且要改变、革除那些违背法治国家原则的治国思维、手段、方式。至于如何解决全面深化改革与全面推进依法治国的矛盾，党的十八届四中全会已然给出了解决的方案，即"实现立法和改革决策相衔接，做到重大改革于法有据，立法主动适应改革和经济社会发展需要。实践证明行之有效的，要及时上升为法律。实践条件还不成熟、需要先行先试的，要按照法定程序作出授权。对不适应改革要求的法律法规，要及时修改和废止"①。当然，对因改革必须而产生的新法与现有法律体系可能存在的张力，也要给予足够的重视。

四、改革与法治关系认识上的误区

（一）对改革的两种性质认识不清，将社会主义制度的自我完善混同于制度变革，从而夸大其与法治的矛盾

1. 改革与法治是对立的，甚至是"二律背反"的

有些学者认为，由于"法治思维的保守性"不同于"改革思维的求变性"、法治对公平正义的价值追求不同于改革的效率价值追求，改革与法治必然是对立的，甚至有人提出两者在客观上存在"二律背反"的紧张关系。这种对改革与法治的思维方式与价值目标的简单化处理显然是不科学的。之所以存在这样的认识，最根本的是将中国当下所进行的改革看成是制度变革，没有认识到当下中国的改革只是社会主义制度的自我完善与发展，其与国家的根本法律制度并无内在的矛盾，相反，全面深化改革恰恰是要坚持、巩固我国的根本法律制度。

2. 法治受到冲击是改革必须付出的成本

有学者认为，改革使规则发生了改变，整个社会的可预期性就难免会降低，法律的稳定性与权威性也会受到损害，并认为这是改革过

---

① 《中共中央关于全面推进依法治国若干重大问题的决定》，人民出版社2014年版，第15页。

程中"需要支付的成本"。这种改革至上、改革优先,甚至不惜牺牲法治国家建设的观点其实并未真正地认清改革与法治的内在逻辑,混淆了改革的两种性质。1985年的前苏联为迎合改革,对1977年宪法第六条进行修改,这成为最终导致其改旗易帜的重要原因之一。① 推进社会主义制度自我完善的改革决不可以牺牲法治国家建设为代价,恰恰相反,社会主义法治国家不仅是其运行的基本原则,也是其追求的价值之一,更应该是其将要达成的重要目标。

(二)对法治的两个阶段认识不清,将依法治国等同于社会主义法治国家,从而模糊两者的矛盾、强行划分两者的先后顺序

1. 改革与法治是一致的

有部分学者认为改革与法治是"相辅相成、机制互动的关系,二者互为目的与手段"。对法治两个阶段缺乏认识,是形成此种观点的最重要原因。一方面,改革不可能是社会主义法治国家的目标,实现依法治国也不应是改革的终点,而将法治国家作为改革的手段显然更是首尾颠倒;另一方面,作为社会主义制度自我完善的改革与中国特色社会主义法治是一致的,但与依法治国则必然存在冲突,这种冲突虽不具根本性,但忽视此种矛盾的存在,将不利于统筹两者的发展。

2. 法治先行改革附随

此种观点对"先改革后法治"提出了质疑,并对"良性违宪"或"良性违法"观点展开了批判,这是可取的,但其旗帜鲜明地指出"在法治与改革的关系上需要奉行法治先行改革附随",则是没能认识到法治的两个阶段。此种观点虽然表面上顺应了当前法治建设的话语情境,能够得到一定的认同,但依法治国并不等同于社会主义法治国家,前者只是后者发展的一个阶段。更何况,此种认识还面临改革决策与法律决策的先后排序问题、改革决策与改革实践的区分问题等一系列问题的挑战。

---

① 参见[俄]M. 坎加斯普罗:《苏联改革的两面性:从改革走向崩溃》,载《俄罗斯研究》2011年第6期。

结　语

当前我国所进行的全面深化改革与全面推进依法治国都是庞大的系统工程，加之"我国正处于社会主义初级阶段，全面建成小康社会进入决定性阶段，改革进入攻坚期和深水区，国际形势复杂多变，我们党面对的改革发展稳定任务之重前所未有、矛盾风险挑战之多前所未有"，① 所以正确认识、处理改革与法治的关系显得尤为重要。可以说，能否统筹好两者的关系事关中国特色社会主义伟大事业的兴衰成败，丝毫马虎不得。习总书记有关两者如"车之两轮"、"鸟之两翼"的论断根本性地揭示了两者之间相互依赖、相互促进、辩证统一的关系，这应该成为我们正确认识和处理两者关系的理论依据与实践原则。全社会理应对此达成普遍共识，共同推动全面深化改革与全面推进依法治国"双轮共驱"、"两翼齐飞"，让中国特色社会主义事业驶向胜利、飞向辉煌。

---

① 《中共中央关于全面推进依法治国若干重大问题的决定》，人民出版社2014年版，第2页。

论法律权威的生成机制及其维护*

一、法律权威的内涵

在西方,权威一词"是从拉丁文 auctoritas(威信及创始人)一词派生出来的名词",并且这一概念被认为"在当前的政治科学中具有至关重要的意义"。其代表的就是在各种不同的社会中,那些"在某种场合下人们必须服从的人和规则。这些人就是权威,而这些规则就是法律"。① 在汉语中,"权威"一词则一般用来指称某种使人信从的力量和威望。也就是说,无论是在西方还是在中国,权威都意味着被服从。因此,法律权威也就意味着法律应当被视为权威而被人们所服从。那么,人们为什么要服从法律并视其为权威呢?从表面上看,法律权威显然与法律具有某种权力与威信密不可分,更深层次的问题则在于:法律这种使人们信从的权力与威信从何而来?《牛津法律大词典》针对此问题的不同回答进行了适当地归纳,即"若一些制度或一系列法律及其中单个的原则或者规则的存在是通过并源于宪法确认的一种或几种法律渊源,并且法律制度本身规定它是必须适用及遵守的一些权威原则及规则,则它及它们能因此而被认为是有权威的……另外,若法律原则和规则已被接受,并实际上调整、控制大多数人的行为,人们也认为这些原则和规则是必须被遵守和遵循的,那

---

* 本文刊载于《湖北社会科学》2015 年第 7 期,系李龙教授与其博士生孙来清合著。

① [英]韦农·波格丹诺著:《布莱克维尔政治制度百科全书》,邓正来等译,中国政法大学出版社 2011 年新修订版,第 38~39 页。

么,这些法律即具有权威性……另一种观点认为法律权威取决于它是否与诸如道德、自然法或者神法之类的外部标准思想相符合"①。这些有关法律权威来源的观点无疑为我们正确把握法律权威的内涵提供了重要的参考。但是,任何偏执于单一视角的认识必然是带有局限性的。笔者以为,法律权威就是法律规范在社会规范体系中居于核心地位并在国家和社会生活中得到普遍的认同、信任与服从,没有人置身于法律之外,更无人凌驾于法律之上,人们在进行自身的行为选择时,法律是其最终的依凭和最高的准则。建基于上述的分析,结合我国当前的实际状况,对法律权威的认识应立足于以下几个方面:

1. 法律权威是一种理念

根据心理学的基本原理,人的行为是受思想支配的,我们做出什么样的行为选择,是因为我们有什么样的思维认识。也就是说,我们之所以选择一个行为,总有一个选择的理由、依据,它可以是政治的、道德的、宗教的、习惯的,也可以是法律的,那么,在其他的行为依据与法律产生冲突时,我们应该怎么办?是坚持法律的权威性,还是政治的、道德的、宗教的、习惯的权威性?历史上,人类曾经选择过神的权威,也曾选择过人的权威,将其作为治国理政与行为选择的依据,但最终都证明了其在实现公平正义,维持社会秩序方面是不堪重任的。法律权威就是在社会发展中,在人类对权威的不断追求中获得了其应有的位置,成为了近现代以来已经被证明了的最好的选择方案。也就是说,法律权威是我们做出行为选择时所坚持的原则,是一种思想的指导。在我们做出一个决策、选择一个行为或做出一个裁决时,我们脑海里首先出现的就是该决策、行为或裁决是不是合法?有没有违反法律的精神?是不是坚持了法律的权威?

2. 法律权威是一种实践

法律权威不仅仅表现为一种理念,它也是一种现实的力量,是一种实践。也就是说,法律的权威性不是仅停留在"纸面上"的,而是现实性的,即法律的规范在国家、社会生活中被遵守,且这些规范一旦被违反,必将给违反者带来不利,而这种不利也是规范本身的内

---

① [英]戴维·M·沃克著:《牛津法律大辞典》,李双元等译,法律出版社2003年版,第90页。

容。一直以来,众多的法学家们也是将法律的权威性与法律的有效性联系在一起的。凯尔森就认为"法律秩序的效力"要"依靠它的实效",① 而所谓的法律实效就是"人们实际上就像根据法律规范规定的应当那样行为而行为,规范实际上被适用和服从"②。法律是人们行为的规范,它的约束力是透过鼓励或默认合规范的行为选择,惩罚违反规范的行为选择来体现的。一旦人们在现实中将法律置于自己的行为选择理由之外,且这种行为选择并不会招致法律上的不利后果,法律的有效性显然就是不存在的,人们也就不会服从于法律,法律的权威也就无从谈起。所以说,法律权威不仅是一种宣示,而且是一种现实性的力量。

3. 法律权威是一个过程

法律权威不是先验的,不是静止的,也不是永恒的,而是动态的,是一个过程,需要持续地维护。正如人类历史所证明的,人们将法律作为自己的行为理由,赋予法律以权威性,并不是因为法律存在于人类社会之先,也不是因为法律具有某种超能力,而是人类在其社会发展过程中竞争性选择的结果。但人类发展的历史也表明,权威的竞争性状况并不会停止,法律与政治、宗教、人、习俗等对作为人们行为的最优先理由的竞争将伴随人类社会始终,法律必须不断适应发展着的人类社会的物质生活条件,占据竞争性优势。从现实情况来看,这些竞争性因素的存在也会不断地对法律的权威提出挑战,它们也都在试图取代法律的竞争性优势,法律若不能时刻保持与社会的适应性,它的权威就会被不断地侵蚀。法律运行的每一环节也关涉其权威,若各个环节井然有序,且环环相扣,那么法律的权威性就会不断增强,进而形成一个良性的循环,反之,法律的权威性则会不断被削弱,甚至丧失其权威性。

4. 法律权威是一套机制

法律权威意味着在国家与社会生活中,法律是人们行为选择的最

---

① [奥]凯尔森著:《法与国家的一般理论》,沈宗灵译,中国大百科全书出版社1996年版,第137页。

② [奥]凯尔森著:《法与国家的一般理论》,沈宗灵译,中国大百科全书出版社1996年版,第42页。

强劲的理由,而法律获得这样一种地位是由其自身的机制来保障的。也就是说,法律权威是一种机制体系,是通过一套制度系统来实现的。具体来讲,有合法性机制、奖惩机制、效力机制、运行机制等,这样的一整套机制就使得法律权威具有了内在的说服力与外在的强制力。同时也应注意到,在普遍联系的方法论下,对法律权威的理解自然离不开对法律的认识与把握,但对法律权威的理解决不可以将视野仅仅停留在法律层面,而应该持一种体系化或系统化的思维。"徒法不足以自行",对法律权威的理解必须建立在将法律放在至少两套机制层面的基础上,即法律体系的自身机制层面以及法律体系与其他系统互动的层面。

二、树立法律权威是建设中国特色社会主义法治的必然选择

(一) 历史的经验与教训

在1945年那场著名的"延安窑洞对"中,毛泽东同志就提出用"民主"来跳出黄炎培先生所提的"历史周期律"。① 但当时对于党的第一代领导集体来讲,对民主与法制的认识并不充分,更没能处理好民主与法制的关系。新中国成立后,虽然着手进行了社会主义的法制建设,很快制定了以宪法为代表的一批法律法规,但1957年反右派斗争的扩大化,对新中国刚刚起步的法制建设造成了重大伤害,对宪法中明文规定的,如公民在法律面前一律平等、法院独立审判等一些法律制度,都进行了严厉的批判,"开创了自己损害自己法律权威的先例"。② 1959年的反右倾机会主义,进一步损害了法律的权威,撤销了司法部,使整个国家陷入了法律虚无主义的境地。而随之而来

---

① 即黄炎培提出的历史上"家"、"国"所谓"人亡政息"与"其兴也勃焉,其亡也忽焉"的周期循环问题。其语分别出自《礼记·中庸》:"其人存,则其政举;其人亡,则其政息"与《左传·庄公十一年》:"禹、汤罪己,其兴也悖焉;桀、纣罪人,其亡也忽焉。"

② 杨毓英:《试论法律权威》,载《政法论坛》1990年第3期。

的"文化大革命",更是在"彻底砸烂公、检、法"的口号下,让法律彻底丧失了权威。它使社会秩序遭到彻底破坏,整个国家都处在一种无政府主义的状态,人民的基本权利得不到任何保障,也使国家的经济建设陷入瘫痪,人民生活面临极大困难。

党的十一届三中全会在深刻总结十年文革的惨痛教训的基础上,提出了"为了保障人民民主,必须加强法制"的观点,同时还提出了"两个不改变",即国家的法律制度应"不因领导人的改变而改变,不因领导人的看法和注意力的改变而改变"的法律权威思想,从此中国开始了长达三十多年的社会稳定、经济发展、政治进步的黄金发展期。党的十五大正式提出了"建设社会主义法治国家"的思想,党的十八大将法治确定为"治国理政的基本方式",中国共产党第十八届三中全会又提出了中国法治建设的"升级版",① 即"法治中国"建设。第十八届四中全会,更是对中国特色的社会主义法治建设的目标、任务与措施进行了全面的阐释。到了 2010 年,中国的经济总量已跃居世界第二位,而到了 2013 年,我国的货物贸易总量已跃居世界第一,成为名副其实的大国,昂首屹立于世界民族之林,实现了自近代以来几代中国人的梦想。新中国 60 多年的发展历程告诉我们,什么时候法律获得了权威,法治有了保障,什么时候经济就发展,社会就进步;什么时候法律丧失权威,法治被破坏,什么时候经济就衰退,社会就混乱。

(二) 现实需求

经过 30 多年的发展,我国的法治建设"取得历史性成就",《中共中央关于全面推进依法治国若干重大问题的决定》(以下简称《决定》)在肯定取得成就的同时,也深刻地认识到当前我国法治建设所面临的困难:"有的法律法规未能全面反映客观规律和人民意愿,针对性、可操作性不强,立法工作中部门化倾向、争权诿责现象较为突出;有法不依、执法不严、违法不究现象比较严重,执法体制权责脱节、多头执法、选择性执法现象仍然存在,执法司法不规范、不严

---

① 周叶中:《关于"法治中国"内涵的思考》,载《法制与社会发展》2013 年第 5 期。

格、不透明、不文明现象较为突出,群众对执法司法不公和腐败问题反映强烈;部分社会成员尊法、信法、守法、用法、依法维权意识不强,一些国家工作人员特别是领导干部依法办事观念不强、能力不足,知法犯法、以言代法、以权压法、徇私枉法现象依然存在。"这就提出了两个问题,一是这些不尊重法律、违反法律的现象为什么会出现?二是如何来解决这些问题?中国两千多年的封建专制制度的传统,以及由此而形成的"息讼"、"无讼"的观念,再加上社会上长期存在"权大于法"、"官大于法"、"人大于法"的社会现实,使民众长期以来信"访"不信"法",这也导致了我国的法治现状并不理想,反过来又加重了人们对法治的怀疑。须知,"良好的法律状况仰赖于三件事:首先,胜任有为、圆融自洽的法律权威;其次,一个胜任有为的司法机构;最后,良好的程序形式"。① 这也提醒了我们,之所以出现这么多违反法治的问题,跟法律权威的衰弱与缺乏有直接的关系,而要解决这些问题也需要在国家的政治生活与公民的社会生活中坚持法律权威。

三、当代中国法律权威的生成机制

现代意义的法治肇始于西方,法律的至上权威正是现代法治的根本性原则。那么,法律权威如何生成呢?笔者以为,应将法律权威理解为一种理念与实践相结合的过程性、机制性概念。

(一) 内生机制

1. 科学立法

亚里士多德的"良法之治",即"已成立的法律获得普遍的服从,而大家所服从的法律又应该本身是制定得良好的法律",② 是对法治的经典表述。没有良好的法律,就不可能存在对法律的认同与尊

---

① [德]弗里德里希·卡尔·冯·萨维尼著:《论立法与法学的当代使命》,许章润译,中国法制出版社2001年版,第83页。
② [古希腊]亚里士多德著:《政治学》,吴寿彭译,商务印书馆1965年版,第199页。

重,也就不可能有对法治的认同和尊重。良好的法律当然来源于科学的立法。立法的质量高低直接关涉法律的质量高低与法治的优劣。它"在整个法律功能的动态实现中,起到了一个'发动机'的功用"。① 科学立法首先要求尊重客观事物的发展规律。法律一旦脱离了社会物质生活条件,就会陷入一种两难选择的困境,"或者强迫公民实现他们不可能实现的事情,从而构成十分不正义的行为;或者是对公民的违法行为视而不见,从而削弱法律的尊严"。② 其次,科学立法要求尊重人权发展的一般规律。"以人为本,这是整个人类的共同理想",③ 立法一旦公开承认社会中的一部分人优越于另一部分人,或允许未经正当程序剥夺社会成员的自由,或公开剥夺特定人群的人格,那就走向了科学立法的对立面,该法律也就成了恶法,如前南非的种族隔离法和纳粹的种族灭绝法、我国的劳动教养立法和卖淫嫖娼人员收容教育立法也属此类。科学立法内在地要求立法主体应该具有广泛的代表性,能够集众人之智慧,能够更具代表性地反映民众的意志与要求。这也意味着立法不再是一个封闭的过程,而是一个面向社会的开放性过程。也只有如此,立法才能反映民众的利益与关切,"除非人们觉得那是他们的法律,否则就不会尊重法律"④。立法主体的广泛性不仅是社会主义民主的要求,也是人民主体性的反映,亦能有效地避免立法的情绪化,因为"法律总是要遇到立法者的感情和成见。有时候法律走过了头,而只染上了感情和成见的色彩;有时候就停留下来,和感情、成见混合在一起"。⑤ 总之,体现民意和反映客观规律的法律容易获得民众的认同和遵从,从而有利于确立法律的权威。

2. 严格执法

---

① 公丕祥主编:《法理学》,复旦大学出版社 2002 年版,第 293~294 页。
② 吕世伦著:《当代西方理论法学研究》,中国人民大学出版社 1997 年版,第 245~246 页。
③ 李龙:《论法治是治国理政的基本方式》,载《江汉论坛》2014 年第 1 期。
④ [美]哈罗德·J. 伯尔曼著:《法律与宗教》,梁治平译,中国政法大学出版社 2003 年版,第 35 页。
⑤ [法]孟德斯鸠著:《论法的精神·下》,张雁深译,商务印书馆 1963 年版,第 303 页。

严格执法是法治政府的内在要求,也是形成法律权威的重要条件。因为法律只有从纸上转化为人们对权利与义务的实际操守,才能成为人们所期望的社会秩序的构造者和主体自由的保障者,也才能获得人们的信任与尊重,并最终产生法律权威。严格执法首先就是要依法执法。法律是执法行为的依据,没有依法的严格执法是对法治的破坏,是对法治的背离。依法执法就是要坚决遵循"法无授权即禁止"的原则。任何法律规范之外的执法理由都不能成为阻却违法性的事由,无论这种理由和依据是以怎样"高大上"的面目出现,不管是稳定经济发展还是维护人民利益。其次要不断提高执法者的自身素质,"当你有了一个组织得很好的国家,这个国家又有着制定得很完整的法典,那么任命不称职的官员负责施行法典乃是浪费了优良法典,整个事业沦为一出滑稽戏。而且不仅如此,这个国家将发现,它的法律正在大规模地损伤它本身"①。柏拉图所讲的正是执法人员对执法行为的影响,一旦执法人员的自身素质出现问题,那么,其违法的执法必然会对法律的权威性构成侵害。中国自古就有"以吏为师"的传统,只有政府及其官员率先垂范,严格守法和执法,才能培育起人民群众对法律的尊重,也才能真正确立法律的权威。最后要建立严格的权力—责任机制。有权力就有责任,有权力就要对权力的行使负责。长期以来,我们对执法责任的建设缺乏足够的重视,很多时候我们寄希望于执法人员的道德责任感、党性与组织纪律,而这些约束既缺乏严格的规范性,也不能形成公开、稳定、统一的责任追究程序,这样既不能给执法者以肯定、明确、有力的行为指引,也造成了责任追究的标准缺乏,导致同样的违法行为产生不同的责任后果。如此定位,既不能很好地规范执法人员的执法行为,也减损了法律的威严。

3. 公正司法

"法院是法律帝国的首都,法官是帝国的王侯",② 司法被视为社会公平正义的最后保障,公正的司法,可以培养公民对法律的信任

---

① [古希腊]柏拉图著:《法律篇》,张智仁、何勤华译,上海人民出版社2001年版,第161页。

② [美]德沃金著:《法律帝国》,李常青译,徐宗英校,中国大百科全书出版社1996年版,第361~362页。

感。"公生明,偏生暗。"① 没有公正的司法,就不会有清明的法治环境,就不会有司法的公信力。司法的不公正则会摧毁民众对法律的内心情感,伤害法律权威。培根在论及司法时就讲过,"一次不公的判断比多次不平的举动为祸尤烈。因为这些不平的举动不过弄脏了水流,而不公的判断则把水源败坏了"②。为此,应增强司法公信力建设,努力提高司法公正性,构筑公平、正义、为民的司法。具体而言,首先是依法司法。司法活动关涉公民的财产、人身等核心利益,自古就是国之大事。依法司法是司法的基本要求,也是司法公信力的基本前提。这里要特别强调的是,司法当然要强调"案结事了",但不能为了"案结事了"而置法律于不顾,这样,不仅损害了司法的权威性,也损害了法律的权威。前些年的司法工作由于过分强调"维稳"而提出的"大调解"就在一定程度上背离了司法的精神,也歪曲了调解的真正意涵。唯有严格依照法定的程序,对法定的事项做出合法的裁断,司法才具有公信力,也才能提升法律的权威。其次就是要厉行司法公开。司法公开是公正司法的必然要求,是保障民众对司法的知情权、参与权、表达权和监督权的必然选择,司法公开就是以公开促公正,以透明保廉明。最后要坚持司法为民的价值取向。"人权是法治的逻辑起点和最终归宿,也是一切司法改革的价值依据与评判标准。"③ 从实质价值上看,人权是中国社会发展与司法改革的终极目标。司法的为民价值,也要求重视司法救助,以防止正义的最后一道防线被贫困、疾病等突破,让每一个公民都生活在司法正义的阳光之下,增强法律权威。

4. 全民守法

守法是法律实施的一种最正常和最自然的方式,是法律主体自觉自愿的行为,也是法律实施的最经济的途径。作为实践性的概念,法律权威就是法律规范在国家、社会生活中被普遍的遵守,"实效问题

---

① 《荀子·不苟》。
② [英]弗·培根著:《培根论说文集》,水天同译,商务印书馆1983年版,第193页。
③ 汪习根:《论人权司法保障制度的完善》,载《法制与社会发展》2014年第1期。

所涉及的乃是法律规范适用于那些人是否真正遵守这些规范的问题"。①"因此，我们完全有理由认为，如果人们不得不着重依赖政府强力作为实施法律命令的手段，那么这只能表明该法律制度机能的失效而不是对其有效性和实效的肯定。"② 全民守法的第一个要求就是要提升公民学法、知法、信法、守法的法治意识。"没有民情的权威就不可能建立自由的权威，而没有信仰也不可能养成民情。"③ 要遵守法律，就得了解法律，进而相信法律。这就离不开法治教育与法治宣传，《决定》提出了一系列的法治教育的举措与方法，笔者以为，最核心的应该是寻求一种体系化的路径，这样一种路径能够让民众从内心深处主动去学习法律，任何被动的"灌输"都不会收到真正的效果。其次就是守法的主体应具有最广泛性，其包括所有的国家机关、组织和个人。法律权威建立在法律的至上性的基础之上，全民守法就是在法律面前没有特权，任何守法的特权都会破坏法律的威信，影响法律的权威。

(二) 外促机制

1. 宪制保障

"从宪法史来看，宪法形成和发展的过程正是法律权威逐步取得优于政府权威的过程。"④ 法律权威性的获得，与一国宪政体制有着紧密的关系，也就是国家的整体制度设计是否能够树立法律的至上地位，保证法律的权威性。从历史来看，民主制是最有利于法治的形成与法律权威的确立的。作为人类历史上最进步的制度，社会主义奉行人民民主，这种宪政体制将更有利于法律权威的维护。在当下中国，首先就是要坚持宪法的根本法地位。依法治国首先就是依宪治家。宪

---

① ［美］E. 博登海默著：《法理学：法律哲学与法律方法》，邓正来译，中国政法大学出版社 2004 年修订版，第 347~348 页。

② ［美］E. 博登海默著：《法理学：法律哲学与法律方法》，邓正来译，中国政法大学出版社 2004 年修订版，第 366 页。

③ ［法］托克维尔著：《论美国的民主（上卷）》，董果良译，商务印书馆 1988 年版，第 14 页。

④ 谢鹏程：《论当代中国的法律权威——对新中国法治进程的反思与探索》，载《中国法学》1995 年第 6 期。

法是国家的根本大法，是全国各族人民共同意志的反映，具有最高的法律效力，决不可以把宪法仅仅看成是一种政治宣示，宪法地位的任何动摇都将对国家的法治建设构成灾难性的后果。新中国历史上最混乱的时期恰恰就是宪法威严扫地的时期。其次要坚持和完善人民代表大会制度，使其代表性不断增强。人民代表大会不仅是人民议事的机构，也是国家的立法机关，人民代表大会的代表性与权威性直接关涉法律的权威性。如果人民代表大会最大限度上代表了人民的利益，反映了人民的意志，那么，它就具有了最大的正当性与合法性，其所创制的法律也就会有更大的权威。相反，法律必然从开始就失却了其权威性。最后就是国家机关的结构体系要合理。宪法的最初意思就是如何组织国家机关，而国家权力配置的科学性与否对于一国的法律的制定、实施有着至关重要的影响。

2. 政治保障

法律与政治之间有着极其紧密的关联，"法律的存在与运作始终体现着的政治逻辑主线，即政治作为法律的存在根基、现实目的、实践背景和发展动因，一方面反映出法律对于政治的事实上和逻辑上的依赖性，另一方面也反映出政治对于法律在事实上和逻辑上的控制与决定性"。[①] 因此，提升法律权威，决不能就法律谈法律。首先要牢固树立依法执政的理念。"依法执政是法治体系的核心与灵魂。"[②] 在我国，中国共产党是各项事业的领导核心，即党领导一切，这就更加要求党要模范立法、模范执法、模范守法。唯有牢固树立依法执政的理念，并在治国理政中付诸实施，才能切实推动我国法治的发展和法律权威的生成。其次要培养领导干部的法治思维。领导干部应将运用法治思维和法治方式处理问题作为基本功，从而提升自己治国理政的能力，保证宪法法律的实施。只有存在一个良好的政治环境，人们才会对执政者充满敬意，对执政的能力充满敬佩，对执政的方式充满信任，其依法治国建设方案才能为民众所认同、接受和尊重，从而树立法律的权威。

---

① 姚建宗：《法律的政治逻辑阐释》，载《政治学研究》2010年第2期。

② 李龙：《建构法治体系是推进国家治理现代化的基础工程》，载《现代法学》2014年第3期。

3. 监督保障

一国的监督体系是保证其国家权力正当行使和维护法制统一和尊严的重要措施。"一切有权力的人都容易滥用权力","要防止滥用权力,就必须以权力约束权力。"① 一个良好的监督体系,可以有效地规范国家权力的行使,从而保证国家法律的严格实施,这显然有助于法律权威的形成,否则,人们很难对法律形成依赖关系,也就很难要求人们遵守法律进而选择法律作为解决纠纷的手段,法律的权威将会遭到损害。在当下中国,严格且运转良好的监督体系的构建还任重道远,但有几个重要方面是必须要把握住的,一是坚持人民主体地位。社会主义民主的本质就是人民当家作主,人民是国家的主人,一切权力都属于人民。人民是国家权力的源泉,人民亦应拥有对国家权力的最具根本性的监督力量。无论是法律的制定还是实施,都应该接受人民的监督,且这种监督必须是有效的,而不是理论上的。为此,就必须赋予人民最广泛的参与权,并创建制度化的参与与监督机制,从而保证法律的合法制定与有效实施。二是要完善国家机关间的监督体制。不仅国家机关间的权力分配机制对法律权威构成影响,它们之间的相互监督机制也对法律权威有着重要影响,关键是要设计一个科学合理的权力监督体系,它既能发挥各个机关的效能,又能保证其权力运行的法治化。另外,创建中国特色的宪法实施监督体制也是建立法律权威的重要且必不可少的内容。

四、坚持和维护法律权威,实现依法治国

如今的中国,全面建设小康社会已进入决定性阶段,改革已进入攻坚期和深水区,人民对社会稳定、经济发展、民生进步的需求更为迫切,对法治的需求更是前有未有。坚持依法治国,坚持和维护法律权威就是必然选择。为此,应在全社会达成如下共识:

---

① [法] 孟德斯鸠著:《论法的精神·上》,张雁深译,商务印书馆1961年版,第154页。

（一）法律至重

坚持法律至重，解决的是法律手段与其他治国手段在国家治理中的地位排序问题。实现治国理政，需要一定的方式和手段。历史上曾经存在过譬如"神治"、"人治"等不同的治国手段。随着科学的发展，社会的进步与人类理性的提升，在今天，"神治"已经成了一个历史名词。而"人治"也因为其善变、任性和偏私的缺陷，遭到了当今世界上绝大多数国家的摒弃。"自16世纪以来，法律已经成为社会控制的最高手段了。"① 重视法律，将法律作为治国理政的最重要手段，是当代文明国家的不二选择。在今天的中国，法治已经被确定为治国理政的基本方式。法律调整的手段已经被历史证明是人类迄今所能找到的最好的社会调整手段，它不仅是社会存在和发展的内在要求与外在保障，也是人类社会获得安全、自由与正义的重要途径与理想手段。坚持法律至重，就是要在国家的政治活动、经济活动与社会活动中坚持依法而为，用法律的思维与法律的方法认识问题并解决问题，实现在其他手段如道德、政治手段与法律发生冲突时，坚持法律优先于其他手段，其他手段不得违反法律。

（二）法律至上

坚持法律至上，解决的是法律与其他权威的关系问题。在中国，坚持法律至上首先要面对的就是党的权威与法律权威的关系问题。长期以来，在党的领导与法律权威的关系上存在一些错误的认识，即要强调法律权威，就必然会削弱党的权威。这种认识显然是没有能够把握住中国共产党与中国特色社会主义的本质特征，也没有能够把握住法治的真实内涵。在我国，法律特别是宪法本来就是党的方针政策的体现，是党的方针政策的法律化、规范化，是代表了全国各族人民根本利益的党的意志的体现，在根本上与党的利益与目标是一致的。加强法律的权威并不会取代，也不会削弱党的权威。相反，加强法律权威，更加有利于党的领导，更加能够保持党的方针政策的稳定与实

---

① ［美］罗·庞德著：《通过法律的社会控制 法律的任务》，沈宗灵、董世忠译，杨昌裕、楼邦彦校，商务印书馆1984年版，第131页。

现，也更加有利于提高党的权威。也就是说，法律权威与党的权威是相辅相成、相互促进的关系，认识到并处理好这种关系，两者将呈现一种双赢的良性循环，而不是一种"零和博弈"的关系。另一个问题就是领导人的个人权威与法律权威的关系问题。"要维护'法治'，一国之内所有拥有政治权威的人就必须服从法律。"① 在法治的社会，没有任何人的权威可以超越法律权威，作为政府或国家的领导人，其也只能在法律的范围内活动，邓小平同志的"两个不改变"正是对坚持法律至上的最好诠释。

（三）法律至威

坚持法律至威，解决的是对法律的普遍性服从问题。"对法律的普遍服从，这是法律权威的根本内容。"② 而法律的普遍性与一般性特征也赋予了法律权威以可能性，所以，"法律将意志的普遍性和对象的普遍性集于一身"，它"把臣民作为实体，把行为视同抽象的来看待，它从不关注个别的人和个别的行为"③。法律在设定规范时，只设定在一定条件下的一定行为将带来一定的法律后果，至于该行为是由什么具体的人发出的，也就是行为人的身份，如职务、种族、出身、文化程度等，法律是不予考虑的。对法律的普遍性服从意味着：一方面，任何公民只要违反了法律，发出了法律所禁止的行为，都不应因其任何不同的身份而免受法律的制裁；另一方面，任何公民的合法或法律静默时的行为，都不应因其任何不同的身份而受到制裁。这是法律普遍性的最一般性解释，也是坚持法律至威的最基本的要求。"法律应在任何方面受到尊重而保持无上的权威，执政人员和公民团体只应在法律（通则）所不及的'个别'事例上有所抉择，两者都

---

① ［英］A. J. M. 米尔恩著：《人的权利与人的多样性——人权哲学》，夏勇、张志铭译，中国大百科全书出版社1995年版，第200页。

② 李龙、徐亚文：《关于邓小平的法律权威思想》，载《现代法学》1999年第2期。

③ ［法］让·雅克·卢梭著：《社会契约论》，杨国政译，陕西人民出版社2004年版，第32页。

不应该侵犯法律。"① 法律面前人人平等，只要违反了法律，不管违法者是什么样的个人、组织和国家机关，都要依照法律接受相应的制裁，而没有任何游离于法律监督之外和逃避法律制裁的特权。

（四）法律至信

坚持法律至信，解决的是法律在社会中的信任与信仰问题。"法律的权威源自人民的内心拥护和真诚信仰。"《决定》的这一论断充分说明了法律信仰对于法律权威的重要意义。信仰是人类意识对客观世界及其自身生命过程的反映，是人的最基本、最深刻的精神活动。法律信仰作为一种理性信仰与科学信仰，是人类对法律的高度认同与信服。法律运行的每个环节都需要主体信仰的内在支撑。也因为此，伯尔曼在其《法律与宗教》一书的导言中发出了如此的感慨："法律必须被信仰，否则它将形同虚设。"② 法治的实现有赖于社会成员对法律的认同、信任与尊重，而作为法治基础的法律也凝结了社会公众的基本价值共识。法律只有成为全社会的真诚信仰，才能得到社会的真诚拥护，也才能得到真正的遵守，并最终实现法律的价值理想。法律信仰一旦缺失，法律必将得不到有效的实施，法律的权威也必将丧失。当一部法律缺失了它的内在信服，而只依赖于强制的话，那它就不是真正的法律，充其量只是一部暴力机器而已。因此，就需要在全社会建立起对法律的信仰。如若一个社会立法者擅权立法，执法者有法不依、执法不严，司法者挟私枉法，那法律信仰就根本不可能养成。同时也要注意到，法律信仰的培育本身是一个系统工程，所有有利于法律信仰形成的要素都是相互联系、相互影响的，任何一种方法和手段都不可能独立地起作用，必须要统筹兼顾、协调推进，形成多方面的合力才行。在中国当下，要培育公民的法律信仰，既要有整体上的顶层设计，也需要法治实践中的脚踏实地。

---

① ［古希腊］亚里士多德著：《政治学》，吴寿彭译，商务印书馆1965年版，第191~192页。

② ［美］伯尔曼著：《法律与宗教》，梁治平译，中国政法大学出版社2003年版，第3页。

结　语

　　法律具有至上的权威是法治国家的基石，是实现依法治国的重要保障，是法治中国的必然要求。"在法律服从于其他某种权威，而它自己一无所有的地方，我看，这个国家的崩溃已为时不远了。但如果法律是政府的主人并且政府是它的奴仆，那么形势就充满了希望，人们能够享受众神赐给城市的一切好处。"[①] 这是来自两千多年前的警世箴言，就现在看来，仍不失其大义，但是要真正实现法律权威，却并非像承认这一原则那么简单。它是一个系统工程，也是一个长期过程，需要多元参与并持之以恒。努力做到科学立法、严格执法、公正司法与全民守法，重视宪政制度设计，信守政治文明，构造严格的监督体系，并在国家的政治、经济与社会生活中坚持法律至重、法律至上、法律至威、法律至信，这样才能树立并维护法律权威，从而实现法治中国的伟大理想。

[①] ［古希腊］柏拉图著：《法律篇》，张智仁、何勤华译，孙增霖校，上海人民出版社2001年版，第123页。

坚持和实现党的领导、人民当家作主和依法治国的有机统一

在习近平同志治国理政的理论与实践中，始终贯彻着一条总的原则，即"党的领导、人民当家作主和依法治国的有机统一"（简称"三者统一"，下同）。它既是马克思主义中国化的重大成果，也是我国法治建设的基本经验，还是中华民族复兴民主政治的总原则。

一、"三者统一"的科学解读

"三者统一"的提出并非偶然，它是在马克思主义的指导下，对中国道路、中国理论、中国制度的高度凝练，它借鉴了中国古代治国原则，总结了西方国家的反面教训，通过了从实践到认识、从认识到实践的多次反复才被提出来。早在1997年，党的十五大就提出它的基本思想，党的十六大、十七大、十八大重申和完善了这一总原则，这就是党的领导、人民当家作主和依法治国的统一。

大凡一个国家，不管是有意还是无意，几乎都有一个治国方略，并同时确立了与它相适应的总原则。如我国春秋战国时期，儒家的治国方略是"礼治"或"德治"，相应的总原则是"仁爱"；墨家的治国方略是"人治"，相应的原则是"兼爱"；道家的治国方略是"无为而治"，治国原则是"道法自然"；法家的方略是"以法治国"，治国原则是"法、术、势相结合"。历史证明：法家的治国方略和原则最适合当时天下大乱谋求统一的形势，从商鞅变法开始，通过"以吏为师，以法为教"的以法治国，历经140多年，终于使秦国由弱国变成强国。秦王嬴政横扫六国，建立了中国历史上第一个封建集权帝国。尽管后来因秦代严刑峻法和秦始皇突然暴毙以及赵高的政变，导

致秦王朝很快就灭亡了，但实现中华民族的统一，是与法家的治国方略与总原则有直接关系的。

那么我们如何来认识和解读"三者统一"这一总原则呢？笔者认为应该从三个方面来理解党的领导、人民当家作主与依法治国的有机统一的关系。

（一）党的领导是人民当家作主和依法治国的根本保证，是三者关系的核心

这是因为党的领导是历史的选择、人民的选择和时代的选择，它从三个方面为人民当家作主和依法治国提供了根本保证。首先是制度保证，无论是政治制度、经济制度，还是社会制度，党领导的中国社会主义制度，都有力地为人民当家作主与依法治国的实现提供了保证。其次，在人力资源上，党能组织和调动浩浩荡荡的革命大军，为保障人民当家作主和依法治国的实现奠定了群众基础。最后是物质保证。中华人民共和国通过改革开放这一富民强国之路，使国家GDP稳居世界第二，真正为人民当家作主和依法治国提供了强大的物质基础。

（二）人民当家作主是社会主义民主的本质要求

中国特色社会主义的价值趋向是以人为本，它根植于以人民为本，发展于以人为本。"为人民服务"不仅是党的宗旨，也是中华人民共和国国家机关的活动准则，还是依法治国的根本目的。因此，人民当家作主是三者关系的主体，中国共产党是工人阶级的先锋队。也是人民群众的先锋队；依法治国也是人民在党的领导下管理国家事务，管理经济文化事务，管理社会事务。人民永远是主体，是主人，是党施行依法治国的本质所在。

（三）依法治国是党领导人民当家作主的基本方略

依法治国是新中国历史上的伟大创举，也是全民族的壮举，是中国民主法制建设的科学总结，是符合中国国情的社会主义法治。在全面依法治国的背景下，它不仅完全符合中国国情，而且呈现了法治的新常态：法治是人民之治，是人权之治，是控权之治，是公正之治。

历史已经证明并还在进一步证明：依法治国是顺应民意、符合国情、顺应潮流的伟大之举。

二、"三者统一"的制度化、法律化

党的领导、人民当家作主和依法治国的有机统一，是一个重大的理论问题，更是一个重大的实践问题。因此，我们要形成完整的理论体系，就要从实践出发，使之制度化、法律化，从而便于操作，易于贯彻执行。其制度化、法律化主要包括：

（一）坚持和完善人民代表大会制度

人民代表大会制度是我国的根本政治制度，是当代中国的政体，是实现"三者统一"的纽带与载体。因为，第一，全国人民代表大会通过的《中华人民共和国宪法》在序言明确确立了中国共产党的领导地位，从而认可了中国共产党作为新中国执政党的合法性。第二，宪法明确规定：中华人民共和国一切权力属于人民，而人民行使权力的机关是全国人民代表大会。这就庄严宣布了这样一个法律事实：人民当家作主是社会主义国家制度的本质要求，而"为人民服务"则是社会主义国家机关的根本宗旨。第三，全国人民代表大会通过的《宪法修正案》明确规定：中华人民共和国实行依法治国，建设社会主义法治国家。上述三点，说明了一个道理："三者统一"统一于人民代表大会，或者说人民代表大会是"三者统一"生动的载体。因此，坚持与完善人民代表大会，是坚持和实现"三者统一"的必由之路。

半个多世纪来，人民代表大会在长期的实践中不断得到巩固与完善，如多次修正与完善了选举制度，使"人民代表人民选，选好代表大会为人民"的生动局面得以出现，它扩大了人大常委会的职权，设立了专职常委，从而更好地发挥了各级人大的重要作用，提高了人大代表的素质，更好地实现了人民当家作主的神圣职责。

（二）坚持和完善依法执政、依宪执政

依法执政是中国共产党转变领导方式和执政方式的重大成果，是

实现"三者统一"的根本方针。因为,第一,依法执政进一步体现了中国共产党执政的合法性与合规律性。第二,依法执政不仅是依法治国的重要内容,而且是党领导人民实现依法治国的根本途径。第三,依法执政是联系"三者统一"的有效方法,使"三者统一"理论与实践直接结合起来。

宪法是治国安邦的总章程,是改革开放的最高法律依据,是全国人民的共同意志与要求。依宪执政是依法治国的题中之义,是实现"三者统一"的时代要求。因此,全国人民必须拥护宪法,实现依宪执政,发挥宪法在"三者统一"过程中的特殊作用。宪法具有最高法律效力,是各政党、国家机关、军队、企事业单位和全体公民的行动准则,遵守宪法,捍卫宪法是各族人民的神圣职责与义务,"三者统一"同样要遵守宪法原则,在宪法与法律范围内活动,坚持和实施"依宪执政"。

"四个全面"是党和国家的战略布局,是对中国道路、中国理论和中国制度的高度凝练。它与"三者统一"有着不可分割的内在联系,两者相互支撑、相互作用和相互促进。"三者统一"为贯彻与实现"四个全面"提供理论基础与思想引导,而"四个全面"为坚持与实现"三者统一"奠定物质基础与制度安排。当然,更重要的是,"三者统一"作为我国民主政治的总原则,为坚持与实现"四个全面"指明了前进方向。

"四个全面"与"三者统一"都是习近平总书记治国理政体系中的有机组成部分,两者不可分割。"四个全面"偏离了"三者统一"就会迷失方向,"三者统一"离开"四个全面"就会失去战略目标,因此,两者必须结合,共同实现中华民族伟大复兴的伟业。

三、弘扬"三者统一",实现"三者统一"

"三者统一"是治国理政的高度概括,是治国之道的科学机制,是"中国道路"、"中国理论"、"中国制度"的准确凝练,也是对中国特色民主政治的科学表达,深受全国人民的支持与拥戴。

"三者统一"是一个有机的整体,不可分离,不可分割。历史证明,三者统一得好,国家就富强,社会就前进;如果三者缺一,或结合得不好，国家就不稳定，甚至会出现灾难性后果。因此，要像爱护眼睛一样爱护它、拥护它和发展它。

因此，我们必须弘扬它的精神，全国人民特别是"关键少数"的领导干部，必须拥护和坚持"三者统一"，支持与实现"三者统一"。建议在大学教材和干部必读课本中增加"三者统一"的内容，从理论与实践结合上坚持与实现"三者统一"。

论平均地权的法理基础*
——纪念孙中山诞辰150周年

孙中山先生凭依宽广的世界眼光,洞察世界潮流,昭告世人"世界潮流浩浩荡荡,顺之者昌,逆之者亡"。然何谓世界潮流?孙中山先生十分推崇"自由、平等、博爱"之美好未来,在国运羸弱的近代中国,如何达成这一愿景?孙中山先生比同时代其他先进分子有更宽广的国际视野,他以振兴中华为目标,以社会平等的宏大叙事,思考解决国家具有全局性意义的问题,冀望政治革命与社会革命"毕其功于一役",提出了"三民主义"一套完整的救国方案,在这个方案中,民生主义居于基础地位,孙中山先生指出:"民生主义如果能够实行,人民才能够享幸福,才是真正以民为主;民生主义若不能实行,民权主义不过是一句空话。"① 而"平均地权"又居民生主义思想中重中之重的地位。

一、对"地权不均"问题的关注

(一)"文明有善果,也有恶果"

把西方作为学习目标的孙中山,并没有盲目崇拜西方,在赞叹近代西方工业革命文明进步的同时,敏锐地洞察到地权不均给西方社会带来贫富悬殊,以及由此引发的社会问题。他说:"欧美各国善果被

---

* 本文系李龙教授与其博士生范兴科合著。
① 转引自王杰著:《孙中山民生思想研究》,首都经济贸易大学出版社2011年版,第2页。

富人享尽，贫民反食恶果，总由少数人把持文明幸福，故成此不平等的世界……欧美为甚不能解决社会问题？因为没有解决土地问题。"① 地权不均是一个现实命题，也是一个历史命题，孙中山先生看到，欧美在工业化、城市化、农业产业化进程中土地需求的急速增长，使土地价格不断飙升，土地所有者大发横财，社会弥漫一夜暴富的神话，这不仅导致大量社会资金投机炒作土地，阻碍实业发展，而且社会贫富分化也迅速拉大，社会矛盾一触即发，最终引爆社会危机。反思文明之恶果，增加了孙中山先生对土地不均问题的关注和思考，并预见到未来中国必须未雨绸缪，避免土地问题的困扰，决不能让欧美文明的恶果在中国重演。显然，地权不均也是一个未来命题，因此，在1912年的一次演讲中，孙中山先生阐述了地权不均和土地投机炒作对发展经济的消极影响，他说："二三十年后，不切实整顿，则地权愈不平均，将举国成一赌世界，而团（国）家愈不可问矣。赌不必博弈也，世界最大之赌赛，莫如买卖土地之投机业，如今日英属之加拿大是。世界有一公例，凡工商发达之地，其租值日增……及今不平均地权，则将来实业发达之后，大资本家必争先恐后投资于土地投机也，一二十年间举国一致，经济界必生大恐慌……然土地有限，投机者无限，势必至有与平民以失业之痛苦之一日……然当此过渡时代，投机也愈盛者，其工商业必为阻滞。"②

(二)"地能尽其利"

土地是人类生存的基础，孙中山先生认为："地为百货之源，物莫不由地生者。土地、人力、资本（机器）为营业三大要素，而土地为尤重。"③ 地能尽其利是孙中山先生提出的目标和愿景，它既关系经济发展和社会进步，又关乎社会公平与正义。孙中山的童年是在贫穷的广东翠亨村度过，"某也，农家子也，生于畎亩，早知稼穑之艰难"④。童年生活的窘迫和广大农民生活的艰辛，使他很早就认识

① 《孙文选集》中卷，广东人民出版社2006年版，第169页。
② 《孙文选集》中卷，广东人民出版社2006年版，第301页。
③ 《孙文选集》中卷，广东人民出版社2006年版，第325页。
④ 《孙中山全集》第1卷，中华书局1981年版，第25页。

到必须发展农业生产以改善农民生活,而改善农民生活的关键问题就是土地问题。"夫地利者,生民之命脉。"① 地权不均使不能地尽其利,"地能尽其利",这是解决民生饥寒和国家贫弱的重要途径,在其著名的《上李鸿章书》中,他写道:"窃尝深维欧洲富强之本,不尽在于船坚炮利、垒固兵强,而在于人能尽其才,地能尽其利,物能尽其用,货能畅其流——此四事者,富强之大经,治国之大本也。"② 如何实现"地能尽其利"是一直困扰他的问题。然而现实并不让人乐观,在《香港兴中会章程》中,他悲愤地指出:"官府剥民刮地,暴过虎狼。盗贼横行,饥馑交集,哀鸿遍野,民不聊生。"③ 由此萌生了他平均地权的思想。

二、"平均地权"的法理分析

"平均地权"的提出既有孙中山先生对现实问题的近思,也有对未来困境的远虑。现实问题是长久以来中国尖锐的人地矛盾和地权不均,造成了社会贫富分化,民不聊生。除此之外,他还以非常前瞻的眼光,洞见土地投机炒作将阻碍实业发展,同样也会造成贫富分化急剧扩大,预警欧美文明之恶果绝不能在中国重演,认为平均地权就是要消除资本主义工业化和城市化的这些弊端。根据革命形势发展,他又提出"耕者有其田"的主张,这是对"平均地权"的重要发展,着力解决农村封建土地占有问题,实现农民更大范围的社会平等。

(一)"平均地权"理论溯源

孙中山先生对土地问题的重视,源于他对民生的关注,认为这是实现民生主义的关键所在。他说:"于圣贤六经之旨,国家治乱之源,生民根本之计,则无时不往复于胸中。"④ 其平均地权思想的提出,并不是闭门造车的结果,是在全面考察中国现实社会状况和欧美

---

① 《孙文选集》中卷,广东人民出版社2006年版,第6页。
② 《孙中山全集》第1卷,中华书局1981年版,第8页。
③ 《孙中山全集》第1卷,中华书局1981年版,第21页。
④ 《孙中山全集》第1卷,中华书局1981年版,第8~18页。

发展困境的基础上,深思熟虑之后提出的创见。他公开表示:"余之谋中国革命,其所持主义,有因袭我国固有之思想者,有规抚欧洲之学说事迹者,有吾所独见而创获者。"①

1. 传统社会平等理念的精髓

孙中山先生对社会公平的孜孜追求,以及实现社会平等的制度创设,吸取了中国传统文化社会平等思想的精髓。他说:"我人所抱之唯一宗旨,不过平其不平,使不平者底于而已矣。"② 中国传统平等思想可谓源远流长,大夫晏婴认为,古之盛君"其取财也,权有无,均贫富,不以养嗜欲"③。孔子认为:"闻有国有家者,不患寡而患不均,不患贫而患不安,盖均无贫,和无寡,安无倾。"④ 董仲舒说:"故有所积重则有所空虚矣,大富则骄,大贫则忧。忧则为盗,骄则为暴。此众人之情也。"⑤ 哲学家老子针对不平等的社会现实,提出"损有余而补不足",并认为这才符合"天之道"。⑥ 孙中山先生的民生主义思想吸收了传统平等思想的理论精华,并以此为标准来观察世界和中国的社会问题,他说:"然而欧美强矣,其民实困,观大同盟罢工与无政府党、社会党之日炽,社会革命其将不远。"⑦ 谈到地权不均对农民的影响,孙中山对农民的疾苦充满了同情,同时也表达了对地主刻薄剥削农民的不满,他说:"我们这些小地主,总是孳孳为利,收起租来,一升一勺、一文一毫都要计算,随时随地都有刻薄农民。"⑧ 孙中山先生认为,他提出的"民生主义即贫富均等,不能以富者压制贫者是也"⑨ 重视解决民生问题,作为实现社会平等的基础,体现出他的唯物主义取向,他说:"民生问题不解决,社会上的贫富总是不平均……如果有了不均,三十年之后不革命,五十年、一

---

① 《孙中山全集》第7卷,中华书局1985年版,第60页。
② 《孙中山文集》,团结出版社1997年版,第328页。
③ 《晏子春秋·内篇·问上》。
④ 《论语·季氏》。
⑤ 《春秋繁露·度制》。
⑥ 《老子·七十七章》。
⑦ 《孙中山文集》,团结出版社1997年版,第21页。
⑧ 《孙中山文集》,团结出版社1997年版,第317页。
⑨ 《孙中山全集》第6卷,中华书局1984年版,第56页。

百年之后一定要革命的。"① 孙中山先生清楚表达了贫富分化导致社会革命的客观规律，指出社会平等是人们追求的理想社会目标。在社会平等的宏大叙事基础之上，孙中山先生建构出平均地权的理论框架。

2. 亨利·乔治的"单税论"

孙中山先生说："其对于欧美之经济学说，最服膺美人亨利佐治（Henry George，即亨利·乔治）之单税论。"② 亨利·乔治的单税论对孙中山平均地权思想的最终形成有至为关键的影响。1912 年孙中山先生在演讲中这样介绍亨利·乔治，他说："美人有卓尔基亨利（Henry George）者，一商轮水手也，赴旧金山淘金而致富，创一日报鼓吹其生平所抱之主义，曾著一书《进步与贫困》。其意以为世界愈文明，人类愈贫困，鉴于经济学均分之不当，主张土地公有。其说风行一时，为各国学者所赞同。其发阐地税法之理由尤为精确，社会党人麦克斯派多采其言，遂发生单税社会主义之一说。"③

其实，亨利·乔治的"单税论"在当时的欧美有广泛的社会影响。1887 年，恩格斯在《美国工人运动》一文中，也谈到了亨利·乔治，他写道："在纽约，中央劳动联合会于去年 11 月把亨利·乔治选为它的旗手，因此，它的临时竞选纲领几乎完全浸透了他的原则。"④

1879 年，亨利·乔治的著作《进步与贫困》出版，他认为，土地的私人占有是社会贫富分化的主要根源，他主张征收单一的地价税归公共所有，以实现社会正义。为什么土地是拉大贫富差距的根源？为什么生产发展没有使工人工资提高和生活改善？亨利·乔治的回答是不断上涨的地租，他说："生产能力提高的同时，地租趋向更大的提高，因而产生迫使工资不断下降的趋势。"⑤ 他这样判断的依据是亚当·斯密的"国民收入三分法"理论，"一国土地和劳动的全部年

---

① 《孙中山全集》第 6 卷，中华书局 1984 年版，第 8 页。
② 冯自由著：《革命逸史》，新星出版社 2009 年版，第 526 页。
③ 《孙文选集》中卷，广东人民出版社 2006 年版，第 352~353 页。
④ 《马克思恩格斯选集》第 4 卷，人民出版社 1995 年版，第 390 页。
⑤ [美] 亨利·乔治著：《进步与贫困》，商务印书馆 1995 年版，第 239 页。

生产物,或者说,年生产物的全部价格,自然分解为土地地租、劳动工资和资本利润三部分。这三部分,构成三个阶级人民的收入,即以地租为生、以工资为生和以利润为生这三种人的收入"。① 孙中山先生对亚当·斯密的"收入三分法"理论进行了批驳,他说,"殊不知此全额之生产,皆为工人血汗所成"。② 地主利用对土地的垄断收取地租是坐享其成,是不公平的。李嘉图的"劳动价值论"认为,地租是投入土地的劳动产品价值的一部分,"地主的利益总是同社会其他阶级的利益对立的"。③ 根据马克思主义政治经济学理论,地租的本质是工人创造剩余价值的转化形式,地租是地主对工人劳动成果的剥削。显然,这一点亨利·乔治当时还认识不到。

3. 约翰·穆勒的土地税

若再进一步追溯,亨利·乔治"单税论"的核心思想又来自于约翰·穆勒"土地税"的启发。约翰·穆勒(1806—1873),英国经济学家和哲学家,主要著作有《政治经济学原理及其在社会哲学上的应用》,该书出版于1848年,也就在这一年,马克思、恩格斯发表了著名的《共产党宣言》,因此我们不难发现,约翰·穆勒生活在资本主义发展的危机时代,工人失业,劳动者贫困,社会两极分化严重。

如何消除贫困?约翰·穆勒试图采取折中调和的办法,通过对地租征收土地税的方式来消除社会的不平等,约翰·穆勒认为地主靠地租生活是典型的不劳而获的寄生生活,违背了社会正义的一般原则。他说:"社会的进步和财富的增加,使地主的收入无时无刻不在增长。虽然他们不动一下手指不花一分钱,但他们的收入在社会财富总额中所占的绝对额和相对额却愈来愈大。他们不干活儿,不冒风险,不节省,就是睡大觉,也可以变得愈来愈富。依据社会正义的一般原

---

① [英]斯密著:《国民财富的性质和原因的研究》上卷,商务印书馆1983年版,第53页。

② 《孙中山文集》,团结出版社1997年版,第253页。

③ [英]李嘉图著:《政治经济学及赋税原理》,商务印书馆1976年版,第22页。

则，他们究竟有什么权利获得这种自然增加的财富？"① 他认为，国家"可以根据财政上的需要对地租的自然增长额课税，又有什么对不起地主的呢？"② 穆勒主张对地主的地租征收土地税，没收地租的全部增长额或一部分增长额，用它来造福社会，而不是任凭它成为某个阶级不劳而获的财富，这样做符合社会正义原则。

4. "有田同耕"的扬弃

在吸收传统平等思想理论精华的同时，孙中山先生坚决扬弃了小农经济的绝对平均主义思潮。"有田同耕"体现了社会平等的美好意愿，《天朝田亩制度》集中反映了洪秀全对民生疾苦的重视与思考，但孙中山先生清楚地意识到这一口号的历史局限，它脱离社会实际，在实践中难以贯彻执行，具有空想性。

"孙中山少年时代特别爱听太平军老将士讲太平天国反清的革命故事，对太平天国提出的'有田同耕，有饭同食……无处不均匀，无人不饱暖'理想充满向往。"③ 1901—1902 年，他和精熟中国历史与典章制度的章太炎及秦力山等多次聚谈"我国古今之社会问题及土地问题"，举凡三代之井田，王莽之王田，王安石之青苗，洪秀全之公仓，"均在讨论之列"。④ 这些土地方案为他平均地权思想提供了宝贵的历史经验和借鉴。

（二）"平均地权"的主要内容

在孙中山先生的主持下，1924 年 1 月 23 日国民党表决通过了《中国国民党第一次全国代表大会宣言》，宣言采纳了共产国际决议中有关三民主义的意见，形成了新三民主义，提出了"联俄、联共、扶助农工"的三大政策。毛泽东同志称赞"这篇宣言，区分了三民

---

① [英] 约翰·穆勒著：《政治经济学原理及其在社会哲学上的应用》下卷，商务印书馆 1991 年版，第 390 页。

② [英] 约翰·穆勒著：《政治经济学原理及其在社会哲学上的应用》下卷，商务印书馆 1991 年版，第 390 页。

③ 韩剑锋著：《裕民、齐民、新民——孙中山民生主义思想研究》，上海三联书店 2013 年版，第 110 页。

④ 冯自由著：《革命逸史》，新星出版社 2009 年版，第 206 页。

主义的两个历史时代"。① 新三民主义的主旨与中国共产党的民主革命纲领基本相同。这篇宣言完整表述了平均地权的核心思想："盖酿成经济组织之不平均者，莫大于土地权之为少数人所操纵。故当由国家规定土地法、土地使用法、土地征收法及地价税法。私人所有土地，由地主估价呈报政府，国家就价征税，并于必要时依报价收买之，此则平均地权之要旨也。"②

针对城乡土地地权严重不均的复杂矛盾，孙中山先生提出了"平均地权"、"土地国有"和"耕者有其田"的解决方案，其中，"平均地权"是最基本的解决方案，"土地国有"和"耕者有其田"是对"平均地权"的重要拓展。"平均地权"按照孙中山先生的设计，主要包括"核定地价，按价征税，涨价归公，照价收买"四个环节，环环相扣，不可偏废。

"核定地价"，原有地价归地主私人所有。土地价格由地主自己申报，并把地价明确写到地契中，作为国家征收土地税的依据。为什么要由自己来申报？孙中山先生主要是考虑技术层面的可行性问题和评估成本。"孙中山对穆勒及亨利·乔治方案的偏爱还由于劳埃德·乔治的预算案（1909—1910年金融法案）的通过而大大加强，该法案包括有对未来地价的自然增值及政府对矿产的开发征取使用税等措施。孙中山很可能从英国当时需要数千家评估机构来评估全英将近1100万的资产中认识到自我估价的长处。"③

如何防止申报中弄虚作假，以贵报贱，或以贱报贵？孙中山先生也有具体办法，他说："至于地价贵贱，由业主自报多寡。如防业主以贵报贱，由省会定一条件，如国家开铁路、马路或建一大工场等，可以随时收归国有，则以贵报贱之弊，可无虑矣"，④"国家在地契之中，应批明国家当需地时，随时可照地契之价收买，方能无弊。如人民料国家将买此地，故高其价，然使国家竟不买之，年年须纳最高之

---

① 《毛泽东选集》第2卷，人民出版社1991年版，第689页。
② 《孙中山全集》第9卷，中华书局1986年版，第120页。
③ ［美］史扶邻：《孙中山的早期土地政策——"平均地权"的起源与意义》，高申鹏译，载《亚洲研究杂志》1957年第16期。
④ 《孙中山全集》第2卷，中华书局1982年版，第372页。

税,则已负累不堪,必不敢。即欲故低其价以求少税,则又恐国家从而买收,亦必不敢。所以有此两法互相表里,则不必定价而价自定矣。"①

"按价征税",土地使用要向国家纳税,纳税公平应从价税而不是从量税,他认为,"照价征税,贵地收税多,贱地收税少"。② 在孙中山先生看来,拥有上等土地的都是有钱人,应多纳税,价低的土地多为穷乡僻壤的贫民阶层的财产,应收轻税,这样做才公平合理。

"涨价归公",土地的收益和增值归国家。孙中山先生认为,地价高涨的原因是社会进步和商业进步的结果,是由大众的努力经营得来的,控制土地的个人并没有付出额外的努力,因此上涨的这一部分应归社会大众,不应由私人所有。如果归私人所有,就会造成社会的不公平和贫富差距拉大,中国就会像欧美那样难逃社会革命的悲剧。他说:"国家据其地价,载在户籍,所报之价即为规定之价,此后地价之增加,咸为公家所有,私人不能享有其利,地主虽欲垄断,其将何辞之可籍哉?"③"地价定了之后,我们更有一种法律的规定……就是从定价那年以后,那块地皮的价格再行涨高,各国都是要另外加税,但是我们的办法,就是以后所加之价完全归为公有"。④

"照价收买",收购私有土地变为国有土地,以此避免土地被少数地主垄断,消除土地被肆意投机炒作的弊端。国家可在适当的时候,按照最初核定的土地价格收购地主的土地,实行土地国家所有。他说,"国家既得地价之真数,则收买时不患民间有故意高抬价额之事,可因将来交通之便利,于其集中繁盛之区一一收土地为国有。则将来市场发达,地租涨高,皆国家共有之利,可免为少数地棍所把持。"⑤ 总之,平均地权主要解决的是城市土地问题,诸如土地投机炒作会造成贫富分化,阻碍工商业发展等问题。

---

① 《孙中山全集》第 2 卷,中华书局 1982 年版,第 321 页。
② 《孙中山全集》第 2 卷,中华书局 1982 年版,第 320 页。
③ 《孙中山全集》第 2 卷,中华书局 1982 年版,第 522 页。
④ 《孙中山选集》,人民出版社 1981 年版,第 838 页。
⑤ 《孙文选集》中卷,广东人民出版社 2006 年版,第 343 页。

(三)"耕者有其田"是对平均地权的理论拓展

平均地权是孙中山先生针对城市土地问题提出的解决方案,在经历革命一次次失败的痛苦过程中,孙中山先生认识到,没有农民的参与,革命难以取得成功,而要吸引农民参加革命,解决农民的土地问题则是关键所在。他说:"中国的人口,农民是占大多数,至少有八九成,但是他们很辛苦勤劳得来的粮食,被地主夺去大半,自己得到手的几乎不能够自养,这是很不公平的。"① 要消除这种不平等,就必须采取"耕者有其田"的政策。因此,他说:"我们解决农民的痛苦,归结是要耕者有其田。这个意思,就是要农民得到自己劳动的结果,要这种劳动的结果不令别人夺去了。"② "耕者有其田"是孙中山先生土地思想的重要拓展,是平均地权思想的升级版,是他土地自然正义观的全面展现。

虽然这一理论由于孙中山先生的早逝而未能付诸实施,但其理论价值不可磨灭。毛泽东同志高度肯定了孙中山先生的"耕者有其田"思想。1939 年 12 月,毛泽东同志发表了《中国革命和中国共产党》一文,1940 年 1 月又发表了《新民主主义论》,在这两篇重要文章中,毛泽东同志除了援引孙中山先生关于"民生主义就是共产主义,就是社会主义"的论断,还指出新民主主义的共和国"将采取某种必要的方法,没收地主的土地,分配给无地和少地的农民,实行中山先生'耕者有其田'的口号"。③

中国共产党真正继承和发展了这一思想,并通过土地改革成功实践了这一理论。1947 年 9 月中共中央在西柏坡颁布《土地法大纲》,"耕者有其田"最终落地成为现实。《土地法大纲》第 1 条就规定:废除封建性及半封建性剥削的土地制度,实行耕者有其田的土地制度。④ 第 11 条还规定:分配给人民的土地,由政府发给土地所有证,

---

① 《孙文选集》上卷,广东人民出版社 2006 年版,第 640 页。
② 《孙文选集》下卷,广东人民出版社 2006 年版,第 527 页。
③ 《毛泽东选集》第 2 卷,人民出版社 1991 年版,第 678 页。
④ 中共中央委员会公布:《中国土地法大纲》,渤海新华书店印行 1948 年版,第 3 页。

并承认其自由经营、买卖及在特定条件下出租的权利。① 确认人民对所分得土地的所有权。

（四）"平均地权"蕴含的法理基础

1. 自然法观点解构封建地主的土地所有权

针对封建地主的土地所有权，孙中山先生与梁启超展开过论战。梁启超认为，地主的祖先是靠勤俭积蓄发家的，地主本人及子孙享用其祖先勤劳之结果，属于合法继承，是正当的。孙中山先生则凭依自然法观点，解构封建地主土地所有权，认为地主对土地的占有是对自然物的掠夺和盗窃，违背了自然正义。他说："土地本为天造，非人工所造……不应为个人所有，当为公有，盖无疑矣。"他还说："土地公有，实为精确不磨之论。人类发生以前，土地已自然存在，人类消灭以后，土地必长此存留。可见土地实为社会所有，人与其间又恶得儿私之耶？"针对"地主用钱购买土地，钱是地主劳动的产物，因此地主花钱买土地具有合法性"的观点，孙中山先生批驳说，购买土地的制度前提是土地私有，如果土地不是私有，那么土地从何处去买？他说："或谓地主制有土地，本以资本购来，然试叩其第一占有土地之人，又何自购乎？"② 孙中山先生这一观点与洛克不谋而合，洛克认为，土地及其中的果实兽类都归人类所共有，"没有人对于这种处在自然状态中的东西原来就具有排斥其余人类的私人所有权"。③

2. 平均地权是民生权

"民生"一词，最早见于《左传·宣公十二年》："民生在勤，勤则不匮。"传统大众对民生问题的关注，实则是对社会公平与正义的倚重。无论是"均田免粮"的口号，还是"与民生息"的政策，都把民生问题与政治合法性相勾连。孙中山先生说："民生二字，为数千年已有之名词。至用之于政治经济上，则本总理始，非独中国向无

---

① 中共中央委员会公布：《中国土地法大纲》，渤海新华书店印行 1948 年版，第 8 页。
② 《孙中山全集》第 2 卷，中华书局 1982 年版，第 514 页。
③ [英] 约翰·洛克著：《政府论》下，商务印书馆 1964 年版，第 18 页。

新闻,即在外国亦属罕见。"① 平均地权与民生从此勾连,孙中山先生确信地权是民生权。

民生权是当下中国高度认同的基本人权,但在西方主流权利话语体系中并无"民生权"这一术语。学界对"民生权"最明确的表述最早出自新加坡国立大学学者郑永年。2010年3月10日,他在《联合早报》发表文章《中国要平衡国家发展权和社会民生权》指出:民生问题是中国最大的问题,民生权是中国社会高度认同的最基本权利。但郑永年只是从社会学、政治学角度提出"民生权",并没有将它看成法律概念。李广平、俞征锦认为,"民生权"是公民个人为确保其生命得以延续并有尊严地幸福生活而要求国家、社会提供条件、给予帮助、实行保障的权利。

地权从内容上看是财产所有权,从性质上看则是民生权,是保障民生的物质条件和手段,是公民生存和生活要求国家提供的物质条件和财产权利。卢梭认为财产是政治社会的真正基础,是公民订约的真正保障。马克思也认为,一切社会问题、社会现象、社会制度归根到底都要寻找其"物质生活条件"。地权就是这一物质生活条件,平均地权就是实现民生权。民生权是自然权利,需要法律加以确认和保障,将其上升为法律权利。孙中山先生对此极为重视,1912年的《中华民国临时约法》与1914年的《中华民国约法》都规定"人民有保有财产及营业之自由";1923年的《中华民国宪法》规定:"中华民国人民之财产所有权,不受侵犯"。

3. "土地国有"原则

约翰·穆勒依据社会正义的一般原则,认为地主获得地租不具有理论上的合法性,主张对土地征收土地税,没收地租的全部增长额或一部分增长额,但他反对土地公有。亨利·乔治认为土地所有权不平等必然造成财富分配的不平等,"纠正财富分配不公的唯一办法是实现土地公有"②。但如何实现公有?他认为没有必要充公土地,只要充公地租,把地租化作国家税收,通过征收单一地价税的方式来实现土地公有计划。他说:"我提议的不是收购私有土地,也不是充公私

---

① 《孙中山全集》第9卷,中华书局1986年版,第112页。
② [美]亨利·乔治著:《进步与贫困》,商务印书馆1995年版,第279页。

有土地。前者是不公正的；后者是不必要的。"① "不公正"是因为"对土地的独占所有权是非正义的，土地私有制是一个无耻的、巨大的、赤裸裸的错误"。② "不必要"是由于"没有必要由国家麻烦地出租土地，以致由此造成徇私、勾结和舞弊的机会"。③

孙中山先生接受了亨利·乔治的土地公有思想，还吸收了他实现土地公有的部分方法，提出了自己的土地国有思想。"土地国有"并不是一个简单的命题，它存在公平与效率两全之难题。土地国有是土地公有的实现形式之一，目的是消除土地私有带来的社会不公平，但土地使用效率如何保证？还有如何避免土地国有产生的腐败和徇私舞弊？今天农村土地承包经营改革的具体做法，就是通过所有权与经营权分离，土地国家所有，农民承包经营使用，来解决土地使用效率问题。通过土地法治建设消除腐败和徇私舞弊。然而，孙中山先生根据当时的历史条件，提出的土地国有方案是通过征收土地税来实现土地收益归国家所有。因此，韩剑锋认为，孙中山先生的平均地权是"一种有限制的公有制和有条件的私有制相结合的制度安排"④。

孙中山先生的土地国有思想遭到保守派的反对。1905年梁启超在《新民丛报》上发表《驳某报之土地国有论》一文，认为"即如土地私有制度，实亦历史之产物"⑤。他声称，土地私有权是按照先占、劳力和节约得到的，没有什么不合正义和公理的地方。孙中山先生批驳了梁启超的保守观点。

需要说明的是，土地国有并不是说其在法律意义上和个人没什么关系，徐显明教授对个人财产权进行了解析："就会发现理论上的个人财产是由两部分构成的：一是私有的部分，二是公有财产中他应得的部分。这两部分相加才能构成完整的个人财产权。这才是一个人在社会中安身立命的全部财产基础。我们主张要视个人财产权为基本人

---

① ［美］亨利·乔治著：《进步与贫困》，商务印书馆1995年版，第340页。
② ［美］亨利·乔治著：《进步与贫困》，商务印书馆1995年版，第302页。
③ ［美］亨利·乔治著：《进步与贫困》，商务印书馆1995年版，第340页。
④ 韩剑锋著：《裕民、齐民、新——孙中山民生主义思想研究》，上海三联书店2013年版，第123页。
⑤ 《梁启超全集》第2卷，北京出版社1997年版，第1586页。

权并予以保护正是在此意义上立论的。"① 土地国有，但房屋土地使用权、土地经营权、土地承包权是作为财产权利，国有土地也可以成为个人财产权的一部分。

4. 土地所有权与使用权分离的制度设置

按照所有权的基本理论，所有权包括占有、使用、收益和处分等一系列权利。为了消除土地兼并集中，地主剥削农民，以及土地投机炒作，阻碍实业发展等问题，"平均地权"对土地所有权进行了创新性的制度设计，它将使用权从所有权中分离出来，并对占有权、收益权、处分权进行了限制。"照价收买"，国家对于地主的土地拥有按照原有地价收买的权利，即使土地地价有了巨大升值以后，国家仍然以土地最初核定的地价来收买，这是对地主的土地所有权很大的限制，具体来说是对其占有权和处分权的限制。"涨价归公"，土地升值涨价的收入归社会共同所有，实现社会最大限度的公平。地主的收益权仅限于土地本身生产经营的收益，地主只能通过提高土地生产经营的效率来增加收入，避免土地利用中浪费现象的发生，还能避免土地市场的投机和炒作问题。

"耕者有其田"主要指农民拥有使用权，国家拥有所有权。1906年，孙中山先生与梁启超在精养轩辩论时说，"今之耕者，率贡其所获之半于租主而未有己，农之所以困也。土地国有后，必能耕者而后授以田，直纳若干之租于国，而无复有一层地主从中朘剥之，则农民可以大苏。"② 为什么包括耕者在内的个人不能拥有土地所有权，只能拥有使用权？孙中山先生认为这样才能避免私有土地买卖、兼并与集中，才能消除少数人垄断私有土地去剥削农民的劳动，避免贫富分化和不平等加深。

5. 型构土地正义新样态

土地正义是社会正义的重要内容，不同于程序正义，土地正义不是形式正义，体现的是实质正义，不是抽象正义，体现的是具体的正义，是与社会物质生活条件密切相关的正义，是一个国家正义的基

---

① 徐显明主编：《人权研究》第 2 卷，山东人民出版社 2002 年版，第 168~169 页。

② 梁启超：《杂答某报》，载《新民丛报》1906 年第 14 期。

础。历代王朝更替,莫不与这个基础动摇相关。土地与土地正义,是几千年来老百姓最关心的问题,它不只关乎百姓的温饱生计与居住,还影响实业与经济发展,还关乎社会平等的真正实现,无论是"耕者有其田",还是"居者有其屋",都是土地正义发出的基本要求。李自成的"均田免粮",太平天国的"有田同耕",都在不同时代和形式上顺应了这一正义要求。

土地正义的实质就在于建构一种土地利益分享的公平有效的机制。然而,何谓公平有效?谁更正义?谁最正义?却是一个充满争议的话题。从唯物史观的观点来看,我们可以说,以适应生产力发展为标准,没有最正义,只有更正义。罗尔斯在《正义论》中指出,"使我们忍受一种不正义只能是在需要用它来避免另一种更大的不正义的情况下才有可能"。① 同样,孙中山先生的平均地权思想提供了一种可资借鉴的更加可行的土地正义新样态。中国共产党成功的土地改革就是对中山先生土地正义思想的继承和发展。

三、"土地正义"的发展与重构

孙中山先生希望通过实施"平均地权"的方案达成"地尽其利,地利共享",完成社会革命,实现土地正义。这一愿景在不同的时空背景下不断被付之实践,其中也包括,一再宣称是孙中山先生思想的正统继承者的国民党,该党曾多次宣示要实施平均地权,但在1949年之前,其一直停留在纸上谈兵上,败退台湾后,其对土地正义攸关民心向背有更深的体认,认为土地正义作为政权根基再不能敷衍了事,他们总结失败教训,于1949—1953年间在台湾省实施土地改革,在农村基本实现了其耕者有其田的目标。1954年8月通过了《实施都市平均地权条例》立法,1977年1月又颁布了《平均地权条例》,经过二十多年的所谓"拉锯战",他们在城市基本完成平均地权。②

---

① [美]约翰·罗尔斯著:《正义论》,中国社会科学出版社1988年版,第2页。

② 黄嘉树:《台湾"平均地权"问题评析》,载《中国人民大学学报》1990年第6期。

平均地权思想型构土地正义的新样态，可以回应当下中国工业化、城市化过程遭遇的土地困境，诸如房屋拆迁引发的群体事件，高房价导致广大民众的民生困境，房地产业暴利对制造业等实业发展的阻碍，这些典型问题的症结与孙中山先生百年之前的预见惊人的一致，都涉及土地正义，即土地利益分享缺乏一种公平有效的机制，因而衍生诸多民生问题，形成所谓"土地不正义"。破解这一迷局，根本出路在于土地正义的继续发展与重构，深耕土地法治，让法治作为保障土地正义的可靠支撑。

（一）土地正义的权利保障

1. 保障土地利益公平分享之平等权

亨利·乔治认为，"使富裕之家和贫困之家的差距更加悬殊，进步就不是真正的进步，它也难以持久"。"把理论上人人平等的政治制度建筑在非常显著的社会不平等状况之上，等于把金字塔尖顶朝下竖立在地上。"① 确认土地利益的公平分享是土地正义的要旨所在，应通过土地立法确认保障社会成员土地利益公平分享之平等权，作为解决城市"旧城改造"，"房屋拆迁"中群体事件的法律依据和基础，很多城市政府在制定拆迁补偿方案时，拆迁土地增值利益的绝大部分归于政府和开发商，结果开发商大发其财，富甲天下，加剧了社会贫富分化，居民对此十分不满，认为很不公平，于是出现了抗拒拆迁的钉子户和群体上访事件。按照当下我国法律的规定，城市土地所有权归国家所有，居民拥有土地使用权。因此，一方面，土地使用权作为财产权利，有权参与分配；另一方面，作为社会成员，遵循土地正义原则，有权公平分享土地增值收益，应通过立法确认其平等权利。

2. 保障"居者有其屋"之居住权

"居者有其屋"是继"耕者有其田"之后重要的民生目标，安居乐业的居住权确定无疑是民生权，也是土地正义的内在要求，保障居住权是政府的重要职责所在。当下"居者有其屋"最大的障碍是高房价，在北京、上海、广州等一线城市，房价动辄数万元一平方，然而细析近年来商品房交易价格，与其说房价疯涨，不如说是承载房子

---

① [美]亨利·乔治著：《进步与贫困》，商务印书馆1995年版，第17页。

的地价疯涨，因为，在许多城市，商品房价格构成中绝大部分是地价，砖头等建筑成本甚至不到总价的10%。孙中山先生百年前就预见地价大幅上涨对民生的侵蚀，居住权仅是问题之一。如何保障居住权？遏制地价和土地投机是关键，"涨价归公"、"照价收买"、"土地国有"等做法可资借鉴。另外重要的是，通过完善制度和土地立法，建构土地涨价增值利益公平分享机制，不能让少数人垄断暴富。

3. 保障经济发展之民生权

土地价格暴涨催生房地产业暴利，对实体经济产生危害，一方面会大幅增加发展实体经济的土地成本，同时，无疑将吸引大量社会资本参与土地投机炒作，使利润较低的制造业实体经济受到巨大的挤压和冲击，直接影响就业等民生问题，加剧贫困。这也是孙中山先生多次提到的文明之恶果。保障民生经济健康发展，就是保障就业民生权，它是土地正义的基本要求。土地国有，涨价归公，土地利益全民共享，是孙中山先生提出的具体解决路径。在市场经济时代，能否有更符合市场经济发展要求的制度和立法手段值得研究，但原则是，一定要能够保障经济发展之民生权。

让土地投机成为毫无价值的冒险，除了使耕种者可得到土地外，财富将被导入生产性投资。这一切意味着"一种简单而有效的补救，将会提高工资、增加资本的利润、根除贫困、给任何希望工作的人以有利的就业机会，给以自由的人权、减少犯罪，提高人们的道德、品味、知识水准，廉洁政府，使文明臻于更高尚"。①

(二) 土地正义的平等保障

约翰·穆勒试图通过对地租征收土地税的方式来消除社会的不平等；亨利·乔治认为富裕之家和贫困之家的差距悬殊，这样的进步就不是真正的进步；孙中山认为，欧美各国成为不平等世界，是因为没有解决土地问题，地权不均就不能避免革命，民生主义即贫富均等。土地正义就是要维护社会平等权。

高房价阻却居者有其屋，造成市场经济背景下刺眼的民生困境，

---

① [美] 亨利·乔治著：《进步与贫困》，商务印书馆1995年版，第405~406页。

高房价其实质是高地价，地价畸高。虽然有很多原因，但投机炒作和暴利是关键，解决之道就是将这部分土地增值利益公平分享，让投机毫无意义，炒作无利可图。房地产业暴利，拉大了社会贫富差距。房地产老板家财十亿百亿，成为名符其实的新土豪，与失业下岗人员的贫困反差强烈。因此，实现土地正义的呼声日益浓烈，需要通过立法，特别是税收立法，将原本应该公平分享的土地增值收益进行再次调整分配。当然，这只是事后补救手段，实现的是矫正正义。最好是能够事先设计出一套土地增值利益社会成员公平分享的机制，并通过立法确立起来，消除土地问题产生的两极分化，实现社会平等。发展实体经济，解决就业民生，消除贫困，也是土地正义的要求，保障民生平等权，是实现社会实质正义的基础。

（三）土地正义的法治保障

土地法治保障土地正义，是现代法治社会的最佳选择。土地正义是历史的产物，建立在一定的经济基础之上，始终处于不断发展之中，因此，没有最正义，只有更正义。市场经济是法治经济，土地法治是土地正义坚实可靠的支撑。

1. 立法保障

施行土地法治，立法是基础和前提。孙中山先生主张国家应制定土地法、土地使用法、土地征收法及地价税法等法律来具体实施平均地权。早在1906年，孙中山先生在东京《民报》周年纪念日演讲中，提到德国在胶州湾征收地价税的做法"很有成效"，还特别列举德国在胶州租界地的税务法规。① "胶州的法规要求征6%的地税及1/3的将来增价税。这是世界上第一次实施未来自然增值税（1894年在美茵河畔的法兰克福也提出过类似的法案，但直到1904年才通过）。"②

1929年1月16日，国民政府通过《土地法原则》指出："国家整理土地之目的在使地尽其利，并使人民平均享受使用土地之权利。

---

① 《总理全书（Ⅵ）》第1册。

② ［美］史扶邻：《孙中山的早期土地政策——"平均地权"的起源与意义》，高申鹏译，载《亚洲研究杂志》1957年第16期。

总理之主张平均地权,其精意尽在乎此。"①

立法保障就是要将土地正义要求的平等权、居住权、民生权落实到具体的土地立法之中,做到有法可依,保障人民分享使用土地之权利。遏制高房价,保障居住权,参照最低工资立法的做法,制定控制最高房价的法律。一般发达国家居民8~10年的收入可以买一套房,我国很多城市居民要花20年,甚至30年的收入才能买一套房,这样高的房价确实不合理,太不靠谱。应考虑城市居民年平均收入水平,将房价控制在合理的区间内,保障人民群众"居者有其屋"。制定地价税法、土地所得税法,调整土地增值收益再分配,使全体人民能公平分享土地利益,不能让少数人独占土地巨利而暴富,拉大社会贫富差距。制定鼓励实业发展的土地政策与法律,发展实业用地地价成本应控制在合理区间内,遏制社会资本参与土地投机炒作。通过立法保障房地产业健康发展,防止其过热,最大限度减轻对制造业的挤压和冲击,保障民生与就业。如果一个社会只有房地产一枝独秀,其他产业都萧条,那肯定不是福音,而是灾难。因此,要通过立法,保障土地正义,实现社会正义。

2. 执法保障

徒法不足以自行,法律的生命在于实施。保障土地正义的相关立法必须得到严格的执行,孙中山先生从提出平均地权的思想到具体实施,历经数十年时间的磨炼,发展和重构土地正义的实践道路将更加不平坦。我们面临的具体情况总是要比我们预想的复杂。从土地正义的理念到具体的法律,到实际执行,是一个复杂的过程。加强土地执法保障十分关键,在土地执法过程中,不仅仅要严格执行每一条法律,更重要的是将土地正义的精神和原则贯彻到具体的个案中,点滴努力,积累善治。

3. 司法保障

土地司法作为保障土地正义的最后一道防线,地位显赫,任务繁重。土地司法是推进土地正义的重要动力,要让人民群众在每一个具体案件中切实感受到司法公正。由于现阶段土地立法仍在不断建构之

---

① 《内政法规汇编·地政类(1940)》,内政部总务司第二科编辑发行,第25~26页。

中，土地权利保障不够完善与成熟，土地司法须在土地正义原则指导下进行"能动司法"，破解司法难题，随着人口增长，处理好"耕地红线"与"居者有其屋"、"房地产"与"其他产业"的关系，切实保障居住权、民生权和平等权。在社会全面转型和改革的时代，司法改革势在必行，同时，工业化和城市化使我国城市和农村土地制度面临新一轮大的改革，在"破"与"立"的转换改革中，土地司法需要发展和重构土地正义，更要坚持土地正义的精神和原则。

结　语

面对地权严重不均的复杂矛盾，孙中山先生提出"平均地权"方案，诠释土地正义，追寻其"自由、平等、博爱"之梦。半个多世纪以来，中国共产党通过土地革命和土地改革，真正实现了孙中山先生提出的"平均地权"、"耕者有其田"，在实现土地正义方面取得了历史性成就。在未来发展和重构土地正义的进程中，他们继续肩负重要使命，戮力探索土地正义法治保障的新路径。

马克思主义法学的奠基之作*
——写于《德意志意识形态》问世170周年

在马克思主义的科学宝库中，有两颗耀眼的明珠：一颗是唯物史观，另一颗是剩余价值论。后者揭示了资本家剥削工人的秘密，使资产阶级灭亡和无产阶级的胜利同样不可避免；前者开辟了哲学社会科学的新天地，使马克思主义哲学、经济学、政治学、法学、社会学应运而生，掀起各个学科的革命，其中就包括法学领域的革命，而《德意志意识形态》则是马克思主义法学的奠基之作。当然，这并不排斥该书成为其他学科的开山之作。

一、关于法的本原的发现

毫无疑问，《德意志意识形态》首先是部哲学巨著，马克思与恩格斯在论证了哲学的基本问题——唯物论与唯心论时，理直气壮地站在唯物论的高度，继批判黑格尔法哲学和鲍威尔的唯心论之后，又一次联合起来深刻地批判了费尔巴哈的机械唯物论和人本主义，从而完成了马克思和恩格斯政治思想的两个转变，于1848年在合著的《共产党宣言》中宣布了马克思主义的诞生。

鉴于马克思主义法学是以唯物史观为理论基础，因此，当马克思与恩格斯创立唯物史观时，就标志了马克思主义法学的理论基础已经形成，与此相应，一系列马克思主义法学的基本观点在读书中都已被明确提到，本文后两节中将详细提到这部分。

《德意志意识形态》的巨大功绩就在于它系统地、完整地发现并

---

* 本文系李龙教授与其博士生郑华合著。

论证了马克思主义法学关于法的本原：人的物质生活条件。正是这个本原引申出，特别是派生出马克思主义法学的一系列观点，如法的阶级本质，法的产生与发展、法的作用等。

马克思主义法学是马克思与恩格斯两位革命导师共同创立的，历经了由民主主义法律观向马克思主义法学观的历史转变。马克思出生于法学世家，其长辈包括祖父、外祖父、父亲都精通法学，其父亲还是当时律师事务所的主任，还兼任莱茵省省长的法律顾问。良好的家庭教育使马克思从懂事开始就对法学产生了极大兴趣，并在大学学习法学专业，特别是他从当地的波恩大学转到柏林大学后，他对法学的兴趣得到极大激发。但在学习中他尖锐地发现：过去的法律过于苛刻与残酷，而且非常繁琐。于是，他从二级下学期开始，力图建设一个新的、符合人民意愿的法律体系，并撰写近三百个印张的法学大纲，后来他自己在复查中发现，他写的提纲与康德的形而上学大致相同，既无新意，也无创造，于是决心全部推倒。他深刻地省悟到，他之所以失败，关键是哲学没有过关，于是他在写给他父亲的信中，深深感慨学好哲学对法学的重要性，他说："没有哲学就不能前进。"从此，马克思开始偏重于哲学学习，毕业时写的论文是有关哲学的论文，后来申请的学位也是哲学博士。

1841年，马克思毕业后进入《莱茵报》当编辑，一年后该报海选马克思为主编。在马克思带领下的《新莱茵报》影响越来越大，引起了反动当局的极大注意，特别是马克思站在人民立场与莱茵省总督进行两场辩论，揭露了反动当局的面目后，该报很快被查封。同时，这也使马克思深深感受到学校学到的东西与德国的现实反差极大，黑格尔哲学特别是法哲学所讲的东西，在现实生活中根本看不到。理论与实践差距不仅越来越大，而且有时根本就是两回事。马克思便带着"苦恼的疑问"一方面向书本寻找答案，另一方面向现实寻求回答。这时，恰好著名的"人本主义者"和机械唯物主义者费尔巴哈发表了影响很大的文章——《哲学改革提纲》，于是马克思在利用自己已有理论武器的基础上，再运用费尔巴哈的这些影响，开始对黑格尔这个显赫一时的哲学家的思想开火，并写成《黑格尔法哲学批判》一书。在该书中，马克思隐藏了一个重要思想："我的研究得出这样一个结果：法的关系正像国家形式一样，既不能从它们本身来理解,也不能从所谓人类精神来理解,相反,它们根据于物质的生活关系,这种物质的生活关系的总和……"① 这一事实告诉我们:早在1843年,马克思在《黑格尔法哲学批判》一书中,便隐藏着有关法的本质的思想,它虽然尚未明确提到物质生活条件,但字里行间却充满着"物质生活条件"的气息。马克思在他构造的法学理论体系中,已经埋下了"物质生活条件"的种子。但明确使用"物质生活条件"这个词语,还是《德意志意识形态》一书,因此,该书只是奠基之作。

当然,在该书之后,在马克思的著作中,开始有不少著作提到了物质生活条件,这个法律的本质问题。如《共产党宣言》便明确地提到这个问题。该书在谈到资产阶级法律本源问题便指出:"你们的法不过是被奉为法律的你们这个阶级的意志一样,而这种意志的内容是由你们这个阶级的物质生活条件来决定的。"②

法的本质问题,是马克思主义法学与非马克思主义法学的重要分水岭,也是法能否发挥其作用的分界线。因为物质生活条件是不以人的意志为转移的,是客观存在的。重视它的客观性,就能使法律真实地反映经济规律,从而推进规范法律的发展,反之,则会起反作用,正如马恩两位导师所指出的,就会在"硬绷绷的东西上碰得头破血流"。

二、关于法的本质的揭示

《德意志意识形态》在法学上的最大贡献,就在于它对法的本质的科学揭示。在该书出版前,法的本质问题一直被剥削阶级特别是被资产阶级学者弄得糊涂不堪。列宁先后为此作了两次论国家的报告,明确揭示了国家与法的本质。列宁所使用的武器,也是从马克思和恩格斯的科学宝库中学来的。

法的本质一直是法学界争论的焦点问题,直到现在还有重大的现实意义。以往,剥削阶级法学家,不是把法的本质归结为"神的意

---

① 《马克思恩格斯选集》第2卷,人民出版社1995年版,第32页。
② 《马克思恩格斯选集》第1卷,人民出版社1995年版,第289页。

志"、"工共意志"、"民族精神",就是把法说成是神秘的东西,他们的目的在于掩盖法的真正本质,以便麻痹劳动人民使其驯服在他们的法律面前。马克思主义法学之所以伟大,就在于它科学地揭示了法的本质,促使人们看到剥削阶级法的本质,从而反对它,并用人民的法律取而代之。

马克思主义法学的显著特点之一,就在于它确信和坚持法的阶级性。而这一理论是马克思和恩格斯在《德意志意识形态》一书中首次提出的:"那些决不依个人'意志'为转移的个人的物质生活,即他们的相互制约的生产方式和交往形式,是国家的现实基础,而且在一切还必需有分工和私有制的阶级上,都是完全不依个人的意志为转移的。这些现实的关系决不是国家政权创造出来的,相反地,它们本身是创造国家政权的力量。在这种关系中占统治地位的个人除了必须以国家的形式组织自己的力量外,他们还必须给予他们自己的由这些特定关系所决定的意志以国家意志即法律的一般表现形态",他们又说"他们的个人统治必须同时是一个一般的统治。他们个人的权力的基础是他们的生活条件","为了维护这些条件,他们作为统治者,与其他的个人相对立,而同时却主张这些条件对所有的人都有效。由他们的共同利益所决定的这种意志的表现,就是法律"。① 两位导师在该书中所讲的"他们",从前后字面上看,就是统治阶级,从这种话中,我们至少看到了四个基本观点:(1)法律是统治阶级意志的表现;(2)法律不是个别人的意志,而是整个统治阶级共同利益所决定的共同意志的表现;(3)法律作为统治阶级的共同利益所决定的是共同意志的体现,其内容归根到底决定于统治阶级的物质生活条件;(4)这个意志决不是统治阶级内部个别人的任何"任性",而是不以人们意志为转移的客观法则所决定的。

马克思和恩格斯明确指出,并不是统治阶级的一切意志都可以成为法律,只有上升为国家意志的那一部分统治阶级意志才能成为法律。也就是说,"在这种关系中占统治地位的个人除了必须以国家的形式组织自己的力量外,他们还必须给予他们自己的由这些特定关系

---

① 《马克思恩格斯全集》第3卷,人民出版社1960年版,第377~378页。

所决定的意志以国家意志即法律的一般表现形式。"① 这句话可以概括为：国家意志即法律，它首先表明了法律的阶级性。同时，这种阶级性最终又受统治阶级的物质生活条件所决定。有个别人看不到这一点，认为马克思主义关于法的本质的观点仅仅是阶级性，而忘记这个阶级意志的内容是由他们的物质生活条件所决定的。这些个别人甚至否认马克思主义关于法的本质的说法是不科学的，并依此推论出马克思主义法学的创始人马克思与恩格斯没有法学专著与专论。这显然不符合事实。在《马克思恩格斯全集》第一卷三十多篇论文中，便有四分之一是法学论文，仅论述宪法的论文在全集中便有八篇，至于专著那就更明显了。马克思的《黑格尔法哲学批判》，恩格斯的《家庭、私有制和国家的起源》不是法学专著又是什么？

事实清楚地表明：马克思既是无产阶级革命家，也是独树一帜的法学家。他与恩格斯共同创立的马克思主义法学是法学史上的伟大革命，他们使法学成为一门真正的独立的学科。我们纪念这篇著作，不仅是对马克思和恩格斯伟大功绩的肯定，更重要的是对《德意志意识形态》这一巨著的大力弘扬，是对马克思主义法学的真诚拥护与坚持。

法的本质是法学的核心，是区别马克思主义法学与非马克思主义法学的分界线，在全面推进依法治国的今天，我们必须从中国实际出发，坚持马克思主义法学，发展马克思主义，不断实现马克思主义法学中国化、时代化和大众化。

三、关于法的产生与发展的论述

马克思主义法学是完整的科学体系，《德意志意识形态》是关于法的基本理论的奠基之作。它不仅论证了法的本原，揭示了法的本质，还科学地揭示了法的产生与发展规律。以往的法学，把法律看成是永恒的东西，认为法是万古不变的。古罗马法学家西基罗就是因为宣扬这一观点而出名的。整个西方法学都把法律看成是永恒的东西，并代代相传。马克思主义法学以唯物史观为理论基础，破除了法律迷

---

① 《马克思恩格斯全集》第 3 卷，人民出版社 1960 年版，第 378 页。

信，在《德意志意识形态》一书中公开宣称：法律是不断发展的，它既不是天上掉下来的，也不是永远存在的，而是社会发展到一定阶段的产物。

马克思和恩格斯在考察原始公社部落所有制的基础上，以唯物史观为理论武器，明确提出和论证了"私法和私有制是从自然形成的共同体形式的解体过程中同时发展起来的"①。接着，他们以罗马法的兴衰为例，说明所有制与法律的内在联系，进一步揭示法律的规律，他们写道："在罗马人那里，私有制和私法的发展没有在工业和贸易方面引起进一步的后果，因为他们的生产方式没有改变。"②"当工业和商业进一步发展了私有制（起初在意大利随后在其他国家）的时候，详细拟定的罗马私法便立即得到恢复并重新取得威信。"③

后来，马克思在晚年研读了摩尔根的《古代社会》一书，并做了详细的笔记，还加上了自己的批评和评价。同时，马克思与恩格斯还研读了一些关于原始文化史的著作，如梅园、佐姆、泰勒等的著作，令人遗憾的是，马克思还没有实现自己写一本关于国家与法起源的书，后来恩格斯用了一年的时间写成了《家庭、私有制和国家的起源》一书，用马克思主义的观点比较详细和深刻地论证了国家与法律的起源，全面论证了法律的产生与发展规律。

历史正如两位导师所揭示的那样，法律在产生之后，历经奴隶制法律、封建制法律和资产阶级法律的长期演进，全新的社会主义法律开始进入一些国家。我国的步伐则更快，已在全面推进依法治国的建设。这是前无古人的伟大事业，它正以雄伟的姿态屹立在世界的东方。人类历史正沿着它固有的规律不断向前演进。

在法律发展的过程中，还有一个不能回避的问题，这就是是否存在继承的问题。当法律由一个历史类型取代另一个历史类型时，必然涉及法的继承这个不可回避的问题。马克思与恩格斯在《德意志意识形态》中对此也作过回答，他们指出："法和法律有时也可能'继

---

① 《马克思恩格斯全集》第3卷，人民出版社1960年版，第71页。
② 《马克思恩格斯全集》第3卷，人民出版社1960年版，第71页。
③ 《马克思恩格斯全集》第3卷，人民出版社1960年版，第71页。

承'。"① 这个回答对我们国家现在的全面推进依法治国有直接指导价值。我们是社会主义国家,我们的法律和依法治国事业,是前无古人的伟大事业,当然不存在直接对法的继承问题,正因为如此,所以我们在新中国成立前夕,就早已公开宣布废除国民党的"六法全书"。我们不可能继承剥削阶级的那些法律,包括中国古代的和近现代的,也包括西方国家的。这是因为两者的阶级本质不同,不可能继承。但是其中也有极少数的精华值得借鉴,如人本思想、慎刑思想等。即使对于西方国家的法律与法律思想,尽管多数对我国法律没有什么用,但个别的思想如疑罪从无、无罪推定等,也是可以考虑借鉴的。"古为今用"、"洋为中国"的原则,在今天还是适用的,因为肯定一切是错误,不分析就否定一切也是不对的,何况中国古代某些法律思想和西方某些法律思想也是值得参考的。

四、关于法与自由的辩证关系

法与自由的关系是一个法学的基本命题,多数法学家都从正面回答过这个问题。马克思与恩格斯在总结以往论述的基础上,以唯物史观为武器,全面阐释了法与自由的辩证关系:

首先,马克思与恩格斯在《德意志意识形态》一书中,公开否定了抽象的自由观,对自由作了唯物主义的解释。在他们看来,自由是对客观事物必然性的认识,对客观事物认识愈深刻,就愈能获得更多的自由。他们说:"人们每次都不是在他们关于人的理想所决定和所容许的范围之内,而是在现有的生产力所决定和所容许的范围之内取得自由的。"② 因此,自由乃是具体的历史现象。两位导师认为自由不仅是对客观必然的认识,而且更重要的是对客观世界的改造。而改造客观世界的实践,是由必然王国向自由王国飞跃的桥梁。法律在这里起着规范、引导和保障的作用,离开法律的保障自由是很难实现的。

同时,马克思与恩格斯告诉人们,对自由还可以从两个方面来认

---

① 《马克思恩格斯全集》第 3 卷,人民出版社 1960 年版,第 379 页。
② 《马克思恩格斯全集》第 3 卷,人民出版社 1960 年版,第 507 页。

识。在哲学意义上，自由是对必然性即对客观世界的认识与改造；在伦理学、政治学意义上，自由的获得则必须有赖于把个人融入"真实的集体"之中，才有实现的可能。从法学上讲，公民的自由与法律的规定有直接关系，这一点连一些剥削阶级法学家如洛克、孟德斯鸠、卢梭等都已经认识到，公民个人的自由与遵守法律直接相关，他们甚至说，对法律的遵守，就是自由。当然，马克思与恩格斯讲的公民的自由是指人民的自由、大众的自由，这同样离不开对法律的遵守。马克思甚至公开提出，法律就是人民自由的圣经。这就是说，在马克思看来，世界上没有抽象的自由，只有具体的自由，只有与法律直接结合的自由，而没有离开法律的自由。因为法律确定了自由的界线、范围以及自由的空间与时间。离开对法律的遵守，就没有自由。也就是说，世上只有具体的自由，而没有什么抽象的自由。自由只能在法律范围内自由，否则，个人就会妨碍他人的自由。这就是马克思主义的自由观。

五、关于法学的理论基础

在马克思主义法学问世之前，一切非马克思主义法学都是以唯心史观为理论基础，不是把法的理论建立在客观唯物史观的基础之上的，如自然法学派认为法是理性的产物，早期将其归结于所谓的自然理性，最终捧出自然神。而古典自然法学派则说法是人类理性的结晶。分析法学派则认为法是统治者的命令，后来又认为法是由最高法律规范派生出来的。而马克思主义法学则破天荒地提出，在阶级对立中，法是统治阶级意志的体现，而这种意志的内容是由统治阶级的物质生活条件所决定的，把法学理论建立于唯物史观的理论基础之上。

马克思原来是民主主义者，他是借助于两个转变来实现这一重大思想转变的，特别是第二个转变中，费尔巴哈起了很大作用。费尔巴哈是德国著名的唯物主义者，但他从不承认自己是唯物主义者，而一向以"人本主义者"自居。因此，马克思在后来与他决裂时，便集中力量批判了他的人本主义思想和宗教观，并在《德意志意识形态》中专门写了一章对其宗教观与人本主义进行批判，并建立了马克思主义的唯物史观。

针对费尔巴哈的人本主义，马克思明确地指出了历史的前提是人，并对人作唯物主义的解释，明确指出："它的前提是人，但不是某种处在幻想的与世隔绝、离群索居状态的人，而是处在一定条件进行的、现实的、可以通过经验观察到的发展过程中的人。"① 概括地讲，"个人是什么样的，这取决于他们进行生产的物质条件"②。这样，便揭示了人类社会和历史的特点，即从物质生活生产出发。坚持从中国实际出发，从中国国情出发，坚持马克思主义法学中国化、时代化、大众化，这就是以唯物史观为武器，是研究中国特色社会主义法治理论的出发点与前提。

马克思与恩格斯在《德意志意识形态》一书中，清楚地表述了唯物史观的基本点，他们写道："这种历史观就在于：从直接生活的物质生产出发来考察现实的生产过程，并把与该生产方式相联系的、它所产生的交往方式，即各个不同阶级上的市民社会，理解为整个历史的基础；然后必须在国家生活的范围内描述市民社会的活动，同时从市民社会出发来阐明各种不同的理论产物和意识形式，如宗教、哲学、道德等等，并在这个基础上追溯它们产生的过程。"③ 这里讲的市民社会，就是指经济基础。这就是说，唯物史观的核心是经济基础，即物质生活条件，它决定了上层建筑的内容、变更和发展，这就是我们的出发点和前提。因此，我们不能孤立地去研究与分析法律现象，而是要从产生它的基础去探讨与分析。

与此同时，马克思和恩格斯尖锐地指出了法离开经济基础所带来的严重后果，并具体提到和批判了剥削阶级法学家的幻想和当时德皇威廉四世的幻想，指出："后者也把法律看作是统治者意志的一时灵感，因而经常发现在世界的'硬绷绷的东西'上碰得头破血流。"④

马克思与恩格斯的上述观点，在他们以后的著作中，得到了补充与发挥，在坚持经济基础对上层建筑起决定作用的同时，也指出国家法律等上层建筑对其基础起反作用。事实证明：上层建筑特别是国家

---

① 《马克思恩格斯全集》第3卷，人民出版社1960年版，第30页。
② 《马克思恩格斯全集》第3卷，人民出版社1960年版，第24页。
③ 《马克思恩格斯全集》第3卷，人民出版社1960年版，第42~43页。
④ 《马克思恩格斯全集》第3卷，人民出版社1960年版，第379页。

与法对经济基础有着重要的反作用，尤其在社会主义国家的改革开放新时期，这种作用更具体、更全面，如我国正在进行的全面推进依法治国就对改革开放起着引导、规范、促进和保障的作用，正是这一巨大作用，使我国起了翻天覆地的变化，创造了世界上一个又一个奇迹。

《德意志意识形态》的出版，不仅是哲学史上的伟大革命，其创立的历史唯物主义开辟了人文社会科学的新天地，特别是它以唯物史观为理论基础所进行的法学论证，是法学史上的伟大革命，使法学真正成为改天换地的思想武器，使法学成为治国理政的重要学问。

习近平同志治国之道的法哲学解读*

习近平总书记自 2012 年主政以来，通过认真探索，在实践中形成了一套治国理政的科学体系，可以概括为如下治国之道：

一、胸怀一个梦想："中国梦"

大凡有为的思想家、政治家都胸怀一个梦想、假说或猜想。西方如柏拉图的《理想国》、奥古斯丁的《上帝之城》、霍布斯的《利维坦》、莫尔的《乌托邦》、哈林顿的《大洋国》以及亚当斯的"美国梦"。中国如儒家的"大同世界"、老子的"无为说"、管仲的"国之四维"、董仲舒的"大一统"、康有为的《大同书》、孙中山的"三民主义"等。这些学说或假说，有的因不切实际而成为历史遗产，有的因行之有效而成为人类财富，有的因为统治者欺骗人民而成为历史垃圾堆。历史证明，管仲"依法治国"的学说，成就了齐桓公为春秋第一霸主，"新三民主义"的理论与实践，铸就了孙中山先生成为20世纪的中国伟人之一，而奥古斯丁的《上帝之城》则促使其成为中世纪神权政治的殉葬品。

与上不同，习近平总书记的"中国梦"，沿袭"社会主义从空想到现实"的历史传统，从中国实际出发，具有中国特色的多重含义：

（一）"中国梦"是人民的梦

人民的美好愿望，就是我们的奋斗目标，这是"中国梦"的核心内容。因此，"中国梦"与1931年亚当斯在《美国史诗》中提出

---

* 本文系李龙教授与其博士生郑华合著。本文刊载于《人权》2016 年第 3 期。

的"美国梦"不同,前者不仅要关心自己,而且要心怀天下,崇尚个人价值和社会价值的和谐统一,有强烈的集体主义倾向和爱国主义情怀,而"美国梦"是以"个人主义"为价值取向。当然,两者也有相互联系的一面,可以互相联系,互相依赖。"中国梦"是人民的梦,有自己独有的特点:一是规模大。中国的崛起是十三亿多人的崛起,在世界上独一无二。二是坚定的自信。它以理论自信、制度自信、道路自信为依据,是结合国情的梦。三是世界共享。中国的发展是开放的发展、合作的发展、共赢的发展,因此,"中国梦"必须也必然为世界所共享。

(二)"中国梦"是"复兴梦"

"人民梦"、"强国梦"、"复兴梦",是联系在一起的整体,是"中国梦"的科学内涵。"人民梦"是中国梦的实质,"强国梦"是中国梦的标志,"复兴梦"是中国梦的价值取向。也就是说,"中国梦"最终要归结到中华民族的伟大复兴上。中华民族历史悠久,长期以雄伟的姿态屹立于世界民族之林,在漫长的数千年历史中,有着辉煌的过去,我们决不能忘记。当我们的祖先握着指南针的罗盘在大海中探明方向时,西方多数国家还处在氏族时代;当我们的先辈们发明火药、制造大炮时,不少国家还视长矛、大刀为先进武器。但自1840年英国用炮弹打开中国的大门以来,中华民族一直受到西方列强的侵略和压迫。经过长期的艰苦奋斗,终于在1949年建立了新中国。当今的"中国梦"开启了伟大民族复兴的征途,是中国历史的伟大创举。

(三)"中国梦"是"人权梦"

尊重与保障人权不仅是中国宪法的基本原则,也是"中国梦"的价值追求。中国人民不仅认可人权的普遍性,也强调人权的特殊性;不仅重视集体人权,也强调个人人权;不仅坚持维护人权的斗争,也强调人权的国际保护。在高扬生存权、发展权是基本人权的旗帜下,也大力保障公民的政治权利,维护文化权利与社会权利,在反对霸权的同时,主张国家不分大小,在权利上一律平等。既重视国际人权,更重视国内人权,在法治中贯穿人权原则,要使每个公民感到人权的温暖，使每个人在司法案件中感到公平正义。

二、紧扣两大主题：改革与法治

改革与法治是当代中国的两大时代主题，也是中华民族历史上的两大壮举。正如习近平总书记所指出的那样：改革与法治，犹如"车之两轮，鸟之两翼"，共同构成共和国的基本方向和民族复兴的顶层设计，标志着中国人民治国理政进入法治化的新境界。

众所周知，改革有两种性质，即制度改革与体制改革。前者是指由一种社会制度向另一种社会制度的转变，如我国古代的商鞅变法与日本的明治维新。后者是指在原有制度的基础上，社会体制的自我完善。我国现行的改革就是社会主义制度的自我完善。法治有两个阶段，即依法治国阶段与法治国家阶段。我国现阶段处在依法治国阶段，它具有过渡性、工具性、复杂性等特点，其目的是建设社会主义法治国家。因此，我国现阶段法治与改革的关系，实质上是依法治国与体制改革的关系。在这种历史背景下，我国的改革只能在法律允许的范围内进行，即习近平总书记所讲的，在法治的轨道上进行，而不是搞什么"良性违宪"，也不能背法而行。如果改革与法治在某些方面出现了矛盾，那么就要先修改法律，再依据法律进行改革。也就是说，我们要改变"大破大立"、"大破不立"的观点，依法进行社会主义制度的自我完善。必须明确，我们现在的改革是体制改革，是社会主义制度的自我完善，我们的改革必须于法有据。

改革是强国之路，法治是治国之道，两者必须结合。我们的一切工作必须紧扣这两个时代主题。任何偏离改革之举，将是一条邪路，一条闭关锁国之路，一条不归之路，这是中国人民绝对不能答应的。任何违背法治的行动，必将回归人治的老路，这是在当代中国行不通的。

紧扣改革与法治两大主题，这是时代的要求，人民的愿望。我们相信，抓住两大主题，民族必然复兴，国家必将富强，人民更加幸福。

三、坚持"三者统一":党的领导、人民当家作主和依法治国的有机统一

在习近平总书记的治国之道中,始终坚持一条总原则,即他多次指出的"坚持党的领导、人民当家作主和依法治国的有机统一是我国法治建设的基本经验。"这既是马克思主义中国化的伟大成果与基本经验,也是中华民族复兴和建议法治国家的总原则。

历史是最好的见证。大凡一个国家,不管有意与无意,都有一个治国方略,并确立一个与它相适应的总原则。如我国春秋战国时期,当时"礼崩乐坏,天下动荡",各种治国方略纷纷出台,如儒家的治国方略是所谓"德治",相应的原则是"仁爱";墨家的治国方略是"人治",总原则是"兼爱";道家的治国方略是"无为而治",总原则是"道法自然";法家的治国方略是"以法治国",总原则是"以法为本,德、术、势相结合"。实践证明,法家的思想最合时宜,齐桓公以法家先驱管仲为相,坚持"变法",成就了春秋第一霸业;战国时期的秦孝公任用商鞅为"大良造",两次变法成功,使秦国由弱变强,经过几代人的努力,到秦王嬴政时,大量启用法家人物,"以史为师,以法为教",终于国富民强,横扫六国,建立了中国历史上第一个中央集权的封建帝国。也许有人要问,法家学说好,为什么秦国两代就亡呢?我们认为,秦国实行"以法治国"不是两代,而是六代,历时两百年,可谓不短。何况当时秦国灭亡还有两个直接原因,一是秦始皇在视察中突然暴死(据传因中暑死亡),二是秦国严刑峻法,刑罚残酷。

古代如此,近现代也不例外。在西方,经过资产阶级革命,多数国家实行资产阶级法治,其基本原则多数是采取"三权分立"。首先,应该肯定的是这个原则在反对封建专制和神权政治中是起过进步作用的,曾经促进过社会的发展。但是经过几个世纪的演变,"三权分立"这个原则日趋腐败,成为资产阶级不同利益集团和政党钩心斗角的工具,他们演出了一幕幕丑剧,阻碍了历史的发展。如美国的民主党与共和党的争斗,曾几度使政府的预算无法通过,导致政府关门的怪事出现。尤其是一些发展中国家,因采用"三权分立"导致

"水土不服",无奈只好纷纷改制。有的国家甚至因权力分配不均而发生战争或种种丑事,如在议会大打出手等。对于我国来说,我国也有国情,何况我们是社会主义国家,所以根本不可能实行"三权分立"。而且更重要的是,资产阶级共和国方案、西方的"三权分立",早已在中国人民的心目中破了产,中国的历史表明,中国根本不需要"三权分立"。

经过从实践到认识,从认识到实践的多次反复,中国人民终于找到了适合国情的治国方略即依法治国,也确立了与它相适应的总原则,这就是党的领导、人民当家作主和依法治国的有机统一。早在党的十五大就提出了这一总原则的基本思想,党的十六大、十七大、十八大重申和完善了这个总原则。笔者认为,应该从如下三个方面来认识和解读三者的有机统一:

党的领导是人民当家作主和依法治国的根本保证。这是因为党的领导是历史的选择、人民的选择和现实的选择。它从三方面为人民当家作主和依法治国提供了根本保证:首先是制度保证,无论是政治制度、经济制度还是社会制度,党的领导都是为人民当家作主的实现和依法治国的践行提供根本保证。其次是人力保证,党的领导能调动浩浩荡荡的人民大军,使人民当家作主与依法治国有了坚实的群众基础。最后是物质保证。中国特色社会主义通过改革开放,走出了一条强国富民的康庄大道。我国 GDP 一直稳居世界第二,这为人民当家作主与依法治国奠定了物质基础。

人民当家作主是社会主义的本质要求。社会主义特别是中国特色社会主义,其价值趋向就是以人为本,它根源于以人为本,发展于以人为本。也就是说,以人为本是一切工作的出发点和落脚点,把人民利益保护好、发展好是中国特色社会主义的基本要求。人民当家作主是人民利益的集中体现,其形式多种多样,以选举民主、协商民主为主,以自治民主、谈判民主为辅,呈现出生动活泼的政治局面。

依法治国是党领导人民当家作主的治国方略。治国方略多种多样,大致有法治与人治两种,而依法治国是适合中国国情的方略。在大力推进全面依法治国的形势下,法治已呈现新常态,即法治是人民之治,法治是人权之治,法治是控权之治,法治是公正之治。实践已经证明和正在证明:依法治国是中国共产党领导各族人民实现中华民族复兴的康庄大道，是中国历史上的伟大壮举，是实现人民当家作主的治国方略。

四、贯彻"四个全面"：全面建成小康社会、全面深化改革、全面依法治国、全面从严治党

"四个全面"是习近平总书记对治国理政的科学总结，是新时期发展国家的总纲，是对中国道路、中国理论和中国制度的高度凝练，具有重大的现实意义和深远的历史影响。

（一）全面建成小康社会，使命光荣，责任重大，它将从根本上改变我国以往一穷二白的面貌，使中华民族重新屹立于世界民族之林

现在，我国的 GDP 总量已稳居世界第二，在国际上的影响已举足轻重。可以设想，一旦我国全面建成小康社会时，我国的国际威望将会更高，对人类的贡献将会更大。同时，我们是社会主义国家，即使全面强大了，我们也不会称霸，而是平等相待世界各民族，合作共赢。

（二）全面深化改革，这是当今中国的时代主题，是强国之路

古往今来，凡变法成功者，必然使国力强大。我国战国时期商鞅变法的成功，促使奴隶制度向封建制度过渡，并为秦始皇统一中国奠定了制度与物质基础；日本的明治维新使日本由封建军国主义进入西方帝国主义列强；罗斯福新政加快了世界反法西斯战线打败德、日、意法西斯的战斗速度；20 世纪英国的改革成就了撒切尔夫人"铁娘子"的美誉……

近 40 年来，我国改革开放取得了巨大成就，充分显示了中国特色与中国气派。无论在联合国讲台，还是在世界各类峰会，以及各领域的会谈，都传播着中国的声音。这就是说，中国对世界的贡献越来越大，中国的态度与举动，无疑将影响整个世界。

当然，在前进的道路上会遇到各种困难与挑战。我国经济建设已进入新常态。我们的基本面并没有变，我们满怀信心在新的征程中，

不断向前推进。在国际领域,我们碰到新问题,不管是东海,还是南海,我们始终坚持和平外交,坚持合作共赢,始终坚持国家主权,维护领土完整,我们维护和平,但我们也不怕战争。

中华民族复兴是前无古人的伟大事业,是当代中国的伟大壮举,而全面深化改革是"民族复兴"实现的必由之路。为此,必须加强党中央的集中领导,以保证方向正确,形成强大合力,在全面深化改革中,使中国特色社会主义事业更加光彩夺目。

(三) 全面依法治国,这是"四个全面"的重要组成部分

党的十八届四中全会对"全面依法治国"作了明确的论述,科学揭示了它的本质内涵,并做了如下解读:

第一,全面依法治国的总目标是构造中国特色社会主义法治体系。全会正式提出和深刻阐释了中国特色社会主义法治体系的建构,形成了独树一帜的法治体系理论,从而打破了西方国家在法学话语上的主导权,为实现全面依法治国和中国法学的繁荣与发展,提供了坚实的理论支撑。这个体系完备的法律规范体系,严密的法治监督体系,有力的法治保障体系和完善的党内法规体系。

第二,全面依法治国的总方针是依法执政。依法执政是依法治国的灵魂,其主体是中国共产党,执行单位是中国中央政治局及其常委。离开或偏离中国共产党实施依法执政,依法治国就会走向歪路,甚至是邪路。依法执政有丰富的内容,包括领导立法、保证执法、支持司法、教育守法、积极护法,引导国家机关工作人员、社会组织和企事业单位人人守法,形成法律秩序井然的良好局面。

第三,全面依法治国的总价值是尊重与保障人权。党和国家一向重视对人权的保护,无论在政治领域,还是社会领域,都有新的表现。如既认可人权的普遍性,又重视人权的特殊性;既重视个人人权,又重视集体人权;既反对以人权为幌子干涉他国内政,又主张人权的国际人权合作,等等。尤其在司法领域,已把保障人权作为重要任务。且不说近两年来,国家按照"疑罪从无"原则,平反了好几起冤假错案,仅就司法过程中,强化当事人的知情权、陈述权、辩护辩论权、申诉权的制度,健全落实罪刑法定、疑罪从无、非法证据排除等法律原则与制度,特别是严禁刑讯逼供等非法手段,都取得了重

大成效，要使每一个人在每一个具体案件中感受到公平正义。

(四) 全面从严治党，这是"四个全面"的重要保障

近几年来，特别是习近平总书记主政以来，"从严治党"已达到新的高度。首先是完善了党规党纪，使每一个党员有一个标准的行为规范，明确了哪些行为可以做，哪些行为必须做，哪些行为不能做。其次，严厉打击了腐败分子，依法对触犯刑律者进行法律制裁，使那些违法分子不敢腐、不能腐、不愿腐，把公共权力关进制度的笼子里。最后，是加强监督与检查，充分发挥纪检机关的特殊作用，并完善中央和各级党委设立的巡视制度。

全面从严治党是一项长期的工作，永远在路上，但我们完全相信：中国共产党有决心、有能力把党治理好、完善好、巩固好。"四个全面"的战略布局，是治国理政的大系统，是不可分割的整体，全面建成小康社会是目标，全面深化改革是动力，全面依法治国是方略，全面从严治党是关键，集中体现了人民群众创造历史和全心全意为人民服务的价值观与历史观，是从中国实际出发符合中国国情的发展战略与大政方针，必须全面贯彻执行。

五、践行五大理念：创新、协调、绿色、开放、共享

"理念"一词，源于古希腊哲学家柏拉图，其原意是模仿的意思。后经康德、黑格尔等人的发挥与演绎，把"理念"引进法学领域，并与"概念"直接联系与混同起来。中国法学家齐乃宽明确指出了"概念"与"理念"的区别，认为"概念"回答的问题是"是什么"，而"理念"回答的问题则是"应当是什么"，对于后者，有些学者又加上"为什么"。

习近平总书记在对"十三五"规划建议的说明时强调："发展理念是发展行动的先导，是管全局、管根本、管方向、管长远的东西。发展理念搞对了，目标任务就好定了，政策举措也就更好定了。"在"十三五"规划的建议稿中，他明确提出了"创新、协调、绿色、开放、共享"五大发展理念：

（一）创新

创新是学科的生命，是国家的灵魂，也是中华民族最鲜明的民族禀赋。在当代中国，创新发展必须摆在国家发展的核心位置，不断推进理论创新、制度创新、科技创新、文化创新，使之成为国家兴旺发达的不竭源泉。在"十三五"期间，我们要激发创新创业活力，推动大众创业，万众创新，释放新需求、创造新供给，推动新科技、新产业、新业态蓬勃发展。

科技创新是发展经济的重点。鉴于我国国民经济已经步入了新常态，且面临着各种机遇与挑战，科技创新就更加尤为重要，因为靠输出劳动力和出口来维持与支撑 GDP 提高的机会已经大大减少。我国要继续走在世界经济的前列，必须依靠技术创新。科学技术是第一生产力，只有不断创新，才能不断向前。社会发展的历史就是从必然王国走向自由王国，而创新就是必由之路。从某种意义讲，没有创新就没有未来。

实践创新必须充分尊重群众的首创精神，善于解放和发展生产力，放手支持群众大胆实践，大胆探索，及时发现、总结和推广群众创造的成功经验，把群众的积极性和创业精神引导好、保护好，充分发挥人民的主体作用。因此，创新不是拍脑袋乱想，而是以实践为基础，尊重规律，遵循规律，解放思想，实事求是。

要正确认识和处理继承与创新的关系，我们强调的创新，是在继承基础上的创新。我们是历史唯物主义者，要明确，没有继承就没有创新，就没有发展，就没有未来。因此，一方面我们要站在前人的肩膀上，继承现有的财富；另一方面，又要着眼于当今时代的发展变化，运用理论创新的成果，不断推进制度创新、科技创新、文化创新以及各方面的创新，不断开创新局面。在继承中创新，在创新中发展。

（二）协调

辩证法告诉人们：事物是普遍联系的。我们必须全面看待问题，必须从客观事物的内在联系去把握事物，去认识和处理问题，如城乡联系、区域联系、经济与社会的联系、人与自然的联系、国内发展与对外开放的联系。如果我们违背联系的普遍性与客观性，不注意协调它们之间的关系，就会顾此失彼，将导致失去平衡。因此，习近平总书记强调协调各领域的相互关系，认为要合理协调各个领域，其根本要求是统筹兼顾，具体要做到：

促进城乡协调。这是全面建成小康社会的必然要求。如果没有农村的小康，特别是没有贫困地区的小康，就不可能有全面建成小康社会。

促进经济与社会协调。经济与社会协调发展，这是国家治理现代化的客观需要。经济发展了，而社会却相对落后，这绝不是中国特色社会主义的特征，必须两者协调发展。

促进人和自然和谐共生。天人合一，这是中华民族的传统要求，更是中华民族伟大复兴的客观要求，因为以人为本是党的执政理念，人与自然和谐共生，是马克思主义的基本原理。

促进新四化同步协调发展。在"十三五"期间，要促进新型工业化、信息化、城镇化、农业现代化同步发展。要用循环经济和生态经济来发展经济，促进新四化协调发展。

总之，协调各种关系，做到统筹兼顾，是时代的要求，也是新时代的壮举，必须认真贯彻执行。

（三）绿色

绿色发展理念是将生态文明建设融入政治、经济、文化、社会建设各个方面和全过程的全新发展理念，其具体要求大致如下：

一是绿色经济发展理念是指以可持续发展为基础，以提高人类福利和社会公平为目的的经济发展理念，它包括经济要环保、环境要经济两个不可分割的方面。

二是绿色文化发展理念。这是绿色发展的灵魂，它作为一种文化现象，含有环保意识、生态意识、生命意识。为此，我们必须树立绿色世界观、绿色文化观；要树立绿色生活方式和消费文化；要树立绿色GDP文化，强调经济、社会同步发展，不要以生产总值增长率论英雄。

三是绿色法律文化理念。要及时修订《中华人民共和国环境保护法》，不断完善和深化环境法治，形成全面、完善、长效的环境治理机制，为调整经济结构和转变发展方式发挥引导与保障作用。

四是绿色社会发展理念。绿色是社会文明的现代标志，它不仅意味着天人合一，而且寄予着人类未来的美好愿景。当今世界，绿色社会已成为具有时代特征的历史阶段，引领着21世纪的潮流，让我们高举绿色社会的大旗，驾驭改革开放的大船，不断破浪前行。

（四）开放

开放是五大核心理念之一，是繁荣发展的必由之路。实践证明：没有改革开放，就不可能有强大的当代中国。当然，当今提出的开放理念，将是更有深度、更高质量的引进来与走出去。为此，将实行更加积极的进出口政策，向全球扩大市场开放。全面实行准入前国民待遇加负面清单管理制度，促进内外资企业，一视同仁、公平竞争。积极参与网络、深海、极地、太空等新领域国际规则的制定，主动参与2030年可持续发展议程。

（五）共享

按照人人参与、人人尽力、人人享有的要求，坚守底线，突出重点，努力实现全体人民共同迈入小康社会。这是全国人民的共同愿望，也是党和国家的奋斗目标。

落实共享发展理念，在当代中国关键在于解决好7017万人口的脱贫问题。中国目前尚有七千多万人处于贫困状态，这是全面建成小康社会中的一个短板，也是当代中国最突出的一个难题。面对上述情况，党和国家正在探索解决方案，提出了"精准扶贫，精准脱贫"的具体思路：一是加大精准扶贫力度，通过发展生产，大约可以使300万人跨越贫困线；二是通过搬迁脱贫一批，大致有1000万人左右；三是通过提高教育程度，通过培训等方法，设法使其就业，可以解决1000万人左右脱贫；四是用社会保障的办法托底管起剩下的2000万人。这样一来，包括农村五保户以及失能人群在内的全部贫困人口的脱贫问题将得以解决。

在13多亿人口的大国，全面建成小康，实现人人共享，这确实是全世界的伟大壮举，这当然需要全民族的共同奋斗。

五大发展理念相互联系、相互作用、相互渗透、相互促进，共同为"十三五"规划的胜利完成而不懈努力,我们必须加深认识,认真践行。

六、统筹六大建设:思想建设、政治建设、经济建设、文化建设、社会建设和党的建设

六大建设是中国社会主义现代化建设的总体思路。我国理论战线对思想建设、政治建设、经济建设、文化建设、社会建设和党的建设已经做过充分的论证,本文仅就文化建设与社会建设做论述。

(一)文化建设

文化建设是中国社会现代化建设事业的重要组成部分,是当今世界所谓"软实力"的主要载体。因此,世界各国对文化建设十分重视。

文化,从广义来讲,是指人类社会历史在实践中创造的物质财富和精神财富的总和。从狭义来说,是指社会意识形态以及与之相适应的观念、制度和组织机构。社会主义文化是以马克思主义为指导,结合中国实际,并合理借鉴中外优秀文化而发展起来的。党的十八大以来,党和国家高度重视文化建设,在文化体制改革的基础上,使文化建设取得了举世瞩目的成就。特别是习近平总书记在文艺座谈会上的讲话,极大地鼓舞了广大文化工作者的积极性与创造性,使我国文艺界迎来百花齐放的春天。孔子学院遍及各大洲,电影界创造了超过美国的票房成绩。

值得大书特书的是,习近平总书记最近视察人民日报、新华社、中央电视台等新闻单位,并在新闻舆论工作座谈会上做了重要讲话,他强调,新闻舆论工作是治国理政、定国安邦的大事,要求新闻工作者从党的工作全局出发把握定位,坚持党的领导,坚持正确的政治方向,坚持以人民为中心的工作导向,尊重新闻传播规律,创新方法手段,切实提高党的新闻舆论传播力、引导力、影响力和公信力。很显然,这个讲话对整个文化界都具有直接指导意义。

文化建设是一项长期而艰巨的工作,需要文化界乃至全国人民共同努力,我们坚信文化建设将会掀起更广泛、更深入的浪潮。

（二）社会建设

社会建设自古有之。中国古代的社会建设，公共权力大多不涉及，一般采取基层自治。费孝通先生沿用"皇权不过县"的传统观点，认为自治是社会建设的基石。新中国成立后，党和国家重视社会建设，但在以阶级斗争为纲的历史背景下，我国的社会建设几经起伏。改革开放以来，社会建设被提到了新的高度。在开始研究社会建设的指导思想时，多数同志认为，要加强社会建设，必须否定"公民社会"的观点。

据考证，"公民社会"一说，是一个不断变化的理念，历经了三个历史发展阶段：第一阶段是指古代市民社会，当时是指亚里士多德的"政治共同体"，它与"政治国家"是同义词。第二个阶段是17—18世纪，黑格尔与马克思等人应用"政治国家—市民社会"的两分法来分析社会的总体结构。尽管他们的观念是对立的，马克思特地撰写《黑格尔法哲学批判》一书，批判了黑格尔的观点。但他们对市民社会的看法是一致的，如果说公民社会的第一个历史阶段标志着市民社会与野蛮社会的分离的话，那么市民社会的第二个阶段则意味着市民社会与国家的分离。市民社会发展的第三个阶段，则是20世纪以来西方的"社会中心说"，它不仅与经济社会分离，而且已经完全异化，是人类的自我否定。他们认为，一切坏事都是政府干的，政党应从市民社会中被踢出去。很显然，我国的社会建设决不能建立在公民社会的基础上，因为它完全背离了中国国情，与我们的国家制度背道而驰。

中国特色社会主义的社会建设的目标是构建法治社会，尽管法治社会尚不能确立其科学概念，但其基本原则业已形成，即"党委领导、政府负责、社会协调、大众参与、法治保障"。法治社会与法治国家、法治政府有着紧密的联系，必须一并建设，共同推进。三者的关系应该是法治国家是前提，法治政府是先导，而法治社会是基础。马克思早就说过，法律必须以社会为基础。在建设法治社会的同时，要逐步实施"社会自治"，强调社会基层组织的自我管理、自我监督，要突出主体意识，发扬民主，使选举民主、协商民主、自治民主、谈判民主有机结合起来，使法治国家、法治政府、法治社会协商一致，共放异彩。

建设法治社会是一个庞大的系统工程，至少涉及三大治理，即善治、共治与自治，其中良法是基础和前提，自律与他律相结合，法治与德治相补充，尊重与保障人权是根本目的。通过法治社会的不断深化，最终与法治国家、法治政府共同进入大同世界，使个人自由为一切人的自由创造条件。

七、树立"七大信心"：形势好、观念新、速度稳、质量高、结构优、动力强、空间大

习近平总书记面对中国经济发展的现状和未来，充满信心，集中起来有如下陈述：

（一）形势好：四个没有变

习近平总书记用"四个没有变"，有力还击了西方媒体和国内极少数人的唱衰中国论，即中国经济长期向好的基本面没有变、基本特征没有变、支撑经济增长的基础与条件没有变、结构调整良好的前进态势没有变。

"四个没有变"深刻揭示了中国经济发展的基本态势和未来走势。坚持"四个没有变"这是引领经济发展新常态的立足点。

（二）观念新：五大发展新理念

五大发展理念体现了中国发展的新思路，彰显着中国的发展信心，是经济行稳致远的根本保障。

（三）速度稳：保持中高速增长

经过30多年的高速增长，中国经济总量已今非昔比。2015年中国经济总量的增加部分大致相当于欧洲一个中等发达国家的经济总量。因此，即使是每年7%左右的中高速增长率，在全球仍居前列，仍然是世界经济的动力源。这种经济发展速度，可以坚定对中国经济发展的信心。

（四）质量高：发展方式转向质量效率型

经济发展的质量和效益，决定着中国经济发展是否成功，决定着中国经济是否成功迈向高端水平。中国经济发展方式正在转向质量效率型，这是我们树立信心的重要依据。

（五）结构优：产业结构向中高端迈进

我国强调着力推进供给侧结构性改革，其主要任务就是去产能、去库存、去杠杆、降成本、补短板，从而使我国经济结构更加优化，引导产业结构向中高端迈进，树立经济发展的信心。

（六）动力强：创新驱动发展

中国经济的发展动力将由以往依靠资源和低成本劳动力等要素转向创新驱动，现在正在全国推进"大众创业，万众创新"，这是发展的动力之源，这是我们树立中国经济发展信心的主要依据之一。

（七）空间大：市场空间大和潜力巨大

中国作为最大的发展中国家，发展空间十分巨大。我们拥有13多亿人口，9亿多劳动力，7000多万个市场主体的经济巨大潜力和回旋余地，再加上人民生活水平提高带来的消费水平全面提高，使中国经济发展潜力巨大。这是我们坚定中国经济发展信心的基本依据。

习近平总书记的治国之道，是马克思主义中国化的重大成果，是中华民族伟大复兴的壮举，深得全国人民的拥护和世界人民的赞许。

附 录

法 海 沉 浮[*]

我生在旧社会，长在红旗下，特殊的家世和个人经历使我既接受过党和政府的教育和培养，也经受过政治运动带来的不幸，更沐浴过改革开放和建设法治国家的灿烂阳光。认真总结我这一生在学术和政治上的成败得失，的确大有裨益。特别是在法治国家、法治政府、法治社会一体建设的今天，更激励我为民族的伟大复兴，为建设社会主义法治国家而不懈努力。

一、坎坷的前半生

我于1950年参军，当时还不到14岁，刚进高中才一年，便参加了中国人民解放军。因为那时我国实行志愿兵役制，参军在法律上没有年龄限制，我当时是通过招考入伍的。我在部队学的是医学（医师学校），学习三年。我很努力，不仅年年总分第一，还曾立过三等功。1954年，全国开始统一高考，我经过反复考虑，多方听取意见，最后决定报考法学专业。其原因有三：一是我崇拜的孙中山、鲁迅先生都是先学医，后来又都改变了专业，并在该专业领域取得了巨大的成就；二是我的先辈们大都是学法的，且不说我的伯父李祖荫先生，他曾任北大教授、湖南大学法学院院长，新中国成立后还被聘为中央法制委员会委员。我的祖父、曾祖父都是清末进士，都曾做过法律方面的官员。曾祖父李蕊还是清末翰林，著有《兵镜类编》一书，至今还是军事院校的重要教科书；三是我的视力有点问题，有点色盲（赤绿）。当时，我正值转业时期，便用半个月的时间集中精力学习，

---

[*] 本文刊载于《毛泽东邓小平理论研究》2013年第11期。

当时实行全国分类统考，我如愿考上了武汉大学法律系。满怀喜悦和激动的心情，我进入了大学生的行列。武汉大学山清水秀，名师荟萃，的确是个读书的好地方。我每天如饥似渴地阅读马克思主义经典著作和专业书籍，尽管当时没有教材，老师的讲义也不多，绝大多数是靠笔记，但武大的藏书甚多，我几乎把所有课余时间都花在了图书馆和阅览室里，甚至暑假也是如此。由于我的勤奋努力，所以成绩一直较好，在当时发的学习记分册上，我的各科成绩几乎是 5 分（当时学习苏联，采用 5 分制）。从二年级下学期起，我便在报刊上发表文章，每次评比均为优等。但是，好景不长，1957 年开始党内整风，接着就是反右斗争。当时我已是三年级的学生，三年级下学期是教学实习，我被分在广州市中级法院。因为既没有"鸣"，也没有"放"，更没有写大字报与上街游行，按说反右斗争与我无关，事实上也未涉及我。但也许是命中注定，在 1957 年 9 月开始的深入开展反右斗争中，因我在暑假中去看望过几个右派老师以及发表过几篇文章，我被划为右派，在毕业前夕，受到了"保留学籍，劳动查看"的处分。1959 年，我又因在监督劳动中给南共中央写了一封信，称"铁托是伟大的马克思主义者"，指责赫鲁晓夫是典型的两面派，而受到刑事处分。从此，我在监狱中度过了我的前半生。1978 年右派平反，1979 年底我被无罪释放，并回到了珞珈山，接着被派往湖北师范学院政教系任教。

二、不幸中的万幸

我被投入监狱的第二天，狱中发生了一件影响我后半生的事情。狱中有一份小报，质量不错，它由监狱的管理干部主办，但有几名犯人参与帮忙，其中有位犯人突然犯病身亡，需要在湖北省监狱系统的犯人中选择一位补充人员。选拔的条件有两个：一是有一定的文化程度，发表过论文或者出版过书；二是由于该报主要是辅导罪犯学习，所以要求"编辑人员"懂马克思主义。我恰好符合这两个条件，于是便进了"编辑室"。我的工作一是协助干部编辑小报，二是负责监狱内书籍的借阅。这两件事对我后来从事高校教学工作起了很大作用。最重要的是，我利用那段时间系统地学习了马克思主义经典著作,不仅精读了《马克思恩格斯选集》1~4卷和《列宁文选》的大部分,还阅读了不少历史和文学书籍。起初,阅读是为了"打发"时间,但看多了,便看进去了。如马克思主义关于法的本质的理论,首先是在《黑格尔法哲学批判》一书中被发现的。正如马克思在1859年回顾的那样:"我们研究得出这样一个结果:法的关系正像国家形式一样,既不能从它们本身来理解,也不能从所谓人类精神的一般发展来理解,相反,它们根源于物质的生活关系。"这是人类历史上的伟大发现,正是以这种理论为基点,实现了法学史上的伟大革命,在《德意志意识形态》、《共产党宣言》、《法兰西内战》等著作中,形成了马克思主义法学理论,实现了法学史上的伟大革命。学习马克思主义著作,使我大开眼界,也坚定了我从事马克思主义研究的决心。与此同时,我在狱中协助编辑《湖北新生报》的过程中,提高了写作能力,并对文艺产生了兴趣。狱中还有一个业余文工团,在"五一"和春节期间,有时会有全省劳改系统的汇演,我当时被确定为文工团的编剧,所以要事先写好节目,诸如"多口词"、"三句半"以及话剧等。我先后编过几个话剧,如北部湾事件后,我编写了《是谁先开的枪》、《三月来信》等。

还有一点就是当时监狱的条件还可以。根据劳改政策,尤其是1959年全国人大实行特赦后,要求对在押犯的生活条件进一步改善。因此即使是三年自然灾害那样的特殊环境,我们的生活条件也还不错,参加体力劳动的,每天供应两斤大米,生病了也能得到及时治疗。因工作关系,我们几个协助编辑小报的、办展览的罪犯还被单独关押。这样一来,我的身体基本上没有受到损害,这使我有了为国家效力的身体条件。所以说,一是学习,二是身体,都为我出狱后努力工作奠定了基础。

三、重返讲坛的喜悦

1978年,我的错划右派的问题得以改正,刑事问题也得以解决,法院宣布我被无罪释放,并及时送我回到武汉大学。由于种种原因,我后来被派往湖北师院任教,我感到非常高兴。虽然这时我已年过四十,但毕竟还有时间和精力为国家效力,于是我便夜以继日地工作。

我在教学和科研上的表现，很快得到学校领导和有关方面的认可，被评为讲师、副教授，还被任命为政教系主任。在湖北师院工作期间，我的收获之一，就是将法学理论同司法实践结合了起来。我当时还是一名兼职律师，在当时法制还不健全的情况下，无论是刑事辩护还是民事代理，为维护国家法律的尊严，我都尽了最大的努力，先后多次做无罪辩护都取得了成功。1983年年初的一个早晨，在黄石市委旁的大街上发现了一具尸体。公安机关经过侦查，发现了一名张姓男子曾与被害人有隙。被害人曾揭发过张某盗窃钢材，派出所因此将张某关了几天，张某被释放后曾对被害人放言："我将来要想办法搞你一下。"此外，张某的工作服上有一滴血迹，经化验，其血型同被害人血型相同。再者，案发前一个晚上，据张某爱人讲，张不在家。据此，公安机关便将张某作为犯罪嫌疑人予以拘留。在审讯时，张某对杀人供认不讳，于是被逮捕并被提起公诉。在法庭上，被告人也对罪行予以承认。我当时是被告人的代表律师，经过反复多次的案件调查和研究，我认为被告人杀人证据不足。但是我的辩护意见没有被法庭采纳，法院一审裁定被告人罪名成立，并判处被告死刑。事后我主动帮助被告人上诉，我的理由有三：一是按《刑事诉讼法》的规定，只有被告人供认，没有其他证据印证的不能定案，何况被告还有被逼供之嫌；二是同一血型的人可能有多人，因为血型还可以分类，特别是该血迹实际上是从被告人爱人的工作服上取下的，更不能以此定案；三是杀人凶器还未找到，何况当天晚上，被告人其实在家，被告人爱人的证言并不可靠，因为当晚她自己回了娘家。所以说，一审定案的证据实际上是不存在的。湖北高院对此非常重视，及时找我谈了看法，后决定发回黄石中级法院重审。案件正在重审时，真正的凶手因继续作恶被抓，他交代了上次作案的事实并交出了作案凶器。至此，张某杀人案真相大白。虽然对案件真相的厘清，关键在于司法机关，但我作为辩护人也起了作用。诸如此类的案例还有几起，这既说明我国的司法机关还存在某些不足，同时也说明我国法制建设也在进步，司法机关依法办事也在强化。

我虽然在湖北师院政教系当主任，但教的是法律课，对学生或多或少产生了一定的影响。他们中有不少毕业后进入了司法队伍，有的从事法学教育，有的还担任了法院院长、检察长等。在重返讲坛期间，我在法制教育方面做的这些基础性工作，尤其是在 20 世纪 80 年代初，对社会所起的作用还是较大的，这段经历我至今难忘。

四、探究路上的艰辛

1988 年，因工作和申报博士点的需要，武汉大学经过多方努力，又把我从湖北师院调回武汉大学法学院。武汉大学法学院历史悠久，大师云集。著名宪法学家王世杰、国际法学家周鲠生都曾担任过武汉大学校长和法学院院长，还有法学家梅汝璈，哲学家、法学家李达等。先辈们的伟业深深感召、教育着我，我决心继承他们的遗志，为祖国的法学事业，为建设社会主义法治国家而奉献余生。

调回武大后，博士点申报很快获批。不久，我被评为博士生导师，并享受国务院特殊津贴。按规定，一个博士生导师的授课点必须有三个方向，而且每个方向都要有一定的学术成果来支撑。我定的研究方向是宪法基础理论，这一方向具有开创性。经过反复探索，查阅中西大部分宪法文献，并与中国实际相结合，以马克思主义为指导，我完成了专著《宪法基础理论》，并同时在《中国法学》和《法学研究》上发表了几篇论文，从而为这个研究方向招收博士生打下了基础。随后，我又先后主编了《世界宪法思想史》和《人权的理论与实践》，不仅丰富了这一研究方向的内容，同时培养了一批优秀的博士生。他们中现已有 30 多人成为了博士生导师，还有 2 位担任大学校长，6 位成为了副校长。

21 世纪初，我又担任法学理论专业的博士生导师，为了使该博士点有更多的学术资料，我参加了中央马克思主义理论与建设工程，编写了统编教材《法理学》，并在《中国法学》、《中国社会科学》等杂志上发表了 10 多篇论文，使该博士点生气勃勃。

在学术的探究道路上，尤其是在法学这门曾被"文化大革命"严重破坏的学科建设中，工作的确是艰辛的。首先，法学不仅是一门学科，它还是国家治国理政的学问，直接关系到国家的富强与长治久安，正如古语所说："国无法而不治，民无法而不立。"何况我们还在建设社会主义法治国家，这是前无古人的伟大事业，作为法学的教学人员，我们责无旁贷。其次，我国虽然历史悠久，但曾长期处在封建专制统治之下，并无法治可言。新中国成立后，尽管党和国家不断加强民主与法制建设，但因受到政治运动和政治体制、法学教育等问题的影响，人们法制观念还不强，因此建设社会主义法治国家任务艰巨。再者，西方国家不断在意识形态领域对我国进行攻击，鼓吹"西化"，使建设社会主义法治国家受到很大阻力。因此，摆在法学界、法律界面前的任务十分艰巨，我深深感到这一阻力，但我坚信法学大有前途，我必须为此努力。

五、法学教育的改革

尽管法学教育有着悠久的历史，但是，众所周知的是我们的法学教育还处在初级阶段。从1979年起，国内几所法学院校开始招生，到20世纪90年代，都已粗具规模。这时，党和国家为了引导法学教育向纵深发展，决定对法学教育进行改革，在法学教育理念更新的基础上，启动了改革项目。我受教育部委托组织了课题组，负责制定一个可行的改革方案。课题组成员有中国人民大学的韩大元、北京大学的张守文等。经过一年多的努力调研、考察以及小组会的多次讨论，我们拿出了改革方案的初稿并在教育部法学教育指导委员会对其进行了讨论，此后，又在1999年于中山大学召开的法学教育改革会上对方案进行了再次讨论，会议基本达成了一致意见，即确定法学教育为通识教育与职业教育相结合，将原来的7个专业合并为一个专业，即法学，同时确定了14门法学专业核心课程，即法理学、法律史、宪法、行政法、民法、知识产权、刑法、经济法、民事诉讼法、刑事诉讼法、行政法、国际公法、国际私法、国际经济法。教育部批准了这一方案，并通知在全国统一推行。时隔不久，我主持的一个课题在2001年获得了国家级教学成果一等奖，同时我还担任了教育部法学教育指导委员会副主任。

2001年，我受聘为浙江大学法学院院长，开始严格执行法学教育改革方案，并指导同事对法学教育进行大讨论、大实践。经过四年的努力，我们为国家培养了一批合格的法学人才，在近300名的毕业生中，有1/3出国留学，1/3考取研究生，1/3被国家机关特别是政法机关录取为公务员，其中不乏突出人士，如其中有一名被新加坡大学聘为助教,三年后又晋升为教授。他们当中有20多人成为了中层干部,近70人选择攻读博士学位,毕业后大都成为了大学副教授,少数成为了教授。回顾在浙江大学担任法学院院长期间,我尽职尽责,为法学教育改革作出了应尽努力。但我深知,法学是治国之学、强国之学,也是人本之学、正义之学。作为法学教育的参加者,为此目标而努力,是知识分子,特别是法学界知识分子应尽的职责。这段时期,我还撰写了不少法学教育改革方面的文章,对全国的法学教育起到了一定的指导作用。

法学教育已改革多年,取得了不少成就。如果说在20世纪80年代,我国与国外法学院校做学术交流时,基本上是他们向我们介绍经验,那现在则是相互交流、相互学习。现在我们法学教育存在的问题主要有两个:一是实践教育环境不够好,理论与实践有些脱节;二是我国尚未形成自己的法学话语。在国际会议上,西方占有话语权,这个问题已有专题论证,并做了专题文摘报告中央。至于理论与实践有些脱节的问题,中央已采取了相关的有力措施。

六、崇尚真理,繁荣法学所作的努力

我崇尚马克思主义法学的事实,体现在自改革开放以来我的工作过程中,我主要是做了以下几件事:

第一,我不仅努力学习马克思、恩格斯、列宁、毛泽东、邓小平的法学著作和法学思想,而且在法学思想领域出现重大争议时,我总是自觉捍卫马克思主义法学的立场。1991年,我编写了《马克思主义法学著作导论》一书,并在武汉大学法学院内长期开设这门课程,不少大学也以此书为教材开设课程。我在坚持马克思主义法学、发展马克思主义法学的进程中,大力弘扬马克思主义法学的科学性与开放性,并列举事实批驳了马克思主义法学是一个空洞的理论的说法,我仅以《马克思恩格斯全集》第一卷为例,有力地驳斥了上述错误观点,明确指出,在《马克思恩格斯全集》第一卷36篇论文当中,7篇论文是法学专论,更重要的是,在1843年,马克思还写出了几十万字的巨著《黑格尔法哲学批判》。恩格斯、列宁也均有法学著作,如《反杜林论》、《国家与革命》等。毛泽东同志在1949年夺取政权前后对法学也有贡献。实际上，早在1912年，他就写过《商鞅徙木立信论》一文，明确指出法律与人生、社会具有重大关系，还指出了"良法"问题。为此，我还专门撰写了《毛泽东的法律思想》一书。

第二，改革开放的总设计师邓小平同志对法学则更加重视。他不仅对我国民主法制建设作了科学总结，而且高度重视法治国家的建设。他在其著述与讲话中反复告诉我们，没有民主就没有社会主义；要两手抓，两手都要硬，一手抓经济建设，一手抓法制建设；要求在全体人民中树立法制观念；提出了民主必须制度化、法律化；法律必须为大局、为经济服务；提出依法治国的科学内涵，认为社会主义民主必须制度化、法律化，要使这个制度与法律不因领导人的改变而改变，不因领导人的注意力和看法的改变而改变；强调法律的重要性，认为法律是靠得住的；反对"人治"、"一言堂"、"家长制"；重视人权；提倡有法可依，有法必依，执法必严，违法必究等。邓小平同志的法学思想非常丰富，而且结合了中国实际。为了坚持和弘扬邓小平同志的法制思想，我撰写了《邓小平法制思想研究》一书，并在法学院开设了邓小平法学理论课。

第三，崇尚真理，不能仅停留在学习经典著作上，而是要结合当代中国实际，有的放矢。为此，我作为中央马克思主义理论与建设工程的主要成员，参加了统编教材《法理学》的编写工作。为了加快马克思主义法学中国化、时代化、大众化的进程，我独立完成了几本专著，如《以人为本与马克思主义法理学的创新》，还承担了好几个重大和重点项目，如"以人为本的理论与实践"、"党的领导、人民当家作主和依法治国的有机统一"、"宪法基础理论"、"政治文明与依法治国"。我坚信并追求真理，誓为当代中国马克思主义的繁荣而不懈努力。

七、学科的生命在于创新

进入21世纪后，中国法学确实有了很大的发展，尤其是在法学教育上。2001年，开设法学教育课程的大学达到614所，专门设立法学院的高校则有近500所。但是，法学作为一门学科却进展不大，正如有些学者所指出的那样,我国法学还比较幼稚。出路何在?唯有创新。

在反复学习马克思主义关于人的学说的基础上,在继承我国古代法学精华和借鉴西方法学对人的论述的同时,我提出了"人本法律观",并撰文发表在《社会科学战线》上,该文立即被几个杂志转载,在法学界引起了一定的反响。不久,在中国法理学研究会年会上,我以"以人为本与法学的发展"为题,作了专题研讨。2006年,在中国法学会主办、上海法学会承办的中国法学界论坛上,我做了"人本法律观"的专题报告。2008年,中国法学会与清华大学举办的中国法学创新讲坛邀请我做了"人本法律观"的专题讲座。

"人本法律观"是以马克思主义法学中国化为理论依据而形成的法学理论体系,其基本观点如下:法律因人的需要而产生,但在阶级对立的社会中,它被异化为统治阶级的意志而成为维护统治的阶级斗争工具。但一旦法律掌握在人民的手中,法律便成为人民共同意志的体现,成为社会主义治国理政的基本方式和方略。也就是说,人是法律之本,离开了人,法律既没有存在的必要,也没有存在的可能。正如马克思在《黑格尔法哲学批判》一书中所指出的:"不是人为法律而存在,而是法律为人而存在。""人本法律观"论证了这样一个原理:人是法律之本,即法律离不开人,人也离不开法律。正如古谚所云:"国无法而不治,民无法而不立。""人本法律观"还解决了法学教师的一个困惑,即过去一讲法是统治阶级意志的体现,总感到底气不足,现在运用"人本法律观",便可以把法的由来与本质说清楚。经过从实践到理论、从理论到实践的多次反复,我于2008年完成《人本法律观研究》一书,该书受到学界的一致好评,获得了湖北省人民政府社科一等奖。

我认为,创新是学科的生命,没有创新,学科很难发展。目前,我正在研究社会自治。在我看来,法治国家建设不是孤立的,一方面,它受制于经济基础;另一方面,它又与社会的发展有紧密的关系。在创新社会管理的过程中,社会自治作为法治社会的组织形式是十分必要的,否则,法治社会便成为空中楼阁。当然,社会自治决不能以西方所谓的公民社会为架构,而应该以党的十七大提出的、党的十八大完整阐述的中国特色社会管理的新格局为基础,即党委领导、政府负责、社会协同、公众参与、法治保障。只有这样的社会自治才具有中国特色、中国风格和中国气派。当然，这里有一个构建和发展的过程，需要一定的时间，但我坚信中国特色的社会自治一定能建构起来。

研究中国问题 写中国文章[*]

余渊（以下简称"余"）：李老，您好！感谢您能接受我代表《社会科学家》杂志的访问，这次访问您仍想围绕"研究中国问题"和"写中国文章"的主题展开，这似乎是您近年来的一贯主张？

李龙（以下简称"李"）：很高兴能有机会与《社会科学家》的各位读者分享我的一些感悟与体会。同时我也将结合我的人生际遇发表一些个人浅见，望大家不吝赐教。关于"研究中国问题"和"写中国文章"，我以为最要紧的是创新，生命不息，创新不止。

其实更准确地说，"研究中国问题"和"写中国文章"并非是我近年的创见，而是我一直以来所坚持的。如果你有空翻阅一下我历年发表的文章，会发现基本都是这一类型。并且，我也一直努力试图在学术理论上有所突破和创新，以尽我的绵薄之力，为国家的繁荣富强作贡献。80年代初，我国改革开放伊始，我就对改革的顺利进行作了一番深入的思考，在《论法律在经济体制改革中的作用》一文中，我率先论证了改革与法律的内在关系，特别是明确提出了法律在经济体制改革中的特殊作用。后来该文于1987年受到中国法学会的奖励，并汇编在《法学文萃》一书中。

90年代初，我开始关注人权，并在我国创先研究人权问题。1995年与韩德培先生主编了《人权的理论与实践》一书，该书共计170余万字，纵贯人权问题的历史与现实，全方位、多角度地对人权展开了系统研究。就当时而言，该书是对我国研究人权问题"禁区"的重大突破，不仅首次阐明了马克思主义人权观的基本内容，还深刻揭示了与资产阶级人权观的根本对立与区别。该书被视为我国人权研

---

[*] 本文刊载于《社会科学家》2015年第1期。

究的经典之作，受到罗豪才、许崇德等法学界专家学者书面的高度评价，于1998年获教育部社科成果一等奖（即当时的国家教委哲学社会科学成果一等奖），并获中央社科领导小组颁布的新中国成立50年来第一次进行评比全国社科基金优秀成果奖。

余：说到人权，您一直以来对人权研究的热衷似乎从未减退？

李：是的，因为我一直坚信，人权是法的终极价值。按照马克思主义经典作家的表述，"法典就是人民自由的圣经"，我们研习法律，就是希望一方面确认和保障公民的自由权利，另一方面也是确保公民能正确行使自由权利。并且我们对人权的保障，也不能仅仅限于法律的保障，它需要一个较为完备的保障体系，还包括制度保障、物质保障等。当然，我个人的研究是极为有限的，中国的人权发展还有很长的一段路要走。令我很欣慰的是，我的一些学生在人权理论研究中也都取得了不错的成绩。去年由我牵头在我校成立了人权研究院并由我担任院长，也是希望能把这一事业薪火相传的进行下去。

余：您曾指出生存权是首要人权，这是由中国的具体国情决定的。您同时也指出，国家独立是生存权的基础，那么您怎样看待国家与人权保障的这层关系？

李：关于国家如何保障人权的文章，现已层出不穷，我在此也不再赘述。1993年，我在《人权模式论》一文中指出，与人权相对立的特权意识还有一定的市场，并在影响人权法治的各个环节。表现在现实生活中，就是少数执法者滥用职权，不严格依法办事；少数司法人员刑讯逼供，打击报复。有感于国家的良好运行对人权保障的重要性，我对国家与法治的关系也进行了漫长的探索。90年代中后期，依法治国问题逐渐成为我的主要研究对象。在那一时期，我先后发表了数篇有关依法治国的论文，《论法学在国家决策中的地位与作用》首开先河地论证了国家决策法律化的重要性，我指出，充分重视和发挥法学在国家决策中的地位和作用不单纯是一个学科问题，也是国家的战略问题。《关于邓小平的法律权威思想》一文大胆提出以法律权威作为依法治国的核心内容，富有创见性地概括出法律权威的四个重要方面，即法律至重、法律至上、法律至威、法律至信。近年来国家在惩治腐败问题上的卓有成效，也充分彰显我国的依法治国进程又迈出了可喜的一步。当然，对贪官污吏的惩治，也要在法律的框架下进行，这不仅是我国人权发展的要求，更是依法治国的要求。

同时我也是最早开始系统研究依法治国方略的实施问题的人，我实现了三个方面的理论创新：（1）通过对西方法治模式纵向（古代、近代、当代）与横向（英、德）的比较，提出了构建我国社会主义法治模式的具体方式和原则。（2）首次提出了良法理论的标准，系统地提出并论证了如何构造良法，"依法治国实质上是良法治国"。（3）首次具体的从内部和外部全面探讨了依法治国方略的实施步骤，重点论述了"依法治国与执政党执政方式的转变"的实现。随后，我主编了图书《论依法治国》和《依法治国方略实施问题研究》，其中《依法治国方略实施问题研究》一书全面论证了依法治国基本理论和实施办法，于2004年获湖北省社会科学优秀成果一等奖。不难发现，在我的理论中，依法治国与人权保障有着某些共通之处，我对依法治国方略实施的研究，也可以说是为了人权保障更好地实现。

余：您一生际遇坎坷，可以用传奇来形容。但从您的教学以及撰文中，我们会发现您不仅从未表现出心灰意懒，反而总有一种积极奋斗的精神，不服输的精神。同时，我们从您的著作中可以看出，您不仅有着深厚的法学功底，也对历史学和马克思主义哲学都知之甚深。对现在的年轻人来说，阅读马列经典似乎是一件越来越不易的事情。而据说您是在狱中通读马列经典，您能否跟我们谈谈您的这段经历？

李：其实，这正好是我想说的第二个方面的问题。做学问，创新当然是永恒的主题，但同时，我们也应该孜孜不倦的学习经典，甘于坐冷板凳。我所说的经典，主要是指经典的哲学和历史学原著，尤其是马克思主义原著。我国是一个社会主义国家，只有基于对马克思主义思想准确而深入的理解，法学工作者才能正确的认清中国问题，解决中国问题。说实话，我对马列原著的研习，并非一开始就有浓厚的兴趣，我是在不知不觉中对它着了迷。1957年，我被错划右派，蒙冤22年。在此期间，利用党和国家的劳改政策和个人的努力，我担任了《湖北新生报》的编辑工作，这使得我的牢狱生活并不那么辛苦，百无聊赖的日子让我只能寄情于书海，我利用空闲时间读完《马克思恩格斯全集》全60卷，初步掌握了马克思基本理论，并多有所悟。

平反以后，我继续致力于马列著作的研习，并发表了大量有关学习马克思著作的论文，如《论马克思主义法学的创立》、《马克思论法律的本质》、《论马克思主义人权观的形成与发展》、《毛泽东关于统一战线的理论及其发展》等，并结合中国国情，相继出版了《马克思主义著作选读》、《毛泽东法律思想研究》、《依法治国——邓小平法制思想研究》等。你们会看到，我对马克思主义法学中国化问题的研究，是逐步形成体系的，并在这一点一滴的深入中，创新的思想也逐步形成了体系。有学者称我高瞻远瞩，创造性地将邓小平法制思想概括为"十论"，但实则这些都是马克思主义中国化的缩影，通过系统地学习、研究经典是不难将其揭示出来的。

余：通过学习经典，您认为还有哪些收获？

李：对知识把握的深化和系统化，是创新的基础。在进一步掌握和运用马克思主义基本理论后，我对学科的认识也随之扩宽了。在此基础上，我相继发表了《20世纪中国法理学回眸》、《中国法学教育百年回眸》、《中国法理学三十年创新的回顾》等文章，从宏观上勾画了我国法理学发展进程、法学教育发展进程以及改革开放以来法理学的创新之路。之后，我又主编了《新中国法制建设的回顾与反思》一书，尝试对十余项标志性事件进行分析，把马克思主义同当代中国民主法治建设的国情相结合，并通过历史经验与规律的总结，探索出一条适合当代中国的法治发展道路。当然，成功与否，自留待他人评说，但于我而言，则倍感欣慰。

因此，我坚持认为研习法律，尤其是法理学、宪法学等学科，学习经典是必要的。早在20世纪90年代对法理学的展望中，我就提出了三点：（1）坚持和发展马克思主义法学的首要任务，就是认真学习和科学运用马克思主义经典作家有关法学的著作。（2）学习和运用马克思主义法学著作，必须全面、准确和完整，切实掌握每一个基本理论和基本观点的形成与发展过程。（3）坚持和发展马克思主义法学的中心环节，是从中国国情出发，建立具有中国特色的法学体系。现在看来，这三点都并未过时。《马克思恩格斯全集》共60卷，有将近一半的著作涉及法学，这是一项宝贵的财富。同时，构建中国特色社会主义法治体系仍是我们的时代重任。它是一项巨大工程，是推进国家治理体系与治理能力现代化的基础，学习经典，孜孜不倦，不断从经典中汲取营养，才能使我们的理论永葆长青。

余：我们知道，您不仅是一位知名的法学家，也是著名的法学教育家。那么在您看来，研习法学教育哪一点最重要？

李：在我看来，研习法学教育的关键在于不断提升理论水平。我曾多次跟我的学生提到过，法治和人权的充分实现和宪政理想的达成有赖于"良法与精英"的完美结合，法学教育承担的正是培养"法治精英"的重任。我们也可能注意到，党的十八届四中全会通过的《中共中央关于全面推进依法治国若干重大问题的决定》也特别强调加强法治工作队伍的建设，其中建设高素质法治专门队伍与加强法律服务队伍建设是和法学教育间接相关的，而创新法治人才培养机制则和法学教育直接相关。可见党和国家也越来越重视法学教育水平了。

就我个人而言，我是一贯重视提升学生的理论水平的。近些年来，出于年龄和身体等方面的考虑，我从本科生教育上退了下来，仅仅从事研究生的教学工作。我对他们的教学，一般都是讨论式的。我乐意与弟子们进行学术上的交流，在你来我往的探讨中，我们更易激起思维的火花。适当的鼓励和积极的引导，是我对学生言传身教的方式，我不愿他们的思想受到我的羁绊，我更希望他们能自由地耕耘他们自己的学术天地，我也深信他们有这份天资。所以我常常只对我的学生提出"三要求"，倡导"三精神"。"三要求"是要博览群书，要勤于思考，要笔耕不辍；"三精神"是夯实基础理论的勤奋精神、联系现实问题的批判精神以及开拓理论前沿的探索精神。

余：您对法学教育的研究由来已久，能否简要给我们介绍一下在这许多年里，您都作了哪些创见性的工作？

李：现在的年轻人也许并不知道，曾经的法学本科教育是有专业区分的，而呈现在我们面前的现在的法学教育和学科建设，经历了一场大的变革。20世纪90年代末，国内法学本科教育改革呼之欲出，我当时就尖锐地指出，中国法学教育改革的关键在于更新法学教育观念，即摒弃从苏联沿袭过来的"对口教育"理念，转而探求法学素质教育，着重培养学生的能力。在《论中国法学教育的改革》一文中，我详细地论证了我所主张的更新法学教育观念的改革逻辑。该文发表于1997年的《中国法学》，受到教育部的高度重视。1996年我开始承担教育部关于教学改革的重大课题，任"中国法学教育的改革与未来——面向21世纪法学类专业课程结构、共同核心课程及主要教学成果内容改革的研究与实践"的总召集人。我继而具体地提出了将过去分散的几个法学专业合并成一个法学本科专业，确定14门法学本科核心课程的改革方案，这项改革方案最终被教育部采纳并在全国实行，从而形成了我们现在所见到的法学本科教育的整体面貌。我本人也因此于2001年获国家级教学优秀成果奖一等奖。2001年我又参与了曾宪义教授等人承担的《21世纪中国法学教育的改革与发展战略研究》（排名第三）的重大课题并将研究成果出版成书，该书也获得了国家级教学成果奖一等奖。

余：可以说您见证了新时期整个法理学的形成过程，在促进法理学学科的建设方面，您有些哪些看法和意见？

李：我在重视法学教育的同时，不断加强法理学教育的学科建设。能重构新时期的法理学体系也是我一直以来所不懈追求的目标。1992年我与沈宗灵教授等承担了《法理学》（排名第三）一书的撰稿工作，该书在中国法理学学科发展史上具有里程碑的意义：它首次在全国范围内改"法学基础理论"为"法理学"，标志着"法理学"的学科概念正式进入学生的视野，并且它突破传统统编教材的纵向写法，采用了横向的编排体例。基于该书的高水平和创新性，它于1997年获国家级教学优秀成果一等奖。

此外，1996年在我主编的《法理学》教材中，我第一次完整地提出了法理学学科体系。我将法理学的理论分类归纳为"五论"，即"本体论"、"价值论"、"范畴论"、"运行论"、"关联论"。2003年，我在书中又增加了"发展论"，以使法理学体系更趋完善。

为促使法理学学科的形成，我不仅积极在《中国法学》、《法学研究》等刊物上发表有关法理学的论文，深入剖析法理学的一般概念，而且我更认同把法理与有关部门法相结合，从全新的视角开展交叉研究。我自己就是把法理学与宪法学相互交叉进行研究的，并创立了"宪法基础理论"这一新兴边缘学科，在博士点上我也率先创办了"宪法基础理论"研究方向，并独著研究生教材《宪法基础理论》。该书创造性地提出了宪法的多层次价值理论，即宪法价值应包括宪法的国家价值、社会价值和法律价值三个层次，同时也科学地揭示了宪政规律背后的真相，包括立宪规律、行宪规律和护宪规律。该书问世以来广受好评，于2002年获国家优秀教材一等奖。

余：我们都知道您的"人本法律观"，并且您的《人本法律观研究》在整个理论界也引起了较大的反响，但您似乎还曾提出过"人本法学教育观"，能否就这个观点简单地跟我们谈一谈？

李："人本法学教育观"的培养目标，恰好契合了我今天讲话的主题，即培养"研究中国问题，写中国文章"的高境界法科人才。在此，我要特别解释一下何为高境界？高境界不等于学识之高，不等于技能之高，它必须是品德、素养和能力的复合物，我也常常将之概括为"三高"，即高品位、高素质、高水平。而人的心性品格的提升是形成高境界的基本条件。它要求的人才，是张扬正义、滋育权利、治理中国、强盛中国的人才，是真正成为"大写的人"。

余：您曾说您一生最主要的还是研究学问，但除了做学问以外，您同时也为我国培养了不少优秀的法治人才，他们散布在各行各业，成就斐然。您是否认为是您的耐心引导起到了关键作用？

李：作为博士生导师，我认为重要的不仅在于耐心地引导学生，而且要积极地传授研究方法。我常说我要把博士生带出一个境界，这个境界就是不仅要学习了解学术前沿，也要紧跟学术前沿，更要创造学术前沿。就是说要成为学术前沿的领路人，所以我的学生绝大部分成绩优秀，就在于他们具有敢于引领前沿的开拓精神。迄今为止，我共带出117名博士，有担任国家各项领导工作的，其中包括省委书记1人，省部级干部2人，厅级干部11人。而大多数弟子还是秉承我的事业，从事了法学教育工作，他们中半数以上已经被评为教授，1/3以上的优秀学生已经评上博士生导师。在此，我既是对我的学生们，也是对各位学界后辈发出呼吁：希望你们能坚定地"研究中国问题，写中国文章"，不断提升自己的理论水平，努力成为中国法治的中坚力量。

马克思主义法学观与依法治国（上）*
——访"全国杰出资深法学家"、武汉大学人文社科资深教授李龙

全国杰出法学家、武汉大学人文社科资深教授李龙，一直致力于马克思主义法学中国化研究，始终视法学为一门治国理政的学问。坚持用马克思主义指导自己的法学研究，形成了"人本法律观"等为代表的一系列研究成果。本刊委托孙来清同志对其进行了采访。李教授通过对马克思主义法学基本观点的梳理，结合马克思主义法学中国化的历程，认真学习《中共中央关于全面推进依法治国若干重大问题的决定》及习近平总书记一系列重要讲话精神，谈了如何用马克思主义指导法学研究和对依法治国的一些新认识，见解独到。本刊分上、下两部分予以发表，上半部分的访谈主要围绕"坚持用马克思主义指导法学研究"这一主题进行。

▲（采访者称▲，下同）：李教授您好！大家都知道您是一名法学家，但从您的著作中可以看出，您不仅有着深厚的法学功底，也对历史学和马克思主义哲学颇有研究。请您谈谈您是怎么走上研习马列之路的？

●（被采访者称●，下同）：说实话，我对马列原著的研习，并非一开始就有浓厚的兴趣，我是在不知不觉中对它着了迷。1957年，我被错划为右派，蒙冤22年。在此期间，利用党和国家的劳改政策加之个人的努力，我担任了《湖北新生报》的编辑工作，这使得我的牢狱生活并不那么辛苦，百无聊赖的日子让我只能寄情于书海，我利用空闲时间读完《马克思恩格斯全集》全60卷，初步掌握了马克

---

* 本文刊载于《马克思主义研究》2015年第8期。采访者系副教授孙来清。

思主义的基本理论，并多有所悟。

▲：在今天的社会上仍有很多对马克思主义科学性的怀疑、质疑声音，您是如何看待的呢？

●：马克思主义的科学性毋庸置疑。早在1954年9月的中华人民共和国第一届全国人民代表大会第一次会议上，毛泽东同志就庄严宣告："领导我们事业的核心力量是中国共产党。指导我们思想的理论基础是马克思列宁主义。"① 在党和国家长期的革命与建设实践中，马克思主义已经充分证明了它的科学性，并将在未来的社会主义建设事业中继续证明其科学性。虽然社会上有许多人怀疑、质疑马克思主义的科学性，认为马克思主义已经过时了。但我认为他们大都是因为没有认真通读过《马克思恩格斯全集》，更没有真正掌握其精髓。

一、正确认识马克思主义法学

▲：我们知道您长期致力于马克思主义法学中国化研究，可是有人对马克思是否有法学的思想都提出了质疑，您怎样看待这个问题？

●：质疑马克思是否有法学思想的人，如果不是无知，就是别有用心。马克思出身法学世家，祖父是犹太法学家，父亲是莱茵省律师协会会长。1835年，他考入波恩大学法学专业，后转入柏林大学。他在写给父亲的信中，表示为了更好地学习法学，必须同时学好哲学，并因此在耶拿大学获得哲学博士学位。在《马克思恩格斯全集》第1卷中就有8篇法学论文，占到全卷的近1/4。整个《马克思恩格斯全集》共60卷，也有将近一半的著作涉及法学，这些都是宝贵的财富。

▲：那么，马克思主义法学是如何创建的？

●：马克思主义法学，是马克思与恩格斯共同创立的，历经了民主主义向马克思主义的转变。这一以唯物史观为理论基础而建立起来的法学理论是人类法学史上的伟大革命。马克思主义法学是通过马克思独著的《黑格尔法哲学批判》、马克思与恩格斯合著的《德意志意识形态》和《共产党宣言》"三部曲"的反复论证与升华而宣告创立

---

① 《毛泽东文集》第6卷，人民出版社1999年版，第350页。

的。其中,《黑格尔法哲学批判》是马克思主义法学的发源地,《德意志意识形态》是马克思主义法学的奠基之作,《共产党宣言》是马克思主义法学创立的标志。后来,马克思与恩格斯又通过一系列著作的论述,如《资本论》(第一、二卷)、《法兰西内战》、《哥达纲领批判》、《反杜林论》、《论住宅问题》、《家庭私有制和国家的起源》等,将马克思主义法学发展为更为严整、系统的学说。

▲:马克思主义法学的主要内容有哪些?

●:马克思主义法学内容丰富,博大精深。我国学者在学习与研究过程中,有人从三大方面,即从法的物质制约性、法的阶级意志性和法的发展阶段性来论证马克思主义法学的基础理论。也有人从法的主体论、价值论、方法论三方面来构建它的基本理论。这对宣传、学习与研究马克思主义法学无疑起了很大的推动作用,他们联系中国法制建设实践,使得人民民主与法制建设取得了巨大成就,极大地推动了我国的法学教育与学科建设。我认为可以从法的理论基础、科学基础、阶级基础、历史基础、社会基础、价值基础和研究方法七个方面来阐明马克思主义法学的基本观点:

第一,马克思主义法学以唯物史观为理论基础,强调法的物质制约性,指出经济基础对法律的内容、发展和变更的方向起决定作用,正如马克思本人在评论其处女作《黑格尔法哲学批判》时所说:"法的关系正像国家的形式一样,既不能从它们本身来理解,也不能从所谓人类精神的一般发展来理解,相反,它根源于物质的生活关系,这种物质的生活关系的总和……"① 这就是说,经济基础是法律的本原,有什么样的经济基础就有什么样的法律。法律必须符合经济规律,必须反映经济关系发展的要求。

第二,马克思主义法学始终坚持经济分析与阶级分析相结合的研究方法,认为任何历史类型的法律都具有阶级性。在阶级对立的社会里,法一直是统治阶级意志的集中表现;在社会主义社会里,法则是人民意志的表现,并具体上升为国家意志。这一观点在它的奠基之作《德意志意识形态》和《共产党宣言》中说得非常清楚。这就是说,法律具有两重性,即客观性(或客观规律性)与主观性(或主观意

---

① 《马克思恩格斯选集》第 2 卷,人民出版社 1995 年版,第 32 页。

志性），而客观规律性是第一性的，起决定作用。

第三，马克思主义认为法律是建基于一定经济基础之上的上层建筑，它们两者存在辩证关系，经济基础决定上层建筑，而上层建筑对经济基础有积极的反作用，它可以引导、规范、促进和制约经济基础的发展，尤其是在治国理政等重大问题上，各种上层建筑间发生积极的"交互作用"，共同推进经济社会向前发展。

第四，马克思主义法学始终坚持国家、法律的一致性，认为国家离不开法律，法律也离不开国家，并共同行使两种职能：政治职能与社会职能，它还强调指出："政治统治到处都是以执行某种社会职能为基础，而且政治统治只有在它执行了它的这种社会职能时才能持续下去。"① 这就是说，法治国家、法治政府、法治社会必须一体建设。

第五，马克思主义法学坚持人是法律的主体的观点，强调"不是人为法律而存在，而是法律为人而存在"，② 强调人是历史的主人，人类的历史是劳动人民的历史。法律关系实质上是人与人之间的思想意志关系，是受法律规范调整的人与人之间的关系。

第六，马克思主义法学始终坚持法学的基本范畴——权利与义务的一致性。马克思明确指出，"没有无义务的权利，也没有无权利的义务"。③ 这就是说，权利与义务始终是相应的、一致的、对等的。基于同样道理，自由与纪律、民主与集中等，尤其是民主与法治也必须是相统一的，没有民主的法治往往会导致专制，没有法治的民主必然会导致无政府主义。

第七，马克思主义法学始终坚持权力制约原则，反对一切腐败，强调对公权力实行严格的法律监督，强调依法控权。按照马克思的要求建立起来的"巴黎公社"，为人类树立了廉政的榜样，它提出了"公社原则永存"的口号，使公务人员成为人民的勤务员。革命导师说："自由就在于把国家由一个高踞社会之上的机关变成完全服从这个社会的机关。"④

---

① 《马克思恩格斯选集》第 3 卷，人民出版社 1995 年版，第 523 页。
② 《马克思恩格斯全集》第 3 卷，人民出版社 2002 年版，第 40 页。
③ 《马克思恩格斯选集》第 2 卷，人民出版社 1995 年版，第 610 页。
④ 《马克思恩格斯选集》第 3 卷，人民出版社 1995 年版，第 313 页。

▲：我们应当怎样坚持和发展马克思主义法学？

●：我们今天学习马克思主义法学，不单纯是赞美其理论正确，而是为了将马克思主义法学的基本原理与中国社会主义法治建设的实践结合起来，实现其中国化的伟大创举。早在20世纪90年代对法理学研究的展望中，我就提出了三点：一是坚持和发展马克思主义法学的首要任务是认真学习和科学运用马克思主义经典作家有关法学的著作；二是学习和运用马克思主义法学著作，必须全面、准确和完整，切实掌握每一个基本理论和基本观点的形成与发展过程；三是坚持和发展马克思主义法学的中心环节，是从中国国情出发，建立具有中国特色的法学体系。

二、马克思主义法学中国化是法学研究的主线

▲：在几十年的学术研究生涯里，您始终坚持以马克思主义为指导，是因为什么？

●：马克思主义是科学的世界观和方法论，它在中国的革命和建设实践中得到了充分地证明。当然，"马克思的整个世界观不是教义，而是方法。它提供的不是现成的教条，而是进一步研究的出发点和供这种研究使用的方法"。① 因此，坚持以马克思主义为指导就是坚持以发展着的马克思主义为指导，离开坚持谈发展或离开发展谈坚持都不符合马克思主义。"我们所要的……是活的马克思主义，不是死的马克思主义。"② 坚持以发展着的马克思主义为指导决定了我国法治模式和样式的特殊性，这是我们法学研究必须坚持的指导思想。

▲：那么在法学研究中如何坚持马克思主义？

●：坚持马克思主义在法学研究中的指导地位最重要的一条就是，必须把马克思主义同当代中国的民主法治实践和国情有机地结合起来，实现马克思主义法学的中国化，构建中国特色的法学理论，并以此为主线，统领中国法治建设的实践。

▲：请您具体谈一谈。

---

① 《马克思恩格斯选集》第4卷，人民出版社1995年版，第742~743页。
② 《毛泽东文集》第3卷，人民出版社1996年版，第332页。

●：一方面，探求马克思主义经典作家的法律思想是马克思主义法学中国化的逻辑起点。马克思主义法学继承和弘扬了人类法治文明的优秀成果。它以唯物史观为理论基础，实现了法学史上的伟大革命，科学地揭示了法产生、发展的规律及其本质。尽管随着社会的发展和人类的进步，其中有个别观点已被新的理论所代替，但马克思主义法学原理下的主要观点仍然具有强大的生命力，它仍然是我们建设中国特色社会主义法治取之不尽的思想宝库。

另一方面，研究马克思主义法学中国化的历程是法学研究的基础。马克思主义法学的中国化经历了一个长期的过程，我们今天的成就是建立在前人努力的基础上的，共和国历史上的主要领导人都对马克思主义法学的中国化作出了卓越的贡献，如毛泽东和邓小平同志。第一，毛泽东同志的法律思想。我通过《毛泽东法律思想研究》一书，对毛泽东同志早期的关于民主、自由、人权的理论与实践；关于宪法的理论与实践；关于廉政的理论与实践；关于刑法的理论与实践；关于民事法律的理论与实践；关于劳动改造罪犯的理论与实践以及对毛泽东同志新时期法律思想的发展等做了较为全面的总结和反思。第二，邓小平同志的法制思想。邓小平同志作为马克思主义法学中国化的杰出代表，具有博大精深的法制思想。我通过《依法治国——邓小平法制思想研究》一书，运用马克思主义的方法论与法治的一般原理，将邓小平法制思想概括为"十论"：民主立国论、法律权威论、法制观念论、法制原则论、权力制约论、经济法论、民主法制统一论、民主专政结合论、政法队伍素质论等，为邓小平法制思想研究的纵深推进起到了重要的作用。对此，有学者称我高瞻远瞩，但实则这些都是马克思主义中国化的缩影，通过系统地学习、研究经典是不难揭示出来的。

三、坚持用马克思主义法学指引法学研究的创新

▲：以发展的马克思主义为指导，提出和论证人本法律观，是您法学思想的中心内容，也是您对当代中国法学理论的重要贡献。您能给我们具体谈谈吗？

●：将马克思主义基本观点运用于法学研究，就可以揭示法律发

展的规律,人本法律观的提出就是建立在这样的理论基础上的。我认为,法律观历经漫长的发展过程,大致有四个发展阶段:"神本"(以神为本)法律观、"物本"(以物为本)法律观、"社本"(以社会为本)法律观和"人本"(以人为本)法律观。人本法律观,就是以实现人的全面发展为目标,以尊重和保障人的合法权利为尺度,实现法律服务于整个社会和全体人民的理论体系。人本法律观既是法律本身发展之必然,也是用发展着的马克思主义认识法律现象的科学结论,更是全面建设小康社会的需要和实施依法治国的时代要求。人本法律观的理论根据主要有以下几个方面:人是法律的本源,或者说法源于人;人是法律的依归,或者说法律以人为依归;人是法律的主体,也是法律的目的;人的物质生活条件决定法律的主要内容;人的社会实践是检验法律良恶的唯一标准。人本法律观是一个理论架构,有一些基本要求,这些要求包括法的内部环境,也包括法的外部环境,其中主要的是:弘扬法律人文精神、深化政治体制改革、建构法治运行机制、尊重与保障人权、促进人的全面发展。

▲:人本法律观在法治实施中如何体现?

●:在法律实施的各个环节,要贯彻尊重人格、合乎人性、体现人道、体恤人情、保障人权的原则。人本法律观以马克思主义人性论作为理论基础,确立了其核心概念和基本范畴:人性、人权、人道、人伦、人格。人性是法治的理论逻辑起点,人权是法治的出发点和终极价值追求,人道是人类法治文明的科学总结,人伦是中国法治传统的历史沉淀,是打通法律与社会生活之间规范体系的必要途径,人格独立和个性解放是社会主义法治建设的基本使命,也是马克思主义法学区别于非马克思主义法学的重要标志。

▲:您在2010年就发表了《中国特色社会主义法治理论体系纲要》的论文,开始了中国特色法治理论体系的研究,并于党的十八大前夕出版了同名专著,请您谈谈中国为什么也要有法治理论,其与美国、英国有什么不同?

●:大凡建设法治国家,往往都有一套理论体系,而这些理论是否符合国情或正确与否,直接关系到该法治国家的兴衰。以美国为例,其资产阶级法治国家的模式是"宪法主治",其理论体系集中体现在汉密尔顿等人合著的《联邦党人文集》之中,以后的发展则反映在26条宪法修正案里,可以概括为三大原则:三权分立、基本人权和联邦主义。英国的法治模式是"法的统治",其理论体系体现在洛克的《政府论》和戴雪的《英宪精义》以及后来的几个宪法性文件当中。我们正在建设社会主义法治国家,这是前无古人的伟大事业,更要有一套理论体系。经过从实践到认识,再从认识到实践的多次反复,经过马克思主义法学中国化和中国法治经验的马克思主义化的有机结合,在不断的总结和升华中,中国特色社会主义法治理论体系必然形成。

▲:在人权研究方面,您是当代中国最早探索人权问题的法学家之一,也是坚持用马克思主义来认识、理解、分析人权的法学家。请您谈谈马克思主义人权观有哪些特色?

●:人权是一个横跨哲学、政治学、伦理学和法学等学科领域的宏大课题,在法学领域,人权研究已经突破了传统的国际法的限制,延伸到了宪法学、法理学、刑法学、行政法学等部门法学之中。在《论马克思主义人权观的形成与发展》、《论生存权》、《法律是人民自由的圣经》、《论我国公民的权利与义务》、《论结社自由权》等论文中,我将传统个人主义的人权观与马克思主义的人权理论进行了比较研究,提出了构建中国特色的人权法体系的理论设想。

我认为,当今世界存在两种对立的人权观——马克思主义的人权观和资产阶级的人权观。马克思主义人权观认为,人权不是天赋的和与生俱来的,也不是"绝对观念"的演绎,而是一定物质生活条件的产物,是历史发展到一定阶段产生的;人权作为人的权利,决不是超阶级的、抽象的,而是打上了阶级烙印的,具有阶级性;人权具有范围的广泛性和实现的真实性;人权的目的是人的解放;人权也是权利与义务的统一。而资产阶级的人权观,尽管有其历史进步性的一面,但抽象地、超阶级性地谈论人权,否定人权的历史性和物质生活的决定性使其失去了科学性。

▲:我们怎样才能更好地理解人权概念?

●:人权是一个不断发展和丰富的概念,既要从静态角度去认识它,更要从动态角度去把握它。对人权内涵的揭示可从道德、法律和现实三个层面来认识。人权既有历史性,更有现实性;既要看到发达国家人权保障比较充分的一面,也要充分认识其不足;既要看到广大发展中国家人权保障普遍低水平的现实，也要看到近年来不断发展进步的趋势；既要将人权看成是一国主权范围内的事，防止和反对他国借人权干涉内政，也应看到国际人权的监督和保护的进步意义。

▲：您的这些研究成果在学界的反响如何？

●：作为执行主编，在1995年，我与韩德培先生共同主编了《人权的理论与实践》一书。该书共计170余万字，纵贯人权问题的历史与现实，全方位、多角度地对人权展开了系统研究。就当时而言，该书是对我国人权问题研究"禁区"的重大突破。它不仅首次阐明了马克思主义人权观的基本内容，还深刻揭示了与资产阶级人权观的根本对立与区别。该书被视为我国人权研究的经典之作，受到罗豪才、许崇德等法学界专家学者书面的高度评价，于1998年获教育部社科成果一等奖（即当时的国家教委哲学社会科学成果一等奖），并在由国务院社会科学领导小组主持的新中国成立50年来第一次社会科学成果评比中获得重大项目奖。

▲：据说您对和平权、发展权等"第三代人权"也给予了充分的关注和研究，请您谈谈这方面的情况好吗？

●：好的。自联合国前法律顾问瓦萨克提出"三代人权观"以来，对新一代人权观的关注一直是国际人权法学界的理论热点。一般认为，人权的发展经历了以自由权为核心的"第一代人权"，到以社会权为核心的"第二代人权"，再到以和平权、发展权为代表的"第三代人权"。在《日本宪法第九条及其走向》一文中，我就运用了"和平权"的人权理念对日本宪法第九条进行了解读："永远放弃战争，包括放弃自卫战争与不保持战争力量（即非武装化），是日本宪法第九条的两个基本点，两者互相联系、互为补充，共同构成了日本宪法的和平理念和根本原则。"该文发表后立即受到中日两国法学家的普遍好评，并被译成日、英、法三国文字。

四、坚持用马克思主义法学指导法学综合教育改革

▲：我们知道您不仅是一位马克思主义法学家，也是法学教育家，您对中国的法学教育也做了许多创见性的工作。请给我们谈谈吧。

●：现在的年轻人也许并不知道，曾经的法学本科教育是有专业区分的，而呈现在我们面前的现在的法学教育和学科建设，经历了一场大的变革。20世纪90年代末，我就尖锐地指出，中国法学教育改革的关键在于更新法学教育观念，即摒弃从苏联沿袭过来的"对口教育"理念，转而探求法学素质教育，着重培养学生的能力。在《论中国法学教育的改革》一文中，我详细论证了我所主张的更新法学教育观念的改革逻辑，受到教育部（即当时的国家教委）的高度重视。1996年我开始承担教育部（即当时的国家教委）关于教学改革的重大课题，任"中国法学教育的改革与未来——面向21世纪法学类各专业课程结构、共同核心课及其教学成果内容改革的研究与实践"的总召集人。我提出了将过去分散的几个法学专业合并成一个法学本科专业，确定14门法学本科核心课程的改革方案。最终这项改革方案被教育部采纳并在全国实行，从而形成了我们现在所见到的法学本科教育的整体面貌。我本人也因此于2001年获国家级教学优秀成果奖一等奖。

▲：您在上面提到了法学教育观，怎么理解这个概念？

●：我在坚持马克思主义理论的基础上，总结了自己几十年的教学实践经验，提出了"人本法学教育观"。其核心精神是：让具体的人在抽象的法理中获得真正的品格，在心性品格提升中成长为高境界的法科英才，张扬正义，滋育权利，治理中国，强盛中国——研究中国问题，作中国文章，真正成为"大写的人"，为将中国从传统的人治文化共同体转变为现代的法治国家而奠基基础。与此同时，我还提出法学教育的"三高"目标模式，即高品位、高素质、高水平。"高品位"是指培养学生具有坚定的政治立场、高尚的道德情操及忠于人民、忠于国家和忠于法律的精神风貌；"高素质"是指培养学生知识广阔、思维敏捷、贯通中西的综合实力；"高水平"是指培养学生精通法律、熟悉政策、善于思辨、勇于创新的理论修养和实践才干。

五、坚持用马克思主义法学指导法学学科建设

▲：我们知道，您对宪法学学科和法理学学科的建设都作出了重要贡献。请您谈谈中国法理学学科的发展状况。

●：马克思主义法学认为，法律科学的存在与进化总是受制于特定的社会经济结构及由此所制约的社会文化的发展。新中国法理学正是伴随着社会经济结构的变化而逐渐由政治哲学的法理学发展为法律科学的法理学。而这种发展不是自然发生的，需要通过一系列的改革来达成。

新中国成立后，在旧法制和法学被彻底摧毁，西方法学被彻底否定的情况下，我们面临着如何构建新法学的重任。而当时，在西方国家的重重包围与封锁下，为巩固国家政权，国家采取了全面学习前苏联的"一边倒"的外交政策。正如其他学科一样，前苏联法学也成为了中国法学的最好范本。从20世纪50年代初开始，国内就大规模地翻译出版前苏联的法学教材和论著，并直接将其作为高等院校的教材使用。"国家与法的理论"便是法理学在这一特定背景下的具体表现形式。这种状况一直持续到70年代末80年代初。

1979年中国法学教育历经磨难后得以恢复，法理学继续沿用"国家与法的理论"这一传统模式，并出版了一些教材与论著，供高校使用与参考。人们很快就感觉到这种具有强烈政治色彩的理论体系与现实的经济政治改革很不协调。为了改变这一现状，1981年，北京大学出版社率先出版了新的法理学教材——《法学基础理论》（并于1983年修订），明确将法学的研究对象提炼成"法律这一特定社会现象及其发展规律"，而法学基础理论则旨在研究"法律的基本概念、原理和规律等"，将国家理论从法理学中分离了出去。1992年，为使我国法理学学科体系更加科学、完善，原国家教委选定沈宗灵先生、张文显先生、我与刘升平先生、朱景文先生一起编写法理学的统编教材，并在全国范围内改"法学基础理论"为"法理学"。该教材不仅使法理学的课程内容更加丰富，而且在体系上也有突破，并将传统的纵向写法改为横向体例，受到了法学界的普遍好评，在中国法理学学科发展史上具有里程碑意义。

▲：您在法学界第一次提出了法理学的完整的学科体系，请谈谈这方面的情况。

●：在法学界，对法理学的学科体系有不同的认识，其代表性的观点有霍尔将法理学分为"法律价值论"、"法律社会学"、"形式法律科学"和"法律本体论"四部分，帕特森则认为"法理学是法律

404

的一般理论或关于法律的一般理论组成的"。① 这些体系分类解析的合理性是不容否定的，但存在明显缺陷：要么过于抽象，要么失之宽泛。1996年，我提出将法理学学科体系归结为"五论"，并按照此种体系编写了《法理学》教科书。"五论"，即"本体论"、"价值论"、"范畴论"、"运行论"、"关联论"。"五论"以学科构建必备的"本体论、价值论、范畴论"等三大要素为基础，以马克思主义的世界普遍联系原理与事物的运动发展理论为指导，紧密结合法理学学科和整个法学的具体实际，具有高度的抽象性与科学性。它克服了西方法学家要么研究应然的法，要么研究实然的法的片面性和局限性。下面我想简单地介绍下它的具体内容：一是本体论，阐述法的"本原"、"本质"和"本身"（要素与功能），其是学科独立的基石。二是价值论，剖析法律价值的内涵及外延，将正义、秩序、自由、平等、公平、效益等作为法的主要价值形态进行详尽分析。三是范畴论，任何一门学科都由一系列范畴组成，法学也不例外。法学的基本范畴包括权利与义务、民主与法制、人治与法治、主权与人权、法律意识与法律行为五对基本范畴。四是运行论，法不仅是静态的行为规范体系，更是一个动态的过程，其包含立法、执法、守法和护法等诸多环节，法理学应对这些环节进行研究。五是关联论，世界是普遍联系的，法律这种社会现象与其他社会现象之间必然存在千丝万缕的联系，要更好地理解法律现象，就必须将其置于宏大的社会网络中进行分析，考察法与国家、道德、政策、科技等其他社会现象的关系就是关联论的主要任务。2003年，在我主编的《法理学》教材中，我进一步将上述"五论"发展为"六论"，增加了"发展论"，专门探讨法律发展的一般问题，从而使法理学学科体系更加完善。

▲：请谈谈您在中国宪法学学科建设中做了哪些工作？

●：我并不是一般地研究宪法问题，而是从法理学与宪法学相互交叉与渗透的视角出发进行全新的探索，创立了"宪法基础理论"这一新兴边缘学科，并在全国率先设立"宪法基础理论"这一博士研究生专业方向。

在宪法领域，我主要开展了以下工作：一是对宪法规范进行深入

---

① 参见沈宗灵著：《现代西方法理学》，北京大学出版社1992年版，第3页。

研究。宪法规范是由规则、原则、国策、概念、程序性和技术性规定构成的自治的规范体系，其中规则是主体，原则与国策是核心，概念、程序性与技术性规定都是不可缺少的内容。与其他法律规范比较起来，宪法规范内容更为丰富、结构更为复杂、范围更为广泛。二是以重构宪法学理论体系为基点对宪法的基本范畴进行系统的阐述。任何一门学科体系的构成都主要取决于两大要素：一是基本范畴；二是基本范畴间的逻辑联系。因此，研究宪法学的基本范畴是推动宪法学基础理论研究，进而重构宪法学理论体系的关键。我主要将主权与人权、国体与政体、基本权利与基本义务、国家权力与国家机构作为宪法学的基本范畴。三是对立宪规律展开研究。历史上，立宪经历了人权立宪——政治立宪——经济立宪的漫长演进过程，并正在向知识立宪过渡。这反映出宪法变迁的内在规定性。就行宪规律而言，国家权力状态是宪法运行关注的焦点，从单纯控制国家权力发展到既控制权力、又保障权力，体现出一条普遍的行宪规律。以此形成的专著《宪法基础理论》被国家教育部指定为全国研究生的重点教材，于2002年获全国研究生优秀教材一等奖。

▲：现在学界也在提倡创新，这对青年学者来说非常重要。请您谈谈创新需要的条件，读经典与创新有直接的关联吗？

●：做学问，创新当然是永恒的主题。但理论与实践是学术世界的两只眼睛，只有睁大双眼，我们才能看得更清，走得更远。理论的学习当然离不开经典的阅读，没有对经典理论的把握，就失去了创新的基础，没有对实践的关切，也就失去了创新的价值。中国特色社会主义是我们创新的土壤，建设富强、民主、文明的社会主义中国是我们创新的动力，马克思主义是我们创新的理论依凭。我们应该孜孜不倦地学习经典，甘于坐冷板凳，这样才有创新的可能。我所说的经典，主要是指经典的哲学和历史学原著，尤其是马克思主义原著。只有对马克思主义理论准确而深入地理解，法学工作者才能创新法学理论，进而认清中国问题，解决中国问题。

马克思主义法学观与依法治国(下)[*]
——访"全国杰出资深法学家"、武汉大学人文社科资深教授李龙

全国杰出法学家、武汉大学人文社科资深教授李龙,一直致力于马克思主义法学中国化研究,始终视法学为一门治国理政的学问。坚持用马克思主义指导自己的法学研究,形成了"人本法律观"等为代表的一系列研究成果。本刊委托孙来清同志对其进行了采访。李教授通过对马克思主义法学基本观点的梳理,结合马克思主义法学中国化的历程,认真学习《中共中央关于全面推进依法治国若干重大问题的决定》及习近平总书记一系列重要讲话精神,谈了如何用马克思主义指导法学研究和对依法治国的一些新认识,见解独到。下半部分的访谈主要围绕"依法治国的新境界"这一主题进行。

▲(采访者称▲,下同):李教授您好!党的十八届四中全会专门对依法治国进行了部署,提出了全面推进依法治国的总目标,作出了一系列关于依法治国的新论断。但学界也存在一些不同的解读,作为马克思主义法学家,您怎么看?

●(被采访者称●,下同):自 1999 年"依法治国"入宪以来,它走过了 16 年的光辉历程,历经了 16 年的风风雨雨,现在已经成为全国人民共同的奋斗目标,尤其是党的十八届四中全会开辟了依法治国的新天地,把依法治国全面推进到了新阶段,使依法治国进入了新境界。

▲:十八届四中全会对于依法治国的意义,您用了三个"新"来评价,这是否意味着依法治国被赋予了一些新的内涵?

---

* 本文刊载于《马克思主义研究》2015 年第 9 期。

●：是的。十八届四中全会是党领导人民进行法治国家建设的标志性事件，其通过的《中共中央关于全面推进依法治国若干重大问题的决定》（以下简称《决定》）更加突出了依法治国的"全面性"和"推进性"：高屋建瓴的顶层设计是它"推进性"的表现，而脚踏实地的问题导向则是其"全面性"的表征。其与习近同志系列讲话共同形成了依法治国的总原则、总目标、总方针、总机制、总纲领。

一、依法治国的总原则——"三者统一"

▲：党的十五大将"依法治国"确立为党领导人民治理国家的基本方略，那么治国方略与治国原则要怎样来解读？

●：一般来讲，凡是一个国家，不管你是有意也好，无意也好都有一个治国方略，与之相适应都有一个治国的重要原则。比如说儒家，它的治国方略是"礼治"或者"德治"，它的基本原则是什么呢？是"仁爱"。墨家的治国方略是"人治"，它的基本原则是"兼爱"；道家的治国方略是"无为而治"，它的基本原则是"道法自然"；法家的治国方略是"以法治国"，它的基本原则"法、术、势"。通过商鞅变法，秦始皇就很快运用法家的治国思想和方略统一了中国。

▲：但历史上的秦却是历二世而亡。

●：这主要是因为它的法律太残酷了，太史公评为"繁刑严诛"[1]，更有汉人形容秦"赭衣塞路，囹圄成市"[2]。再就是执行法律的人太残暴了。秦朝的速亡不应该归咎于法家。秦朝统治者只注意到秦国实行商鞅的重刑路线，而没有考虑到推行重刑与当时秦国的地理、民风相关，与秦国当时的社会生活背景相适应。秦朝统治者没有考虑秦统一中国后在经济、社会和文化等方面发生了巨大的变化，对法家"以法治国"方略生搬硬套，违背法家一贯强调的法律应当在维持相对稳定性的同时"随时而变，因俗而动"，以及"法与时转，治与时宜"的基本精神，因而对法家"以法治国"的治国方略的理

---

[1] 《史记·秦始皇本纪》。
[2] 《汉书·刑法志》。

解和适用只停留在表面和形式上，而没有真正把握和贯彻法家"以法治国"的基本精神。因而在"法、势、术"方面均出现重大失误。

▲：也就是说，任何的治国方略都必须既要与这个国家的历史传统、政治制度、经济发展、社会现实相一致，还必须有一个与之相适应的治国原则。

●：这个论断是符合历史唯物主义基本原理的。资本主义的发展史同样也印证了这个论断。近代，在资本主义国家，也有一个治国方略，就是"法治国"，也可以说是法律的统治。它的基本原则的核心是"三权分立"。"三权分立"应该分两个阶段来看，在初期反封建专制上它起过进步作用的，在资产阶级夺取政权以后的一段时间也是适应社会发展的。随着社会生产力的发展，它就逐渐成为资产阶级政党钩心斗角的一个工具，慢慢退化了、变质了，或像我们现在的台湾那样，或像我们新中国成立以前的选举那样。这显然与中国的现状是不相适应的，它违背了中国的国情，中国是不能用的。

▲：小平同志也说过："有一点可以肯定，就是我们要坚持实行人民代表大会的制度，而不是美国式的三权鼎立制度。"① 那么，我们国家治国的总原则是什么呢？

●：我们国家治国的总原则就是党的领导、人民当家作主和依法治国的有机统一，简称"三者统一"。为什么要坚持这个总原则呢？主要原因就是三句话：第一句话，党的领导是人民当家作主、依法治国的根本保证。这是三个选择的结果，即历史的选择、人民的选择和现实的选择，这三个选择决定了只有共产党才能领导中国，才能保证人民当家作主。习近平同志更是指出："党的领导是中国特色社会主义法治之魂。"② 没有党的领导，人民当家作主和依法治国只能是镜花水月。第二句话，人民当家作主是社会主义民主的本质要求。"人民民主是社会主义的生命。"③ 离开了人民当家作主这一价值目标，

---

① 《邓小平文选》第 3 卷，人民出版社 1993 年版，第 307 页。

② 《习近平关于全面推进依法治国论述摘编》，中央文献出版社 2015 年版，第 35 页。

③ 胡锦涛：《高举中国特色社会主义伟大旗帜，为夺取全面建设小康社会新胜利而奋斗——在中国共产党第十七次全国代表大会上的报告》，人民出版社 2007 年版，第 21 页。

放弃了人民当家作主这一根本要求,人民的政权就名实相背,党就会变质。落实到法治,就是我们宪法所说的,中华人民共和国一切权力属于人民。人民怎样来行使这个权力?主要有有四种方式:一是选举民主,这个大家都知道。二是协商民主,协商民主不仅仅是政协这个协商民主,还包括其他各个领域的协商民主,甚至人大里面的选举有时候也有一个协商的问题。最近中央办公厅颁布了《关于加强人民政协协商民主建设的实施意见》,这个意见涉及各个方面,将来协商民主将成为我们国家的主要民主形式。三是自治民主,就是民族区域自治,是高度很高的自治。四是谈判民主,就像我们的调解委员会,这个调解实际上就是谈判民主。但是现在中央把谈判民主进一步发展了,如检察院系统搞了一个谈判民主,叫做"辩诉交易"。第三句话,依法治国是党领导人民治国理政的根本方略和基本方式。党的领导、人民当家作主和依法治国是有机统一的整体,谁也离不开谁。

二、依法治国的总目标——中国特色社会主义法治体系

▲:在"三者统一"的总原则下,依法治国要实现怎样的目标呢?

●:《决定》指出,全面推进依法治国的总目标,就是建设中国特色社会主义法治体系,建设中国特色社会主义法治国家。中国特色社会主义法治体系是指完备的法律规范体系、高效的法治实施体系、严密的法治监督体系、有力的法治保障体系、完备的党内法规体系。

▲:请您具体谈谈这五个体系。

●:全面推进依法治国,基础性工程就是完备的法律规范体系的构建。2010年中国特色社会主义法律体系的形成是共和国发展史上一个了不起的成就。但正如习近平同志所说的:"实践发展永无止境,立法工作永无止境,完善中国特色社会主义法律体系任务依然很重。"[①] 完备的法律规范体系建设依然任重而道远。

[①] 习近平:《关于〈中共中央关于全面推进依法治国若干重大问题的决定〉的说明》,载《中共中央关于全面推进依法治国若干重大问题的决定》,人民出版社2014年版,第52页。

法律规范体系的完备性至少要求具备以下条件：第一，法律部门要齐全。虽然法律规范体系不仅仅是部门法体系，还是包括立法体系、效力体系、渊源体系在内的统一整体。但法律部门齐全则是完备的法律规范体系的应有之义。第二，法律规范体系内部要和谐一致。恩格斯指出："在现代国家中，法不仅必须适应于总的经济状况，不仅必须是它的表现，而且还必须是不因内在矛盾而自相抵触的一种内部和谐一致的表现。"① 如果一国的法律与法规与宪法相抵触；次级法与高一级法相冲突；同级法律法规间相矛盾；同一法律规范文件前后章、节、条、项、款之间相矛盾，人们就会无所适从。第三，法律规范要完整。法律规范的完整主要是指其逻辑结构的完整，即一定的行为模式必须配以一定的法律后果。缺乏法律后果，或者后果不适当则必然会削弱法律规范的权威性与严肃性，影响法律的实施。第四，法律用语要科学、统一。"重要的一点，就是法律的用语，对每一个人要能够唤起同样的观念。"② 如果法律表述不清楚、法律用语的含义不统一，法律的确定性必然要受到影响，进而也就无法保证"同样的案件同样处理"，法律规范的指引、评价等功能就无法实现。当然，完备的法律规范体系应是一个开放、包容的体系，它以体现人民意志、保障人权、实现公平正义、弘扬人类文明为己任。

▲：有了完备的法律规范体系，关键还要看这些法律规范能不能得到有效的实施，毕竟法律的生命力在于实施，法治的生命力也在于实施，法律的权威在于实施，法治的权威也在于实施。

●：确实是这样。法治实施首先就是要保证宪法的实施。宪法是国家的根本大法，依法治国首要的就是依宪治国。《决定》提出了一系列保障宪法实施的措施：完善全国人大及其常委会宪法监督制度，健全宪法解释程序机制；加强备案审查制度和能力建设，把所有规范性文件纳入备案审查范围，依法撤销和纠正违宪违法的规范性文件，禁止地方制发带有立法性质的文件；将每年12月4日定为国家宪法日，建立宪法宣誓制度等。

---

① 《马克思恩格斯选集》第4卷，人民出版社1995年版，第702页。
② ［法］孟德斯鸠著：《论法的精神·下》，张雁深译，商务印书馆1963年版，第297页。

▲：在构建高效的法治实施体系时，应当注意哪些问题？

●：一是处理好高效与公正的关系。法治实施的高效必须与公正的法治实施相统一，公正应该是法治实施的灵魂，是高效的前提与基础。"法治只是要政府官吏的一切行为都不得逾越法律规定的权限。法治只认得法律，不认得人。"① 没有公正的高效必然导致法治沦落为专政的工具，陷法治于工具主义的窠臼。高效主要强调的是法治的及时性，是公正的内在要求。西方法谚有云，"迟到的正义非正义"，道出了高效对于正义和法治实施的重要性。所以我的建议是将高效的法治实施体系改为公正的法治实施体系。二是正确认识法治实施与法律实施的关系。法律实施是法治实施体系的核心和基础，但法律实施并不等于法治实施。法治实施不仅包括法律实施，它还是包括了党内法规实施、社会组织规范实施、道德规范实施以及乡规民约等社会生活规范实施在内的实施体系。三是要重视法治实施能力建设。法治实施能力建设包括党依法执政能力建设、行政机关及其工作人员依法行政能力建设、司法机关及其工作人员公正司法能力建设、公民和社会组织的守法意识和能力建设等。其中，依法执政能力建设是关键，公正司法能力建设是核心，依法行政能力建设是重点，全民守法能力建设是根本。

▲：一国的监督体系是保证其国家权力正当行使和维护法制统一和尊严的重要措施。那么，法治监督体系应当如何构建呢？

●：监督就是要保证反映在宪法法律中的广大人民的意志和利益能够得到真正的实现，防止权力的滥用、懈怠和错用而伤害人民的利益。"一切有权力的人都容易滥用权力"，"要防止滥用权力，就必须以权力约束权力。"② 一个良好的监督体系，可以有效地规范国家权力的行使，从而保证国家法律的严格实施。《决定》指出，要加强党内监督、人大监督、民主监督、行政监督、司法监督、审计监督、社会监督、舆论监督制度建设，努力形成科学有效的权力运行制约和监

---

① 胡适：《人权与约法》，载胡适、梁实秋、罗隆基：《人权论集》，中国长安出版社2013年版，第6页。

② [法]孟德斯鸠著：《论法的精神·上》，张雁深译，商务印书馆1961年版，第154页。

督体系，增强监督合力和实效。

在全面推进依法治国的当下，严密的法治监督体系的构建需要注意以下几点：一是要坚持人民的主体地位。人民是国家权力的源泉，人民亦应拥有对国家权力的最具根本性的监督力量。无论是法律的制定还是实施，都应该接受人民的监督，且这种监督必须是有效的，而不是理论上的。为此就必须赋予人民最广泛的参与权，厉行立法公开、执法公开与司法公开，并创建建制化的参与与监督机制，从而保证法律的合法制定与有效实施。二是要完善国家机关间的监督体制。关键是要设计一个科学合理的权力监督体系，既能发挥各个机关的效能，又能保证其权力运行的法治化。三是要创建中国特色的宪法实施监督体制。《决定》虽然提出了要"完善全国人大及其常委会宪法监督制度，健全宪法解释程序机制"，但具体的制度设计尚未出台。必须要注意的是此项制度事关重大，应坚持有效性与中国实际相结合，以免与改革的初衷相违背。四是监督力量必须体系化。体系化就是要求各种监督力量必须职责分明、各司其职，形成法律监督与社会监督相协调，建制化监督与非建制化监督相配合，权力监督与权利监督相统一的监督网络。五是监督体系必须法治化。全面推进依法治国要求任何的监督力量都必须依法监督，监督活动必须限制在法律范围内，绝不允许采用非法的手段。特别是在网络无比发达的今天，如何做到既利用其强大的传播力，又不溢出法律的边界，是一个亟待解决的法治课题。

▲：相较于法律规范体系、法治实施体系和法治监督体系而言，法治保障体系是个新名词，它包含哪些内容？

●：法治保障体系具体包含哪些内容还需要学界作深入的研究。不过，可以明确的是，无论是法律规范的制定，还是法治的实施都需要一定的保障，系统性的法治保障必然有利于法治的实现。从理论上来考察，法治保障体系应当是包括政治、经济、社会、文化、制度、思想等保障要素的统一整体。就《决定》来看，有力的法治保障体系包含：第一，社会主义民主政治保障。没有民主的政治就不可能有现代的法治。社会主义法治兼具法治的共性又具社会主义的个性，其代表了当今世界法治发展的基本方向，必须建立在社会主义的民主政治之上。这就需要坚持党的领导为根本政治原则，以保障人民当家作主为核心,坚持和完善人民代表大会制度,坚持和完善中国共产党领导的多党合作和政治协商制度、民族区域自治制度以及基层群众自治制度,使其制度化、规范化、程序化。第二,社会主义市场经济保障。现代法治产生于商品经济时代并发展于现代市场经济,其建立在市场经济的基础之上。这就需要使市场在资源配置中起决定性作用,由于我国的市场经济是社会主义的市场经济,这就决定了政府必然要在市场中更好地发挥其作用。为此,必须以保护产权、维护契约、统一市场、平等交换、公平竞争、有效监管为基本导向,完善社会主义的市场经济。第三,社会主义的文化保障。法治的建立和发展都离不开一定的文化,社会主义法治离不开社会主义先进文化的保障。这就需要坚持社会主义先进文化的前进方向、遵循文化发展规律、激发文化创造力、保障人民基本文化权益的文化制度,并抓紧制定公共文化保障法和文化产业促进法。第四,全民的法治观念保障。作为行为规范的法律,其最终的实现要靠公民的普遍守法。《决定》指出,法律的权威源自人民的内心拥护和真诚信仰。必须坚持把全民普法和守法作为依法治国的长期基础性工作,深入开展法治宣传教育,引导全民自觉守法、遇事找法、解决问题靠法。增强全社会厉行法治的积极性和主动性,形成守法光荣、违法可耻的社会氛围,使全体人民都成为社会主义法治的忠实崇尚者、自觉遵守者、坚定捍卫者。第五,法治的工作队伍保障。全面推进依法治国,必须大力提高法治工作队伍的思想政治素质、业务工作能力、职业道德水准,着力建设一支忠于党、忠于人民、忠于法律的社会主义法治工作队伍。这就要求深入开展社会主义核心价值观和社会主义法治理念教育,推进法治专门队伍正规化、专业化、职业化,提高职业素养和专业水平。第六,法律服务体系保障。良好的法律服务体系构建必然有利于全面推进依法治国战略的实施,这就要求推进覆盖城乡居民的公共法律服务体系建设,完善法律援助制度,健全司法求助体系,发展律师、公证等法律服务业,形成完备的法律服务体系。当然,百年大计,教育为本。全面推进依法治国离不开法治人才培养的创新机制,必须让中国特色社会主义法治理论进教材、进课堂、进头脑,培养造就熟悉和坚持中国特色社会主义法治体系的法治人才及后备力量。

▲:《决定》特别将党内法规体系纳入到中国特色法治体系中

来，这是出于怎样的考虑？如何正确对待党内法规体系？

●：党内法规是管党治党的重要依据。基于中国共产党在中国的执政党地位，其不仅必须要模范遵守国家法律，而且要按照党规党纪以更高标准严格要求自己，方能真正实现党领导立法、保证执法、支持司法、带头守法。

全面推进依法治国，对党内法规体系提出了更高的要求：一是要坚持党内法规的党内性。必须要将党内法规与国家法律法规与政府的规章制度区别开来，不能以党的法规代替法律，也不能以党的法规代替政府的规章制度。二是要保证党内法规合乎法律或不违背法律。必须坚持党在宪法和法律的范围内活动，各级党员干部要对法律心怀敬畏之心，牢记法律红线不可逾越、法律底线不可触碰，带头遵守法律，带头依法办事，更不能以言代法，以权压法、徇私枉法。完善党内法规体系，要加强党内法规的制定机制建设，加大党内法规备案审查和解释力度，并促进党法党规与国家法律体系内在统一、协调一致、相得益彰。三是党内法规运行要公开透明。中国共产党是执政党，在全国拥有8000多万的党员，他们既是无产阶级的代表，也是中华人民共和国的公民。党内法规固然要严于国家法律，但公开透明却是法治的基本要求。特别是对违规违纪党员的处理，在程序上一定要坚持公开透明，这样既能体现党对法治的坚守，亦能接受广大人民群众的监督，更能增强党在人民群众中的威信与领导力。这并不是要削弱或贬低党内法规在社会主义法治建设中的地位，恰恰相反，这既符合党在宪法法律范围内活动的党章精神，也符合法律拥有至上权威的法治精神，亦更加有利于党对社会主义法治的领导，进而增强其在国家、社会生活中的影响力。

三、依法治国的总方针——依法执政

▲：党内法规体系的提出，对执政党提出了更高的要求，是否也意味着党的执政方式也要发生转变？

●：是的。"执政"一词，可追溯到古罗马，西塞罗便担任过执政官，拿破仑也做过法兰西帝国的"第一执政"，北洋军阀段祺瑞也当过短命的执政。而作为执政党执政最早始于英国资产阶级革命，但其掌握的权利仅限于行政权。中华人民共和国的成立,使中国共产党由以往的革命党变成了执政党,在新中国成立前30年中,它创造过人间奇迹。党的十一届三中全会是伟大的历史转折点,使党和国家的重点由过去的以阶级斗争为纲转变到以生产建设为中心上来。现在,我们又要全面推进依法治国,建设社会主义法治国家。中国共产党的执政方式也必然面临转变,依法执政就成为当前党执政方式的最佳选择,它是中国共产党对社会发展规律、治国理政规律、法治发展规律和党自身建设规律充分认识和深刻把握的必然结果。

第一,依法执政是中国历史发展的必然要求。在中国近现代史上,法治道路的选择历经了五次否定的漫长过程:第一次否定是戊戌变法对清王朝帝制的否定;第二次是辛亥革命对戊戌变法君主立宪的否定;第三次是新中国的成立对南京国民政府独裁政权的否定;第四次否定是未遂的否定,即"四人帮"对中华人民共和国的否定;第五次是社会主义法治对"四人帮"企图篡党夺政的否定,其中也包括对前苏联模式的否定。"历史是最好的老师。经验和教训使我们党深刻认识到,法治是治国理政不可或缺的重要手段。""党的十一届三中全会以来,我们党把依法治国确定为党领导人民治理国家的基本方略,把依法执政确定为党治国理政的基本方式。"① 历史选择了中国共产党,历史的经验教训也要求党必须依法执政。

第二,依法执政是立足现实的理性选择。我国是一个拥有十三亿多人口的大国,地域辽阔,民族众多,国情复杂。习近平同志在党的十八届四中全会第二次全体会议上指出,党"在这样一个大国执政,要保证国家统一、法制统一、政令统一、市场统一,要实现经济发展、政治清明、文化昌盛、社会公正、生态良好,就必须要秉持法律这个准绳,用好法治这个方式"② 当前,全面建成小康社会进入决定性阶段,改革进入攻坚期和深水区,国际形势复杂多变,我党面对的改革发展稳定任务之重前所未有、面对的矛盾风险挑战之多前所未

---

① 《习近平关于全面推进依法治国论述摘编》,中央文献出版社2015年版,第8页。

② 《习近平关于全面推进依法治国论述摘编》,中央文献出版社2015年版,第9页。

有，这都更加要求党要依法执政。依法执政正是党立足于我国现实的理性选择。

第三，依法执政是面对未来的最佳方案。全面推进依法治国，既是解决我国改革发展稳定中的矛盾和问题的现实考量，也是着眼于实现中华民族伟大复兴中国梦的长远战略规划。全面建成小康社会是中华民族伟大复兴中国梦的阶段性任务，习近平同志深刻指出："人无远虑，必有近忧。全面建成小康社会之后路该怎么走？如何跳出'历史周期律'实现长期执政？如何实现党和国家长治久安？"① 依法执政正是党为子孙万代计、为长远发展谋的面向未来的最佳治国理政的方案。

第四，依法执政是模范引领公民守法的需要。"法律至上"是法治最核心的原则。"要维护'法治'，一国之内所有拥有政治权威的人就必须服从法律。"② 在中国，由于党的特殊地位，党守法了，广大人民群众必然会以其为表率，依法治国必然事半功倍。相反，如果党带头违法，则不仅损害了党的权威，也必然损害人民对法治的信仰。

▲：依法执政是党治国理政的必然要求，它与依法治国是怎样的关系？

●："依法执政是依法治国的关键"③，是全面推进依法治国的关键环节，是中国特色社会主义法治体系的核心内容，也是它的生命线，更是依法治国的总方针。在党的权威文件中，几乎把依法执政与社会主义法治看成是同义语，党的十八大文件宣布："法治是治国理政的基本方式。"④ 党的十八届四中全会在《决定》中又指出："把

---

① 《习近平关于全面推进依法治国论述摘编》，中央文献出版社2015年版，第11~12页。

② ［英］A. J. M. 米尔恩著：《人的权利与人的多样性——人权哲学》，夏勇、张志铭译，中国大百科全书出版社1995年版，第200页。

③ 《中共中央关于全面推进依法治国若干重大问题的决定》，人民出版社2014年版，第33页。

④ 胡锦涛：《坚定不移沿着中国特色社会主义道路前进，为全面建成小康社会而奋斗——在党的第十八次全国代表大会上的报告》，人民出版社2012年版，第27页。

依法执政确定为治国理政的基本方式。"① 这就是说,中国共产党的依法执政就是治国理政的法治。法治在中国必然是共产党的依法执政,中国的法治必然是共产党依法执政。

可见,依法治国与依法执政是不可分离的两个方面。依法治国是党领导人民治理国家的政治用语,是治国方略的表达,而依法执政是党领导人民治理国家的法学用语,是治国方针的表达。依法治国离开依法执政就成为空中楼阁;依法执政离开依法治国就失去前提与基础,两者密不可分,相互依存。

▲:依法执政包含怎样的内容?

●:依法执政有两重含义:一方面表明中国共产党执政是历史的选择、人民的选择,也是现实的选择,这叫做合法性;另一方面表明中国共产党执政的过程与手法必须合法,即在宪法与法律范围内活动,这叫合法律性。

▲:在我们国家,党主要通过什么途径行使执政权?

●:在我国,党的执政方式主要体现在以下几个方面:一是将代表最广大人民意志的决策主张通过立法机关上升为国家法律;二是为各级国家机关培养、输送领导人才,特别是培养推荐最高国家领导人;三是在各级政府设立党委领导政府工作。无论是行使哪种执政方式,党都必须在宪法和法律的范围内活动,依照法定的程序,公开、透明的开展工作。《决定》指出,依法执政必须坚持党领导立法、保证执法、支持司法、带头守法,把依法治国基本方略同依法执政基本方式统一起来。

四、依法治国的总机制——"共同推进"与"一体建设"

▲:在当下的中国,中国共产党要怎样依法全面推进依法治国?

●:这其实就是依法治国的运行机制问题,即依法治国的总机制。党的十八大将依法治国从"治国基本方略"具体化为"治国理

---

① 《中共中央关于全面推进依法治国若干重大问题的决定》,人民出版社2014年版,第3页。

政的具体方式",这就内在的要求全面推进依法治国,必须坚持依法治国、依法执政、依法行政共同推进,坚持法治国家、法治政府、法治社会必须一体建设。"共同推进"与"一体建设"既是马克思主义关于世界是普遍联系的基本原理的具体应用,也是马克思主义关于上层建筑的反作用中交互作用理论的生动体现。

▲:如何理解依法治国、依法执政、依法行政要共同推进?

●:第一,依法治国是治国的基本方略,是党领导人民治国理政的基本方式,依法执政与依法行政必须是在依法治国的总体要求下进行,其立基于依法治国,也服务于依法治国。依法执政和依法行政就是为了更全面地推进依法治国,建设社会主义法治国家。

第二,依法执政是中国共产党执政的基本方式,是依法治国的关键,亦是依法行政的保证。党的领导是中国特色社会主义的本质特征。党的领导方式有政治领导、思想领导、组织领导等,但最主要的还是执掌国家政权,通过对国家政权的掌握来实现其政党意志。中国特色社会主义法治是党领导下的法治,依法治国也要在党的领导下全面推进。离开党的领导,离开党的依法执政,依法治国就可能失去前进的动力与方向,行政机关及其工作人员也就失去了主心骨。

第三,依法行政是全面推进依法治国的核心内容,与依法执政相辅相成,共同促进。一国的法律法规,多数是要通过行政机关的行政行为来实施的。所以,依法治国的推进必然要求行政机关依法行政。在我国,行政机关是在党的领导下开展工作的,党依法执政就必然对行政机关及其工作人员的依法行政产生影响,并形成表率,而行政机关是否依法行政也必然影响到党在人民群众中的形象与威信。

第四,依法治国、依法执政、依法行政三者的侧重点不一样,这就必然要求在全面推进依法治国过程中共同推进。依法治国重在强调党领导人民,依照宪法和法律管理国家和社会事务,使国家各项工作法治化,是人民主权的必然要求和体现。依法执政则是党执政的基本方式,重在对党执政行为的规制,是党在宪法和法律范围内活动的必然要求和体现。依法行政重在强调行政机关及其工作人员依照宪法和法律的规范和程序开展执法工作,是权力法治的必然要求和体现。

▲:那么,法治国家、法治政府、法治社会又有什么内在关联而需要一体建设呢?

●：马克思主义始终坚持国家、法律的一致性，认为国家离不开法律，法律也离不开国家，并共同行使两种职能：政治统治职能与社会管理职能。"政治统治到处都是以执行某种社会职能为基础，而且政治统治只有在它执行了它的这种社会职能时才能持续下去。"① 这就是说，法治国家、法治政府、法治社会必须一体建设。

从严格意义上讲，法治政府与法治社会都是法治国家的组成部分，但具体分析，还是有一定的区别，至少在角度上，或者说是在范围上还是有所不同。法治政府是法治国家的核心部分，早在2004年国务院就颁布了《全面推进依法行政实施纲要》，并于2010年又发布了《关于加强法治政府建设的意见》，对建设法治政府作出全面规划。但由于政府职能尚未完全转变，职能错位、越位、缺位的情况仍然存在，特别是腐败现象严重，影响法治政府的进度，为此必须：第一，合理设置和科学划分行政机关职能与职责的权限范围；第二，严格执法，建立责任追究制；第三，整合执法主体，严格执法；第四，提高执法人员素质，加强文明执法；第五，整合法律监督部门，形成严整的监督体系。马克思主义始终坚持权力制约原则，反对一切腐败，强调依法控权。按照马克思的要求建立起来的"巴黎公社"，为人类树立了廉政的榜样，并提出了"公社原则永存"的口号，使公务人员成为人民的勤务员，"把国家由一个高踞社会之上的机关变成完全服从这个社会的机关"。②

▲：在党的文献中，法治社会应该是一种新提法。对此，您怎么看？

●：至于法治社会，这的确是个新概念。这个法治社会首先要解决什么问题呢？要解决理论基础的问题。在法学界，有一些人认为法治社会的理论基础是公民社会，我们对公民社会这个概念要有正确的认识。公民社会经过了三个历史阶段：古代阶段、中世纪阶段和现代阶段。第一阶段是古代的市民社会，即亚里士多德所讲的"政治共同体"，它与"政治国家"是同义语。第二阶段是18—19世纪，黑格尔与马克思等人应用"政治国家—市民社会"的两分法来分析社

---

① 《马克思恩格斯选集》第3卷，人民出版社1995年版，第523页。
② 《马克思恩格斯选集》第3卷，人民出版社1995年版，第313页。

会的总体结构。第三阶段是20世纪至今，"公民社会"的当代转型。这些西方学者提出"重建公民社会"的主张，系统地把社会总体结构三分为"政治社会、经济社会、公民社会"模式，而所谓公民社会的结构性要素主要包括私人领域、社会组织、公共领域、社会运动等。西方国家将上述观点综合为"社会中心说"。其实，他们的公民社会和马克思所说的市民社会是两回事。他们借用和篡改黑格尔的"市民社会"，并塞进了他们的黑货，认为世界上一切坏事都是党派干的，一切好事是公民社会干的，并大力宣扬公民社会在保障人权方面所起过的重要作用。它的要害在哪里呢？就是要把执政党从社会管理机构里面踢出去，不要党，显然这不符合中国的实际情况。因此，中国不能采纳公民社会的观点。"公民社会"这个概念最好不用，国家民政部使用的是"民间组织"或"民间团体"，我看就用"法治社会"好，含义明确，又容易与同法治国家、法治政府接轨。

▲：那么，法治社会与法治国家是什么样的关系？

●：法治社会是法治国家的基础。法治社会对法治国家的基础作用，是马克思主义法学的基本原理。马克思在他的处女作《黑格尔法哲学批判》中，尖锐地批判黑格尔关于国家是市民社会的基础的观点，反复强调不是国家决定社会，而是社会决定国家。后来，又反复批判资产阶级法学家关于法律是社会的基础的观点。法治国家必须以法治社会为基础，法治社会必须形成"党委领导、政府负责、社会协同、公众参与、法治保障"的新格局。如果说法治国家的问题是国家生活的民主化、法律化，那么法治社会则是社会生活的民主化、法律化。同时，我们要初步构建"社会自治"，发扬民主，使选举民主、协商民主、自治民主、谈判民主有机结合起来，使法治社会、法治政府与法治国家共放异彩。

五、依法治国的总纲领——"四个全面"

▲：2015年年初，习总书记在总结治国理政的基本经验时，首次把"四个全面"（全面建设小康社会、全面深化改革、全面依法治国、全面从严治党）作为中央的战略布局提了出来，您怎么看？

●："四个全面"实际上是新一届领导集体执掌政权之纲，是党对治国理政经验的升华，是中华民族伟大复兴的路线图，更是全面推进依法治国的总纲领。

▲："四个全面"之间的关系是怎样的？

●：2月2日，习近平同志在省部级主要领导干部学习贯彻党的十八届四中全会精神全面推进依法治国专题研讨班上发表了重要讲话，在讲话中他全面阐释了"四个全面"的战略布局。他说："这个战略布局，既有战略目标，也有战略举措，每一个'全面'都具有战略意义。全面建成小康社会是我们的战略目标，到2020年实现这个目标，我们国家的发展水平就会迈上一个大台阶，我们所有的奋斗都要聚焦于这个目标。全面深化改革、全面依法治国、全面从严治党是三大战略举措，对实现全面建成小康社会战略目标来说一个都不能缺。不全面深化改革，发展就缺少动力，社会就没有活力。不全面依法治国，国家生活和社会生活就不能有序运行，就难以实现社会和谐稳定。不全面从严治党，党就做不到'打铁还需自身硬'，也就难以发挥好领导核心作用。"① 也就是说，第一个全面，即全面建成小康社会，是目前这个阶段的奋斗目标，第二个全面、第三个全面、第四个全面是第一个全面的基本手段和保障。

▲：在现阶段，要如何才能更加有效地推进"四个全面"？

●：这里所讲的"全面"，不是指一个环节、一个方面或单向、线形推进的建设，而是指各个环节协同、配合、系统推进的全面建设。其包含两个层面：一是具体层面的"全面"，即无论是建设小康社会、深化改革、依法治国，还是从严治党都要全面把握、整体推进；二是总体层面的"全面"，即全面把握、统筹安排、整体推进"四个全面"。无论哪个层面的建设都面临着各种各样的困难，特别是当前改革进入深水区，社会各种矛盾凸显，进一步加大了改革、发展、稳定的统筹难度。同时，"四个全面"既无现成的模式可以照搬，更无成熟的经验可以借鉴。这就要求我们党既要有勇气、决心和魄力，又要有能力、智慧与领导艺术。因此，我们要始终坚持马克思主义这个放之四海而皆准的理论，正确认识改革与法治的关系，利用

---

① 《习近平关于全面推进依法治国论述摘编》，中央文献出版社2015年版，第14~15页。

法治思维与法治方式来面对一切困难，鼓足勇气，坚持好、统筹好、协调好四个"全面"，切实落实好四个"全面"。

▲：您在这里似乎提出了依法治国和落实"四个全面"的三个主要着力点。

●：是的。我认为在全面推进依法治国的当下，一是要坚持马克思主义；二是要正确认识改革与法治的关系；三是要坚持用法治思维与法治方式来认识和解决改革发展稳定中出现的问题。

▲：那就请您先来谈谈第一点，就是对马克思主义的坚持。

●：中国革命之所以取得成功，中国的社会主义建设之所以取得今天的成就，都是因为我们坚持了马克思主义，坚持将马克思主义的基本原理与中国的革命与建设的实践相结合，坚持将马克思主义中国化、时代化、大众化。习近平同志就曾指出："事实一再告诉我们，马克思、恩格斯关于资本主义社会基本矛盾的分析没有过时，关于资本主义必然消亡、社会主义必然胜利的历史唯物主义观点也没有过时。这是历史发展不可逆转的总趋势，但道路是曲折的。"[1]

▲：也就是说，马克思主义并没有像有的人所声称的那样已经过时，它仍然是我们全面推进依法治国和实现"四个全面"战略布局的指导。

●：是的。在全面推进依法治国的当下，作为一名法学工作者，我想就马克思主义的法学思想来谈几点：一是马克思主义始终坚持法的物质制约性。在《共产党宣言》中，马克思和恩格斯在揭示"资产阶级的灭亡和无产阶级的胜利同样是不可避免的"这一客观规律的基础上，深刻地指出了资产阶级法的本质："你们的观念本身是资产阶级的生产关系和所有制关系的产物，正像你们的法不过是被奉为法律的你们这个阶级的意志一样，而这种意志的内容是由你们这个阶级的物质生活条件来决定的。"[2] 他们明确提出法律是人类历史发展到一定阶段的产物，"私法和私有制是从自然形成的共同体［Gemeinwesen］的解体过程中同时发展起来的"[3]。二是马克思

---

[1] 《十八大以来重要文献选编》上，中央文献出版社2014年版，第117页。
[2] 《马克思恩格斯选集》第1卷，人民出版社1995年版，第289页。
[3] 《马克思恩格斯选集》第1卷，人民出版社1995年版，第132页。

主义始终坚持经济分析与阶级分析的方法。在阶级社会,法律是统治阶级意志的表现,在社会主义国家,法律则是人民共同意志的反映。世界上没有什么超阶级的法,也没有抽象的一般法。是否承认法的阶级性,是区分马克思主义法学与非马克思主义法学的重要界限;是否承认法的内容是由统治阶级的物质生活条件所决定,则是马克思主义法学与非马克思主义法学的根本分水岭。三是马克思主义始终坚持人是法律关系的主体、目的。马克思指出:"不是人为法律而存在,而是法律为人而存在。"① 人是法律的出发点与归宿,法治必须围绕人权的保障而进行。人权是法治的价值取向,是法治的内在要求马克思主义的人权,不仅特别强调权利与义务的一致性,还将人权同人类的解放联系起来,认为只有人的解放才是人权实现的根本出路。那就是要让一个"自由人的联合体"来代替资本主义的"迷信、非正义、特权和压迫",进而实现"基于自然的平等和不可剥夺的人权"。②四是马克思主义始终坚持民主与法治的辩证统一。民主"是一切国家制度的本质"③,马克思与恩格斯明确地把民主作为革命的首要目标,指出:"工人革命的第一步就是使无产阶级上升为统治阶级,争得民主。"④ 离开民主的法治必然出现官僚主义和专断主义,离开法治的民主必然导致无政府主义。

▲:请您接着说明第二点,如何正确认识改革与法治的关系?

●:改革与法治是当代中国两大时代主题,也是中国人民在新时期的两大壮举。正如习近平总书记所说:"改革与法治如鸟之两翼、车之两轮,将有力推动全面建成小康社会事业向前发展。"⑤ 这一论断,构成了共和国发展的基本方向和民族复兴的顶层设计。

我们知道,改革有两种性质,即制度改革与体制改革。前者是指由一种社会制度向另一种社会制度的转变,如我国古代的商鞅变法,便是由奴隶制度向封建制度的改革。后者是指在原有制度的基础上,

---

① 《马克思恩格斯全集》第3卷,人民出版社2002年版,第40页。
② 《马克思恩格斯全集》第20卷,人民出版社1971年版,第697页。
③ 《马克思恩格斯全集》第3卷,人民出版社2002年版,第40页。
④ 《马克思恩格斯选集》第1卷,人民出版社1995年版,第293页。
⑤ 《习近平关于全面推进依法治国论述摘编》,中央文献出版社2015年版,第14页。

社会体制的自我完善。我国现在进行的改革，就是社会主义制度的自我完善。法治有两个阶段，即依法治国阶段与法治国家阶段，前阶段是后一阶段的准备，后阶段是前一阶段的必然发展。我国现在的法治是处在依法治国阶段。它具有过渡性、工具性、复杂性的特点，其目的是建设社会主义法治国家。

因此，我国现阶段改革与法治的关系实质上是指依法治国与体制改革的关系。因此，在这种历史条件下，我们的改革只能在法律的范围内进行，正如习近平同志所说的要在法治的轨道上进行，而不能搞什么"良性违宪"，也不能背法而行。如果发生了矛盾，根据实际先修改法律，再依据法律进行改革。就是说，我们要改变"不破不立"、"大破大立"的观点，而要树立"先立后破，有破有立"的观念，因为我们的改革是体制改革，是社会主义制度的完善，我们不能破坏现有法律制度。

▲：近年来，我们对政治思维、大局思维、民主思维、为民思维讲的比较多，法治思维提的并不多。党的十八大报告则指出要进一步"提高领导干部运用法治思维和法治方式深化改革、推动发展、化解矛盾、维护稳定能力"①。这就涉及了您提到的第三个着力点。

●：在全面推进依法治国，建设中国特色社会法治体系和社会主义法治国家的过程中，提高领导干部和全体公务人员运用法治思维与法治方式去认识和处理问题，特别是对主要领导干部这个"关键的少数"极为主要。所谓法治思维，就是以该问题的合法性为逻辑起点，以权利与义务为主要内容的思维过程，而法治方式则是法治思维的实践。

因此，法治思维首先是一种规则思维，它对事不对人，表明没有偏私的倾向，平等对待当事人。它为人们提供三种行为模式，使人们能对自己的行为预测后果，从而为顶层设计奠定基础，使法律既能保驾护航，又能引导领航。法治思维又是一种"控权"思维，它能把公权力关进制度的笼子里，使权力制约成为现实。法治思维还是一种公正思维，居中裁判，不偏不倚，使问题合理解决。法治思维更是程序思维，坚持按程序办事，依法排除各种非法证据，以法律为准绳，

---

① 《十八大报告辅导读本》，人民出版社2012年版，第28页。

以事实为依据解决各类纠纷。

▲：由此可见，正确区分法治思维与其他思维是很有必要的。

●：一般来讲，政治思维关心的是利弊得失，核心是平衡，经济思维关心的是投入与产出，核心是价值，而法治思维关心的是规矩方圆，核心是公正。当然，必要时要综合考虑法治思维与其他思维。

▲：最后，请您谈一谈全面依法治国对于"四个全面"战略实施的意义。

●：从"四个全面"的战略布局来看，全面建成小康社会是兴国之纲；全面深化改革是强国之路；全面推进依法治国是治国之道；全面从严治党是立国之举。习近平同志曾指出："从这个战略布局看，做好全面依法治国各项工作意义十分重大。没有全面依法治国，我们就治不好国、理不好政，我们的战略布局就会落空。要把全面依法治国放在'四个全面'的战略布局中来把握，深刻认识全面依法治国同其他三个'全面'的关系，努力做到'四个全面'相辅相成、相互促进、相得益彰。"① 法治兴则国家兴，法治衰则国家乱。全面推进依法治国，是全面建成小康社会和全面深化改革的重要保障，是确保党和国家长治久安的根本要求。我们必须将"四个全面"统一于民族复兴的伟大梦想，统一于中国特色社会主义伟大事业。

---

① 《习近平关于全面推进依法治国论述摘编》，中央文献出版社2015年版，第15页。

李龙先生法学思想研讨会会议记录

会议时间：2015年11月8日上午9：00~12：00
会议地点：武汉大学法学院325（环境法所会议室）
主持人：陈晓枫（武汉大学法学院教授）
会议内容：

陈晓枫（武汉大学法学院教授）：我是陈晓枫，受李龙老师的指派，担任今天的主持人。我们先介绍一下这次会议的内容，过去的30年，我们迎来了法学的繁荣，在这一过程中，李龙教授勤奋耕耘，成果卓越，以深邃的思想和卓越的法学著作名重天下，李龙先生因此也成为我国首届评选的杰出资深法学教授。今天正好是李先生八十寿辰，就这个机会我们祝李老师生命之树茂盛，学术之树常青，勇担历史责任，再创历史辉煌。下面由法学院党委书记侯振发教授介绍与会嘉宾。

侯振发（武汉大学法学院党委书记）：出席会议的领导有武汉大学人文社科资深教授李龙先生，中央政法委副秘书长、中国法学会副会长、中国法理学研究会会长徐显明教授，湖北省委副书记、政法委书记张昌尔，武汉大学校长李晓红院士，湖北省委副秘书长杨邦国，西南政法大学校长付子堂教授，湖北省委政法委副书记胡兴儒，湖北省法学会党组书记、常务副书记彭方明，武汉大学副校长周叶中教授，荆州市委副书记、市长杨智，湖北省委政法委秘书长王斌武，参加会议的还有李龙先生指导的硕士研究生等各位校友，武汉大学机关部门各位领导以及法学院的资深代表。欢迎大家！

陈晓枫：我们现在请武汉大学校长李晓红院士向会议致辞。

李晓红（武汉大学校长）：尊敬的李龙先生、显明副秘书长、昌尔副书记，以及各位领导、老师、同学们，大家早上好。非常高兴参加这个会议，首先对各位领导各位嘉宾的莅临表示欢迎以及对李龙教授的法学思想的讨论会表示热烈的祝贺并预祝这个会议圆满成功。这个算是我们珞珈论坛的一个部分，利用珞珈法学论坛来讨论李龙先生的法学思想我觉得是非常有必要的，也算是珞珈法学论坛的开篇。李龙教授是我们武汉大学人文社科的资深教授，在我来武大以后我们接触也比较多，经常交流一些思想，他的性格很豪爽，我们很谈得来，我觉得他提的有些东西是很对的，包括如何依法治校等一些理念问题，包括法学院的发展等，所以我和他也结下了深厚的友谊，我们学校非常地敬重他。我希望我们这几代人要把这些思想一直传承下去，这就是我想表达的一个意思。最后祝贺李龙教授，也预祝这次会议圆满成功，也祝各位参会代表身体健康，心情愉快，万事如意！谢谢大家！

陈晓枫：谢谢晓红校长，接下来我们请中政委副秘书长徐显明教授致辞。

徐显明（中央政法委副秘书长）：我今天是以学生的身份来参加这个活动。18年前我在武大追随李老师，来之前就一直在脑子里面回忆，好多事情都能回忆起来。今天到这里，心情有点儿复杂。联合国世界卫生组织刚刚发布的新标准，0~17岁的人应该属于未成年人，18~65岁的人叫做青年，今天我们除了李老师之外可能都属于这个范围。66~80岁的人叫做壮年，所以我们李老师是抓住了壮年之尾，81~90岁的人叫做老年，90岁以上的则叫作长寿老人。所以我来之前就在想，80岁按中国的传统说法已是步入老年，所以晓红教授讲第一代、第二代，这可能是另一个划分标准。

今天我们举行李龙老师的法学思想理论研讨，理论的学科大致上可以分为四大类，第一类是自然科学，第二类是工程技术类学科，第三类是社会学科，第四类是人文学科。十八届五中全会确立了具有战略地位的理念，"创新"是放在第一位，对大学来说，这四大类创新都"创"了什么？对自然科学来说，最高水平的创新是创新知识，包括创新规律的法学，这些都可以归于知识类。在一开始的时候可能归少数人所掌握，当大多数人都掌握，它就变成常识了。第二类工程技术类，最高水平的创新是创新一个新的方法、新手段、新材料，人文学科最高水平的创新是创新生活态度、生活方式。社会科学最高水平的创新是创新思想。所以,今天我们的研讨会叫"李龙先生法学思想研讨会",当一个法学家能够创新思想的时候,就达到了一个最高境界。我的老师就属于这样的老师,他是能够创新思想的老师。李老师在我做他学生之前我们就很熟悉了,实际上我是一直在追随他的脚步来发展我的学说。在我读硕士的时候我研究毛泽东,我的硕士论文是《毛泽东人民立宪思想探源》,当我这篇硕士论文写成了以后,我发现研究毛泽东最深的不是当时我的硕士生导师,而是武汉大学的李龙教授,但那个时候我还不认识他,等再后来我的领域就转到了人权,所以我发表的几篇人权的文章在里面引用得比较多的还是李龙老师的观点,但那个时候还没有认识李老师。和李老师第一次见面是20世纪90年代初到武大来开一个全国的法理学会,从那以后我们就开始了学术交流,我也产生追随他的想法。这个愿望终于在20世纪末的时候实现了,那个时候我已经是山东大学的领导,成为他的学生,有幸在他的门下扎扎实实地做了两年学问,其中包括受他的启发、按照他的要求在日本北海道大学收集了三个多月的资料,后来就在李老师的指导下研究"制度性人权",所以在人权领域,李老师是泰斗人物,我们都在他的麾下。

我追随李老师这几年,对李老师整个的感觉首先是他那种忠诚的信仰,既对我们民族和人民忠诚,也对我们国家忠诚,这是一种学术和政治理念的信仰。我们大家都知道李老师有很坎坷的人生,他曾经被判处过死刑,即使遭受过这样不公的待遇,他对这个国家的感情依然没变,对人民和民族的忠诚没有变,对我们共产党的情感没有变。他虽然到现在还不是中国共产党党员,但是他是伟大的马克思主义法学家。李老师让我感动的第二点是他对基础理论研究的扎实程度在同代人当中少见。与他同时代的法理学者大本营是20世纪50年代初苏联在中国人民大学开设的"师资班",他们主要的学习方式就是读原著,李老师是没进过那个班,他是没有资格进那个班的。但是他在中国人民大学外的其他地方包括监狱,都一直在读原著,所以对马克思主义经典的掌握在同代人当中他远胜于其他人。我们现在读他的书和文章能看到他对马克思主义经典的运用是最娴熟的,这点值得我们后辈永远学习。思想应该建立在正确的立场、观点和方法的基础上,正因为他掌握了马克思主义的经典,能够运用正确的立场、观点和方法，所以能够结合中国的实际创造出新的理论和新的思想，这是李老师让我们感动和敬佩的非常重要的一点原因。那么还有一项，作为法学家又立足于中国的国情然后用马克思主义的原理来阐发中国的道路，把理论和实践结合得很完美的法学家，在我看来，李龙老师堪称典范。大家可能注意到包括我们四中全会，里面的每一个用词都是认真琢磨过的，我们私下里都进行过探讨。他始终是站在中国法治的前沿用最先进的法学理论来解决我们最需要解决的法学问题。李龙老师做学问，解决中国法治问题，为我们国家服务，为我们湖北服务，他义无反顾。另外李龙老师在做学问上的那种严谨和扎实永远值得我们学习。所以我的老师的这四点永远是我的榜样。所以来之前我就在想只有把老师的这四点东西融化在我们的血液当中，将其传承下去那就是最能让老师感到满意的。我现在努力地在这样做，我也希望我的师弟师妹们能传承老师这四项最优良的学风。李老师在武汉大学生活得很舒心，这要感谢武汉大学设立的资深教授制度。中国的综合性大学，文科类大学设资深教授制度的并不多。我在中国政法大学做校长的时候正值2001年设立终身教授制度，这之后武汉大学、吉林大学、中国人民大学相继设立了资深教授制度，我认为这个制度是对最优秀的学者最好的尊重。所以我感谢武汉大学设立这个制度，感谢晓红校长说李龙老师可以推门而入。一个校长能在教授来的时候搬把椅子给教授坐，这就是最好的校长，尊重教授的校长。我要感谢昌尔书记，昌尔书记今天特意来参加会议。上次我来这里是由于工作关系，当时我们谈到了李老师将迎来80寿诞，我说我要来参加，但我没想到这次把昌尔书记也惊动了，这表明我们湖北省委，特别是昌尔书记对法学家的重视。要走出一条中国的法治道路来，第一要党的领导，第二要有社会主义制度，第三一定要贯彻中国特色社会主义法治理论。法治理论来自于哪里，来自于法学家的贡献，所以要贯彻中国特色社会主义法治理论，我们的党和党的领导人就一定要尊重法学家。再次感谢昌尔书记。好，谢谢大家！

　　陈晓枫：显明教授在我们法学界被称为是口才第一，今天终于让我们一睹风采，大开眼界。显明教授的概括极其精当，让我们对李龙先生法学思想的认识又上一层楼，谢谢显明教授。下面我们请张昌尔书记为我们致辞。

张昌尔（湖北省委副书记兼政法委书记）：尊敬的李龙教授、徐显明秘书长、李晓红校长、各位老师、各位专家学者。今天我来参加这个活动，有两个直接的缘由：第一，李龙教授是湖北法学界的泰斗，我作为政法委书记应该看望一下泰斗；第二，我分管高校，我2005年分管高校。李龙老师是高校里资深教授的一面旗帜，所以于公有这两条。另外，我们前不久举办全省政法系统依法治国的培训班，显明秘书长很给面子，到湖北专门来给我们讲了一课，在那个会上我们也感觉到了陈教授说的"口才第一"！今天这个活动很有意义，聚焦我们李龙教授的法学生涯，也是聚焦我们现在的"四个全面"当中全面依法治国这个重大战略，同时通过聚焦法治加快湖北法治建设。首先借这个机会对李龙先生法学思想研讨会的隆重召开表示祝贺，也借这个机会对各位领导、各位专家表示欢迎和问候。我们因为是作为官方来参加这个会议的，我们政法委办公室给我写了很严谨的稿子，刚才听了晓红校长作为院士讲得很轻松，显明教授口才又是第一，所以我就没有必要念这个稿子，我就捡几条来说一说，以表达我们对李龙教授的敬仰之情、感谢之情。李龙教授对我们国家特别是法学理论做出了巨大的贡献，这是在座的各位专家公认的，特别是显明秘书长、晓红校长给予了充分的肯定。我当政法委书记才四年，在我与李龙教授直接接触的过程中，我认识到他对法学理论、民主理论、法治思想方面的研究为我们国家确实做出了突出的贡献。特别是宪法、法理学的基础理论还有法学的教学改革方面都做出了突出的贡献，在这方面大家比我的感受更深。要成为一个大家、一个大师，他的胸怀要大，所以我觉得是李龙教授的高尚师德、人格魅力滋生了他的法学水平，所以我为李龙教授这个方面所深深的感染。

李龙教授对湖北的法治建设有很大贡献，包括从决策上的法理支撑，包括在省委、政府重大决策的执行以及湖北重大决策的实践，还有全省遍布各行各业的法学人才的培养做出了突出的贡献。今天我们杨智同志刚离开政法委，政法委副书记刚刚卸任，到荆州做市长，以他为代表，有一批李龙老师的弟子在湖北开花、结果，为湖北的法治建设做贡献。所以湖北的法治建设也要感谢李龙教授、感谢武汉大学、感谢在座的各位。还有一点我想说的是，我们国家现在进入了一个法治建设的春天，刚才显明秘书长讲"四个全面"的战略部署，把依法治国提高到一个空前的地位，表明了我们党对法治的自觉。湖北的法治建设在全国的大省中应该说力度不断加大，而且建设的形势令人鼓舞。我和大家说说我们去年和法治有关的几件事情，全省的社会治安综合治理我们全国第二名，这几年我们不断地进步。我接政法委副书记的时候我们还是全国十名以后，四年时间，现在排在全国第二。再一个，去年的平安中国建设现场会在湖北召开。孟建柱书记和中央政法各家的一把手，一共来了六个国家领导聚焦湖北的平安建设。再一个，湖北的平安建设、反腐败等专案，其中有两个专案在全国办得很好。一个专案是刘汉、刘维的黑社会专案，一个是周永康的系列案。周永康这个案子审判由中央直接抓，在天津审，但是除了周永康以外所有其他人员都在湖北，一共是190个人，包括前段时间大家看到的"四大金刚"，这些都在两大专案的办理里，中央定为标杆案，并把办案的过程写到书里了。再一个，我在吃饭的时候和徐显明秘书长说：十八届四中全会之后湖北的法治建设不光是要说，不光是要认识这个理念、这个部署，更关键是要做。怎么做？所以由湖北省委法制办每年审核一次，就像领导班子政绩考核一样。据我了解全国这样做的只有我们一家。我和大家介绍这个就是说法治湖北，中央四中全会召开之后力度空前加大。最后一点我想说，湖北这么一个势头，我们期待着通过李龙教授法学研讨会的召开，通过进一步地挖掘、总结、弘扬好李龙先生的法学思想，同时我们进一步地依托好武大的法学地位把湖北的法学建设力度进一步加大，从而使湖北法学走在全国前列，湖北法治建设的实践也走在全国前列。好，谢谢大家。

陈晓枫： 下面呢，我们就对李龙先生的法学思想来展开研讨。首先我们请西南政法大学校长付子堂教授发言。

付子堂（西南政法大学校长）： 尊敬的李龙老师，尊敬的显明老师，永平院长，以及我们武汉大学法学院的各位老师，各位领导，各位师兄弟姐妹，还有我们武大法学院的各位同学们，大家上午好！今天我能够回到又一个母校——武汉大学法学院，与各位师长学友重聚珞珈山下，为我们无上尊崇的李老师贺寿，我感到非常荣幸。我是1999年进入武汉大学博士后流动站的，是李龙老师的弟子，在2002年末正式出站。我非常感动，从武汉大学博士后流动站出站以后，每一年我都会收到我们武汉大学校友会寄的厚厚的一本校友通讯录。中间有一次我以教育部评估专家的身份回到母校，给武汉大学进行教学评估，所以说从某种意义上来讲，没有武汉大学，没有李龙先生，就没有我后来的事业发展。对此，我非常感谢。今天我们主要是庆贺李老师八十华诞，我认为这不仅仅是武汉大学法学院师生和校友的节日，从某种意义上也可以说是全国法学界尤其是法理学界的一大盛事和喜事。我们都知道作为国内知名的法学家，李先生在马克思主义法学、宪法基础理论、人权理论、法治发展等研究领域都有一系列独创性的建树。刚才显明老师也提到了，我也是非常有同感。这数十年来，李老师总是能够敏锐地洞悉社会发展的新动向，敢为天下先地进行贴合社会实际的理论创新，开创性地引领全国法学领域理论研究的发展方向。

下面我举几个例子，比如说早在 20 世纪 90 年代初，在座的我们有些学生可能不太了解当时的背景，当时有很长一段时期，在我们国家，包括法学界，谈到人权都是一个禁区。不管是写文章还是在其他一些场合，我们提到人权的时候都要加个引号。我曾经专门梳理过从 70 年代末到改革开放后，直到 90 年代初主要的一些报刊的标题，凡是涉及人权的都加了引号。有些人会直接问，人权是个资产阶级口号吗？还是人权是个无产阶级口号？反正当时我们的教科书说我们是不欺人、不主张用人权这个概念，要用其他的一些词语。但是在 90 年代初，李老师率先在我国开展人权问题研究，特别是他与韩德培先生主编的一部巨著——《人权的理论与实践》，在当时的历史时期可以说是我国研究人权最具代表性和权威性的著作，是对我国研究人权问题禁区的一个重大突破。后来这本书，获得了社会科学方面的国家一等奖。它是武汉大学的一个标志性成果，对整个法学界影响非常大。这是其中的一个例证。1991 年 11 月 1 日，国家开始发布第一部白皮书，也就是中国的人权状况白皮书，从那个时候起，人权研究的禁区被打破。所以说在 20 世纪 80、90 年代，李老师，以及包括我们西南政法大学的这些老一辈法学家在人权理论方面，应该说是率先地突破了禁区，为我们以后的人权理论奠定了一个非常良好的基础。

再有一个例子，就是李老师创设的宪法基础理论、法理学五论（包括本体论、价值论、运行论、范畴论，还有关联论），以及李老师提出来的要构建人本法律观的完整体系，都是他多年来对改革与法治的探索的重要成果，在国内外都产生了广泛而深远的影响。李老师除了能够把握时代脉络，坚持理论创新外，对于学术研究，他还十分推崇"甘坐冷板凳，潜心研经典"的治学之道，这非常值得我们学习。李老师经常教导我们要甘于寂寞，要从经典著作中脚踏实地地把自己的知识进行深化和系统化。李老师还经常教导我们，只有打好坚实的理论基础，才能够做到理论联系实际，准确把握社会发展的客观规律。所以说多年来，他不仅教导我们这些弟子们一定要孜孜不倦地对哲学历史原著尤其是马克思主义法学经典原著进行学习和研究，他还自己带头对经典著作不断进行研习。在李老师的指导下，我的博士出站报告的主题就是梳理和研究马克思主义经典法律思想的发展线索，特别是对马克思主义法学经典这一块，其中还包括对毛泽东同志和邓小平同志的法律思想的研究，其中一些研究，从现在看来，应该说在全国都还是处于领先地位的。李老师将马克思主义与当代中国民主法治建设的国情相结合，相继出版和发表了一系列理论成果，他为探索适合当代中国的法学发展道路，为构建中国特色社会主义法治哲学体系贡献了自己的智慧和力量。

  在法学教育领域，李老师的理论研究和实践探索对我国的法学教育事业发展也起到了举足轻重的作用。在20世纪90年代末，在国内法学界的本科教育改革呼之欲出之时，李老师就敏锐地指出中国法学教育的关键就在于更新法学教育观念，也就是要摒弃从苏联沿袭过来的所谓的"对口教育"理论，转而探究法学素质教育，着重培养学生的能力，李老师还具体提出将之前分散的几个法学专业合并成一个法学本科专业。在座的很多老师应该还有印象，曾经有一段时间，国内很多大学包括我们西南政法大学，整个法学专业下实际上又分好几个分散的专业。以我们西南政法大学为例，从本科招生的时候，我们有一个经济法专业，还有一个劳改系专业，就是监狱法。当时还有很多学校搞国际法专业，本科就设国际法专业，另外还有其他的一些专业。李老师一直主张将分散的各个法学专业合并为一个法学本科专业，也就是要重基础、宽口径，这是一个非常好的教育理念。另外李老师还提出来要确定14门法学本科核心课程的改革方案。我们上学的时候，当时是33门课，后来各个学校开设的课程也不太一致，那么从法学教育研究这个角度来讲，这个核心课程的改革方案也是李老师率先提出来的。我记得这个改革方案当时就是一小本儿,篇幅不是很大,但是级别很高,影响也很大,是关于中国法学教育改革的一个科学的方案设计。从那本书开始,全国各学校法学专业的核心课程都是14门,然后在其他方面各个学校可以根据自己的实际设计一些其他的课程。李老师最终设计的"中国法学教育改革战略"为教育部所采纳,并在全国推广实施,我们现在所看到的,或者说我们历届的法学的学生的法学本科教育基本上就是按李老师设计的这个方案来执行的。在将近20年的时间里,我们各个学校都是按照这个方案来做的。这是李老师在法学教育改革方面做出的重大贡献。

除了在学术研究和法学教育方面,李老师堪称一代大家之外,李龙老师另一个让人无法忽视的成就就在于其"桃李遍九州"的育人事迹。李先生数十载的从教经历,为我国培养了大量优秀的法治专门人才。其中不乏学术大师、政界名人及社会楷模,他们散布在国家的各行各业,成就斐然。今天我们在座的显明老师,在座的很多师友以及很多师兄弟姐妹,大家都是李老师杰出的学生代表。今天我们武汉大学和武汉大学法学院为李老师举办这样一场专门的庆祝活动,我认为既是在弘扬一种尊师重道的文化,又体现了一份对法学教育历史传承的推崇。我们所有的后来人都应该谨记今天我们所享用的平台和基础,它们都是以李老师为代表的老一辈大家们用毕生的鲜血积淀而成的。我在西南政法大学经常讲一句话,叫"老师栽树,学生乘凉",我们需要继承这些老先生们自强不息、无私奉献的这种精神,传承他们对法治事业忠贞不渝的风骨,在新的历史时期艰苦奋斗、锐意进取,力争在前人的成就基础上创造出新的辉煌。最后再次恭贺我们的李老师八十大寿,祝愿老师和师母松柏长青,长寿幸福,吉祥安康!谢谢大家。

陈晓枫：知生莫如师,知师莫如生。付老师也是我们法学重镇的领军人物,西南一支,也算是地方诸侯之一,付老师对李先生创新能力的概括是我们还不能企及的,感谢付先生的精彩发言,谢谢！李先生在最早举起人权旗帜的时候,就把人权上的冒号、引号拿掉了,还用宪法修正案的形式把人权送到宪法里面去了,虽然它的公布比较神秘,但是我们没有忘记。李老师在担任我们常务副院长的时候,曾发起过一个计划,即"双博"计划,计划是提出所有的学生都要读博士，所有的老师都必须是博导，这个计划培养了一批非常优秀的青年法学人才。在座的有很多都是其中的一员，里面有很多在后来都成为了中国杰出的青年法学家，其中首任的应该就是我们的周叶中教授。现在欢迎周叶中教授发言。

周叶中（武汉大学副校长）：首先我要对李老师八十寿辰表示祝贺。至于发言呢，我想刚才显明老师、子堂教授都对李老师的学术人生、学术贡献作了非常好的阐述。我呢，就从宪法学这一块，给李老师的宪法思想做一个简单的探析。李老师的法学理论，特别是法理学，刚才子堂教授做了非常精当的概括。对于宪法学这样一个领域，李老师的认识和理解是着重基于法学理论这样一个视角来探讨宪法规范、宪法现象、宪法制度的，通过这样一种分析，使法理学和宪法学这两个学科交叉融合在这个领域。李老师在宪法学领域的卓越贡献，具体来说是以下四个方面表现最为突出。

第一方面是深入总结古今中外宪法基础理论发展的历史脉络，丰富了宪法基础理论的内涵。李老师从宪法基础理论着眼，系统考察了古今中外宪法基础理论的历史发展轨迹，从三个层面梳理了宪法基础理论发展的源流基础。第一个是梳理总结了西方纵贯千年的宪法思想和数百年来宪法基础理论的积淀，在对众多荟萃欧美法各国宪法思想的宏编巨制的探索中，把握宪政的兴衰。在李老师主编的《西方宪法思想史》中，他以宪法思想的探析为基础把西方宪法思想的主题概括为"制衡论"、"民主论"、"人权论"、"宪政论"这么四点。李老师把宪法基础理论划分为古典宪法基础理论与现代宪法基础理论，在历经五个世纪演进发展的西方宪法基础理论中，挖掘出对社会发展和人类进步具有借鉴价值的内容。第二个层面是探寻了西方法文化进入近代中国背景下的宪法观念和理论遗产。李老师选取了有代表性的康有为、梁启超、严复、孙中山等人的思想，详细评述这些人的宪法思想的可取之处和局限所在，批判性地借鉴和吸收近代中国的宪法理论。第三是深刻把握马克思主义宪法基础理论的历史沿革，为当代中国的宪法基础理论正本清源。李老师在对马克思主义法学研究的基础之上，深入阐述了马克思主义经典作家的宪政思想，肯定了他们在宪法基础理论上的卓越建树，与此同时发掘和探讨新中国用以指导立国的宪政思想，也是李老师马克思主义宪法基础理论研究的重要内容。

李老师在《毛泽东法律思想研究》与《邓小平法制思想研究》这两本著作中的关于宪政的论述，推进了我国宪法基础理论的发展。

第二方面，李老师以法理学为视角，重视宪法规范，在法的规范的共性中探寻宪法规范的特性。李老师认为宪法规范是组成宪法的细胞之一。李老师突出强调宪法规范的意义，认为宪法规范的理论与实践，不仅是宪法基础理论的重要内容，而且关系到宪法的制定、修正与实施。在深入研究世界各国宪法的过程中，李老师以法理学理论抽象出宪法规范的构成要素，认为宪法规范是由宪法规则、宪法原则、基本国策、宪法概念程序性和技术性规定等构成的自洽的规范体系。第一，李老师认为，宪法规则是主题，较之于其他部门法规则，宪法规则具有更多的设定行为模式，兼具单一与复合权利义务，调整的社会关系也比较复杂，一般会涉及一国带有根本性问题的社会关系。第二，宪法原则与基本国策是核心，其中宪法原则能够集中体现宪法的实质与宪法的价值。一般是一国的社会生活和社会关系的基本准则决定了宪法规范的稳定性和统一性，它具有宏观指导作用。第三，宪法概念程序性和技术性规范是宪法规范不可或缺的内容。与其他法律规范比较起来，宪法规范具有内容更加丰富、结构更为复杂、范围更为广泛等特征。

第三方面，李老师以法律价值理论为基础，提出了宪法的基础价值理论。法律价值是法学的基本理论，其不仅是不同法学派别理论的出发点，而且法律价值的确定或者选择，是现代文明的重要标志。李老师借用法理学中法律价值理论的研究范式，提出了宪法的价值理论，并且从三个层面对其进行剖析与建构。第一，从宪法的国家价值层面，明确提出它主要反映了国家对宪法的需求和宪法对于国家的实际效益。按照这个标准，李老师突出强调了宪法在立国、治国、建国与卫国四个层面的重大价值，即宪法是立国的政治宣言，宪法是治国的法律依据，宪法是建国的基本纲领以及宪法是卫国的有力武器。第二，从宪法的社会价值层面而言，李老师认为其主要反映了作为组成社会的人对宪法的需求和宪法对人的实际效应。所谓"民无法而不立"，安全、民主、人权、自由等等都是宪法社会价值的题中应有之意。第三，从宪法的法律价值层面而言，李老师认为其主要表现为法律对宪法的需求和宪法对法律的实际效应。宪法作为国家的根本大法,是法律的法律,在一国法律体系中居于核心地位,其他法律必须以宪法为依据。

第四方面,基于宪政制度的建构及其运作过程,李老师积极探寻宪政规律论。李老师在宪法基础理论研究方面的可贵之处在于,其并非停留在宪法的历史与现实问题,而是通过对古今中外宪政史的深入考察,透过纷繁的宪法现象和宪法规律,凝练并提出宪政的基本规律。李老师将对宪政规律的思考凝练为立宪规律、行宪规律与护宪规律。第一,就立宪规律而言,从宪法诞生到宪法发展,再到宪法完善,尽管民主和人权始终是宪法的出发点和归属,但不同时代立宪的基点和重心各不相同,宪政经历了人权立宪、政治立宪、经济立宪的漫长演进过程,李老师准确把握了知识经济浪潮下传统的工业经济向以知识为基础的经济转变的趋势,提出了知识立宪这一崭新概念,并预言知识经济的确立必将导致知识立宪,宪政发展的时代正朝向知识立宪迈进。第二,就行宪规律而言,李老师聚焦于国家权力状态这一宪法运行关注的焦点,提出了从单纯控制国家权力发展到既控制权力又保障权力的普遍的行宪规律。具体而言,李先生突破了古典宪政理论中以控制政府权力为核心内容的传统范式,提出通过宪政涉及与宪法运行来保障国家权力的运行,以实现经济效率、民主管理及其他社会价值,达到控权与保权的有机统一。第三,就护宪规律而言,李老师基于维护宪法权威,实施宪法监督之考量,深入考察了世界宪政发展史,以违宪审查制度为核心,探寻宪法监督的内在规律。应该说李老师在宪法学理论的贡献还有很多,就如刚才子堂教授提到的人权理论、宪法基本范畴,以及宪法在具体实施过程中涉及的各方面,都有他非常精当的一些创新的理论和观点,我们作为他的学生,一直感到很荣幸,在他身边不仅学到了很多非常具有高瞻远瞩意义的学术思想,而且更重要的是深深体会到了作为学术人应该坚守的品质。就像显明教授所讲的,对于党和国家的一种无限忠诚,对学术的一种无限崇敬,对于学生的一种无限关爱,这一点我们真的是深有体会。如果说我们现在能够做点什么事情,在某些方面还有相应的一些作为,那么李老师从各个方面的关心关照,是起了非常重要的决定性作用的。所以在这里,我要对李老师表示深深的敬意,并祝李老师健康长寿,学术长青!谢谢大家!

陈晓枫：看来周教授是下了真功夫的。这个学术归纳可以说是纵贯上下五千年，纵横前后八万里。如果说其他的老师讲到了李老师的精深，那么周叶中校长提到的就是他的渊博，就连黑格尔、席勒、毛泽东、邓小平等人的法学思想，在这个思想归纳中都有体现，谢谢周校长。下面请我们本院的青年才俊，院长肖永平教授发言！

肖永平（武汉大学法学院院长）：尊敬的各位领导，各位校友，大家好！今天是一个好日子，我们在这里欢聚一堂，来庆祝李龙先生八十华诞，并就他的法学思想进行一些归纳、探讨和学习。首先我想代表法学院的全体师生，对各位在百忙之中来参加我们的研讨会表示衷心的感谢，同时也代表我们的全体师生对李龙先生为新中国的法制建设、新中国的法学教育以及对于新中国的法理学、宪法学领域所作出的杰出贡献，表示我们崇高的敬意。作为学界的晚辈，我也要特别感谢李龙老师对我本人学业上的指导，对我工作当中的一些帮助和支持。因为我和李先生从事的研究领域不同，没有办法和在座的大多数一样，对他的学术思想作出精准的深刻分析，但是我同样受到他治学精神、教学方法方面的影响。我想我的体会大概有三点：

第一点是追求真理。李先生的一生历经坎坷，大致可以概括为学法、被执法和研究法律三个阶段，但是他始终没有放弃自己的理想和信念，他坚信马克思主义法学是建设中国特色社会主义法律体系的指导思想和基础，并自觉地运用马克思主义的基本理论和方法来研究中国在法治建设当中所面临的一些问题，最终成为在中国最有影响的马克思主义法学家。第二点呢，我觉得是潜心学问。尽管李先生在他最好的年华被耽误了做学问的时间，但是自从他归队之后，就一直坚持"研究中国问题，写中国文章"的理念，在法理学、宪法学领域实现了从了解前沿、紧跟前沿到创造前沿的这样一个跨越，不断总结和升华自己的理论主张，提出并论证了人本法律观，同时在人权、法治、民主等基本法学理论方面作出了较大的贡献。即使在他成为武汉大学人文社科方面的资深教授，年满七十高龄以后，他仍然发表了很多的成果。在我的印象当中，在法学院每年的科研成果统计里面，李老师常常进入我们法学院排名前十名。李先生这种潜心学问的精神，给了我们很多的感动和启发。第三点是因材施教。李先生一直非常重视人才的培养工作。就本科教育来讲，他先后三次获得过国家级教学成果一等奖。虽然我没有统计，但印象中大概在中国法学界，就从事法学教育的教师来讲，获得过三次一等奖的，大概只有李龙老师一人。对于研究生的培养，他更是善于因材施教，通过启发学生的思维，强调对理论前沿的开拓和对实践问题的批判，所以在他培养的100多位博士当中，有近10人担任了校长、副校长，近20人担任了院长、副院长，还有70多人晋升了教授副教授，可以说今天我们在座的各位，都是受惠于他的培养教育。这就是李先生在治学精神、教学和为学方面给我的三点重要的启发。

八十年的这样一种历程，我想一定有很多的酸甜苦辣，今天我们除了探讨李先生的具体法学思想之外，我想可以让我们重返时光隧道，与李先生一起，共同回忆一下他十岁少年时的梦想，二十岁时倾城的浪漫，三四十岁时坚守的困苦，五六十岁时研究的辛劳以及七十岁时耕耘的成就。今天李先生马上要满八十了，让我们衷心祝福他老人家健康永远，百岁人生，同时也祝愿在座的各位都幸福安康，万事如意，心想事成！谢谢大家！

陈晓枫： 谢谢肖院长。有很多风采那是绝代风华，我们现在想做三届的全国教学一等奖，那是不可能了。下面我们就请李龙老师现在法理学方面的衣钵传人——汪习根教授发言。

汪习根（武汉大学法学院副院长）： 非常感谢主持人。尊敬的李老师、显明老师、子堂老师，还有周老师，各位领导还有师兄弟以及同学们，上午好！可以说跟大家一样，我怀着无比激动的心情来参加今天这样一个研讨会。听了各位领导和老师的发言后，我可以说是非常受启发。我对李龙老师的追随可以说已经有33年的历史了，但是老师高山仰止，我们只能望其项背，到今天也还没有学到一点皮毛。但是我想用三句话总结一下跟随李老师学习和工作的体会。

第一句就是我们感受他作为理论家的风采，第二句就是教育家的风范，第三句就是法律家的风骨。第一个从理论家的风采来讲，我想主要是有三个体会：第一个是原创。刚才我们在座的各位都已经讲到了，李老师有一句名言，他说我们不仅仅是要研究前沿问题，还要占领前沿，更重要的是要善于创造前沿。把这个占领前沿、研究前沿进一步推进到了一个新的高地，那就是学术的制高点。他不仅仅是这样说的，而且自己也是这样做的，率先垂范。在一系列的重大法学理论问题上,在国家的法治建设和法治发展等一系列敏感问题上,他都作了非常好的创造前沿性的工作。

我记得是在2007年,我受留学基金会的委派到美国的哈佛大学和哥伦比亚大学去做高级访问学者。当时在美国的哈佛大学法学院这个全世界最牛的图书馆——法学图书馆里,我竟然找到了李先生的好几本著作。说一句不是很好听的话,李老师的俄语很好,但英语并不是特别好。但是他的书在美国哈佛大学图书馆有四本,而且是中文的。这不仅是一个学问问题,更是一个关乎中国的问题。他的研究已经被全世界、全球的学者,尤其是关注中国问题的人,所接受和推崇,并被收藏在他们的学术殿堂里。他的原创从理论上讲,我不敢去妄加归纳,因为很难穷尽,一两句话根本说不清楚。其中最主要的一个就是刚才子堂教授,包括叶中校长也提到过的李老师在法学理论上的伟大创新。对于整个法理学,他不仅仅是在微观上,在宏观上也对整个法理学的体系作了一个非常精准的细密的逻辑性和体系性归纳,这促使他的关于法理学"五论"思想的形成,这里我就不重复"五论"的具体内容。就"五论"思想而言,他不仅仅是简单地对他人成果做一个系统化的归纳和总结,更重要的是每一论里面都有自己的创新。这是我个人的一点学习体会,不一定深刻,望大家一起来探讨。在本体论里面,他提出了一个非常著名的论断,即法的本质、本源、本身问题,我们可以把它归结为"三本",这就是他独创的理论。在本源上,在二十世纪七八十年代,特别是八十年代"文革"刚刚结束以后,国内法的阶级性和社会性的热烈讨论,这个在当时是整个中国法学界的热点问题。我们在座的很多老师都写了很多很好的文章,包括我们显明教授,写了大量的这方面的文章。针对这个问题,李老师提出了一个观点,那就是法根源于市场经济,从历史的角度提出了三个基本阶段的划分。第一个是从史学的角度来考证法律是起源于商品生产,包括简单的商品的生产。第二个是法律是发展于商品经济,是从商品生产到商品经济。第三个是法律兴旺发达于市场经济,而且就法律对市场经济的作用特别是在宏观调控中的作用,李老师专门作了非常好的预演,从罗斯福新政一直到中国今天的市场改革。包括三中全会提出的要使市场在资源配置中的作用从过去的基础性作用转变为今后的决定性作用,其实在李老师二三十年前的文章里面就已经闪耀着它的光芒。在法的本质方面，李老师不光是谈法的阶级性，还谈法的人民性、科学性。所以，我们看李老师的文集里面有一篇文章叫做《公益法论》，这是1984年他写的。我记得这篇文章当时我还帮他手抄过，虽然没学到精华，但是因为那个时候没有电脑需要手写，所以第一时间看到稿子时，我感到受益匪浅。对整个法学本质，他提出要从公益法的角度来进行说明和解读，论证了公益法学产生的必要性以及公益法学的本质特征。三十年过去了，我们现在才搞环境公益诉讼，才谈公益制度的构建，可见这个思想延续到今天，他的实践意义依然是非常巨大的，当然这也是整个法学界共同努力的结果，在本体论上。对于这个范畴论，我在这里就不一一展开，法学界有很多对于范畴的解读，但是李老师的巨大贡献就是把范畴链接起来，形成了一一对应的关系。我们现在使用的国家级的精品课程教材——《法理学》一书中，李老师从人治和法治的角度把各个范畴串起来，包括权利和义务、法律行为和法律意识、良法和恶法等，使它们形成为一个体系。李老师不仅仅是单独地来解读它，而是把它看成是一个相互对立、相互统一、内部协调一致的系统而且考察它是如何与外部连接起来的这样一个完整的关于范畴的体系。那么在价值论里面呢，我觉得李老师有两个很重大的贡献。第一个是关于公平和效率的关系，过去我们一直没搞清楚，但是他和法学界的同仁们一道把这个问题可以说是在法学上就解决了。过去说效率优先，兼顾公平。但是在法律领域里面，他们始终认为应该是公平优先，效率作为一个法的价值在某些方面是可以起到重要的作用的，但它不能取代公平。然后在法的价值里面，李老师对秩序、人权、正义和效率四个做了定位的划分。我觉得今天的我们对此依然是受益匪浅。李老师认为秩序是一个基础价值，人权是一个根本价值，正义是一个核心价值，效率只不过是一个补充价值。当然还有很多的地方都有李老师的原创，比如说在运行论里面，就立法、执法、司法、守法、护法五大方面里面，立法来说，早在两千多年前亚里士多德就提出要立"良法"，毛泽东同志在他的人生的第一篇文章——《商鞅的徙木立信论》也谈到了"良法"，而我们李老师可以说是第一个从理论上形成关于良法的专著的第一人。他主编了《良法论》一书，该书曾经获得过国家精品一等奖，这个奖的获得可以说是名副其实的，我们也从中受益匪浅。在关联论里面他也提出了很多观点，比如法律和科技的关系。我们现在要构建创新型国家，法律要进入新常态。李老师前不久又写了一篇文章，名为《法治的"新常态"》，认为制度创新从一定意义上来讲，与科技的创新比较起来，它的地位和意义也并不逊色，甚至可能更具有超前性和前提性。没有制度和法治的创新，科技的创新可能就没有生命活力。所有以上的这些都非常值得我本人，我相信也包括在座的各位去认真揣摩和体会，也是我们需要进一步去认真学习的一些问题。

在人权方面，昨天我们还开了一个有关人权的会议，我当时就说了三点。刚才我前面几位老师都说得非常透彻，我在这里就不过多重复。第一个就是人权模式，李老师在很久以前就发表了《人权模式论》这篇文章，中国特色社会主义人权模式究竟和西方的人权模式、今天的人权模式和近代、古代的那些萌芽的老模式究竟有什么不同作了很好的梳理和分析。第二是准确回答了马克思主义人权观究竟有哪几点，马克思给世界作出了怎样的贡献，人权的中国化、当代化、现代化有什么样的特征，有什么样的创造创新等问题。再一个就是人权的实践，即怎样运用法律去保障人权，以及在实践和改革中如何行人权保障等。包括司法改革这些领域里的人权保障问题，我在这里就不再展开。除了原创外，第二个体会是"中国"，他强调打中国牌，写中国文章，这里蕴含了非常深层次的中国特色、中国作风、中国气派。李老师现在是中央马工程专家审议委员会法学组的组长，这意味着我们现在所有的马工程教材没有他们的签字审定就没法出版，这是非常了不得的。从毛泽东、邓小平的法治思想中强调马克思主义法学原著的选读，到现在对关于四中全会新时期法学思想的研究，李老师的法学观点始终是跟国家的重大战略，跟国家的发展密切相关的，从这里我们看出李老师确实是一直在占领前沿，创造前沿。第三个体会就是其实李老师还非常有全球性思维，我们看他的文章里面有，比如说国内法和国际法关系的法理学思考，有从法理学的视角研究我们中国目前还没有完全解决的、我国宪法现在还没有写进去的关于国内法和国际法究竟怎样去衔接的问题。针对这个问题，李老师在当时提出了一个模式，一个新的原则，文章被很多地方转载。还有经济全球化和法学的演进问题，及日本宪法第9条及其走向问题，相关文章是在

《中国社会科学》上发表过的。在今天看来，日本修改安保法依然具有非常重大的现实意义，文章发表后被翻译成了日文和英文，在海内外都产生了很好的反响。这是我讲的第一点，也是第一个大的方面，理论家的风度。这样一个高度，是我们难以企及的、望尘莫及的高度。

  第二个是教育家的风范，可以概括为五个"一"。第一个一是一个体系，刚才我们所讲的五论就是一个完整的法理学体系。再一个一是指一个学科：法理学，正如周校长刚才所说的，它和宪法学有机地进行了学科的渗透、融合、交叉，生长出了宪法基础理论这样一个新兴的二级学科，作为博士点的重点研究方向，它产生了很好的社会影响、学术效益。第三个一是指一个制度，关于中国法学教育的改革与未来，他设计出了引导中国法学教育的未来发展的这样一个教育制度。我们在座的各位都是这个教育制度的受益者，尤其是对我本人来说意义重大。说一句比较不好意思的话，因为这个成果当时获得了国家级优秀教育成果一等奖，我们也有幸在设计队伍里面。周校长当时排第二位，是常务执行。然后我和亚文两个也有幸被排在了里面，这个奖章上也有我们的姓名，虽然我并没有做什么工作。再一个一就是一个境界的问题，谈到境界，他常说带学生的老师或者说是教育家有三个境界：传授知识的老师属于三流的老师，传授能力的老师属于二流的老师，把学生带出一个境界的老师才是一流的老师。他就是这样去做的，他总是试图把学生们带到一个新的境界，让他们获得新的知识，使他们在面临新的问题和新的领域时，能不畏艰险、不畏权威地这样一个去探索。这就显现了他作为一个教育家的风范和风采。第五个一是指一个名誉，全国首届资深法学家的评选在人民大会堂进行，当时李老师被评为全国杰出资深法学家，并接受了授牌。杰出资深法学家不是一个简单的随便的口语性称谓，它是一个专有名词，是一个国家级的最高的专门授予给那些有过杰出贡献的资深法学家，一个官方的荣誉称号，是对李老师成就的一个很好的总结。

  那么第三个呢，就是法律家的风骨。他不仅仅是从学问上来研究法律，而且在实践上去践行法治。我们都知道李老师一生坎坷，曾坐了20年的牢，但他仍矢志不改。这样一种情怀，这种坚持真理和公平正义的一身正气，对我们的影响非常巨大。我在好多年前看过有一篇报道，现在仍影响深刻，标题是《挽救了十四条人命的法学教授——记武汉大学李龙教授》，陈晓枫先生可能对此比较清楚。

陈晓枫：是的。当时湖北监狱前的监狱之墙上有这样一句话，"要想无罪找李龙"。

汪习根：他就是你的前任，我们湖北珞珈律师事务所的主任及创办人李龙老师。

陈晓枫：李老师成功地做了很多无罪辩护的案子，那时候有些律师说，我一生做的案子只要有一个是无罪辩护，就心满意足了。李老师却说我做了十几个了，一个有什么好做的。这都是真事。

汪习根：十四条人命就是十四个无罪辩护，成功的无罪辩护。辩护一个成功都不容易了，所以这是非常了不起的事情。李老师娴熟地运用自己法律方面的知识，加之独到的技巧、雄辩的口才以及缜密的逻辑思维，解决了一个又一个法律运用上的难题，案例分析上的难题。李老师出身法学世家，昨天显明还谈到了这个问题。伯父是民国湖南大学的校长，一直从事法律方面的工作，曾经还在开国大典的时候站在天安门城楼上观看阅兵式。我记得我在读本科的时候，也就是1984年的时候，给李老师抄写过一篇文章，文章的名字叫《民法三考》，是对民法的问题做了三个考证。从民法的角度来看，他不光是一个法理学家，在部门法、民法和有关的其他部门法方面，他早在30多年前的研究就非常的精深，而且还很专业、很具体。他一直强调法理学不是一个单纯的抽象的学科，它应跟法律的所有其他部门法结合起来，既要强调自然法，也要强调实证法，把实证和法学的理论结合起来，从法学理论的高度和深度去分析每一个具体的案件，这样才能无往不胜，这才是制胜的法宝，而不是从法条到法条。我们要跳出法条，站在法理的高度来解决问题。这确实是非常值得我们学习的，他能够融会贯通，能够学贯中西，能够不仅仅教给我们知识和能力，更重要的是把我们带出一种境界。我的初步体会就是理论家的风度、教育家的风范、法律家的风骨这三点，这是我们一辈子都学不完的，所以我要深深地感谢我的导师李龙先生。好了，我就说这么多，谢谢大家！

陈晓枫：很难得，前面那么多大家做了那么多全面而精深的概括，我原来以为轮到汪习根，他没有什么好说的呢，想不到他还有这么多漂亮的总结,谢谢!正如汪习根教授所说,李龙老师桃李满天下,并且还有很多跨界的。他有一个博士学生现在是荆州市委副书记,市长,他叫杨智,现在我们欢迎他发言。

杨智(荆州市委副书记、代市长):尊敬的李龙老师,徐显明秘书长,各位领导,各位师兄师姐,师弟师妹,大家上午好!古人说,古之学者必有师。我认为拜师必须拜大师,读书必须读经典。我很荣幸此生成为李龙老师的学生。自从成为李龙老师的学生后,不仅提升了我的学术水平,而且也改变了我的人生道路。所以至此李龙老师八十华诞之际,我要深深地向李龙老师说声:谢谢!同时祝福李龙老师生日快乐,健康长寿,吉祥如意!衷心祝愿李龙老师这个学术之树常青,学术思想再上台阶,再创辉煌!

我之前在省政法委工作了几年,有时候出差到北京去,跟中央政法委的一些领导或者中国法学会的一些专家接触的时候,他们知道我是法学博士,是李龙老师的学生,都说李龙老师了不起。在座有徐秘书长是李龙老师的学生,我就不多讲了。有些不是李龙老师的学生,但也是法学大家。我就问他们:"怎么了不起呢?"他们告诉我,在国外图书馆,刚才汪习根教授也讲了,在一些学术机构,收录学术著作和学术文章最多的,李龙老师是中国法学家之一,我不敢说是之最,但肯定是最多之一。回来之后我就在想,李龙老师的法学思想究竟有哪些?我们应该怎样来学习研究、归纳总结、传承弘扬,带着这个问题,我就向李老师谈了这个想法,后来得到李老师的首肯。于是就提出了今天这么一个思路,借李龙老师八十华诞之际举办一次李龙老师的学术研讨会,然后每年生日的时候都举行这样一个研讨会,在李老师的带领下,大家一起来研究,来归纳总结。同时设立李龙基金会来支撑这个研究会,并褒奖以后的师弟师妹们进行李龙思想的研究。李龙老师同时安排汪习根教授,徐亚文教授一起来研究筹备这个事情,我算是半途而废了,后来因为这个工作的原因,我被调离武汉,参与的就少了。这个方案形成之后,我又受李龙老师的委派向徐显明秘书长进行汇报,所以去年徐显明秘书长来参加武汉会议的时候,我就跟徐秘书长做了汇报,也得到了徐秘书长的首肯。徐秘书长说这个思想好,说他在外地心有余而力不足,希望在武汉的师弟师妹们一定要照顾好李老师,同时要多做一些这样的工作。这个会议召开的时候一定参加。今天会议召开了，徐老师也来了，在这里，我们也向徐秘书长表示感谢，徐秘书长作为师兄如此重视这次会议，我深表感谢！

那么李龙老师的学术思想到底有哪些呢？刚才各位领导、各位师兄、各位专家都说得很好，我呢，虽然年龄不小，但是作为李龙老师的学生，我的辈分很低。俗话说坐哪一排说哪一级的，听完大家说的，我都不敢开口了。敬酒我也最后一个敬，等大家都敬完了我再敬。因为辈分很低，我就不在各位师兄师姐面前班门弄斧了，我好像也谈不出什么别的新的思想，但是在这里我想表个态，我们今后一定跟随各位师兄师姐，一起继续学习研究和弘扬李龙老师的法学思想，我想这是第二层意思。我工作在荆州，最后呢，也借这个机会，欢迎李龙老师、各位领导、各位师兄师姐到荆州去讲课，去传播弘扬李龙法学思想，也欢迎各位师弟师妹到荆州去工作，践行李龙老师的法学思想。谢谢！

陈晓枫： 市长杨智是转向了实务这个方向，在实践这个走向，非常感谢！李龙老师的思想真的是博大精深，除了在理论上有广博的贡献以外，在实务界，不仅在自己的实务界，就连学生所在的行政管理、经济战线等领域都有自己的建树和成果，这其中就有一位也是深感于李龙老师的风采，也是我们的杰出校友——朱自成同学，我们现在请他发言！

朱自成（武汉大学校友）： 尊敬的李龙教授、各位领导、各位法学院教授、各位师兄师弟，大家好！听了各位领导的发言，我对李龙教授的精神思想有了更深刻的认识，我作为企业家代表，同时也是武汉大学校友，在了解了李龙教授的人生经历与学术思想之后，深深被其所折服，我想如果说李龙教授代表了武汉大学法学的一面旗帜，他就像一棵大树的树根，而一代又一代的校友就是上面的树干和花叶。武汉大学有幸有李龙教授，而所有校友有幸有李龙教授。谨在李龙教授八十华诞之际，我祝愿李龙教授日月同辉，春秋不老，同时我也祝愿我的母校武汉大学繁荣昌盛，谢谢大家！

陈晓枫： 这是后辈之后辈之后辈的年轻校友了，说明我们的李龙老师真的是泽被广大，影响了一代又一代的年轻人。李龙老师还有很多其他的一些学生都是学术有成，有的还担负着非常重要的领导职务和理论研究工作任务，华南这一方的杰出代表应该就是吴家清教授了。吴家清教授论说了法价值以及法理学其他理论之间的相互关系，直到今天，其中很多灼见现在还没有人能超越。现在我们欢迎吴家清教授发言！

吴家清（华南理工大学教授）：敬爱的李老师，尊敬的显明老师，付子堂老师还有肖永平老师，我们武汉大学法学院的其他老师，叶中老师，校长，可爱的各位师弟师妹大家上午好！我想让我来发言可能是因为我是李老师的第一批博士，当时还有我们亚文，以及我们不幸英年早逝的王映辉师弟，我们一共三个是最早的。非常感谢李老师对我的教导。我原来是武汉大学本科77级的，学哲学的，之后就对法学感兴趣，是李老师把我引进了这个法学之门，非常感谢恩师李老师！关于李老师的法学思想，刚刚显明老师、叶中老师在宏观上都做了非常全面的介绍，师弟习根又做了深入的补充，好像没法说新的内容了，在这里我想提一下李老师给我的最深的几个印象，简单来说是三个字，第一个字是"真"，李老师求真一辈子，创新精神非常强，非常善于用其他的学科概念和方法论来研究他自己的领域，这给我留下了非常深的印象。不管是我们读博士时，李老师已经60多岁，还是现在80高龄了，他这个创新精神非但不减，反而是越来越强烈。刚才肖永平老师说李老师现在还在法学院的学术研究成果里排前十，这是非常不容易的。

第二个呢，就是李老师非常认真，在培养我们的过程中就一再强调要创新，要坚持自己的原则，坚持党的领导、社会主义、马克思主义。李老师的一生可谓历经坎坷，一个判过死缓的人，他吃了多少苦我们根本无法想象，这是对他人格的一个很大的摧残。但即便是这样，李老师还是坚信马克思主义，坚信共产党的领导，坚信社会主义，这是非常不容易的。另外，李老师的这些论著和文章，都很好地表现了李老师的这些坚持。李老师非常恰当地处理了创新和坚持原则方面的关系，这非常值得我们学习。他经常教育我们，要拿共产党的学位，就必须坚持这些，这是我们要坚持的底线。另外李老师也非常率真，永远有一颗年轻的心。刚刚我们李校长也讲到了这一点，就是李老师一直是非常直接地表述自己的观点。在法学院里面有这样一个传说，李老师曾说在法学院里面文章写得比我快的没有我写得好，写得比我好的没我写得快。这个事情后来传到广州去了，我就悄悄地问李老师说过这话没有，李老师说是说过这话，甚至李老师的老师还找李老师去确认。

陈晓枫：不是，是直接传到家里训话。

吴家清：所以说，李老师非常率真，包括对学术界的一些观点以及他在学术界的这个地位，他都是极其率真的。这点也很值得我们年轻人学习，这是一个真。

第二个字是"全"，李老师是非常全的一个法学家。正如我们的师弟习根刚才讲的那样，李老师一方面具有博大精深的法学理论知识，同时法律实务这方面的研究也做得非常好。十四个无罪辩护，而且其中还有一个死刑，这是非常不容易的。我记得第一次见李老师的时候，他穿着一个袍子，就是那个律师袍。我们是在武大校园里碰到的。我当时就觉得李老师非常了不起，那时候穿件律师袍在校园里走来走去本身就非常不容易的，大家说是吧？我跟旁边的同学说我要找李龙老师，他们说前面那个就是。我记得有一次到李老师家里去，拿了两瓶酒。因为李老师说以后就不要买酒了，我有钱，我办了不少案子。这说明李老师案子确实办得不错，那些钱都是李老师办案得来的，确实是不容易。所以说法学理论的研究和法学的实务结合起来并不容易。

陈晓枫：这里我要订正一下，李老师当时是我们珞珈事务所的主任，那时候有很多人慕名而来让我们帮忙处理案件，一些人交钱的时候我们可能没有在事务所，他就代收代管一下，那并不是他家里的钱，他还得交到库里。

吴家清：想要把这个法学理论和法学实务结合得很好是很难得的。搞宪法、搞法理的人一般情况办案并不多，更年轻的人可能办的就更少，因为这并不容易。李老师说，学法理的人不会办案，这是个缺憾，我们要学会办案，这是必需的。第二个"全"就是李老师将法学理论研究和法学教学研究结合得很好。李老师一直在找我们搞调查，是关于中国法学教育改革这一块的，后来这一块的研究得了三个国家级的教学研究成果奖，所以这是非常不容易的。一般的学术大家喜欢搞学术研究，对学术专著、论文发表和法学教学等方面的研究就比较少，所以说李老师具有比较高深的水平，不管是在法学理论研究方面还是在法学教学研究、专业建设和人才培养目标这些方面。

第三个呢，在法学理论研究方面，李老师研究领域是比较宽的。他既是杰出的法理学研究专家，也是杰出的宪法学专家。他发表了很多最高层次的论文，很多是中国社会科学领域里最早的论文，也有很多获奖的论文，而且宪法方面的一点也不比法理学少，这是非常不容易。有一些论文是李老师和周叶中校长联合写的，很多在《中国法学》上发表了，其中有中国宪法基本范畴简论，主要是五对范畴，我记得宪法与宪政、国体和政体、主权和人权、基本权利和基本义务以及国家权力和国家机构这五对。直到现在为止，我们研究宪法学的内容一般将其分为两个层次，包括基本范畴和普通的其他范畴。在基本范畴这个层次上只要能掌握这五对范畴，到目前为止，我认为仍还是最好的也是最正确的。在我自己看来能很好地掌握这个内容也是不容易的。第三个字就是"高"，李老师学术水平高、获奖层次高、发表文章的档次高。我统计了一下李老师获得的这个一等奖，包括国家教学一等奖等，就已经有八九项。还有一个最重要的就是师德高，品德高尚。这就是我所讲的三个字："真""全""高"。最后祝敬爱的李老师万寿无疆！

陈晓枫：吴教授有岭南之风，他比较率真地把生活细节和学术合在一起，很多具体给我们带来很多欢乐。不过这个辈分问题我们要谈一下，你们虽然是李老师的第一届博士，但何老师因病辞世以后，我、关太兵、秦前红都是在你们前面李老师指导过的学生，后面还有一个同志叫周伟，因为我们找他，他总是不找我们，所以就故意没说他。我们下面的两届博士都是李老师指导毕业的，当时的所有答辩都是李老师一手安排的。关于范畴部分，我非常同意你的观点，因为我在武汉研究时也有一个范畴研究，还提出了几个单向范畴。李老师是严守马克思和黑格尔的想法，认为范畴一定是有对立的，比如说质量与数量，渐进与质变等。我将其压缩成三个范畴，也是李老师亲自指导的。下面我们有请湖南科技大学的校长李伯超教授发言！李老师一高兴就说自己是制造校长的"战斗机"。

李伯超（湖南科技大学校长）：刚才陈老师已经提醒我了，我就不讲什么多余的了。借这个机会，衷心感谢导师的栽培。刚才显明老师给李老师的一个评价就是伟大的马克思主义法学家，我想再做一个注解，读李老师的宪法基础理论，我们可以看到在讲宪法原则时它里面有一个民主集中制原则。其他很多书都没有这样一个原则，从这个地方我就有一个体会和感受，李龙老师是把学问立足于中国的国情，解决中国问题。祝福李老师健康快乐！谢谢！

陈晓枫： 现在请杰出好学的李老师当初提倡双博士的候选人之一的十大杰出青年法学家周佑勇教授发言！

周佑勇（东南大学教授）："眼前有景道不得"，此时此刻虽然我也有很多感慨和感言，但是前面的各位已经把这种感慨以及将李老师的学术思想和学术贡献概括得淋漓尽致，达到极致了，我似乎无话可说了，但是既然来了，还是要谈几句的。我是1994年来到武大的，后来留校工作，虽然现在离开了，但是20多年的时间可以说一直追随我们李老师，受惠于李老师的栽培、提携和教育。尤其是他的这种治学精神和这个深邃的法学思想，对我的影响特别深。我这里也讲几个片段吧，以讲讲我的感受。前面的各位已经概括得很多，我就想说一下李老师的治学精神，他有一句话，他说法学是创新之学、批判之学、争辩之学。所以李老师始终站在学术前沿，勇于创新，敢于批判，善于争辩。前面大家讲到他站在这个学术前沿进行原创，我的体会是国家的一些宏观战略出台了之后，李老师都是很敏锐的结合他的法学理论在全国率先进行研究。比如说，我记得很清楚90年代初的时候，国家开始搞市场经济，刚才习根也讲到了，李老师于1997年在《中国法学》发表了一篇论宏观调控法的功能的文章。那篇文章一直到现在都很有影响，刚才习根也讲到了。到了本世纪初，国家开始搞科学发展观，以人为本是科学发展观的核心，李龙老师又把这样一个人本法律观研究到了极致，这在全国也是领先的。

四中全会提到法治体系之后，我刚刚又看到李老师在《中国法学》第5期上又发表了一篇相关的文章，我觉得这令我们后辈汗颜，80岁的高龄了还在《中国法学》上笔耕不辍地发文章。我认真拜读了那篇文章，深受启发。这就是我的一个最深的感受吧，另外一个我觉得是李老师争辩批判，对我们晚辈也是非常平等的。大概是10年前李老师七十大寿，我们教研室一起在群光广场一楼给他祝寿。我清楚记得当时的那个场景，当时我们也没谈什么别的，还是在谈学术。当时李老师刚刚提出人本观，说自己发了一些文章，而且当时正在研究的过程中。我记得当时我就这个人本观与李老师发生了一场争辩，因为我当时也没研究，我说这个人本中的"本"是对谁而言的？李老师就跟我讲，人在哲学上往往既跟物相对应，又跟神相对应，西方往往比较强调人跟神的对立，但中国则往往强调跟物的对立，而且这个本不是本位的本，如果是本位的本就一定要有一个对立物，即权利本位，民本是和官本相对应的，但是它这个本应该是根本的本，这个对应不是谁产生谁的问题，不是本源的问题，不是人产生物，也不是人产生神。这也是从李老师那里得到的启发，对我们的研究很有帮助。陈老师盯着我了，应该是时间到了，那我就讲到这里。

陈晓枫：没有没有，佑勇就是聪明，最大的特点就是聪明，这么多人中只有他提出来李老师的很多思想的来源是党中央最新的决定，他把这些决定迅速拆解为一个个法学话题。然后大家还要注意的就是，如家清教授说的，李老师擅于利用其他学科成熟的理论去解释一个法现象，比如说法价值问题、人本问题。佑勇，你受教育多，确实成果也明显。我们法学院现在还在世并还在执教的资深教授有两位，除了李龙教授以外，还有一位是曾令良教授，下面我们请他来给我们讲两句！

曾令良（武汉大学法学院教授）：抱歉，我是没有收到邀请过来的。今天来了很多贵宾，徐秘书长也亲自来了。我还在电梯里碰到了，还看到了很多其他学校的校长和老师，但不知道是这个活动。抱歉我今天穿的是便装，早上去操场锻炼了，完了坐在办公室，看到今天这么热闹，我就问了一下，才知道是我们敬爱的李先生李老八十寿辰，大家都是来参加他的法学思想的研讨会的，我运气好刚好碰上了，所以我就中途来旁听了，想来学习一下，希望没有耽误大家的时间。因为毕竟已经跟李老师在一起工作有一二十年了，所以我首先以我个人的名义同时也代表武汉大学国际法研究所祝贺我们的李先生八十寿辰，祝李老健康长寿！我是半途来的，加上知识面也有限，大学学的也不是法学，长期从事的工作又是国际法方面的教学研究，所以对李先生的法学思想没有系统的研究，但是我也时不时读过他的一些著作和论文，他的有些思想对我的教学研究有很大的启发作用。

我在这里就讲几点感受吧。第一点就是我非常地钦佩李老。特别是听到前面部分同志的发言后，感觉非常佩服李先生的人格，他那种豁达，直率，还有执着的品质。大家都知道他曾历经坎坷，我最早认识他的时候是1993年，我当时还只是法学教育指导委员会的委员，那时候我们的李先生和徐校长都已经是副主任委员了。我记得当年有一次教育部在大连召开法学公安类的专业目录的修订，我和他一起参加。一路上需要从武汉坐火车到青岛，然后在青岛再坐一晚上船到大连，时间很长。那个时候票不好买，从青岛到大连的这个船票要临时买，票很紧张经常买不到。李先生当时拿着教育部的文书通知，卖票的人看到李先生的这种派头和气质，当场就卖了他一张，而我就悬了，这时李先生马上随机应变地说："这是我的秘书。"这样我的票也解决了，尽管我是三等舱，他是二等舱。这是一个真实的故事，但是我说的话在后面，在船上的那个晚上，李先生把他的经历跟我叙述了一遍，说实话当时我就非常钦佩。他被平反之后，给武大法学院、我们的法学教育、法学研究乃至全国做出了不可磨灭的贡献，这些大家都已经讲了，就不用我多讲了。我要讲的第二点就是说改革开放以后这30多年来，我们武汉大学法学院应该说是被公认的属于全国法学教育研究发展最迅速的单位之一，这个里面我们李先生是功不可没的。因为我毕竟前后担任过国际法系的主任、法学院副院长和院长，这方面的工作有很多亲身的经历。李先生在推动武汉大学法学教育和研究更上层次、影响扩大等方面做出了贡献。他从不计较个人得失，他曾经担任了很长时期的副院长，中间有段时间也做过代理院长。虽然没做过真的院长，但是他总是保有主人翁的姿态，这不是一个玩笑话。记得有这样一个事情，今天在来的路上我还在想，就是我们法学院的"十一五"规划，特别是2011工程，其第一期从名称的设计到认证，可以说里面很多智慧都是直接来自于李先生。

陈晓枫：是这样的，原来是想选院长的，可是年龄刚好过了59。做常务副院长到代院长这个过程我也很清楚。

曾令良：所以哪怕现在他作为法学院的主任委员，我作为副主任委员，我觉得他在考虑任何问题时候，的的确确都是从法学院发展的大局出发，没有学科门户之见，就这一点，我觉得李先生非常大气，有大局意识。另外一点，我觉得李先生不仅仅是武汉大学的法学教育家，也是全国的法学教育家，他对全国的法学教育发展做出了重大贡献。我想这一点，我们的徐秘书长应该非常有体会，还有我们的副校长。李先生10多年前是法学教育指导委员会的副主任委员，是属于领导层里面的，因为我毕竟也当过两任所以对情况很了解。直到现在，不管是作为主任委员，还是作为副主任委员，在整个中国的法学教育改革的推进方面，方案的起草方面，从思路的开拓到方案的具体设计，李先生都做了很大的贡献。所以你们刚刚有人讲到国家级优秀教育成果一等奖，其中有一项实际上是以法学教育指导委员会的名义制定的但李先生是受的委托，还有我们的徐会长、张文显副会长等都参与了具体的起草，那个成果最后是获得了一等奖的。就强调这一点，他对中国的法学教育贡献之大。

第三点，是从个人来说，我不是搞法理学的，但他的有些观点和思想对我个人的研究也是直接有益的，我是受启发的，如他的法律人本化这个观点。当胡锦涛总书记提出以人为本时，他在法律角度就提出法律人本化。我说的这个启发在2004年我曾经承担教育部的一个重大公关项目，那个时候我写了一篇论文，发表在《中国社会科学》2007年的第1期里，标题是"现代国际法的人本化趋势"。在国际法这个领域，过去无论中外都没有人提过这个概念，因为就国际法而言，国家的权力利益是主导。但实际上，国际法的发展非常迅速，现在可以说人本化的趋势是越来越明显，越来越得到国际法学界的认可了。我的这篇文章因此有幸获得了第三届全国普通高校人文社会科学研究的一等奖，我的这个思想实际上就是受李先生的这个思想的直接影响。所以说我个人是非常受他思想的启发的。当然对我一贯的提携就不用说了，我成为武汉大学资深教授，他就是两个推荐人之一，那个就不多讲了，所以虽然今天没有受到邀请，但我还是觉得应该来一下，只是穿得太随便了有点不好意思。衷心地祝福李先生你健康长寿，谢谢！

陈晓枫：今天很多专家学者也是没有受到邀请的，这个事情要主动观察，自觉行动。曾令良教授对李龙老师把他当了一回秘书这事一直耿耿于怀，说了至少十次，现在看来这个秘书当得还是可以的是吧？何况这个秘书还是终身的。我们下面就进入到自由发言时间，有很多外地来的学子们和其他成就卓著的同学，留20分钟让他们自由发言吧。接下来有请湖北省政法委副书记胡兴儒发言，大家欢迎。

胡兴儒（湖北省委政法委副书记）：非常荣幸，难得有这样的机会参加这样的活动，我简单地表达三点意思。第一是表达祝福。祝福李龙先生八十寿诞，祝他健康长寿，寿比南山。第二是表示感谢。十多年前就已经听过李龙先生的学术报告，给我留下了深刻印象，四五年前曾经在省法会主持工作时与李龙教授结下了不解之缘。因为他是我们省法会学术委员会的主任委员，也是老会长，省法学会的大小活动他都亲自出席、亲自参加、亲自指导。三年多前我到省委政法委工作，重点工作是湖北的法治建设和司法改革，每当有重大的活动安排时，我们首先都会请李龙教授提建议，他总是欣然接受，有时是直接参与决策，有时是直接给予指导。其中很重要的一次是，十八大以后，昌尔书记组织编写了一本《领导干部法治简明读本》。这个读本也是在李龙教授的主持下编写的。从提纲的起草到全书统稿以及三次审稿，他都是全程参与，花费了大量心血。读本印刷了35000册，发给了全省副县级以上的领导干部，外省很多人慕名前来找我们要这本书。在全国，特别是在湖北产生了很大影响。它对提升关键少数领导干部的法律意识，弘扬法治精神和法治理念起到了很好地作用。所以从工作的层面上来说，李龙老师对我们的支持和对我个人的支持是非常巨大的，我对此表示衷心的感谢。最后是要表示敬意。虽然我不是李龙教授带的学生，但是我自认为是他忠实的学生，而且永远都是他的学生。因为从他身上我学到了很多很多，特别是他的学术造诣和法学思想，以及给我们留下的启示是巨大的、深远的。其学术造诣紧跟时代，并与现实结合紧密，我敬佩之至。而且他品格高尚，尽管高龄，又是泰斗人物，但李先生为人没有架子，我们对此感到由衷地敬佩、敬仰、敬爱。最后祝愿李教授健康长寿，寿比南山，学术思想永远常青。谢谢各位！

陈晓枫：李老师确实是决策能力很强的人，胆子很大，点子很新，下定决心就干，这一点刚才曾令良教授和胡书记都有提到，我们接下来有请湖北省法学会党组书记、常务副会长彭方明书记发言。

彭方明（湖北省法学会党组书记、常务副会长）：非常高兴能够参加李龙先生的法学思想研讨会，也是李龙先生八十华诞，在这里我代表湖北省法学会对研讨会的召开表示热烈祝贺，同时也祝愿李老永远健康长寿！再就是各位领导、专家、学者对李龙教授学术上的全面介绍，我听了以后非常感动，感觉李龙教授在我国法学教育事业上是呕心沥血，奋斗了一生，做出了巨大贡献。

　　从法治建设方面来讲，来法学会两年多来，我有一个感受，在法学研究和法治建设方面，李龙教授每次都参加座谈会，而且在会上为我们湖北的法治建设积极建言献策，起到了非常好的引导作用。李教授毕竟是全国知名的大家，更是我们湖北的大家，他的发言总是非常有高度、有深度。在法学会工作方面，不管大事小事，我们都要请李龙教授给我们把关指导，尽管李老师这么高龄，但是我们有活动请他出山，请他支持，他从来不推脱，总是高质量地完成任务，对此我们非常感动，在这里我向李龙教授表示衷心感谢。从李龙教授身上我们看到了老一辈的专家学者的这种优良品质和风范，他为我们树立了很好的学习榜样。借此机会，也祝愿李龙老师健康长寿，永远年轻，谢谢！

　　陈晓枫：接下来有请四川大学法学院周伟教授发言。

　　周伟（四川大学法学院）：因为时间有限，我简单说几句。第一句话，老师在知行合一方面的理念对我的影响很大。我记得当年去老师家里面，谈到他怎么为一个死刑案子作无罪辩护。当时老师还在做法律实务，具有很高影响力。后来在李老师的启发下，我做了公益诉讼，把自己作为学者学到的知识与社会对接。第二句话，怎样使自己的理念转化为影响力，李老师在这方面有很多经验，通过做课题、做决策以及很多具体教益，使我在学术成果上有所成就。第三句话，教导年轻人无私奉献。去年在中宣部人权教育基地汇报时，我没想到武大把李老师拉去坐阵，按理说他是可以不去这个场合的。李老师的这个行为对我们这些当老师的有很大启发。我的发言就到这里，谢谢大家！

　　陈晓枫：周伟教授也是杰出学者，曾经有一个公务员体检是否要检测乙肝的案子，他单枪匹马拿下了这个案子，这只靠一个学者的单人之力，真是不简单。现在我们有请武汉市政法委副书记、综治办主任关太兵发言。

　　关太兵（武汉市委政法委副书记、综治办主任）：由于时间关系我就说两点：第一，从工作角度讲，我代表武汉市政法委向李老师八十华诞表示祝贺，对李老师以及武汉大学法学院长期以来对我们武汉市法治建设的大力支持表示衷心的感谢。第二，从学生角度来讲，李老师对我恩重如山，这么多年来，在治学、为人方面，他对我都是非常关心和照顾的，严格来说，没有老师，就没有我的今天，我一路能够这样走过来，完全得益于老师的教育。所以借这个场合，我也表达个人对老师的感谢及敬仰之情，祝您生命之树长青，学术之树常青，在您百岁的时候，我们再来给您举办一个更隆重更热闹的祝贺仪式。我就说这些，谢谢！

陈晓枫：接下来，我们欢迎"锦绣才子"秦前红来说两句。

秦前红（武汉大学法学院教授、《法学评论》主编）：谈不上才子。尊敬的李龙老师、徐秘书长，还有各位同仁，上午好！我就李老师的人生范畴讲三层意思。第一是先生的创新与保守。创新就是李老师的学术创新，保守是指生活观念的保守。我们作为他的弟子，跟先生在饭局上也有长叙，但每次点菜李老师第一个一定是点红烧肉。我就问先生说，您学术上这么有活力，生活上为什么不尝一下别的菜肴呢？李老师说我作为一个湖南人，就是深爱红烧肉。

第二点就是先生的智慧与守拙。智慧就是我们讲的智商很高，在先生的弟子中，我属于平常爱玩的，正如刚刚徐秘书长所讲，我们正处"中年的尾巴"，但我们这个年龄下象棋、打双升还是打不过先生。他学术上的智慧就用不着我来概括了。他的守拙，我认为是简单面对人生的一种态度，这是以他为代表的老一代知识分子的悲情和坚贞。他人生最好的几十年都是在不堪中度过的，但在他的举止言行中，完全看不到曾经的阴影，这是了不得的事情，这种人格的力量一直让我敬仰，我自己也会做这样一个设想，假如这种时代的不幸发生在我身上，那只可能是梦魇。另外，鉴于当下法学的发展，我个人时常陷入焦虑，按照徐秘书长的说法，我应该属于"青年"，但我不知道退休之后我该怎么度过。然而先生他重新开始第二次学术人生时已经将近50岁了，但之后的30年里，他一直是中国法学最有创造力的学者之一。我们经常可以在三大期刊和各个有影响力的期刊里看到李先生智慧的表达。

第三个范畴就是广博与精湛。这个我想就不用我多说了。另外，追随先生改变了我一生的人生道路。我硕士毕业后在省委党校当了几年教师，当时回来读博士是为了要改变人生。我记得有一次导师要去海南开研讨会，他就说给我布置一个任务，让我写一篇论文。后来先生可能是忘了这事，也可能是对我的水平没有信心，结果在我交给他论文的时候，才知道他也亲自写了这篇论文。但最后是我的论文发表在《新华文摘》上，这让我重拾了信心，觉得自己还是可以做学问的，从此走上了学者之路，所以我能有今天的学术人生，多亏先生的教诲和指导。最后我祝福先生永远年轻，永远保持创新的活力。

陈晓枫：秦教授情商高，感悟的都是人生问题。因为时间关系，我们的自由发言就结束了。现在就由武汉大学法学院教授徐亚文宣布李龙法学教育基金会的筹备情况，算是给会议的一个喜讯。

徐亚文（武汉大学法学院教授）：尊敬的李老师、各位领导、各位同学，非常高兴我能接受此次大会的委托，向大家宣布一下武汉大学李龙法学教育基金会的筹备情况。基金会从2014年初开始筹备，它的宗旨是接受各界校友和热爱中国法学教育与法治发展事业的一切个人和组织的赞助和捐赠，筹措公益资金，以弘扬李龙先生的高尚品格和治学精神，为高境界法学人才的培育提供资助，奖励创新性法学研究，服务于社会主义法治国家建设和社会发展事业。基金会的具体业务范围是资助改善教学和科研条件，支持武汉大学学科建设，奖励做出突出贡献的教师和品学兼优的在校学生，资助和组织具有战略意义的法学学术交流科研活动，支持与学术教育相关的其他活动。基金会到目前为止准备成立理事会和监事会，理事会由20人组成，监事会由9人组成，现在正在酝酿。到目前为止，基金会已经在2015年5月获得湖北省民政厅的核准，基金会目前已得到各界人士，包括社会人士以及武汉大学校友的捐赠，名单我就不一一赘述。经过募集和募捐，目前已经筹集到200多万元人民币，已经符合了基金会设立的资金条件。在此，我也想代表基金会筹备小组，对社会各界的支持表示感谢，同时诚挚邀请社会各界继续关注李龙法学基金会的发展，继续关注中国法治教育的发展。我想我们在此也可以非常骄傲地宣称，我们武汉大学法学院继韩德培法学基金会、马克昌法学基金会和姚梅镇法学基金会之后，又有一个新的基金会成立了。我们武汉大学的法学事业必将蒸蒸日上，感谢大家！

陈晓枫：这是一个喜讯，也是一个长久的事业。接下来，我们就进入最后一个嘉年华的阶段，我们请出今天会议的本尊李龙先生，请他发表与会感言。

李龙（武汉大学人文社科资深教授）：听了大家的发言，我深受启发，而且也备受感动。我所做的一切并不像大家所说的那样好，我还差得很远。我今天主要谈三点感受：第一，我认为法学是伟大的事业，我们既然从事了这个工作，就要为这个工作奋斗到底，而且中国法学大有发展前途，不要只看现在的某一方面，要从长远来看。特别是现在以习近平为总书记的党中央，对法学的发展有新的部署，这个新部署对我们都是很有利的。马上就要召开法学学术委员会了，新的一代青年法学家又要开评了，会议一共开两次，今年开一次，明年开一次。所以大家在学法学的过程中要勇于实践，勇于实践的人生才有价值，不要半途而废。我们在座的，都做得比较好。

第二，我认为，学法学是与国家和民族密切相关的，我们学这个东西不能把自己置于国家和民族之外，而是要置于国家和民族之中，所以我们学法学的关键是必须和中央保持一致，至少要基本一致，大的方向一定要掌握好，特别是法理、宪法，这是很重要的一点。

第三，听了大家的发言，我很受感动，大家讲到的一些事情，虽然是很小的一些事情，现在听起来，我当时完全没有意识到。大家发挥的是有思想性的工作，所以说这个发挥是很重要的。一件事情要通过法学家的智慧和聪明，显示法学家的风采，今天大家都做到了这一点。另外，我希望今年和明年这两年当中，大家还是要在学术上有所造诣。大家跟着我最短的有10年，最长的也有30年，我希望大家能在学术上有所造诣，能学出一个境界。我在《人民日报》上发表一篇文章，名叫《要做有境界的法学家》，怎样才叫有境界呢？分三个步骤：第一个，要有学识境界。一个学者有学识才会有一个前沿，才知道前沿在哪里。第二个是要懂得前沿。第三个关键是要创造前沿。在座的在这方面有的已经做得很不错了，但还要继续努力。我家里的确也算个法学世家，我的曾祖父是李蕊曾是当时广东的道台，做过几个官，后来写了一本书，是有关军事法学方面的，名字我记不太清，好像是《兵镜类编》。他总结前面的，也启发后面的，这本书被誉为是《孙子兵法》的转折点。在古代，兵法肯定要看《孙子兵法》，后来的兵法就是看我祖父的《兵镜类编》。现在的南京军事学院，还用我曾祖父的这本书在做教材，他对兵法很有研究。我的伯父叫李祖荫，他写了一本《物权法》，还是手抄本，他的确是花了功夫的。他对民法学，特别是中国法制史特别有研究。所以总的来说我还做得不够。说老实话，我的家里总的来说算是个法学世家，但到我这一代却没有做好，所以我还要继续努力。今年我80岁，至少还能活10年，到90岁，我还想一直为国家为人民做些事情，也希望大家都工作努力，我就说这么多，谢谢！

陈晓枫：感谢先生循循善诱的教导之心，今天的会议真的是对李龙法学思想的挖掘，有很多结论。正如徐显明副秘书长所说的，我觉得所有思想发言里面最为重要的原则，第一个是坚定不移的马克思主义信仰，第二个是矢志不渝的法学家的精神，第三个是关心人民的法学工作者的情怀，还有充满热情的人民教师的风采。这些话，说的真好，这不是口才的问题，是水平的问题。今天的会议就开到这里，谢谢大家！

李龙：社会需要精英和良法

社会 · Society

李龙：社会需要精英和良法
读书、坐牢、教学，是他的人生三部曲

□ 本刊记者 李蕾

2015年11月，李龙接受本刊记者采访（本刊记者 傅聪 摄）。

11月，李龙从武汉到北京出差，正好赶上了今冬的第一场雪。《环球人物》记者也是赶在此时见到了这位平和而严谨的长者。

"人本法律观"是李龙法学思想的基础，它为中国法学开拓了一个新的领域。而这一概念的提出正是源自他23年劳改生涯中、广泛阅读马列经典著作、以及对人生的深入思考。在某种意义上，这昔日是与大时代一起跌宕起伏的厚重人生。

最坏的地方，往往有最好的结果

李龙出生在湖南祁阳的一个书香世家，他还记得老宅几道门上的匾：资政第、翰林院编修、进士文魁……父亲李鼎勋是湖南大学中文系教授。不过，身为中国近代著名法学家的伯父李祖荫对李龙的影响更大。

1950年抗美援朝，李龙参军了。"当时是幼儿制，我只有13岁，个子太小，三八步枪都拿不起来，就把我放到医师学校。"1954年转业之后，他参加了大学统考。"恰恰那个时候，我们国家开始统一考试，文科、理科也分开了，之前各个学校都是单独考试的。我祖父是搞法的，伯父也是搞法的，所以

人物简介

李龙，1937年生，著名法学家，中国当代最早探索人权问题的法学家之一。1958年毕业于武汉大学法律系。先后任湖北师范学院政教系主任、武汉大学法学院副院长、浙江大学法学院院长。

---

* 该文发表于《环球人物》2015 年第 33 期。

我就报了法学。准备考试只有20多天的时间，当时有一本书叫《人民手册》，和现在的百科全书相似，很厚，语文、历史、地理、数学都有。那时候的考试也简单，读完那本书就可以考上大学。"

那年9月，李龙考入武汉大学法律系。当时的系主任是从哈佛大学学成归国的韩德培，也是李龙所在班的法律课主讲老师。大二下学期，李龙就开始在《光明日报》和《法学》等报刊发表文章，还参加了全国先进知识青年代表大会，并获得"青年法学家"称号。

不想1967年反右时，这个踌躇满志的年轻人却遭遇了命运转折。"当时，我发表了两篇文章《什么叫社会民主》和《无产阶级专政》，文章里有句话是：我们国家的上层建筑需要改造。这话在当时来说是比较严重的，再加上出身不好，我被划成了右派，而且还是极右。"

第二年，李龙就被保留学籍劳动察看，下放到湖北蕲春一个叫八里湖农场的地方。"八里湖吸血虫病很猖獗，当地有个歌谣：人人到了土门顶，男女老少都怀孕，女的只杯10个月，男的一杯就怀到底。因为男的一得就很厉害。会死人的，所以一怀就到底。我们武汉的118个人去了一年多，得了病，又回来治。开始劳动很简单，后来烧土窑。有三米高，挑一担土去120斤。又赶上三年自然灾害，吃不饱，好多人从上面掉下来。"

1959年，李龙悄悄地去了北京，给前南斯拉夫领导人铁托写信，想去南斯拉夫。结果被抓回武汉，先是判了死刑，后来变成死缓，再后来又是劳改，直到1979年平反。"23年，我青年时代、壮年时代，都是在劳改中度过的。"回顾曾经的磨难，他十分豁达，"我既吃过亏，也有所收获。最坏

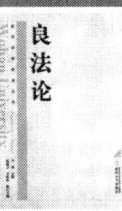

李龙的著作。

> 在李龙看来，
> 法学
> 绝不仅仅是
> 法律条文，
> 而是一门
> 治国理政的学问。

的地方往往有最好的结果。"

当时湖北监狱有个《湖北新生报》，有4名编辑，其中一个去世了，需要有人顶上。一要会写文章，二要懂马克思主义，李龙就从湖北百十万劳改犯中脱颖而出，当上

○ 人物
○ 演讲
○ 行者

了报纸编辑。"我不用参加繁重的体力劳动，每月还有10块钱津贴费。"在监狱，唯有马克思主义的经典理论可以看。这为他的学术研究奠定了基调。"一开始，我就是为了消磨时间，慢慢地就看进去了。书尾的注释里有好多东西，看了那个以后我再看原文，就觉得马克思是学问家、科学家。"李龙骄傲地说，"目前全国来讲，懂马克思主义法学的，没有几个能超过我。"

培养"有境界"的法学人才

《环球人物》记者眼前的李龙，眼睛微微睁着，行动有些缓慢，清晰而平和地讲着往事。"我是学法的，知道自己判不了死刑，但没想到被判死缓、无期，判决下来以后，他们问我：你有没有什么意见？我说有。他说：你上诉不上诉？我说不上诉，他问：那你为什么不上诉？我就说了三句话，留得青山在，不怕没柴烧；我在里面被关死了，更划不来；我现在去劳改，将来还有翻身的可能。所以，我当时就没上诉，但我有个信念：我将来肯定可以出去的。但是我出去能干什么，这点我就不知道了。当教授，这个更是没想到。"蛰伏是忍耐，也是智慧，更蕴含着无限的力量。

1979年平反回母校时，42岁的李龙已成了武大历史上年龄最大的毕业生。他先是在湖北师范学院任教，后来又回到武大，担任法学院副院长。

23年的牢狱生活，有些东西再也追不回来了，但在学术研究上让他有了更深的积淀，对社会也有了更清醒的认识。

"文革"时期法制的不完善，促使李龙反思法学研究和治国理政的关系。在他看来，法学绝不仅仅是法律条文，而是一门治国理政的学问。经过了几十年的探索和总结，他在2004年正式提出"人本法律

社会

观",并在学界产生了较大影响。而这一观点,正是受了马克思《黑格尔法哲学批判》中"不是人为法律而存在,而是法律为人而存在"的启发,其核心观点是:"当法律掌握在人民手中时,它便成为人民共同意志的体现以及社会主义治国理政的基本方式和方略。"

从上世纪90年代,李龙开始关注人权的研究,是当代中国最早探索人权问题的法学家之一。他将传统的个人主义人权观与马克思主义的人权理论进行比较研究,创造性地提出了构建中国特色人权法体系的理论设想。

李龙曾这样总结自己的人生:读书,坐牢,教学。对于培养法学人才,身为教师的他非常看重。1996年,李龙主持制定法学教育改革方案,提出将过去分散的几个法学专业合并成"法学"一个专业,这个专业包括法理学、法律史、宪法、行政法、诉讼法、国际公法等14门核心课程。多年来,李龙的初衷始终未变,那就是培养"有境界"的法学人才。"'有境界'主要包括三个层面,即了解学术前沿、紧跟学术前沿以及创造学术前沿。"

有利的就用,不利的不用,不叫法律意识
《环球人物》:您很早就提出社会需要精英和良法。"精英"和"良法"这两个词怎么理解?
李龙:什么是"良法"?第一,它必须是体现广大人民意志的法,保护的是人民的利益;第二,它应该是顺应世界潮流,符合时代要求的法律规范;第三,它应该是可以操作的法律规范;第四,它应该是联系实际的;第五,它不仅可以"护航",而且可以"导航"。这就要求在立法的时候必须民主立法、科学立法、依宪立法。

至于"精英",法学教育本身就是精英教育。要求法官、律师有良知,遵守法律

是歪曲法律。律师大部分是好的,也有一部分收买法官、贿赂法官。抓出一个法官,会带出四五个律师,一般是这样的。但这个问题的关键在于社会风气不好,不能只怪这个法官和这些律师。

《环球人物》:您经常给各级干部讲课,最近您讲课的中心议题是什么?
李龙:权力控制。现在,有些权力太大,没有边界——自由的权力就是腐败。比如说人民干部要少数服从多数、表决通过,本来有明确规定的。但有的一把手不经过这个程序,他一个命令下去,这样就不行了。这其实就是一种人治。

人治与法治的根本区别不在于是否有法律体系和司法实践,而在于是否树立了法律至高无上的权威。当法律同领导人的意志发生矛盾时,是领导人的意志高于法律,还是法律权威高于领导人的意志。法律权威高于领导人的意志就是法治;当个人权威尤其是权力执掌者的权威高于法律权威时,必然是人治。

我们讲把权力关进笼子里,权力不仅要关进笼子里,还要把这个钥匙交到人民手中,不能掌握在少数人手中。这个问题光靠党中央也不行,要和老百姓联合起来,形成一种机制。现在中央纪委的监察,要持之以恒,要把这个钥匙交在群众的手里才有价值。

《环球人物》:您从上世纪90年代就开始关注人权,20多年中,您对于人权的看法有变化吗?
李龙:有变化。而且变化很大。我们现在讲人权,无论从范围、从制度、从物质方面比原来强多了。过去我们只讲人权斗争,现在讲人权对话;过去我们讲人权是按阶级划分的,现在讲人权的普遍性;过去我们只讲人权理论,现在既讲人权理论,又讲人权制

度建设;过去我们很少参与人权的国际保护,现在我们有了维和部队,保障人权。

《环球人物》:您怎么定义人权,西方的人权理论跟我们的有什么不一样?
李龙:是有原则区别的。他们认为天赋人权;我们认为人权不是天赋的,是历史产生的。什么叫人权呢?人之所以为人,应该具有那些权利,这可以从法律、道德、思想三个方面去理解。生存权是首要人权和发展权,而国家独立正是生存权的基础。

还有些权利尽管法律没有规定,但是人应该享有这个权利。

《环球人物》:比如说哪些权利?
李龙:比如农村户口搬到城市里面,这叫迁徙权。还有受教育的权利,等等。我们现在正在研究这些问题,将来肯定会解决的。

《环球人物》:早在2004年,您就提出了"人本法律观"。现在,我们能看到对一些热点问题,有越来越多的民众参与,这是不是表明民众的法律意识更强了?
李龙:现在民众的法律知识的确比原来充足了,但还不能说法律意识强了。有利的就用,不利的就不用,这还不叫法律意识。

今年,李龙已经78岁了。他向《环球人物》记者描述了自己一天的生活:早晨6点起床,洗脸漱口,打扫卫生,吃完饭,就开始工作,看新闻,写东西,读书,晚上看看电视。老人爱看历史剧,热播的几个剧都看过。"《甄嬛传》讲的是雍正皇帝时候的事,实际上不是真实的情况。像《汉武大帝》就比较真实。有历史基础的看了才有价值,那些瞎编的没意义。"

对现在的状态,李龙很满意,"按现行的制度,只要干得动我可以一直干下去,现在我还带着13个博士生呢。"

相关新闻图片

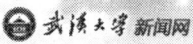

教育之典范，学术之巨擘，人格之导师
——记李龙教授法学思想研讨会

2015年11月8日，一位即将步入耄耋之年的法学界泰斗来到法学院，与诸多晚辈齐聚一堂，共同探讨其坎坷一生磨砺出的精华思想。李龙先生曾任湖北师范学院政教系主任，武汉大学法学院副院长，浙江大学法学院院长，现任武汉大学人文社科资深教授，享受院士待遇，2012年获"全国杰出资深法学家"称号。

11月8日上午9时，各路嘉宾陆续到达法学院环境法所会议室，参加2015年珞珈法学论坛之李龙教授法学思想研讨会。当李老先生缓步走入会议室时，现场早已挤满慕名前来的学子。法学院党委书记侯振发教授介绍莫真，中央政法委副秘书长汪明致辞，湖北省委副书记兼政法委书记张昊尔以及武汉大学校长李晓红院士分别致辞，对李先生作为一代马克思主义法学家的品格、风采与贡献，从各自独特的视角倾囊而发，让会场气氛很快进入高潮。

"尊师重道"是中华民族的优良传统，正如西南政法大学校长付子堂教授所说，这个词不仅限于行为礼仪，更在于后辈们对法学传统的传承发扬，再创辉煌，而这正是本次研讨会的目的。武汉大学原校长周叶中宪法学角度总结了李先生的学术贡献，表达了对李先生高深学问和高尚品格的无限崇敬。法学院院长冯果教授也向先生的治学态度致敬。华南理工大学吴家麟教授用"三真"—求真，认真，率真形容李先生。武汉大学汪习根教授用"理论家的风度"、"教育家的风范"和"法律家的风骨"高度概括了李先生的学术人生。

在法学院陈晓教授的主持下，现场气氛始终热烈，欢笑不断。武大资深教授曾令今良，荆州市委副书记、代市长杨智先生，优秀校友、企业家代表年子阳，京洲大学周的勇教授分别就个人与李龙先生的相处经历，与与会嘉宾展现了李先生精神品格。

自由发言时间，湖北省政法委副书记张兴儒、湖北省法学会党组书记石明、周佑教授、关太共校友以及秦前红教授分别发言，更与本次研讨会锦上添花。法学院徐亚文教授介绍了武汉大学李龙法学基金会筹备情况，为研讨会带来喜讯。

最后，李龙先生致答谢辞。他坚定有力地表达了对后辈法律人的殷切期望——"在学术上有所担当，永远保有法学家的情怀，做有境界的法学家。"研讨会在热烈的掌声中落下帷幕。